"十四五"时期国家重点出版物出版专项规划项目

中国共产党百年教育理论与实践研究丛书

总主编 靳诺
执行主编 郑水泉 刘复兴

职业教育与成人教育

ZHIYE JIAOYU YU CHENGREN JIAOYU

曾天山 编著

中国人民大学出版社
·北京·

中国共产党百年教育理论与实践研究丛书
编委会

总 主 编　靳　诺
执 行 主 编　郑水泉　刘复兴
编委会成员　（按姓氏笔画排序）
　　　　　　王树荫　邬志辉　刘复兴　吴　霓　张　剑
　　　　　　张晓京　周光礼　郑水泉　胡百精　胡莉芳
　　　　　　侯慧君　秦　宣　唐景莉　曾天山　靳　诺

总　序

2021年7月1日是中国共产党成立一百周年纪念日。2021年也是我们党的百年党史学习教育之年。2021年2月20日，习近平总书记在党史学习教育动员大会上强调："我们党的一百年，是矢志践行初心使命的一百年，是筚路蓝缕奠基立业的一百年，是创造辉煌开辟未来的一百年。……回望过往的奋斗路，眺望前方的奋进路，我们必须把党的历史学习好、总结好，把党的成功经验传承好、发扬好。"在庆祝我们党百年华诞的重大历史时刻，在"两个一百年"奋斗目标历史交汇的关键节点，我们着力推进"中国共产党百年教育理论与实践研究丛书"的编撰和出版工作，总结我们党百年来举办党和人民的教育事业的历史经验、伟大成就与重大意义。这是一件十分重要的工作，具有重大的历史价值、理论意义与实践意义。

第一，中国共产党自成立以来就高度重视教育工作，并取得了伟大历史性成就。在一百年的光辉历程中，中国共产党始终高度重视教育事业，在吸收中华优秀传统文化、西方优秀文化合理内核的基础上，以马克思主义为指导，结合新民主主义革命时期、社会主义革命和建设时期、改革开放和社会主义现代化建设新时期、中国特色社会主义新时代等不同历史阶段党的使命和任务，大力推动思想政治教育、义务教育、高等教育、职业教育与成人教育、农村教育、干部教育、妇女教育等教育事业的创新发展，为中国革命和社会主义建设输送了大批人才，为保障不同历史时期党的事业发展和战略目标的实现提供了坚实的智力支撑。特别是党的十八大以来，习近平总书记就教育改革发展作出了一系列重要讲话、指示批示，提出了一系列新理念新思想新观点，从根本上阐明了新时代中国特色社会主义教育的发展道路，回答了一系列方向性根本性战略性问题，为加快推进教育现代化、建设教育强国、办好人民满意的教育提供了根本遵循和行动指南。

第二，扎根中国大地办教育，必须坚持党的全面领导，传承党的红色基因。教育的发展必须有适合其生长的环境和土壤。中国的教育有着独特的内在逻辑和生成规律，我们党创造性地运用马克思主义基本原理和科学方法，在实践中形成了一系列关于教育工作的理论、方针和政策。我们需要循脉而行，不断深化对教育初心使命的领悟，从党史之脉把握教育的根本任务，从大历史观把握教育的战略定位，从百年奋斗把握教育的历史贡献。中国共产党办教育之所以取得伟大成就，根本原因在于坚持党对教育事业的全面领导，这为我国教育事业的健康发展提供了坚强的政治和组织保证。中国共产党办教育坚持马克思主义在教育工作中的指导地位，坚持教育的社会主义性质和办学方向，强调把为人民服务、为社会主义建设服务作为教育工作的根本宗旨，强调受教育者德智体美劳的全面发展。中国共产党办教育，正如同中国共产党发展自身一样，传承红色基因，赓续红色血脉，让教育事业始终航行在正确的方向上。

第三，从校史看党的教育史，中国人民大学是中国共产党创办新型正规高等教育的典范。回顾中国共产党百年教育史，涌现了一大批标志性的办学案例和成就。中国人民大学在其中具有举足轻重的地位。作为我们党创办的第一所新型正规大学，中国人民大学的前身是1937年成立于延安的陕北公学，以及后来的华北联合大学和华北大学。85年来，中国人民大学始终与党和国家同呼吸、共命运。中国人民大学的校史，承载着我们党创办和领导新型正规高等

总　序

教育的伟大实践，折射着我们党培养造就先锋分子推动革命、建设和改革的不懈求索。总结中国共产党的百年教育理论与实践就是为中国教育寻根溯源，同时既能够从中国人民大学的办学史中总结我们党创办新型正规高等教育的思想与理念，又能够从历史的实践中加深我们今天对中国共产党为什么能、马克思主义为什么行、中国特色社会主义为什么好的理解。

2020年，在学校党委的统一部署下，我们启动了"中国共产党百年教育理论与实践研究丛书"的研究与编撰工作。研究团队的成员来自多个单位，主要有中国教育报刊社、中国教育电视台、教育部职业技术教育中心研究所、国家教育行政学院、中国教育科学研究院、中国科学院大学、北京师范大学、东北师范大学以及中国人民大学等相关研究机构与高校，它们有一个共同的特点，那就是与中国共产党举办新型正规高等教育的历史具有千丝万缕的联系，具有广泛的代表性。这套丛书是对我们党百年来教育理论与实践的系统性梳理，全角度、深层次、大范围地展现了中国共产党建党一百年来是如何随着中国革命和社会主义建设实践的发展而不断推进党和人民教育事业进程的历史画卷，是系统总结我们党的教育思想与理论的历史演进、鲜明特征、中国特色和成功经验的一个重要研究项目，也是以中国人民大学为代表的全体研究与编撰人员献给我们党一百年华诞和祝贺党的二十大胜利召开的一份厚礼。这套丛书不仅具有资料性，而且具有深刻的思想性和科学的指导性，对于在新时代继承中国共产党百年教育的历史经验，坚持马克思主义指导地位，贯彻党的教育方针，坚持走中国特色社会主义教育发展道路，培养德智体美劳全面发展的社会主义建设者和接班人，加快实现教育现代化，建设教育强国，都具有十分重要的启发与指导意义。

靳　诺

2022年3月29日

前 言

教育是国之大计，党之大计。百年来，在党的领导下，中国教育走过了从教育兴国到教育强国的不平凡的发展历程。我党历来高度重视职业教育与成人教育，将其视为国民教育体系的重要组成部分和人力资源开发的重要途径，将其视为巩固和扩大党的执政基础的重要举措，从毛泽东主办农民运动讲习所、邓小平推动教育结构改革到习近平总书记谋划和推动现代职业教育发展，根据不同历史时期的任务和需要，一脉相承和与时俱进地推动发展职业教育与成人教育。在长期的实践探索中，职业教育与成人教育相伴而行，适应经济社会发展和产业升级与技术进步，由革命时期的专门学校、短训补习，到建设时期的中等职业教育、工农速成中学，到改革时期的高等职业教育及自学考试、广播电视大学，发展到现代职业教育体系，致力于探索创立中国特色、世界水平的现代职业教育，着力构建技能型社会，培养高素质技术技能人才和提升全体国民技能素质。在党领导职业教育与成人教育的百年发展历程中，中国职业教育规模居世界之首，专业布局持续优化，覆盖国民经济各行各业，培养质量稳步提高，培养了大批高素质技术技能人才、能工巧匠、大国工匠，国际影响力不断提升。"鲁班工坊"海外办学，服务贡献日益提高，促进产业升级和就业创业，不仅实现了"无业者有业，有业者乐业"，而且让每个人都有了人生出彩的机会。在"十四五"

规划的开局之年,在开启全面建设社会主义现代化国家新征程的重要历史时刻,全国职业教育大会首次以党中央、国务院名义召开,习近平总书记做出重要指示,为构建高质量职业教育体系指明了方向,向世人表明职业教育前途广阔、大有可为,是我国职业教育发展史上又一重要里程碑,深化了对发展职业教育的规律性认识,明确了深化职业教育改革发展的任务要求,为做好新时代职业教育工作提供了根本遵循。

第一,在战略地位上,把职业教育作为培养高素质技术技能人才的基础性工程。发展职业教育既是广大青年打开通往成功成才大门的重要途径,也能为促进经济社会发展和提高国家竞争力提供强大人才资源支撑。

第二,在发展定位上,把职业教育与普通教育视为两种不同类型的教育。2019年1月24日,国务院发布《国家职业教育改革实施方案》,开宗明义地提出:"职业教育与普通教育是两种不同教育类型,具有同等重要地位。"这句看似简单的表述,彰显了职业教育生存发展的新境界,职业教育的类型定位逐步明确,由学历层次转变为教育类型,是特色鲜明的类型教育,是培养能力的实践教育,是面向市场的就业教育。普通教育以学科为导向突出认知发展,职业教育以能力为导向着重技能形成,地位同等重要。职业教育自诞生之日起,就因其特有的教育目标、教学内容与办学方式而异于普通教育,肩负着培养多样化人才、传承技术技能、促进就业创业的重要职责,作为一种独立的教育类型实则逐渐被社会所接纳。

第三,在体系构建上,中、专、本纵向贯通。从新中国成立初期学习苏联经验,开展中职教育(技工学校、中专学校),到20世纪90年代发展职业专科教育,2002年《国务院关于大力推进职业教育改革与发展的决定》首次提出"现代职业教育体系",并指出应继续发展中等职业教育,扩大高等职业教育规模,建立中职与高职、职业教育与普通教育及成人教育之间的人才成长"立交桥",再到2019年发展职业本科教育,职业教育历来低人一等的专科层次单轨运行路径得到了根本性转变。

第四,在发展方向上,不断增强职业教育的适应性。牢牢把握服务实体经济发展、促进广大劳动者就业的办学方向,坚持产教融合、校企合作,坚持工学结合、从做中学、从学中做,建设国家重视技能、社会崇尚技能、人人学习技能、全民拥有技能的技能型社会,这既是职业教育新的发展方向,也是其他类型教育的任务,是我党职业教育理念、方针的重要创新,是建设中国特色职业教育体系的不懈努力。

第五,在育人模式上,坚持以人民为中心、走向共同富裕,立德树人、德技并修、知行合一。全面贯彻党的教育方针,德智体美劳全面发展,深化"三教"改革,发挥学校和企业的双主体育人作用,突出"岗课赛证"综合育人,坚持做人和做事相统一,坚持弘扬工匠精神,养成爱岗敬业、艰苦奋斗的态度,勇于创新、精益求精的品质,忠诚奉献、为国为民。坚持终身性、融通性、开放性等多元化特征,促进职业教育与普通教育融通发展,培养高素质技术技能人才。秉持全民学习、终身学习理念,推动职业教育与成人教育融合发展,开放、包容、便捷、灵活,向所有社会成员开放,让每个人都有人生出彩的机会。

第六,在办学模式上,构建政府统筹管理、行业企业积极举办、社会力量深度参与的多元办学格局。强化职业教育是面向社会的跨界教育。办学模式持续深化,由半工半读发展为产教融合。提高人才培养的适用性是贯穿职业教育百年发展的主题。从新中国成立伊始的半工半读教育形式到改革开放后的产教结合思想,从《国家中长期教育改革和发展规划纲要(2010—2020年)》提出的"工学结合、校企合作、顶岗实习",再到党的十九大报告提出的"产教融合、校企合作",我国职业教育的办学模式始终强调学校与企业的联系与合作,在持续深化的过程中不断拉近与产业的距离,增强适应性和匹配度。

第七,在管理体制机制上,完善多元主体参与的治理结构。健全党委统一领导、党政齐抓共管、部门各负其责的领导体制,加强依法管理,落实政府责任,引导社会各界特别是行业企业参与管理。

第八,在考核评价上,构建内外结合的评价体系。发挥标准在职业教育治理体系现代化中的基础性作用,严把教学标准和毕业学生质量标准两个关口。基于标准实施评价,建立健全职业教育质量评价和督导评估制度,发挥第三方专业评估指导作用。健全国家、省、校三级质量年报,扩大行业企业参与评价权重,引入中介专业评价。

第九,在工作要求上,强调各级党委和政府要高度重视,大力支持。把职业教育发展纳入议事议程,纳入规划、政策体系、议事规则、预算保障,完善多元投入机制,弘扬劳动光荣、技能宝贵、创造伟大的时代风尚,营造人人皆可成才、人人尽展其才的良好环境。

职业教育相伴服务产业与就业而生,与经济发展和社会民生联系最为直接和紧密。在党的领导下,职业教育百年砥砺前行,其萌芽于革命时期,唤醒民众培育生产技能;发展于国民经济恢复的关键时期,呼应民生安定的急迫需求;调整于社会主义建设的新兴阶段,承担专门人才培养的艰巨任务;优化于产业结构升级的转型时期,满足劳动力市场的多样化要求。如今,我国职业教育改革发展走上提质培优、增值赋能的快车道,职业教育面貌发生了格局性变化,截至 2020 年 12 月,有职业学校 1.15 万所,在校生 2 857.18 万人,已建成世界规模最大的职业教育体系,德技并修、育训并重,

前　言

培养了一大批支撑经济社会发展的高素质技术技能人才，具有中国特色的现代职业教育发展路径逐渐完善，职业教育对经济持续快速发展功不可没，已为各行各业累计培养输送 2 亿多名高素质劳动者。职业教育的本体性育人价值得到进一步彰显，努力让每个人都有人生出彩的机会成为加快发展现代职业教育的重要使命。

曾天山

2021 年 4 月 20 日

目 录

第一章　大革命时期发轫职业教育与成人教育 …………… 001
　一、唤起工农千百万 …………………………………… 002
　二、发起平民教育运动，开办工人补习学校 ………… 005
　三、创办农民运动讲习所（农民革命的大本营） …… 011
　四、毛泽东创办湖南自修大学 ………………………… 020

第二章　苏区时期初创职业教育与成人教育 …………… 025
　一、专业教育 …………………………………………… 027
　二、群众识字运动 ……………………………………… 034
　三、士兵教育培训 ……………………………………… 037

第三章　抗日根据地的职业教育与成人教育 …………… 043
　一、抗日根据地职业教育与成人教育的指导方针 …… 044
　二、抗日根据地职业教育与成人教育的内容和组织实施 … 050
　三、抗日根据地职业教育与成人教育的实施原则 …… 070
　四、抗日根据地职业教育与成人教育的成就和经验 … 076

第四章　解放战争时期的职业教育与成人教育 ………… 085
　一、解放战争时期的专科学校 ………………………… 086
　二、解放战争时期的士兵教育 ………………………… 100
　三、解放战争时期的冬学运动 ………………………… 116

第五章 "以苏为师"发展职业教育与成人教育（1949—1966） …… 133
一、开办工农速成中学：用革命的办法培养高级专门人才 …… 135
二、大力发展中等专业学校，培养技能人才 …… 144
三、提高工农识字率，发起大规模的扫盲运动 …… 154

第六章 20世纪60年代自主特色发展的职业教育与成人教育 …… 165
一、20世纪60年代职业教育与成人教育发展简要概述 …… 166
二、20世纪60年代职业教育与成人教育发展的指导思想 …… 169
三、20世纪60年代职业教育与成人教育发展的实践 …… 173
四、20世纪60年代职业教育与成人教育发展的启示 …… 181

第七章 改革开放时期大规模发展职业教育与成人教育 …… 185
一、职业教育促进中等教育结构优化 …… 187
二、职业教育在教育体制改革中规模发展 …… 197
三、职业教育在市场化经济体制下适应发展 …… 212
四、成人高等学历教育的多样化规模发展 …… 220

第八章 创新发展职业教育与成人教育 …… 229
一、颁布《中华人民共和国职业教育法》，推进依法治教 …… 230
二、"三改一补"发展高等职业教育 …… 238
三、基本扫除青壮年文盲 …… 244

第九章 21世纪转型发展职业教育与成人教育 …… 261
一、示范校（骨干校）、优质校建设，培养高技能人才 …… 262
二、努力办好中国特色开放大学 …… 272
三、实现西部地区"两基"攻坚目标 …… 280

四、建设学习型社会 …………………………………………… 287
第十章　新时代高质量发展职业教育与成人教育 ………… 299
一、完善现代职业教育体系 …………………………………… 300
二、促进职业教育高质量发展，建设技能型社会 ………… 309
三、构建服务全民终身学习的教育体系 …………………… 318
第十一章　职业教育与成人教育百年发展成就和经验 …… 327
一、职业教育与成人教育的历史性成就 …………………… 328
二、职业教育与成人教育的伟大贡献 ……………………… 337
三、职业教育与成人教育的重要经验 ……………………… 351
四、职业教育与成人教育的未来展望 ……………………… 363
参考文献 ……………………………………………………………… 372
后记 …………………………………………………………………… 378

第一章 大革命时期发轫职业教育与成人教育

在大革命时期，中国共产党紧密联系工农群众，积极组织领导工人运动、农民运动，反抗帝国主义、封建主义和资本主义的压迫。在运动实践中，中国共产党深刻认识到唤起亿万劳苦大众投身革命的重要性，并把让工人、农民及其子女接受教育作为发动工人运动、农民运动的最佳方式，开展了形式多样的工人教育和农民教育活动。

一、唤起工农千百万

在当时，工农劳苦大众受教育的机会非常少，整体受教育水平很低，大多数是文盲。在一些资本家的工厂，目不识丁的工人占多数，文化水平最高的人也只是会写自己的名字。提高工农劳苦大众的文化水平，唤醒他们的阶级意识和斗争觉悟，成为当时迫切需要解决的问题。由此，工农教育成了这一时期中国共产党领导的重要教育活动。

（一）工人教育的兴起与发展

在中国共产党诞生之前，早期共产主义者就在北京长辛店和上海小沙渡建立起劳动实习学校，对工人进行技术教育、文化教育和思想政治教育，这成为中国教育史上的重要创举，对推动中国工人运动和国内革命具有重要意义。1921年，中国共产党成立后，为领导广大工农群众进行革命斗争，特别关注工农教育，积极开展灵活多样的工人教育活动，并提出自己的教育主张。1922年4月10日，中国劳动组合书记部发出通告，邀请全国各工会派代表到广州，参加由中国共产党领导的、中国劳动组合书记部发起的第一次全国劳动大会。大会于5月1日至6日召开，与会代表162人，代表着12

第一章 大革命时期发轫职业教育与成人教育

个城市、110多个工会、34万有组织的工人。大会接受了中国共产党提出的"打倒帝国主义""打倒封建军阀"的口号，通过了《八小时工作制案》、《罢工援助案》和《全国总工会组织原则决议案》等，讨论了工人阶级社会主义教育问题。在会后拟定的《劳动立法原则》《劳动法案大纲》中，均提出要求"以法律保证男女劳动者有受补习教育之机会"。

  1925年1月，中国共产党召开了第四次全国代表大会，提出中国革命需要有"最革命的无产阶级有力的参加，并且取得领导的地位"。为此，成立了职工委员会，并决定召开第二次全国劳动大会，以加强对工人运动的领导。1925年5月1日至7日，第二次全国劳动大会在广州召开，出席大会的代表有281人，代表166个工会、54万多名会员。大会讨论通过了《经济斗争决议案》《工人阶级与政治斗争的决议案》《工人教育的决议案》等30多个决议案。在《工人教育的决议案》中，提出了工人教育的任务、内容、方法和重点，并指出工人教育的任务是"促进阶级觉悟"和"训练斗争能力"。在工人教育的方法上，该决议案指出补习学校、工人子弟学校、工人阅书报社及化装演讲、公开讲演、游艺会等，都是进行工人教育所应采取的形式，而其中以补习学校为重点，通过它来对成年工人和青年工人进行教育，服务于当时的革命斗争，也要举办工人子弟学校，满足工人群众孩子的教育需求，以培养未来后备军力量。1926年5月，第三次全国劳动大会再次在广州召开，中国共产党对工人教育等一系列问题继续做出新决定和新指示，制定了新的工作方针。大会做出设立童工女工免费的补习学校及娱乐场所等决议，并在《宣传教育问题决议案》中提出，工会要组织宣传教育班，宣教刊物要浅显明了、内容生动有趣，编印工人教科书及各种小册子，等等。在这些决定和指示下，各工会纷纷举办工人学校，在一些地方的厂矿、铁路及手工业行业，先后设立了工人补习学校、工人子弟学校、工人俱乐部、阅书报处和图书馆等，促进了工人教育进一步向前发展。这都对促进当时工人运动的复兴和迎接北伐战争起到了十分重要的作用。

各地工人教育学校绝大多数是共产党和社会主义青年团的地方组织举办的，毛泽东、刘少奇、李立三、恽代英等著名党团负责人都曾积极投身工人教育工作，并亲自在工人学校讲课。各地工人教育学校多数是根据教育任务，自编教材，或利用当时的工人报刊对工人进行教学。例如，毛泽东指导中国劳动组合书记部湖南分部的李六如编辑启发工人觉悟的革命读物《平民读本》等，这些读物接近平民生活，易教易学，很受欢迎。关于课程设置，各补习学校比较独立，并不一致，基础较好的补习学校开设国语、算术、常识、政治等课程，有的开设珠算、习字等课程，个别还开设英文课。在学习期限上，各补习学校也不统一，一般是几个月一期，有的则不设定学习期限。在教学内容上，从易学易懂的内容教起，特别重视对工人进行无产阶级革命政治思想教育，提高工人的思想政治觉悟，唤醒工人的斗争意识；在教学组织形式和方法上，注重与工人的特点相结合，灵活多样，契合工人生活和工作需要[①]。

（二）农民教育的兴起与发展

在大革命之前，共产党领导的农民教育活动已经在积极开展。在农民运动最先兴起的广东海丰、陆丰地区，最早出现了共产党领导的农民教育活动。共产党员彭湃1921年就活动在广东海丰一带，深入农民群众中去，调查了解农民疾苦，教育农民组织起来。在彭湃的组织领导下，1922年10月成立了赤山约农会，1923年1月成立了海丰县总农会，农会设有教育部，创办了农民学校。在湖南各地，1922年至1923年也有不少共产党员和进步人士创办农民补习学校，向农民宣传革命思想，如成立于长沙的"农村补习教育社"，在长沙

[①] 毛礼锐，沈灌群.中国教育通史：第5卷.济南：山东教育出版社，1988.

第一章　大革命时期发轫职业教育与成人教育

附近创办17所农村补习学校，并编印了一些符合农民特点的教科书。

在大革命开始后，共产党领导的各省农民运动蓬勃发展，进一步推动了早期农民教育的发展，尤其是部分省农民代表大会有关教育的决议案，指导了当时农民教育实践的发展。1926年举行的广东省第二次农民代表大会和同年12月举行的湖南省第一次农民代表大会都通过了《农村教育决议案》。决议案对农村教育的方针、组织形式、师资和经费来源等，都做了较为具体的规定，具有很强的指导性。关于农民教育经费，可以从"各县地方公款之收入"中获取经费，来兴办农民学校，也提倡各地农民协会以兴办农民补习学校、通俗演讲所及农村小学等比较节约经费的形式普及农民教育。同时，要求省农民协会领导县、区、乡各级农民协会大力开展工作，开办农民学校，按日班（农民子弟）、夜班（成年农民）及妇女班的组织形式招收学员，由省农民协会组织农民教育委员会，负责组织编制课程教材，并出版农村白话报和农村画报，由区乡农民协会附设阅报处，发行壁报。农民代表大会的各项决议，后来因国民党反动派叛变革命未能继续贯彻，但在大革命失败前，对农民革命运动活跃的十几个省区的农民教育起了重要指导作用，并为后来共产党部分省区革命根据地的教育发展奠定了良好基础[①]。

二、发起平民教育运动，开办工人补习学校

（一）开办上海工人半日学校

中国共产党是中国工人阶级的先锋队，先天就和工人阶级有着密不可分的血脉联系。1920年8月，上海共产党早期组织正式成立，成立后将组织开展工人运动作为工作重点，积极在工人群众中开展

---

① 毛礼锐，沈灌群.中国教育通史：第5卷.济南：山东教育出版社，1988.

活动，组建工人组织，进行工人教育。为了在工人阶级中传播、实践马克思列宁主义思想，壮大党的革命力量和群众基础，作为上海共产党早期组织发起人之一的李启汉，奉命到纱厂集中的沪西小沙渡地区，开始筹建纺织工会，但他经过大量的调查，发现纺织工人文化水平普遍不高，识字水平很低。他意识到可以先从创办工人半日学校入手，提高工人文化水平和思想觉悟。

1920年秋，李启汉多处走访选择办学地点，最终租下今上海市普陀区安远路锦绣里的3间门面房，开办起上海工人半日学校。学校旧址是普陀区安远路62弄（锦绣里）178—180号。这是一栋简陋的两层砖木结构工房，楼下3间连成一大间作为教室，摆放28套课桌椅，可容纳56名学生。楼上有两个房间，一个是李启汉的宿舍兼办公室，另一个是备用教室。当时学校条件非常简陋，没有电灯，教室里只挂了一盏煤油灯，还有一台留声机用来给工人放唱片听，学校门口贴了一张写有"工人半日学校"的白纸条。它是全国第一所由中国共产党早期组织开办的工人补习学校，具有重要而深远的意义。

为什么叫"半日学校"呢？这是因为学校是根据工人三班倒的工作时间确定的，分为早班和晚班两班来上课，所以被称为"半日学校"。当时使用的教材非常有限，也非常简单，教科书用的是基督教青年会编的普通识字课本。上课教师一方面要传授简单的文化知识，另一方面还要用通俗的语言进行马克思主义启蒙教育，让工人理解"工人受苦的根源""帝国主义怎样压迫我们""资本家怎样剥削我们"等，学校用这样的形式向工人传播马列主义思想，启发工人思想觉醒，提升其思想觉悟。

上海工人半日学校刚开办时，条件差、困难多，并没有多少工人愿意报名，来上学的人也经常缺课，而且工人每日工作劳累，生活困苦，甚至连吃饭都是问题，对于读书学习兴趣不大。为了提高工人的学习积极性，李启汉开动脑筋想出各种办法，学说上海话，

第一章　大革命时期发轫职业教育与成人教育

与工人交流谈心，提供足球给工人踢球，购买留声机放唱片给工人听，改变教学内容和方法，用多种形式宣传马克思主义，将学校暂时改名为"工人游艺会"，用各种文化娱乐活动来吸引更多工人。1920年12月19日，工人游艺会成立大会召开，李启汉、杨明斋、邵力子、沈玄庐等人出席大会，都发表了精彩演讲，鼓励劳苦工人破除陈旧思想，努力学习，相互帮助，打破枷锁，改变自身的悲惨处境。后来，工人学校的社会影响越来越大，来学校报名学习的工人越来越多，并且在工人中培养了一大批革命骨干力量。随着影响力的扩大，报名的工人增多，工人学校引起了上海租界当局的注意，后被巡捕房查封。

1921年8月，中国劳动组合书记部成立后，派干事李震瀛到小沙渡，在原工人学校基础上恢复办学，改名为"上海第一工人补习学校"。当时，受原上海工人半日学校的影响，很多工人来报名，有200多人来校学习，其中女工约20人。学校分夜班、日班两班上课，所设课程有政治常识、劳动组合、国文等。李启汉、李震瀛等人在学校讲课，李震瀛任校长。1922年春，李启汉等人领导日华纱厂大罢工，后又发动邮政工人罢工。1922年6月初，上海公共租界工部局逮捕了李启汉并递解给中国官厅，李启汉被判刑入狱；7月，上海租界当局查封中国劳动组合书记部，上海第一工人补习学校也被迫停办。1922年秋天，中国社会主义青年团上海地委派出张秋人、嵇直以及徐玮三人开展工人运动工作，在原小沙渡路（今西康路）、劳勃生路（今长寿路）参照半日学校的办学形式和模式办了两个工人补习班，后来又将两个班合并起来，建成了新的工人补习学校，使工人补习教育继续下去[①]。当时的上海大学师生积极参与到工人补习教育的活动中，给予工人补习学校有力的支持。

工人学校凝聚了多位早期共产党员的心血和努力，虽然历经多

---

① 乐阳. 上海工人半日学校：第一所工人学校. 文汇，2019-05-30.

次打压和磨难，但一切努力都没有白费，向工人传播的思想火种起到了燎原的作用。在工人学校听课的工人中，有许多人加入了中国共产党，发挥了带领工人阶级搞运动的重要作用，如在1925年的二月大罢工和五卅运动中起到积极作用，还有工人后来成长为重要组织骨干和领导人。

（二）开办安源路矿工人补习学校

安源路矿工人补习学校是中国共产党早期开办的又一所工人补习学校，旧址位于江西省安源镇老后街五福斋巷一幢楼房，建于1905年，是一幢坐北朝南、四栋三间砖木结构的二层楼房。

1921年12月，中共湖南省委组织委派李立三赴安源组织工人运动。当时，他以教师身份，租下二层楼房的楼上三间做校舍，开办平民小学，免费招收工人子弟入学接受教育，推行平民文化教育。办起学校后，他借助访问学生家长的名义，深入群众，广泛接触工人群体，了解他们的工作、生活、家庭等各方面情形，宣传马克思主义思想，工人阶级团结奋斗、自己解放自己的道理。经过前期的实践考察和准备，1922年1月，李立三在安源创办了第一所路矿工人补习学校，又称工人夜校。白天小学生在这里上课，晚上工人来这里上课。

当时，工人补习学校十分简陋，桌子、板凳等都很简单，用具十分粗糙。学校最初只有学员60多人，按文化程度高低分为两个班，学生凭听讲证进入课堂，各科成绩及格者发给毕业证书。工人补习学校的教材首先采用粤汉铁路工人学校的讲义，随着发展逐渐由学校教员自己编写印刷。安源工人夜校教员编写了《补习教科书》《小学国语教科书》《工人读本》等教学材料，内容丰富，深入浅出，通俗易懂。以《小学国语教科书》为例，它是学校教员在1924年为学生们编印的学习教材，该书为32开石印本，竖排版，共计50页，内设40课。其中第28课《兄弟们！想想看！》一文，将残酷剥削工人的资本家比作吃喝穷人血肉的秋老虎；第8课《早婚之害》、第10课《女子的能力》、第11课《木兰辞》，则是宣传妇女要翻身解放，必须反抗早婚，锻炼"女子的能力"，像花木兰一样，为国家做奉献；第16课是陈独秀的一篇演说《劳动者底觉悟》，阐述了劳动者的第一步觉悟是"要求待遇改良"，第二步觉悟是"要求管理权"，无产阶级必须翻身解放，当家做主人。教科书还收入了李汉俊的文章《金钱和劳动》、沈玄庐的小说《机器》和《列宁略传》等内容。学校采用启发式教育，不仅教工人识字、写日记、学诗词等，更重要的是向工人宣传马列主义思想，启发工人阶级觉悟。这让那些没有文化的工人不仅能听得懂，而且看得明白，让他们学得津津有味。慢慢地，工人的视野日渐开阔，认识到人的命运是可以靠双手去改变的。

补习学校的运转经费最初是由湖南长沙、上海方面热心于工人教育事业的人募集而来的，工人俱乐部成立后，经费由俱乐部拨给。1923—1924年俱乐部拨给学校的经费占俱乐部全年收入的一半以上。

1922年9月，路矿工人大罢工胜利后，工人补习学校由1所慢慢发展到7所，学生也达到1 000多人，同时还设立补习部、子弟部、妇女职业部以及阅览室、图书馆，还在各工作处设立了13个工人读书处，并备有《工人周刊》《劳动周刊》《大公报》等报刊，供工人业余时间自由阅读，这样就形成了一个非常完整的工人教育系统。

这是安源工人的第一所补习学校，它把讲授科学文化知识与传授马列主义思想结合起来，大大提高了工人群众的文化知识水平，提升了工人的阶级觉悟，为培养工人运动干部、建立和发展党团、工会组织、工人俱乐部组织创造了条件。

（三）北京长辛店劳动补习学校

北京长辛店劳动补习学校是中国共产党从理论探索到社会实践

的一个具体体现。北京共产主义小组成立之后,为了实践革命理论,寻找革命基础,决定选定产业工人集聚区作为一个突破点,通过创办工人补习学校、组建工会等方式,将马克思主义基本原理与工人运动相结合,开展各种形式的经济斗争与政治斗争。

1920年,北京共产主义小组决定把铁路工人作为革命活动的主要对象,深入到长辛店的铁路工人中去开展工作。长辛店是当时京汉铁路北段的一个总站,那里有一个3 000多人的铁路修车厂。五四运动以前,在李大钊的领导下,北京大学的学生、共产主义知识分子邓中夏组织的平民教育讲演团曾经到过长辛店,开展过工人活动。1920年冬,北京共产主义小组总结了前一段工作,为进一步扩大宣传教育工作,决定在长辛店创办一所劳动补习学校,作为组织工人的重要纽带,成为北京共产主义小组的工作据点,在此宣传马列主义思想,培养工人运动的骨干。补习学校地址在长辛店镇大街祠堂口1号。1920年12月9日,在长辛店正式召开筹办会议,北京共产主义小组派邓中夏、张太雷等4人出席了会议。1921年1月1日,长辛店劳动补习学校正式开学[1]。

长辛店劳动补习学校设日班和夜班两班,日班为工人子弟班,主要是学普通小学的课程;夜班为工人学习班,是补习学校的主体,有100多名青年工人参加。课程有国文、科学常识、社会常识和铁路知识等。当时的教材比较匮乏,主要是教员自己编写,采用油印方式印制出来发给学生。讲课时先教识字,再传授先进思想,特别注重阶段教育,向工人们宣传马克思主义真理,使工人们既能学到有用的文化知识,又能学到革命思想。

开办初期,邓中夏等人担任教员,李大钊也到学校讲课。他们以通俗的语言、生动的事例,为工人讲解为什么受苦受穷、为什么要组织起来,为什么要同美帝国主义、军阀、官僚做斗争,外国

---

[1] 臧永昌. 长辛店劳动补习学校. 北京成人教育,1984(6).

第一章　大革命时期发轫职业教育与成人教育

工人怎样与资本家做斗争，怎样组织工会和政党等问题。为了启发工人的阶级觉悟，教师们一有时间，就到工人家里去做动员，并把自己编的歌谣念给工人听，如"五人团结一只虎，十人团结一条龙，百人团结成泰山，谁也搬不动"。他们还把歌谣谱上曲教工友演唱。1921年"五一"前夕，长辛店劳动补习学校的教员和北京大学的进步学生共同创编了一首雄壮有力的歌曲《五一纪念歌》，教工人们学唱。

在早期共产党人的努力下，劳动补习学校取得显著成效。1921年"五一"劳动节这天，在北京支部的精心组织下，1 000多名工人在长辛店集会。会上，工人代表发表演说，宣布成立长辛店工人俱乐部。会后，举行示威游行，工人们第一次手举写满各种标语的小旗，高呼着"增加工资""缩短工时"等口号，雄赳赳、气昂昂地从大街上走过。游行活动得到相关报刊报道，引起社会各界关注，反响很大。上海《共产党》月刊热烈地称赞它"不愧乎北方劳动界的一颗明星"。

北京共产主义小组领导下的长辛店劳动补习学校在工人中传播了马列主义思想，点燃了革命的火种，培养了工人运动骨干，启发了工人阶级觉悟，使工人掌握了一定的文化，在中国职工教育史上大放光彩。北京共产主义组织在这一过程中逐渐成长发展，最终联合其他地区的共产主义组织创建了中国共产党。

三、创办农民运动讲习所（农民革命的大本营）

（一）国共合作创办广州农民运动讲习所

1924年，国民党和共产党实现合作，革命统一战线建立，使工农革命运动获得了合法的地位，从而有力促进了工农革命运动的发展，也为创办农民运动讲习所、培育革命干部提供了契机。广州农民运动讲习所就是在这样的条件下，由共产党人彭湃等提议，以国民党的名义开办，是培养工农运动干部的学校，在我国革命峥嵘岁月里发挥了重要作用。

1924年6月30日，国民党中央执委会第三十九次会议通过农民运动的实施方案，根据彭湃的建议，决定组织农民运动讲习所，并派他担任广州农民运动讲习所第一任主任。因此，广州农民运动讲习所名义上是由中国国民党中央农民部主办的，但实际上是由中国共产党领导的。讲习所旧址坐落在广州市越秀区中山四路42号，旧址原为番禺学宫，又叫孔庙，始建于明洪武三年（公元1370年）。从1924年7月至1926年9月，在广州共举办了六届农民运动讲习所。到1925年12月底，办的前五届主要培养广东省的农运干部，其他省份学员较少。

1926年5月，为了迎接北伐战争，推动全国农民运动，在时任国民党中央农民部部长林伯渠的倡议和支持下，在广东继续开办了第六届农民运动讲习所，由毛泽东任所长、高语罕任政治训练主任、萧楚女任教务主任，共设25门课程。周恩来、彭湃等先后担任教员。第六届讲习所不但继承了前五届的办学经验，而且在规模、招生范围、教学内容和教学方法等方面都有新的变化和发展，成为全国性的农民讲习所。学员来自全国20个省，共327名，中途退学9人，有318人结业。这届讲习所，在整个教学工作中，始终坚持理论联系实际的学风，引导学员参加社会活动，进行调查研究。全体学员按不同省区组成了安徽、江西、湖南、湖北、四川、云贵、两广、福建、江浙等13个农民问题研究会，并提出36个调查项目，包括租率、主佃关系、抗租减租风潮、自耕农佃农雇农数目之比较、地主来源、妇女地位、农民的观念及感想、农村组织状况等，让学员们进行专门研究[①]。毕业之前，党员们还到广东海丰参观和实习。毛泽东在积极从事第六届农民运动讲习所的工作、大力培养农民运

---

① 汪路勇. 广州农民运动讲习所的创办及其历史功绩. 福建党史月刊，2005（2）.

第一章　大革命时期发轫职业教育与成人教育

动的骨干的同时，广泛搜集有关农民运动的资料，编辑出版《农民问题丛刊》，并为此写了《国民革命与农民运动》的序言。在序言中，毛泽东全面地总结了中国共产党成立以来从事农民运动的经验，特别是彭湃领导广东海陆丰农民运动的经验。他深刻剖析时代问题，明确指出了农民问题乃国民革命的中心问题，经济落后之半殖民地的农村封建阶级乃是国内统治阶级和国外帝国主义之唯一坚实的基础，还阐发了建立联合战线等思想。讲习所学员于同年 9 月毕业后回到全国各地，从事农民运动的组织领导工作，有力地支持了北伐战争。

广州农民运动讲习所每届时间原定一个月，在兴办过程中，讲习内容不断丰富，讲习时间也逐渐延长。当时，讲习所学习、工作、生活条件十分艰苦，分别用杉木板隔成教务部、值星室、庶务部，毛泽东的办公室兼作卧室，还简单地配有图书室、膳堂、学员宿舍。广州农民运动讲习所的学员毕业后，根据革命工作需求奔赴全国各地，领导农民开展反帝反封建斗争，投身新民主主义革命的伟大实践，掀起了各地农民运动的高潮，对推动全国农民运动向前发展做出了卓越贡献。

（二）毛泽东主持武昌中央农民运动讲习所（1927 年 3 月至 6 月）

北伐军攻克湖北武汉后，湘、鄂、赣农民运动日益增多，急需大量从事农民运动的人才。为适应这一形势发展需要，1926 年 11 月，时任中共中央农民运动委员会书记的毛泽东提出在武昌开办农民运动讲习所。讲习所的主要任务是选拔农运干部、加强思想政治教育和军事训练。讲习所旧址是晚清学宫式建筑，当初为张之洞创办的北路学堂，建于 1904 年，位于武汉市武昌红巷 13 号，由四栋砖木结构的房屋组成，中间有一个大操场。它是第一次国共合作时期，在中国共产党领导和推动下，由国共两党共同创办的一所培养农民运动干部的学校。

1926年12月，毛泽东以国民党中央农民运动委员会委员身份从上海抵达武汉，与湘、鄂、赣三省国民党党部商议筹办事宜。根据国民党中央决定，农民运动讲习所最后定名为"国民党中央农民运动讲习所"，以邓演达、毛泽东、陈克文为常务委员，学制定为4个月。

1927年3月，毛泽东在董必武等人的支持和帮助下，开办了武昌中央农民运动讲习所。1927年3月7日，农民运动讲习所正式上课，4月4日举行开学典礼，学生来自全国17个省，共800多人。中央农民运动讲习所以训练能领导农村革命的人才为培养目标，领导机构是常务委员会，毛泽民实际主持工作。许多著名的共产党人、国民党左派和知名人士如瞿秋白、李立三、恽代英、彭湃、方志敏、陈荫林、于树德、李汉俊、何翼人、李达等在农民运动讲习所任教。中央农民运动讲习所开设29门课程，向学员教授国民革命、中外政治和经济状况等方面的知识，尤其注重对学员进行农民问题、农民运动理论及策略和中国农民运动及趋势的教育，使学员既明白中国的现状及存在的问题，又懂得解决农民问题的理论、策略及方法，更使学员深切认识到农民在中国革命中的地位、作用。毛泽东亲自进行"农民问题"和"农村教育"等主要课程的教学，参加学员的讨论会，指导学员下乡调查，引导学员通过实践掌握革命的理论。农民运动讲习所在其整个教学过程中十分强调武装斗争的重要性，开设军事课程，把军事教育放到相当重要的位置[1]。

学员在学习过程中，还参加了镇压麻城县地主武装红枪会的反革命暴乱以及粉碎反动军官夏斗寅的武装叛乱的实际战斗，不仅学到了革命理论，而且得到了革命实践的锻炼。1927年6月18日，中央农民运动讲习所举行毕业典礼。学员们响应"到农村去，实行农

---

[1] 孙语圣，潘旭. 武昌中央农民运动讲习所的历史作用. 传承，2009（2）.

第一章 大革命时期发轫职业教育与成人教育

村大革命"的号召，奔赴农村从事农民运动工作。大多数学生被委任为农民协会特派员，深入农村开展农民运动。这些人后来绝大多数都成为革命的骨干。大革命失败后，许多师生参加和领导各地的武装起义（如著名的八一南昌起义、湘赣边秋收起义、黄麻起义）以及参与创建湘鄂西等革命根据地的斗争。在革命斗争中，许多学员献出了宝贵的生命。

中央农民运动讲习所在新型教育方面做了有益的探索，注重讲与学的结合、理论与实践的结合、课内听讲与课外自学讨论的结合、自我教育和个别教育的结合，师生关系融洽和谐，为中国人民民主革命培养了大批杰出人才[1]。中央农民运动讲习所的创办在全国许多地方点燃了创建农村革命根据地的星星之火，有力地支持和推动了革命运动的发展，为中国革命从农村包围城市最终取得全国胜利奠定了基础，为领导全国农民运动做出了不朽的贡献。

（三）广西、湖南、福建等地举办的农民运动讲习所或讲习班

1. 广西农民运动讲习所

（1）广西东兰县农民运动讲习所。

广西东兰县农民运动讲习所是中国共产党领导的又一早期干部培训机构。1925年3月，受中共中央农民部委任，在广州农民运动讲习所学习尚未结业的共产党员韦拔群（壮族）以农民运动特派员身份回到广西地区，组织领导农民革命运动工作。韦拔群回到广西东兰县后，深入开展了农民群体组织动员工作，与陈伯民、陈鼓涛、黄润生、覃孔贤等人深入广西东兰各区、乡宣传农民运动革命理论，号召广大农民团结起来，组织农民协会，打倒土豪劣绅。1925年6月，东兰县第一个农民协会——武篆区农民协会成立，9月30日，

---

[1] 孙语圣，潘旭. 武昌中央农民运动讲习所的历史作用. 传承，2009（2）.

右江地区第一个县级农民协会——东兰县第一届农民协会在武篆魁星楼成立，辖11个区、134个乡农民协会，由此全县大部分区、乡都成立了农民协会；到1927年3月，农民协会会员达8.7万人，约占全县12万人口的72.5%，为广西东兰县农民运动讲习所的创办奠定了组织和群众基础[①]。

韦拔群与当地农民运动骨干在领导农民运动的过程中，总结了以往农民运动的经验教训，清醒地认识到应先创办农民运动讲习所，培养农民运动干部，用先进的革命理论来武装干部和群众，革命才能取得成功。为培养农民运动骨干，韦拔群、陈伯民等经过多次调查研究，从办公、理论教学和军事操练等方面综合考量，决定在距离武篆5公里处拉甲山的北帝岩建立农民运动讲习所。北帝岩是一个天然的岩洞，洞内宽敞明亮，底部平坦干燥，可容纳数千人。韦拔群和陈伯民都是国民党中央农民部委任的农民运动特派员，为充分利用国共合作的政治条件，争取农民运动讲习所的合法地位，农民运动讲习所被命名为"中国国民党东兰县农民运动讲习所"。

1925年11月，该讲习所招收第一届学生276人，均为来自东兰、凤山、百色、凌云、河池、南丹等地的贫苦农民和青年，以壮族居多。韦拔群任讲习所主任，下设文化教员和军事教员。校训为"劳动、互助、奋斗、牺牲"[②]。1926年10月至1927年3月，第二届农民运动讲习所在武篆育才高等小学校举办，学员120多人，均为东兰县籍，其中有女生40多人，编为"妇女运动讲习班"，附设一青年训练班，增设识字、算术和妇女运动等课程。1927年6月举办第三届农民运动讲习所，招收东兰、凤山、都安、河池等县的男女学员220人。1927年8月，因反动军队大举进攻东凤革命根据地，学员提前结业。学员毕业后分布在左右江各少数民族地区，继续开

---

① 张隆康. 广西农民运动讲习所的创办及农运干部培训. 中共桂林市委党校学报，2017(4).

② 顾明远. 教育大辞典. 上海：上海教育出版社，1998.

第一章　大革命时期发轫职业教育与成人教育

办县、乡级农民运动讲习所，向民众宣传，组织农会，成立农军，创建革命根据地。

农民运动讲习所虽然以国民党的名义开办，但其办学遵循中国共产党关于农民运动的方针和政策，是一所军政合一的革命学校。农民运动讲习所按照广州农民运动讲习所的课程来安排和组织教学，每天按照"三讲、两操、一劳动"安排教学，即每天上午上三节理论课，下午上两节军事课和一节劳动课。开设过的课程有各国革命史、苏俄概况、经济学常识、中国史概要、三民主义、法律常识、哲学、伦理学、政治学、帝国主义侵略史、中国经济学、农运史等。除了由韦拔群、陈伯民从广州农民运动讲习所学习带回翻印的一些教材外，韦拔群还组织教员结合右江地区的革命特点、民族文化编写一些革命教材，比如革命山歌、快板等。韦拔群、陈伯民、叶一茅、邓无畏、韦命周、黄大权、陈守和、黄书祥、黄榜呈等一大批革命人士走上讲台，给学员传授马克思主义理论知识、农民运动理论和实践经验、军事理论及军事训练，革命性质十分鲜明。

农民运动讲习所共举办了三届，一共培养了 600 多名农民运动骨干，许多学员后来参加了红七军，历经二万五千里长征、抗日战争和解放战争，有的成长为共和国的将军和党的高级干部，比如韦杰、覃健、黄荣等均是其中的杰出代表。农民运动讲习所的举办，有力地推动了广西工农运动向前发展，为传播革命思想，推动右江农民运动、百色起义和红七军的创建，做出了重大的历史贡献。

（2）广西北流县农民运动讲习所。

1927 年 3 月，广西北流县农民运动讲习所成立，其前身是北流县宣传员养成所，首任所长为共产党员蒋萍石。讲习所位于广西北流市城东一路 90 号，曾为清代北流铜阳书院，始建于清同治十三年（公元 1874 年）。当时，广西北流县农民运动讲习所共有教职员 17 人，其中所长蒋萍石、军事主任郑晴山、军事见习兼书记庞伯琴 3 人都是共产党员，政治主任兼教授潘兆昌和政治教授梁乃全则是共青团员。后来，共产党员宁培瑛、梁霭生亦来此讲学。广西北流县农民运动讲习所只开办了一期，共培养学员83人。讲习所成为当时北流县开展农民运动、宣传进步思想、培养进步力量的中心。

广西北流县农民运动讲习所是受广州农民运动讲习所影响建立的，教学内容也参照后者，讲授的是"农民运动组织法""农民运动理论""各国革命史""资本论"等课程，学员讲义有《步兵操典草案》《第一次大会宣言》《社会进化简史》等。讲习所实行军事化管理，军事课也叫军训，早晚有课，着重讲授"步兵操典""射击"等课程，内容含徒手、持枪训练、陆军礼节、野外勤务、射击教范、地形地物利用等。当时农民运动讲习所拥有大十、九响公、双筒、左推、拉八、驳壳等型号的手枪共30多支，还有部分木枪。农民运动讲习所采用边授课、边实践的教学方法[①]。学员结业后，马上到附近的乡村去组织农民协会，有力地推动了全县农民运动的迅猛发展。

学员也积极投身到实际的运动当中，曾在北流开展了声势浩大的抵制日货、英货运动。1927年7月15日，"七一五"反革命政变爆发，国共第一次合作宣布破裂，北流县农民运动讲习所被迫关闭。北流县农民运动讲习所从其建立到关闭，仅仅存在了4个月，但在这4个月的时间里，讲习所在共产主义思想宣传和人才培养方面发挥了重要作用，培养了一批优秀的农民运动人才，他们如星星之火，为后期北流农民运动的燎原之势打下了坚实的基础。

2. 湖南农民运动讲习所

第一次国内革命战争时期，湖南的农民运动在中国共产党的领导下发展迅速，成为当时全国农民运动中心之一，其关键就是在湖南各地开办的农民运动讲习所起了宣传和动员作用。为培养湖南当地的农民运动干部，毛泽东与党内其他同志于1923年下半年，在长沙创办了湘江学校，增设了农村师范部和农民运动讲习班。1927年

---

① 王耀前，周立华. 北流县农民运动讲习所：为革命播撒火种. 玉林日报，2021-02-25.

第一章　大革命时期发轫职业教育与成人教育

后，谢觉哉在长沙开办了农民运动讲习所，罗学瓒在醴陵开办了民众运动训练所。同时，湘潭、衡阳、常德等地均建立了农民运动讲习所或训练班。它们为各地培养了大批农民运动优秀干部。除省内各级农民运动讲习所和训练班外，中共湖南区委还先后三次选派了92名优秀干部去广州农民运动讲习所学习，这些同志对湖南农民运动的发展起了重要作用[①]。

1924年，夏明翰担任了中共湖南省委委员，负责农委工作。他经常深入农村调查研究，了解农民的生活情况。1925年，夏明翰又兼任中共湖南省委组织部长、农民部长、长沙地委书记。他很注意农民运动干部的培养，在各县开办了农民运动讲习所，为县、区培养了成千上万的农民运动骨干。为了加强基层的农民运动工作，他动员自己的弟弟夏明震、夏明弼和妹妹夏明衡回家乡衡阳县开展农民运动，使衡阳县农民运动蓬勃开展起来。

桂东县流源农民运动讲习所，是湖南农民运动讲习所的一个典型代表。为培养农民运动骨干，1927年3月，湖南桂东农民协会主办了全日制"桂东县流源农民运动讲习所"。讲习所位于桂东县流源乡中心学校，始建于民国初期，为砖木结构建筑。中共党员邓兆雄任所长。这也是中共桂东党支部开办的第一个农民运动讲习所，第一期学员40多人。这些人在后来都成了农民运动的骨干。讲习所吸收年满16岁、具有高小文化的青年入学。每期学习2个月，第一期有学员40多人，全部吃住在讲习所，伙食自备，办公经费向豪绅派款解决。学习内容主要有"马克思主义浅说""中山丛书""建国大纲""建国方略"等进步理论。讲习所坚持理论和实际相结合的办学方针，在学习理论知识的同时，组织了农民自卫军、妇女会、儿童团，开展了打土豪的农民运动。桂东县流源农民运动讲习所第一期

---

① 郭利民. 一九二三年至一九二七年湖南农民运动发展形势图及说明. 湖南师范大学社会科学学报，1978（3）.

于3月开始，5月结束，历时41天①。桂东县流源农民运动讲习所是土地革命时期桂东县农民协会培养农民运动骨干的教育基地，培养了一批献身革命的农民运动干部，推动了桂东农民运动发展并产生了重要作用和深刻影响。

四、毛泽东创办湖南自修大学

湖南自修大学是中国共产党历史上第一所研究、传播马克思主义，培养革命干部的新型学校。自修大学的创办在当时有着深刻的时代背景和不同寻常的历史使命，中国共产党在建党初期急需一批具有较高素质的革命干部。湖南自修大学的创办，正是为了适应这一革命形势和实践需要。

1921年7月，毛泽东、何叔衡代表湖南早期党组织出席党的一大，回到长沙，寓居长沙船山学社。船山学社是传播17世纪伟大思想家和经史学家王船山学术思想和爱国、爱民族思想的讲舍，影响了很多进步人士。为扩大马列主义宣传，培养党、团革命干部，训练革命骨干和进步知识分子，毛泽东、何叔衡等人决定在湖南创办自修大学。同年8月，毛泽东和何叔衡向时任船山学社总理的仇鳌寻求帮助，将船山学社的房屋作为校舍，并利用当局给船山学社的经费创办了湖南自修大学，贺民范任校长，毛泽东任教务长。自修大学旧址位于长沙市车水马龙的中山东路74号，是个单层三进四合院。自修大学初创时期条件有限且艰苦，毛泽东亲手书写"湖南自修大学"校名贴在木牌上，悬挂于船山学社大门口。这标志着中国共产党第一所培养革命干部的学校正式诞生。

1921年8月16日，毛泽东在湖南《大公报》上发表了《湖南自修大学组织大纲》。大纲对宗旨及定名、校董会、学员及办事员、通

---

① 郭谦贵. 桂东农民运动对邓力群革命思想的影响. 乌有之乡，2016-10-18.

第一章　大革命时期发轫职业教育与成人教育

讯员、学友、研究、劳动、图书馆及实验室、成绩表示、经费、校舍、分院及海外部、自治规约及本大纲修改等内容做了规定和说明。湖南自修大学的创办目的是"努力研究致用之学术，实行社会改造的准备"，宗旨是"采取古代书院与现代学校二者之长，取自动的方法，研究各种学术，以期发明真理，造就人才，使文化普及于平民，学术周流于社会"。大纲中还提出"因而招生只凭学力，不限资格；学习方法以自由研究，共同讨论为主。教师负责提出问题，订正笔记，修改作文等责任。学生不收学费，寄宿者只收膳食"。同时，毛泽东又起草了《湖南自修大学创立宣言》，明确提出学生不但要修学，还要养成健全的人格，涤荡不良的习惯，为革新社会做准备；明确指出自修大学与普通学院和学校的区别，自修大学打破了普通学院和学校的条件限制和少数"学阀"专享，凡有志者均可入学，而且花钱不多就可以求学；还猛烈抨击了旧学校的害处，如普通学院和学校把施教当作一种金钱与文凭的买卖，学生终日埋头于上课，往往神昏意怠，扼杀了学生在学习上的主动性、创造性，窒息了学生的智慧和才能，十分不利于学生的个性发展。自修大学开设10多门课程，还组织各类研究会，强调政治理论教育和中国革命实际的结合、脑力劳动和体力劳动的结合。湖南自修大学还创办了《新时代》校刊，在发刊词中提出了改造国家、打倒帝国主义、推翻武人政治以及教育、文学、艺术等改革诸主张，反映了改变半殖民地半封建旧中国的民族民主革命思想，成为中国共产党建立后传播革命思想、动员社会力量、凝聚革命人才的重要阵地。湖南自修大学还经常翻译一些马克思主义经典著作，以及刊登运用马克思主义观点探讨和分析中国革命问题的文章[1]。

湖南自修大学的任务是培养革命人才，所以对入学青年的要求不同于旧学校。在筛选学生时，考查学生对于人生观的主张和对社

---

[1] 高世琦. 中国共产党干部教育世纪历程. 北京：党建读物出版社，2013.

会的批评，让学生以书面形式作答，经学生会学长评阅并当面接洽后方能决定是否接收入学。通过筛选，一批富有革命精神的有为青年被录取到湖南自修大学，既实现了"开一代风气之先"，又汇聚了志同道合的革命同志[①]。湖南自修大学于1921年9月开学，初期招收学生24名。1922年7月党的二大以后，毛泽东邀请李达担任自修大学校长，主持教务。1922年9月，为集中培养文化水平较低的革命青年，自修大学又新增了附设补习学校。毛泽东任指导主任，夏明翰任教务主任。共接收了100多名学生，编成3个教学班。自修大学注重自学方式，所以极为重视图书馆的建设。自修大学将原来的船山学社藏书楼改为图书馆，大量采购进步书刊，包括《共产党宣言》《社会主义史》《新青年》等，馆内收藏书籍共678种，3 677册。学校采用收旧、购新、寄存等办法丰富馆藏，所藏书刊分为经、史、子、集、哲学、社会学、文学、科学、教育、政法、经济、美术、外文、历史、工商、杂著、地图、杂志等18类，特别是想方设法收集马克思主义著作和革命书刊，以此开阔青年视野、活跃自修学员的思想。

湖南自修大学宣传革命思想在社会上产生了广泛的影响，这引起了反动派的不安。1923年11月，军阀赵恒惕以"该校所倡学说不正，有碍治安"为由，下令查封了湖南自修大学及附设补习学校。这时，湖南自修大学及附设补习学校已经培养了来自湖南的34个县和外省4个县的200多名青年。此后，中共湖南党组织又创办了湘江学校。原湖南自修大学及附设补习学校的学生大都转入湘江学校继续学习。

湖南自修大学是在军阀统治的条件下，利用合法的方式创办起来的一所新型大学，成为共产党在湖南的一个公开活动场所。它在形式上虽然是平民主义的，但实际上是一所传播马克思列宁主义和

---

① 宋克祥．为党早期培养大量革命人才的湖南自修大学．学习时报，2021-02-05.

第一章 大革命时期发轫职业教育与成人教育

培养训练革命青年干部的学校，在革命运动中发挥了重大作用，不仅为党的二大做了组织上和人才上的准备，而且为中国革命培养出一批卓越的共产主义战士。湖南自修大学培养了一批杰出革命骨干，他们在湖南第一次工人运动和农民运动中发挥了发起者、组织者的作用，在中国共产党奋斗史上占有重要地位。毛泽东、何叔衡、李达、李维汉、夏曦、郭亮、夏明翰、罗学瓒、毛泽民、毛泽覃等都曾在此学习和工作，湖南自修大学成为湖南人民革命的大本营。1921年10月10日，中国共产党湖南支部成立后，首先在湖南自修大学等学校发展了一批党员。这在湖南乃至全国革命进程中发挥了举足轻重的作用，人们称它是"湖南革命的'总汇处'""湖南革命的先锋""革命策源地"。

第二章 苏区时期初创职业教育与成人教育

苏区建立后，中国共产党充分认识到文化教育建设与革命战争密切相关。苏区政府以革命战争为中心，视职业教育与成人教育为提高红军战斗力和政府工作效率的重要工作，制定了一系列政策措施，大力开展职业教育与成人教育建设，使苏区职业教育与成人教育从无到有、从小到大逐渐发展起来，取得了一定的成就。苏区职业教育与成人教育有两大任务：第一要大力发展干部教育，大量培养能够发动群众、领导群众闹革命的干部；第二要"发展广泛的社会教育"，使广大工农劳苦大众成为文化教育的主人，从而促进苏区的政权建设、经济建设和文化建设。因此，苏区职业教育与成人教育以"智力与劳力均衡发展"、"长期为战争服务"和"干部教育第一"为指导思想，实行中央与地方双向管理，同时重视各职业学校的自主管理。中央政府（中央教育人民委员部）负责制定全局性、指导性和规范性的有关文化教育方针、政策、任务、制度、发展规划等方面的法令法规。各级教育部、教育委员会按规定分级负责对各类文化教育机构进行指导和检查考核，切实保障办学条件。

在苏区，中国共产党通过专门教育、群众教育和士兵教育培训的蓬勃开展，提高了苏区广大工农群众的政治觉悟和文化水平，培养了一大批党、政、军、团、工会和妇女干部。通过专门教育，成立专业学校，初步构建了职业教育与成人教育体系，为根据地建设培养了大量技术技能型人才，推动了根据地的经济发展；通过开展士兵教育培训，为中国革命培养了众多既有理论素养又有实际工作经验的有文化、讲政治、懂军事的干部，培养了一支军心稳定、能打胜仗的革命队伍，为中国革命的深入开展储备人才；通过开展群众识字运动，改变了苏区民众的文盲状况，激发了他们的革命热情。苏区人民积极行动起来，拥护红军、加入红军，大力支援红军进行

第二章　苏区时期初创职业教育与成人教育

反"围剿"战争，对苏区的巩固和发展起到了积极的、强有力的促进和推动作用。

苏区职业教育与成人教育主要有三大类型：第一，以专业教育为核心的职业教育，包含通信、卫生、护士、女子、师范、农业学校等专门学校；第二，以群众识字运动为中心的文化教育，包含夜校、补习学校、识字班、俱乐部等多种类型；第三，士兵教育培训，以党校、军校等为主体，包含马克思主义大学、红军大学、苏维埃大学等学校。

一、专业教育

"一定的文化（当作观念形态的文化）是一定社会的政治和经济的反映，又给予伟大影响和作用于一定社会的政治和经济"[1]。作为文化形态的苏区职业教育的发展是由当时苏区政治经济发展的需要所决定的，并深刻地影响了苏区生产经济的发展。在瑞金建立全国苏维埃政权后，中央政府的统一领导为职业教育的迅速发展提供了坚强的政治保障和相对稳定的发展环境，各级教育人民委员会的成立为苏区职业教育的发展提供了组织保证，再加上当时苏区各项生产建设事业的迅速发展急需大量的专业技术人才，成立了一系列专门学校：中国工农红军通信学校（前身为中革军委无线电学校），中国工农红军卫生学校，中央农业学校，高尔基戏剧学校，创办于瑞金的商业学校和银行专修学校，中央教育人民委员部领导创办的高级、初级和短期师范学校。除此之外，各级苏区政府还相继创办了各类短期职业中学、职业学校、女子职业学校以及各类工农业余技术补习学校和培训班。各业务部门还举办了一些专业培训班，如苏区财政部开办了商业税、土地税、合作社及会计工作训练班，国家

---

[1] 毛泽东选集：第2卷.2版.北京：人民出版社，1991：663-664.

银行开办了银行专修训练班。

1. 中国工农红军通信学校

为了满足革命战争对技术和专业人才的急迫需要,培养苏区急需的无线电通信技术人才,苏区大力发展通信类职业教育。通信类职业教育以中国工农红军通信学校为核心,它是我军历史上第一所工程技术学校。中国工农红军通信学校成立于1931年（最初为红军第三期无线电训练班,1931年开办。1932年,该训练班升格为中革军委无线电学校。1933年,中革军委无线电学校更名为中国工农红军通信学校）,校长刘光甫。中国工农红军通信学校主要设有司号、电话、旗语和无线电等专业。其中无线电专业课程有收发报、英文、电学、数学等学习科目。至1934年10月,中国工农红军通信学校共培训无线电报务、机务、司号和旗语等各类通信人员2 100多人,对建立红军各方面军和各根据地的通信联络,确保党中央、中革军委反"围剿"作战指挥,保障红军长征转危为安,夺取中国革命战争的胜利和中华人民共和国的成立做出了不可磨灭的贡献,是我军红色通信人才的摇篮。

2. 中国工农红军卫生学校

为了给红军输送医护人员、诊治群众疾病、普及苏区卫生工作,苏区政府大力发展医疗、护理类技术职业教育。这类教育以中国工农红军卫生学校为教育中心。1931年11月,我党创办的第一所军医学校在瑞金成立,贺诚任校长。1933年5月,"中国工农红军军医学校"改名为"中国工农红军卫生学校"。学校办学方针鲜明：培养政治坚定、技术优良的红色医生。学校设有军医、护士、药剂、卫生保健等专业,学习内外科诊断治疗以及绷带、急救、看护常识和卫生常识。开设的课程有生理解剖基本知识、细菌学、药物学,以及与实际工作需要有关的部队多发病、常见病、战伤救护、外科护理等课程内容,重视军事医学在战斗中的重要性、紧迫性。据统计,从创办到中央红军长征,中国工农红军卫生学校一共培养了八期686

第二章 苏区时期初创职业教育与成人教育

名学生，其中军医班学员181名、调剂班学员75名、看护班学员300名、保健班学员123名、研究班学员7名。这些学生毕业后被分配到各个部队、医院，满足了革命战争和苏区防治疾病的需求。

3. 中央农业学校

为了恢复和发展苏区的农业生产、培养农业技术干部、提升苏区农业水平，苏区努力推动农业类职业教育。该类职业教育以中央农业学校为核心。中央农业学校创办于1933年，校长由徐特立兼任，校址在瑞金。中央农业学校的主要任务是：为苏区培养中下级农业干部，总结和推广农业生产经验，与有关部门共同计划根据地的农业建设。中央农业学校设本科、预科及教员研究班，有学生200多人。本科学制1年，根据需要可能缩短或延长。预科修业2个月。教员研究班无定期。招收的学员应为农民和工人中有意愿学习农业的公民。年龄应在16岁以上、39岁以下。本科课程有政治常识、科学常识、农业常识；预科学员从实习中学习简单的农业常识和文字、算术；教员研究班是教员组成的农业科学研究机构，根据苏区条件开展农业科学实验和农业技术推广工作。学校还附设农事试验场和农产品展览所，作为学生劳动实习基地和研究推广新知识、新技术的场所。中央农业学校为苏区培养了大量农业技术人才，他们在恢复和发展苏区农业生产、增加粮食产量、向群众传播先进的农业生产知识和技术等方面都取得了很大的成绩。

4. 高尔基戏剧学校

为了扩大苏区政治影响力、加强红军宣传工作、为苏区培养文艺人才，苏区大力推动艺术类职业教育。此类职业教育以高尔基戏剧学校为教育中心，专门为苏区培养苏维埃戏剧运动所急需的文艺人才。高尔基戏剧学校成立于1933年4月，校长是李伯钊，校址在瑞金。高尔基戏剧学校的教学贯彻理论与实践相结合的原则，艺术教育与现实斗争生活紧密联系，课堂教学与实习演出紧密结合。除排演活报剧、小话剧、歌舞节目进行汇报演出和参加社会上的宣传活动外,还参加中央苏维埃剧团和工农剧社的演出。高尔基戏剧学校的学员学习期限一般为四个月,前一个月学习政治问答、唱歌、跳舞、演活报剧,后三个月除了要加强政治学习,还要学习舞台布置、剧本创作、排练演出等戏剧专业理论知识以及剧社、剧团、俱乐部的运作管理。高尔基戏剧学校先后办过普通班、地方班和红军班,两期毕业学生约有1 000名,后编为60个戏剧队。他们都成为苏区工农剧社、苏维埃剧团、文艺宣传队和各级俱乐部的骨干力量,为红军和根据地的文艺建设培养了大批的文艺轻骑兵。

5. 永新女子职业学校

为了促进男女平等,充分发挥妇女在革命根据地经济生产和苏维埃革命政权建设中的积极作用,苏维埃各级政府十分重视发展女子职业教育,竭尽所能利用各种渠道开办各类女子职业学校。这类学校中比较有代表性的是永新女子职业学校(或称永新县赤色女子职业学校)。永新女子职业学校由永新县苏维埃政府创办,学校招收16岁至26岁的工农女子入学,要求学生是贫农、雇农、苦力工人或农民家庭的女子。永新女子职业学校通过多种渠道筹措教育资金,成立初就设立了学校基金,其来源是:"学校基金实行群众自愿集股,规定每五角钱为一股,几个人集一股也可以。"[①] 学习年限为两年,开设的课程有国语、常识、缝衣、织毛巾、音乐、体操、妇女工作。主要学习缝纫、针织、机织等职业科目,每天这类课时达6小时,文化课、政治课次之,每星期上课11小时。此外,还要求练习体操、做游戏等。学校拥有缝纫机、编织机等机器,学生半工半读,劳动所得除上缴苏维埃政府外,可提取一部分作为奖励金。永新女子职业学校提升了妇女的劳动技能和文化水平,为苏区培养了大量的纺织业人才。

[①] 赣南师范学院,江西省教育科学研究所. 江西苏区教育资料汇编(内部资料). 1985:70.

第二章　苏区时期初创职业教育与成人教育

6. 商业、银行、经济类职业教育

为了推动苏区经济发展、保障民生、为苏区工商业和银行业培养专业技术人才，苏区发展商业经济类职业教育。此项教育以苏区商业学校和银行专修学校为教育中心，主要传授商业经营、财经金融、税收方法、粮食储备供应等知识。苏维埃国家银行在1933年5月5日发布招收银行练习生的启事："本行为适应革命发展添设分行起见，决定陆续招收银行练习生（不分男女，人数多少不限），其毕业期间为一年。练习期满之后，酌量提拔为正式职员，分别等第照给工资……"[1] 另外，苏维埃国家银行于1934年发布通告，鼓励符合条件的女同志报名。各政府部门还举办了一些专业训练班，如财政部开办了商业税、土地税、合作社及会计工作训练班。各级苏区政府也是如此。1931年夏，鄂豫皖苏区在新集开办了一所财经学校，开设财政、税收、银行、粮食4个专业班。1933年2月，川陕苏区在川北通江县开办经济训练班，旨在为苏区培养经济工作方面人才。1933年10月，湘赣省苏维埃政府举办了国民经济干部训练班，共有学员200名。

7. 短期职业学校

为了适应反"围剿"战争和根据地建设的需要，提高工人的文化政治水平，扫除工人中的文盲，苏区大力推动短期职业学校教育，开办了大量的工农业余补习学校、夜校、俱乐部，对苏区的工人、学徒及相关工作人员进行职业培训，以提高他们的技术水平。苏区短期职业中学课程设置分为生产技术、社会科学、自然科学及文字课四项。其中生产技术占课目的40%以上，社会科学（政治常识等）占15%，自然科学（数学在内）占20%，文字课占15%，其他活动（学术政治讲演、社会工作等）占10%。

苏区专业教育作为苏区职业教育与成人教育的重要组成部分，

---

[1] 余伯流，凌步机.苏区史.南昌：江西人民出版社，2001：804-805.

具有以下鲜明的特点：

（1）明确的思想性，渗透德育工作。德育工作是教育工作中的重中之重。党和苏区政府历来重视思想政治教育工作，重视对于各类人才"德"的培养。苏区职业教育以马列主义为指导思想，根本区别于国民党统治下的旧式教育。要求教育工作必须坚持无产阶级的共产主义方向，努力在工人、农民和其他劳动群众中，在广大青少年和儿童中加强精神文明建设，向他们宣传社会主义、共产主义思想。帮助他们树立革命思想和共产主义远大理想，养成共产主义道德品质[①]。苏区职业教育还相当看重学员的思想政治修养及道德品质水准。1934年，苏区中央教育人民委员部先后制定了《高级师范学校简章》《短期师范学校简章》《小学教员训练班简章》《短期职业中学试办章程》等一系列文件，都将政治理论及政治常识教育当作必修科目。《马克思主义浅说》《社会主义浅说》《政治常识讲义》等书目都被定为此类学校的教材。苏区的各类职业技术学校还经常组织学员参加一些诸如慰劳红军、帮助红军家属耕田、节省粮食、募捐、查禁赌博、反对封建迷信、清洁防疫等活动。这些活动使学员逐渐具备了诚实勇敢、勤劳朴素等优良品质，大大提高了广大学员的道德修养。

（2）鲜明的时代性，适应战时需要。1933年7月，苏区中央教育人民委员部发布第四号训令，明确指出："在目前一切给与战争，一切服从战争利益这个国内革命战争的环境中，苏区文化教育不应是和平的建设事业。恰恰相反，文化教育应成为战争动员一个不可缺少的力量。"[②] 苏区政府要求各级政府都应因地制宜地开办短期职业中学、女子职业学校、工农夜校、妇女半日学校、工人实习学校等各种职业教育，为苏区培养军工、农业、通信、医护、纺织等各

[①] 吕良.中央革命根据地教育史.北京：教育科学出版社，1989：52.
[②] 陈元晖，璩鑫圭，邹光威.老解放区教育资料（一）.北京：教育科学出版社，1981：34.

第二章　苏区时期初创职业教育与成人教育

类急需的专业技术型应用人才，以适应革命战争的需要。这些学校以及相关技术部门多是因战争而创办的。

（3）内容的针对性，设置各类急需专业。苏区职业教育具有较强的针对性和实用性。针对苏维埃政府开展各项工作的需要，进行专职干部教育和在职干部培训，培养大量的专业党政干部；针对发展苏区经济，改善人民生活质量的需要，大力开展工农业、商业、银行、经济类技术教育，以加速苏区的生产发展，繁荣经济；针对革命战争的需要，设置军工、医疗、无线电、医疗护理等专业技术教育，以保障战争的胜利；针对提高苏区劳苦大众的科学文化素质，使其掌握生产生活技能等方面的需要，开办各级各类职业中学、女子职业学校、工农夜校等，以普及科学文化知识，使苏区群众掌握一定的生产常识和生活技能。

（4）主体的专业性，重视师资队伍建设。苏区自主培养专门学校的师资力量，主要通过开设教员训练班和开办列宁师范学校两种方式。除此之外，还聘请了大量兼职教师。如当时鄂豫皖苏区的财经学校就经常请财经、土地、粮食委员会的负责人做报告或请专业干部讲课。在红军学校、专业学校和干部学校，还有不少党政军的领导亲自兼课。

（5）基础的广泛性，依靠群众多渠道办学。在创办和发展专门学校的过程中，党和苏维埃政府提出了"从群众中来，到群众中去"的群众化办学方式，强调从办学的对象、制度、经费、场所到办学的方式、方法，都必须充分考虑到广大群众的需要和利益。苏区专门学校经费的来源以县为主、各方筹措为辅。各县教育部主要通过三种方式提供专门学校的经费：一是从政府的土地税收中按比例划拨；二是由政府拨给固定的经费数额；三是设立"教育公田"等形式的专项经费。苏区政府还想方设法多方募集教育基金，鼓励群众踊跃入股。1934年颁布的《教育行政纲要》规定："短期职业中学以县立为原则，教育部应领导各种群众团体，每年定期募集地方教育基金，存放国库，由县教育部按照预算付给。"①

苏区的专业教育颇有成效。一是政治思想方面，提升了群众的思想认识，充分发挥了教育的宣传动员作用。苏区政府有效地将思想政治教育和道德品质教育融入专门教育当中，成效显著。广大苏区社会风貌焕然一新，人人互助友爱，拥军优属，破除迷信，相信科学。二是经济生产方面，培养了大量技术技能人才，推动了根据地经济发展。如苏区的官田红军兵工厂在存在的两年半时间内，共修配步枪4万多支，制造子弹40多万发、手雷6万多个、地雷5 000多个，修理山炮2门、迫击炮200多门。经济类人才为苏区商业的恢复和发展做出了贡献。如湘赣省"各市场商人都能正常自由营业，群众合作社农村都已普遍，金银颇为流通，各种普通日用品都能买到，货物价格特别低廉，米每升钱五十文，肉每斤钱六百文，群众生活较革命前都改善了"。三是文化科学技术普及方面，推动科学技术推广与普及。苏区科普工作以专门教育为载体，极大地促进了先进技术在苏区的推广和传播。如中央农业学校将研究和普及农业生产科学技术作为其办学的一项重要任务。学校设立本科、预科及教员研究班从事农耕技术的改良研究，培育优质作物，为当地农民提供技术咨询和指导。四是革命战争方面，为红军培养了大批军事技术及指挥人才。红军学校全盛时期，学员达到6 000多人，极大地提高了红军官兵的军政素质，增强了红军的战斗力。

二、群众识字运动

为了使广大工农劳苦大众接受文化教育，促进苏区的政权建设、经济建设和文化建设，提高红军战斗力和政府工作效率，苏区大力

---

① 陈元晖，璩鑫圭，邹光威. 老解放区教育资料（一）. 北京：教育科学出版社，1981：72.

第二章 苏区时期初创职业教育与成人教育

推动群众识字运动。苏区以识字运动、扫除文盲为工作重心，把政治教育、军事教育、生产教育和文化识字教育结合为一体，把宣传土地革命、马克思列宁主义同普遍的群众识字运动结合起来。苏区群众识字运动，组织严密、层层落实，在中华苏维埃乡教育委员会的统一指导下，乡设识字运动委员会总会，村设分会，村民全员参与。苏区群众识字运动的开展，大大降低了苏区农民文盲比例，通过开展农民的扫盲教育，一方面组织工农劳苦大众努力读书识字，提高了他们的文化水平；另一方面使革命群众在识字过程中，明白了革命的道理，有力地推动了根据地革命事业的发展。

苏区的群众识字运动呈现以下特点：

(1) 目标明确。1932年3月临时中央政府颁发《政府工作人员要加紧学习》的命令，规定："每个政府工作人员都应当加紧学习，尽量提高自己的文化程度和工作能力。不识字的工农同志，更要努力识字，积极学习政治和工作。"[1] 1933年4月中央教育人民委员部发布第一号训令，指出"苏区当前文化教育的任务，就是要用教育与学习的方法，启发群众的阶级觉悟，提高群众的政治水平与文化水平，打破旧社会思想习惯的传统，以深入思想斗争，使能更有力地动员起来，加入战争，深入阶级斗争，和参加苏维埃的各方面的建设"[2]。1933年中央教育人民委员部发布《夜校办法大纲》的第十二号令，指出在国内战争环境中，青年和成年男女必须学会路条、标语和文件等，尤其是工作人员更要提高文化和政治水平。

(2) 立法保障。苏维埃政府先后制定了《夜学校及半日学校办法》《识字班办法》《消灭文盲协会章程》《关于儿童入校与消灭文盲运动的指示》《消灭文盲决议案》等十多个文件以及一系列《中华苏维埃共和国临时中央政府教育人民委员部训令》，把发展识字、文化

---

[1] 滕纯. 中国教育魂：上. 南昌：江西教育出版社，1998：134.
[2] 陈元晖，璩鑫圭，邹光威. 老解放区教育资料（一）. 北京：教育科学出版社，1981：29.

教育事业当成是争取革命战争胜利，完成苏维埃各方面建设的锐利武器。瑞金县制定的《苏维埃工作人员学习问题决议案》明确指出："县、区、乡及城市各级政府，必须开办识字班，不识字的工作人员必须加入识字班，谁若不愿意学习，就是对革命怠工。"[1]

（3）组织严密。针对识字扫盲运动，苏区从上到下建立了领导机构和战斗力很强的工作队伍，配备专门人员。在各级政府中，扫盲由教育人民委员部教育科负责，并要求各机关及团体内必须建立消灭文盲小组。各级消灭文盲协会由党、团、儿童团、少先队、工会、妇代会、贫农团、乡苏代表、乡教育委员会等部门7～9人组成。省级协会下设干事会，各级干事会按级选举主任、副主任1～3人。

（4）方法多样。苏区群众识字运动教学方法灵活多样、生动活泼。在地方上，以自然村落为单位，以夜校、补习学校、识字班、俱乐部为组织形式，此外，还广泛举办识字牌（钉在路旁墙壁上，在牌上绘图写字）、板报、宣传栏和戏剧等群众性文化活动。苏区群众教育还注意解决群众学习与生产的矛盾，利用生产闲暇时间，开展活动。农民白天忙，夜间闲，就组织他们上夜校，并普遍采用了"识字牌"形式开展识字活动。

（5）教材通俗。配合群众识字运动，苏区政府编写了适合当时的斗争环境，适合群众生产生活的简明通俗的教材。苏区中央教育人民委员部编印了六册《共产儿童读本》，各地方苏维埃政府编印了乡土教材。这些读本和教材都贯彻了内容与斗争和生活实际相结合，识字由简到繁、由易到难的原则，使群众"一念就上口、再念就记牢"。

群众识字运动成效明显。苏维埃政府的各项实施决议极大地促进了苏区群众识字运动的发展。据1932年11月28日《红色中华》

---

[1] 肖东波. 苏区党的理论教育. 求实，2006（3）.

第二章　苏区时期初创职业教育与成人教育

报道，这一年江西共成立乡、村消灭文盲委员会2 722个，成立识字俱乐部712个，识字小组19 812个，87 916人达到了当时教育人民委员部规定的脱盲毕业标准，在学习中妇女的积极性尤为突出。毛泽东在《苏维埃区域的文化教育》中指出："妇女群众要求教育的热烈，实为从来所未见。兴国夜校学生一万五千七百四十人中，男子四千九百八十八人，占百分之三十一，女子一万零七百五十二人，占百分之六十九。兴国识字组组员二万二千五百一十九人中，男子九千人，占百分之四十，女子一万三千五百一十九人，占百分之六十。在兴国等地妇女从文盲中得到了初步的解放，因此妇女的活动十分积极起来。妇女不但自己受教育，而且已在主持教育，许多妇女是在作小学与夜学的校长，作教育委员会与识字委员会的委员了。"[①] 另据统计，1934年苏区有补习学校4 562所，学员108 000人；识字组23 286个，组员120 000人；俱乐部1 917个，工作员93 000人。

三、士兵教育培训

为了满足长期革命战争和各项经济建设事业的需要，也为了加强士兵们的思想政治教育、军事教育、文化教育，以提高他们的思想政治觉悟、军事作战能力和文化水平，培养一支军心稳定、能打胜仗的革命队伍，苏区大力推动士兵教育培训。以党校、干部培训学校为主，辅之以各类培训班，通过以思想政治教育、军事教育、文化教育等为主要内容的教育培训，结合革命歌谣、听课、文艺演出、讨论会等士兵们喜闻乐见的教学方式，苏区士兵教育培训实效明显，广大士兵有了为革命事业而奋斗的政治觉悟、有了军事基础和文化基础，人人"会打仗，英勇地消灭敌人"，"会进行群众工作，

---

① 毛泽东. 毛泽东同志论教育工作. 北京：人民教育出版社，1958：13-14.

会宣传组织群众，会分配土地"，"会筹款，解决粮饷问题"，成为一支能文能武的战斗队、政治宣传队和文化教育的队伍。

当时，苏区较有影响的士兵教育培训学校有：

（1）马克思共产主义学校。为了培养能领导前方和后方政治工作的高级干部，苏区成立了马克思共产主义学校。马克思共产主义学校是党创办的第一所中央高级党校，成立于1933年3月，由苏区中央局与全总执行局联合创办，为苏维埃党校。首任校长任弼时。学校设三种类型的教学班：一是新区工作人员训练班，主要是训练新区和白区的工作人员。二是党团苏维埃工会工作人员训练班，主要培训党、团苏维埃和工会的工作者。三是高级干部训练班，主要是训练省委省苏维埃及省工会派送的高级干部。各类训练班主修的共同课程有马列主义基本原理、党的建设、工人运动、世界革命史、中国革命基本问题、游击战争等，学习时间为3至6个月。马克思共产主义学校首开中央党校的办学历史，成为我党培养造就高中级干部的摇篮，学员毕业后均被分配到红军和地方，成为党的工作骨干。马克思共产主义学校在约一年半的办学时间内，共计培养了300多名苏区党政军和群众团体干部，在紧张动荡的战争形势下造就了一批具有较高马列主义理论水平与实践斗争经验的宝贵干部人才。

（2）苏维埃大学。为了适应革命战争和苏区建设需要、培养各类干部，苏区成立了苏维埃大学。苏维埃大学成立于1933年8月，由毛泽东、沙可夫分任正、副校长。苏维埃大学是苏区的最高学府，设特别班和普通班。特别班（本科层次）下设土地、国民经济、财政、工农检查、教育、内务、劳动、司法、外交、粮食等专业，学习内容为马克思主义理论学习、实际问题研究、实习等三个部分，学习时间不少于半年。普通班是为文化不高的学员进行补习而设，学习期限不定。苏维埃大学在不到一年的短暂而光荣的办学历程中，先后招生1 500多人，为苏区各级苏维埃政权培养输送了大批拥有较高专业素养的急需人才，成为推动苏维埃政权建设的骨干力量。

第二章　苏区时期初创职业教育与成人教育

（3）红军大学。红军大学于1933年10月成立，由原红军学校与苏维埃大学军事政治部合并而成，是苏区培养红军中高级指挥人员和政工人员的最高学府。校址在瑞金，何长工为校长兼政治委员，学生主要由红军选送。分设高级指挥科、政治科、参谋科，主要培养营级、团级以上军事政治干部，高级科则培养军级以上干部。还设教导队、高射队、测绘队三个大队。学校针对学员的实际情况及当时的斗争形势，制定了"理论与实际结合、军事与政治并重和少而精"的教学方针。在教学内容上，对学员着重进行阶级教育、党性教育及国际主义教育。政治思想课主要学习马克思主义哲学及政治经济学、党的建设、中国革命的基本问题、社会发展史、红军政治工作等内容；在军事训练课中，既学习苏联红军的战斗条令、野战条令和基本战术，又从中国革命战争的实际出发，总结红军的作战经验，举行军事演习或亲赴前线指挥战斗。同时，学校还创办《革命与战争》《红色战场》等刊物，加强理论研究，配合教学工作的开展。红军大学共培训了三期学员，为红军输送了大批军政指挥人员，如彭雪枫、宋任穷、程子华、韦国清、邓华、周子昆等。红军大学中的许多学员在革命战争年代成长为无产阶级革命家或我军的高级将领。

苏区士兵教育培训从苏区地域现状和士兵实际特点出发，有序开展，具有苏区独有的特色：

（1）强有力的制度保障。在从1931年11月到1933年年底的两年中，在中华苏维埃共和国中央人民委员会39次常委会中，与士兵教育相关的议程有20多次。同时，苏区中央在近40个决议、指示等文件中强调加强士兵教育，并对教育要求、教育内容、教育方法等做了具体规定。如《全国组织报告的决议案》指出："必须加紧党的教育工作，提高一般工作同志的政治水平线，要坚决地消灭理论与实际分开的现象。"毛泽东、周恩来、朱德、瞿秋白、徐特立等苏区领导人亲抓士兵教育培训，深入实际具体指导和参加士兵教育培训教学工作，及时总结教育工作经验。

（2）鲜明的办学方针。苏区士兵教育培训目标明确：培养和造就大批革命干部，直接为革命战争和苏维埃服务。整个教育培训过程，坚持贯彻教育为革命战争与阶级斗争服务，教育与生产劳动相结合的方针。苏区政府曾提出："要消灭离开生产劳动的寄生阶级的教育，同时要用教育来提高生产劳动的知识和技术，使教育和劳动统一起来。"士兵教育培训以战争动员为中心目标，同时为着战争的需要，重视阶级教育和战争战略战术的教育。

（3）组织严密性、载体丰富性。士兵教育培训组织严密，坚持党对军队的绝对领导。其主要组织方式有：在日常革命斗争和实际工作中教育培训士兵；举办各种类型的训练班；成立专门的研究会，组织干部进行理论学习和研究；开办识字班，提高士兵的文化水平；出版革命杂志及相关材料，作为广大士兵的学习材料；其他各革命根据地也开展了多种形式的教育培训。如鄂豫皖根据地创办了苏区列宁高级学校、鄂豫皖苏区师范学校、农业学校、财经学校；湘鄂西苏区创办了洪湖军事学校、列宁学校等。苏区党和政府在已有的政治机关和党组织领导的基础上，组建政治训练委员会，专门致力于士兵的训练工作。苏区还组建了俱乐部、列宁室、书报社、夜校、新剧团等学习基地和教育载体。这些载体组织系统严密、合理，活动形式多样，深受广大士兵喜爱。

（4）教育方式的针对性、多样性、灵活性。党采用了有针对性、多样性、灵活性的教育方式对士兵开展教育培训工作。首先，党从教育目的出发，有针对性地采取相应的方式方法开展说服教育以及训练工作。党在对士兵开展教育之前，深入细致地对士兵的情况进行调查研究，实事求是地分析各个士兵在思想政治状况、心理身体状况、文化水平之间的差异，根据分析情况有针对性地采取相应的教育方式开展教育工作。针对不同文化程度和具有不同思想的人采取不同的教育方法。其次，采用了革命歌谣、听课、文艺演出、讨

第二章　苏区时期初创职业教育与成人教育

论会等多种形式并存的教育方法,提高士兵教育的实效性。苏区士兵教育培训采取新鲜、活泼、喜闻乐见的多种形式,引导纠正士兵的错误思想。例如,以革命歌谣唤醒士兵的思想觉悟和革命斗志;通过课堂教学传授理论知识,传播革命思想;以文艺演出丰富士兵单调枯燥的军旅生活;以讨论会激活学习氛围,强化学习力度;以红色报刊传颂革命事例,宣扬革命主张;以个别谈话加强革命思想,端正学习心态;以短期训练班增强军事技能;等等。

（5）教育语言的通俗化、大众化。首先采取了通俗化的讲演,语言通俗化、明了化、趣味化、接地气。其次,采用的教材是韵文式的。苏区教育工作者采用了传统的四字韵文的方式来编写识字课文。如第二军第三纵队政治部于1930年编写的革命歌谣《国民党四字经》就是当时流传甚广的政治教材。

苏区的士兵教育培训成效显著,建成较为完整的士兵教育培训体系,在党务、行政、军事、财经以及医疗等方面都建立起了较完备的士兵教育培训机构,为苏区革命斗争和根据地建设造就了一批忠诚而又勇敢的革命干部。马克思共产主义学校、苏维埃大学、红军大学等干部学校为我党培养了大量高级干部,输送了大批军政指挥人员。据不完全统计,苏区各类军政干校、列宁高等学校及专业学校先后共培养干部和技术骨干8 000多人。

第三章 抗日根据地的职业教育与成人教育

1937年7月7日夜，日本发动卢沟桥事变，全面抗日战争爆发。在民族存亡的紧急关头，中国共产党倡导建立了抗日民族统一战线，制定和实施全面抗战路线和持久战的战略总方针。党领导人民以山地为支点，逐步向平原发展，开展独立自主的游击战争，收复了大片国土，建立了民主政权，形成了包括陕甘宁边区等19个省区的多块抗日根据地。抗日根据地实行抗战教育政策，使教育为抗日民族战争服务。1940年，毛泽东发表《新民主主义论》，提出了新民主主义文化教育的总方针，在民族的科学的大众的新民主主义教育方针指引下，抗日根据地的职业教育与成人教育事业蓬勃发展。抗日根据地职业教育与成人教育的成功开展，不仅培养了一大批适应抗战需要的人才，而且发展了根据地的群众教育，基本消除了根据地的文盲状况，提高了根据地人民的民族意识与政治文化水平，增强了持久抗战和夺取抗战胜利的信心，有力地支援了全民抗战和持久抗战，巩固了抗日根据地，推动了根据地文化教育事业的发展，开辟了新民主主义教育的新天地。

一、抗日根据地职业教育与成人教育的指导方针[①]

　　职业教育与成人教育是整个抗日根据地教育的重要组成部分。职业教育与成人教育是在中国共产党的教育方针指引下进行的，坚持的是为抗战服务的战略和新民主主义的教育方针。这保障了这一时期职业教育与成人教育的正确方向。

---

① 干部教育在抗日战争时期具有非常重要的地位，居成人教育中的首位。也正因为干部教育在党的教育理论和实践上的重要性，本套丛书有一本《干部教育》进行专门论述，故本部分仅就成人教育中的群众教育、社会教育进行研究和论述。

第三章　抗日根据地的职业教育与成人教育

（一）教育为抗战服务的方针政策

全面抗战初期，"亡国论""速胜论"此起彼伏，根据中日两国的特点和国际形势，毛泽东提出了抗日战争是持久战的著名论断。中国共产党代表中华民族的根本利益，确信中国有力量进行抗战并能取得最后的胜利。要取得胜利，就必须实施全面抗战的方针，"只有全面的民族抗战才能彻底地战胜日寇"[①]，"这种力量最深厚的根源是在广大人民群众之中"，"必须充分地动员和依靠群众，才能坚持抗战和争取抗战的胜利，并使抗战的胜利成为人民的胜利"[②]。

教育是动员和依靠群众的重要途径。抗日战争时期，根据地群众教育是国防教育的重要组成部分。国防教育的任务是提高民众的民族觉悟、胜利信心和增加抗战的知识技能。大力推进和加强群众国防教育，是夺取抗战胜利的重要措施。1937年7月23日，毛泽东发表了《反对日本进攻的方针、办法和前途》一文，主张坚决实行抗战的方针和办法，以争取驱逐日本帝国主义，实现中国自由解放的前途。文中首次提出了"国防教育"的口号，指出要"根本改革过去的教育方针和教育制度。不急之务和不合理的办法，一概废弃"[③]。1937年8月22日至25日，中共中央在洛川召开政治局扩大会议，通过了《为动员一切力量争取抗战胜利而斗争》，提出"抗日的教育政策：改变教育的旧制度、旧课程，实行以抗日救国为目标的新制度、新课程"[④]。

1938年毛泽东在《论新阶段》中阐释了"伟大的抗战必须有伟

[①] 毛泽东选集：第2卷.2版.北京：人民出版社，1991：354.
[②] 中共中央党史和文献研究院.中国共产党的一百年（新民主主义革命时期）.北京：中共党史出版社，2022：186.
[③] 同①348.
[④] 同①356.

大的抗战教育运动与之相配合"①思想。他指出：唯有"努力于推动政治、经济和文化的进步，努力于工、农、商、学各界人民的动员，……才能缩短战争的时间"②。"如此伟大的民族革命战争，没有普遍和深入的政治动员，是不能胜利的。……动员了全国的老百姓，就造成了陷敌于灭顶之灾的汪洋大海，造成了弥补武器等等缺陷的补救条件，造成了克服一切战争困难的前提。要胜利，就要坚持抗战，坚持统一战线，坚持持久战。然而一切这些，离不开动员老百姓。""战争的伟力之最深厚的根源，存在于民众之中。日本敢于欺负我们，主要的原因在于中国民众的无组织状态。克服了这一缺点，就把日本侵略者置于我们数万万站起来了的人民之前，使它像一匹野牛冲入火阵，我们一声唤也要把它吓一大跳，这匹野牛就非烧死不可。"

1938年，党的扩大的六届六中全会做出了"实行国防教育政策，使教育为民族自卫战争服务"的决议，实施国防教育，改变旧制度、旧课程，实施义务的、普及的、负责的教育方案，力图使各类教育走向为抗战服务的轨道。毛泽东在会上所做的《论新阶段》的报告中，明确提出"实行抗战教育政策，使教育为长期战争服务"。"在一切为着战争的原则下，一切文化教育事业均应使之适合战争的需要"③。进而提出实行如下各项文化教育政策："第一，改订学制，废除不急需与不必要的课程，改变管理制度，以教授战争所必需之课程及发扬学生的学习积极性为原则。第二，创设并扩大增强各种干部学校，培养大批的抗日干部。第三，广泛发展民众教育，组织各种补习学校、识字运动、戏剧运动、歌咏运动、体育运动，创办敌前敌后各种地方通俗报纸，提高人民的民族文化与民族觉悟。

---

① 中共中央文献研究室，中央档案馆. 建党以来重要文献选编（1921～1949）：第15册. 北京：中央文献出版社，2011：619.
② 毛泽东选集：第2卷.2版. 北京：人民出版社，1991：470-471.
③ 同①618.

第四，办理义务的小学教育，以民族精神教育新后代。"并强调说，"一切这些，也必须拿政治上动员民力与政府的法令相配合，主要的在于发动人民自己教育自己，而政府给以恰当的指导与调整，给以可能的物质帮助，单靠政府用有限财力办的几个学校、报纸等等，是不足完成提高民族文化与民族觉悟之伟大任务的。抗战以来，教育制度已在变化中，尤其战区有了显著的改进。但至今还没有整个制度适应抗战需要的变化，这种情形是不好的。伟大的抗战必须有伟大的抗战教育运动与之相配合，二者间的不配合现象亟应免除"。国防教育就是抗战的教育，目的是动员广大群众参加抗战，本质上也必然是对旧教育的改革，使之适应现实的需要。各根据地、边区政府具体实行抗战教育的四大政策，广泛发展民众教育，提高人民的民族文化与民族觉悟。

（二）新民主主义教育方针

1940年毛泽东发表《新民主主义论》，指出中国的民主主义革命从鸦片战争失败以后，到五四运动以前为中国资产阶级领导的旧民主主义革命，五四运动以后，是无产阶级领导的新民主主义革命。中国革命不能不做两步走，第一步是新民主主义，第二步是社会主义，而且第一步的时间相当长，绝不是一朝一夕所能成就的。新民主主义共和国是无产阶级领导下的一切反帝反封建的人们联合专政的民主共和国。新民主主义的政治、新民主主义的经济和新民主主义的文化相结合，就是新民主主义共和国。毛泽东提出了新民主主义文化教育的总方针："所谓新民主主义的文化，就是人民大众反帝反封建的文化；在今日，就是抗日统一战线的文化。这种文化，只能由无产阶级的文化思想即共产主义思想去领导，任何别的阶级的文化思想都是不能领导了的。所谓新民主主义的文化，一句话，就是无产阶级领导的人民大众的反帝反封建的文化。"①"民族的科学的大众的文化，就是人民大众反帝反封建的文化，就是新民主主义的文化，就是中华民族的新文化。"②

新民主主义的教育，即无产阶级领导的人民大众的反帝反封建的教育。发展民族的科学的大众的新教育，是新民主主义教育事业的总方针。1945年，毛泽东在《论联合政府》中重申："中国国民文化和国民教育的宗旨，应当是新民主主义的；就是说，中国应当建立自己的民族的、科学的、人民大众的新文化和新教育。"并提出，"从百分之八十的人口中扫除文盲，是新中国的一项重要工作。一切奴化的、封建主义的和法西斯主义的文化和教育，应当采取适当的坚决的步骤，加以扫除"③。

新民主主义教育是民族的。"它是反对帝国主义压迫，主张中华民族的尊严和独立的。它是我们这个民族的，带有我们民族的特性。"④"民族的，即抗日第一，反帝、反抗民族压迫，主张民族独立与解放，提倡民族的自信心，正确把握民族的实际与特点的文化。"⑤对于外国教育，既不能一概排斥，也不能全盘西化，而是要取其精华，去其糟粕，洋为中用。

新民主主义教育是科学的。"它是反对一切封建思想和迷信思想，主张实事求是，主张客观真理，主张理论和实践一致的。""我们必须尊重自己的历史，决不能割断历史。但是这种尊重，是给历史以一定的科学的地位，是尊重历史的辩证法的发展，而不是颂古非今，不是赞扬任何封建的毒素。"⑥秉持马克思主义的历史唯物主义和辩证唯物主义，以科学的态度，实事求是地对待中国的文化教

---

① 毛泽东选集：第2卷.2版.北京：人民出版社，1991：698.
② 同①708-709.
③ 毛泽东选集：第3卷.2版.北京：人民出版社，1991：1083.
④ 同①706.
⑤ 张闻天选集编辑组.张闻天文集：第3卷.北京：中共党史出版社，1994：25.
⑥ 同①707，708.

第三章　抗日根据地的职业教育与成人教育

育遗产，既不能简单否定，也不能因循守旧，而是要做具体的分辨，去除封建性的糟粕，吸取民主性的革命性的精华。"科学的，即反对武断、迷信、愚昧、无知，拥护科学真理，把真理当作自己实践的指南，提倡真能把握真理的科学与科学的思想，养成科学的生活与科学的工作方法的文化。"①

新民主主义教育是大众的。"这种新民主主义的文化是大众的，因而即是民主的。它应为全民族中百分之九十以上的工农劳苦民众服务"，"要把教育革命干部的知识和教育革命大众的知识在程度上互相区别又互相联结起来，把提高和普及互相区别又互相联结起来"②。"大众的，即反对拥护少数特权者压迫剥削大多数人、愚弄欺骗大多数人、使大多数人永远陷于黑暗与痛苦的贵族的特权者的文化，而主张代表大多数人利益的、大众的、平民的文化，主张文化为大众所有，主张文化普及于大众而又提高大众。"③

中国共产党自诞生以来，对职业教育与成人教育是一贯重视的。而在抗日战争中，党领导的职业教育与成人教育，无论是从深度还是从广度来说，都是空前的，成效十分显著。其中许多宝贵经验，足以给后人以深刻的启迪。在教育为抗战服务的思想指导下，抗日根据地成人教育着重于对抗战教育、国防教育的思考，充分反映抗日根据地教育改革的历史特点，重视成人教育，注重面向工农大众的教育普及，成为抗战根据地成人教育的指导思想。在陕甘宁边区，边区政府提出实施国防教育的宗旨是：为争取抗战胜利，建设独立自由幸福的新中国，培养有民族觉悟、有民主思想、有现代生活的知识技能，能担负抗战建国之任务的战士和建设者。根据抗日战争的现实需要发展教育事业，重点开展成人教育，并在成人教育中，确立了"干部教育第一，国民教育第二"的原则。为了切实做好抗

---

① 张闻天选集编辑组. 张闻天文集：第3卷. 北京：中共党史出版社，1994：25.
② 毛泽东选集：第2卷. 2版. 北京：人民出版社，1991：708.
③ 同①.

战时期的成人教育工作,党制定了一系列的方针政策。

二、抗日根据地职业教育与成人教育的内容和组织实施

抗日根据地职业教育与成人教育的内容和组织实施有鲜明的时代特点。成人教育是当时民众教育、国民教育的重点,职业教育与成人教育既相互渗透又相互独立。在任务、内容和组织实施上各有特点。

(一) 以冬学为代表的成人教育

民众教育重心在成人教育,成人教育在根据地又主要是针对农民的扫盲教育,其组织形式主要有:冬学、民众学校、夜校、半日校、识字班、读报组,以及剧团、俱乐部、黑板报、民革室、民教馆等,其中识字组是一种最简便、最经济、最灵活的成人教育形式,冬学是最受欢迎、最普遍、最广泛的成人教育形式。冬学是根据北方农村生产生活的实际因地制宜,在继承发扬传统的冬学文化教育传统基础上开展的以社会教育形式为主的成人教育。由于抗日根据地、边区政府大多数集中在北方,而对北方的广大农民群众来说,冬天是农业生产的休整期,自古以来就有利用冬天读书的习惯。宋代陆游在《剑南诗稿·秋日郊居》中写道:"儿童冬学闹比邻,据案愚儒却自珍",并自注为:"农家十月,乃遣子弟入学,谓之冬学。"抗日根据地和边区政府组织的冬学的主要目的为"教民学文化,提高政治觉悟,推动抗战工作"[①]。

1. 成人教育的定位和意义

抗日根据地的成人教育是多种形式、灵活机动的。"人民,只有人民才是创造世界历史的动力。"中国共产党一贯主张革命运动必须

---

① 赵新勇. 行唐县教育志. 石家庄:河北科学技术出版社,2014:13.

第三章　抗日根据地的职业教育与成人教育

依靠人民群众。在抗日根据地，党把极大的注意力和精力集中到对农民、工人和士兵的教育上来。根据当时的客观环境，主要是进行文化教育、时事政治教育和军事生产技术教育。抗日根据地的人民的原有文化基础十分薄弱，陕甘宁边区识字的人一般只有1%左右，几乎没有成人教育工作。边区大部分的区乡干部文化水平低，绝大部分是文盲。我们仅以陕甘宁边区的安塞县为例，县区一级干部的文盲比例为：区委书记占4.3%，区长占57.1%，自卫营长占85.7%，妇联主任占100%，工会主任占67.1%，保安助理员和青救会主任均占28.1%[1]。1939年1月，边区政府主席林伯渠在第一届参议会上的报告中指出：广泛发展社会教育，实行消灭文盲，以提高失学青年和成年的文化水平，建立真正有内容的识字组、夜校、半日学校，向着每个人能识一千字的方向做去。这代表了各抗日根据地关于工农成人教育的指导方针。各根据地积极组织实施冬学、识字班、民众学校、戏剧、歌咏等多种形式的成人教育，提高民众文化素质，增强抗日意识和抗日技能，提高生产的知识技能，为抗战救国服务。

　　冬学是最受欢迎、最普遍、最广泛的一种成人教育形式。冬学就是充分利用冬季的农闲时间，实施根据地成人教育的一种最主要的方式。自全面抗战起，各根据地历年都开展大规模的冬学运动，主要以识字、政治教育为目的，辅之以文化教育、生产知识教育和时政教育。教学时间若延长到全年，则为民校。同时，冬学随着形势的发展而不断地调整。由于陕甘宁边区创建较早、发展稳定，又是中共中央及其他领导机关的所在地，它的冬学扫盲工作对其他敌后抗日根据地起着示范作用，具有典型性。1937年10月，陕甘宁边区中央教育部《关于冬学的通令》指出：冬学是国防教育领域内总

---

[1] 陕西师范大学教育研究所.陕甘宁边区教育资料：在职干部教育部分.北京：教育科学出版社，1981：120.

动员的具体任务，所以边区教育部特决定冬学是经常的学制之一，是成年补习教育的一种，特别是给农民教育的良好机会，也就是普及教育、消灭文盲的重要办法之一①。1939年陕甘宁边区教育厅制定了《消灭文盲三年计划（草案）》，要求第一年消灭文盲3.5万，第二年消灭5.5万，第三年消灭9万②。1941年10月，中共中央发布了开展冬学运动的号召："所有敌后抗日根据地里都起来布置冬学工作，把扫除文盲、掌握知识作为当前战斗任务之一。"同时，中共中央北方局发出《致各级党委的一封公开信》，号召开展冬学：华北各抗日根据地今年正是处在敌寇空前"扫荡"华北的严重关头。……因此我们今年冬学运动的目的，不仅是提高广大民众的文化水准，而且应注意与长期反"扫荡"战争的动员及配合，使广大民众经过冬学运动动员起来，积极准备与参与反"扫荡"战争，这是今年冬学运动中特别有意义的特殊任务③。1942年11月《解放日报》发表《今年的冬学》，对冬学的性质、意义、课程、时间安排做了具体规定，并着重强调，"冬学在农村教育中的作用，是不容怀疑的，我们有不少区乡干部，就是过去念过几年'冬书'，而消灭了自己的文盲"。

2. 教育对象、教学组织形式

参加冬学的学员主要是15～45岁、识字不满千字的村民。随着冬学运动的深入，党和根据地政府强调全体党员参加冬学，纠正过去党员不愿和群众一起学习的不正确思想，强调村干部首先参加冬学，纠正干部特殊化、文盲村干部也不参加冬学的落后现象。根据地教育行政部门对成人教育的主要对象也进行了分析，并认为学员是决定教材与教法的重要依据。如1940年晋西北行署教育处编印的

---

① 中央教育科学研究所. 老解放区教育资料（二）：下册. 北京：教育科学出版社，1986：1.
② 陕西师范大学教育研究所. 陕甘宁边区教育资料：社会教育部分（下）. 北京：教育科学出版社，1981：140-146.
③ 同①187.

第三章　抗日根据地的职业教育与成人教育

《冬学讲授大纲》认为学员的具体情况是：

（1）他们大半是颇有世故经验的人，过去的统治者在他们身上铸下了痛苦的创伤，他们头脑里存留着各种剥削和压迫的深刻印象。（2）他们虽有切身的痛苦经验，却因缺乏知识而不能理解其本质，几千年的封建遗毒却在他们头脑里占了主要地位，对于现实反应迟钝，往往陷于悲观、空想、消极的意识中。（3）冬学学员主要是农民，农民则具有农民意识：保守、犹疑、迷信、不讲卫生。（4）连年的战争和灾荒直接给予他们新的痛苦。新政权成立后，由于极左的做法，如"四大动员"又带来新的紊乱和痛苦，所以一般民众并没有感到自己生活在一个新的境地里[①]。

在教学组织方面，在中央的统一部署下，一般由县教育行政机关、各群众组织、村公所和小学教员组成冬学委员会，委员会对当地的具体情况（人口、自然环境）应有详尽的了解，并做出从始到终的全部计划。在冬学委员会的领导下，集训一批在职的小学教员和社会上的知识分子为冬学教员，并吸收小学生为助手。备好校舍、教学用具、灯油等物资设备，这些设备主要由村公所办理。在群众中动员，村干部及其家属带头起模范作用，同时要注意揭发奸人的造谣破坏。

在教学组织形式上，根据地的教育同生活和工作实际结合得更加密切，正如劳动模范温象栓提出的口号——"人在哪里跑闹，冬学就设在哪里"，不少冬学不仅是进行教学的地方，同时也是征收公粮、减租查租、征集民兵的群众"议事厅"。可以说，由于抗战的特殊原因和生活、工作的需要，冬学具有较强的灵活性，大致可以概括为三个特点：一是集中教学为主，分散教学为辅。根据抗战背景下的任务，该分则分，该聚则聚，灵活教学。集中与分散互相结合是冬学运动教学在实践中的有效创新。二是强调师生互动。人人都

[①] 行署教育处. 冬学讲授大纲. 教育丛书第五种，1940.

是教师，人人都是学生，师生互相学习。教师在教学的同时，随着和广大民众的实际接触，自己也在不断地从学员身上学习和吸收有益的知识来充实自己；而学生学习知识的过程也是不断提高自我的过程，学生也可以是老师，出现了"民教民""父教子""子教母""小先生"等现象。三是打破传统的教育形式，不设年限，根据群众的实际生产情形安排上课时间，实现教学与生产时间的协调。

3. 教育管理与组织实施

成人教育是在教育方针的指导下，由边区政府教育厅统一领导、各级教育部门直接领导、县区乡冬学委员会具体实施的。1937年9月，陕甘宁边区政府成立，之后，边区政府教育厅成立。边区政府教育厅是边区教育行政系统的最高领导机关，其直属机构包括秘书处、社教科、学教科、行政科、编审委员会、巡视团。边区政府统筹制定教育工作的方针、指示、决定等，通过教育厅按行政系统逐层下达到专署、县、区、乡政府，再由各级政府组织教育部门及社会力量具体实施。教育厅领导各分区及各县三科（教育科），县三科领导区教育科，区教育科领导乡教育委员会。这样，各级教育部门在业务上受边区政府教育厅领导，在行政上受同级地方政府领导，承担各自管辖范围内的教育任务。教育厅曾设社会教育科，后改设国民教育科，均将社会教育纳入其中，每年制订社会教育工作方针与计划，掌握教学进度，调查统计社会教育工作情况，领导各直属社会教育团体工作，负责戏剧、歌咏及民众娱乐事宜。通畅的教育管理组织的建立，推动成人教育事业有领导、有组织、有计划地开展。

1938年6月15日，陕甘宁边区政府教育厅发出《关于社会教育工作问题的指示信》，在信中批评了轻视社会教育的现象，要求各级教育干部对社会教育重视起来，各县三科要发动和依靠小学教员、小学生、工作人员、识字的人等力量来推动社会教育工作。并且规定，要发动小学校负责领导两个识字小组，发动区政府工作人员领

第三章　抗日根据地的职业教育与成人教育

导一个识字小组，发动小学生做"小先生"，教人识字（每校至少要训练两个"小先生"）。同时，县三科要抓紧巡视、督促和指导的工作。同日，陕甘宁边区政府教育厅还发出《关于开办社会教育干部训练班的通知》，要求各县在暑假期间选送一名干部到边区政府教育厅举办的社会教育干部训练班接受训练，训练期满经考察成绩合格者，可回原县担负社会教育工作。1938年9月6日，陕甘宁边区政府教育厅发布《关于冬学问题的通令》，指出冬学是给农民受教育的良好机会，是普及教育、消灭文盲的重要方法之一，并且是政治动员、军事动员的一种深入群众的力量；提出本年全边区开办400个冬学，动员6 000个学生上学的计划。1938年9月29日，陕甘宁边区政府教育厅发出指示信，其中提道："不要听到战争动员紧张就放弃教育工作，要尽力争取计划的全部实现。"1938年9月，晋察冀边区行政委员会发布《扫除文盲办法》和《小先生制教育实施办法》。《扫除文盲办法》规定扫除文盲工作在县里由教育科主持，在村里由村长（副）主持，组织"扫除文盲实施委员会"。扫除文盲的任务从1938年11月初进行到1939年4月底，分三期完成，分别针对15～25岁、26～35岁、36～45岁的文盲。修业期限暂定为三个月，必须读完边区行政委员会所编的三册《民众识字课本》（约1 000字），并以能确切认识与书写自如为准。课本由边区行政委员会供给样本，各县自行翻印。每日教学120分钟，其中识字80分钟，教唱救亡歌曲20分钟，国难讲话10分钟，军训10分钟。《小先生制教育实施办法》指出"小先生制"是让小学生教育一般民众的教育方法。另外，对冬学委员会的组成也有相应的规范。以1940年为例，"各县组织冬学委员会领导冬学工作……以三科长为主任委员。分区组织及区级组织与县同，唯在区政府无教育助理员的地方，以区青救主任为主任委员"[①]。还逐步建立了计划报告制度、巡视辅导制度，督

---

① 指示本届冬学工作办法. 陕西省档案馆，全宗号10，案卷号344.

促和指导基层的工作,推动成人教育的有效实施。1938年,边区政府教育厅设立了巡视团;1941年,边区政府教育厅增设督学,巡视辅导制度在边区教育工作的落实中起了重要作用。

成人教育作为民众教育的重点,边区政府教育厅的领导是全面有力的,从思想上、组织上切实地推动了成人教育事业的发展。1937年,陕甘宁边区政府教育厅发布《冬学须知》,围绕为什么要办冬学、怎样办冬学、各级教科工作、今年冬学须知、总结等五个方面展开较为详细的说明,为各级教育部门制订冬学计划、开展冬学工作确定了基本规范。1938年,教育厅发布《关于冬学问题的通令》,详细阐述了本年冬学数目、教员、冬学教师训练班、冬学班次、领导问题、冬学课本、冬学经费等七个方面的问题;紧接着发布通令,说明停办冬学教师训练班的缘由及训练冬学教员的问题,并详细说明经费问题、对今年冬学工作的号召和各县增派社会教育指导员的事宜。同年11月17日又发出通知,要求各县三科立即督促各区各乡各小学,将教育厅拟就的20条冬学标语用纸条大量抄写,张贴于人口较密的村镇,或有计划地到处涂写。这些标语包括:"普遍地设立冬学,提高大众文化。""为完成六百个冬学而斗争。""冬学是大众的学校,大众要帮助冬学解决困难。""开办冬学,消灭文盲,是加强抗战的力量。""不识字是有眼瞎子,要不做有眼瞎子,快进冬学去识字。"[①] 同日,教育厅向各县社会教育指导员发出指示信,重申了社会教育指导员"应当经常在区、乡检查、督促、指导和改进原有的及新发展的社教工作"等工作范围与界限。1939年3月2日教育厅发布通令,处理冬学结束后社会教育的工作,3月3日给各县三科长和社会教育指导员致信安排冬学后续工作。

其他抗日根据地也基本上实施相似的管理。晋西北行署1940年

---

① 陕甘宁边区教育厅关于制定冬学标语十二条令仰抄发张贴的通令. 陕西省档案馆,全宗号10,案卷号348.

第三章　抗日根据地的职业教育与成人教育

3月6日颁布的新教育纲领指出："为求民族的独立自由解放，必须高度地发扬民族意识，培养民族的自尊心与抗战必胜的信念，方能完成抗战到底、争取最后胜利的光荣任务，斯为教育之急务。……训练广大群众及青少年儿童进步的思想科学的精神，以改造自然及增进人类社会之幸福，封建意识及神道迷信等应以绝大之努力铲除消灭之。"① 1940年制定了《冬学教育实施办法》和《补充办法》，提出"村村有冬学，人人入冬学"，"教一点，懂一点，学一点，是一点"。新生政权为了提高人民的觉悟，决定集中党政军民学各方力量开展第一次冬学运动。行署教育处编印了《冬学讲授大纲》。1941年5月1日公布了《社会教育组织暂行条例》《教育宗旨及实施方针》，进一步明确边区抗战时期社会教育工作在方针政策、组织原则、工作方法等方面的主要依据。指出社会教育的宗旨是"为对人民大众经常有组织地进行政治文化教育，逐渐分期扫除文盲，提高广大群众文化程度、政治水平、生产知识及民族自尊心自信心，动员群众积极参加抗战建国的伟大事业……"②，"社会教育组织形式为识字班、大众补习学校、冬学、民众教育馆、民革室、剧团、读报组等七种"③。并对每一种社会教育组织形式的任务、要求、特点以及具体组织方法、活动内容、方式、时间等都做了原则性的规定，有力地推动了社会教育事业的开展。

4. 成人教育的主要内容

在战争时期，由于一切工作都是为战争服务的，所以成人的教学内容与当时的军事、政治形势联系紧密，围绕战争开展，为战争服务。陕甘宁边区政府教育厅颁布的《社会教育工作纲要》指出："社会教育不仅是教育民众识字，而主要的是给民众以民族革命意识、民族自卫战争中所必需的理论和技能，参加实际救国行动，争

---

① 董纯才. 中国革命根据地教育史：第2卷. 北京：教育科学出版社，1991：429.
② 参见：晋绥革命根据地教育史资料选编（内部资料）.
③ 同①431.

取抗战胜利。"冬学运动的教育内容紧密围绕战争及政治动员展开，大体分三部分：

一是政治教育。主要是时事政策教育，启发群众的民族意识，随着抗战形势的变化而经常变换教育内容；揭露"敌伪顽"的种种阴谋活动，在与敌接壤区进行锄奸惩顽活动等。强化民族意识，传播救亡知识；举行时事讨论、救亡演讲；出版墙报。不少地方的冬学、民校直接将报纸作为教材，报纸登什么，冬学、民校就教什么，充分发挥冬学教育群众的作用。1940年晋西北行署教育处编印的《冬学讲授大纲》要求第一次冬学完成这些任务：（1）使广大的群众深切了解新政权的性质和他们的切身关系，使他们了解新政权的法令及设施，使他们获得必要的政治认识，引导并鼓励他们积极参加抗日的民主的政治生活。（2）使广大群众确实了解日本帝国主义的灭华政策和各种阴谋手段，参加各种抗日战争工作是本身应有的任务，并且使他们确实知道和能够在战争状态中参加应有的工作与行动。（3）在冬学的训练中养成有组织纪律的精神、行动一致的习惯[①]。

晋绥抗日根据地通过教育要求民众了解游击战是敌后抗战的主要方法、持久战的意义、民主的村选意义及办法、生产建设的重要性及与他们自身利益的关系、行署八项要政三个中心的正确性。随着抗战和根据地的形势变化，具体内容会有相应的调整。《抗战日报》社论明确指出冬学的重要任务是："在今年的冬学运动中，应该特别注意与反扫荡的战争的动员和配合。经过冬学运动，把广大民众动员起来，积极准备参加反扫荡战争，……在冬学教育内容方面，必须把锄奸教育，动员与教育全体人民举行公民誓约运动，号召与动员广大人民参战等。"[②]

[①] 行署教育处. 冬学讲授大纲. 教育丛书第五种，1940.
[②] 今年之冬学. 抗战日报，1941－12－11.

第三章 抗日根据地的职业教育与成人教育

1940年8月，晋西北行署教育处编印的《冬学政治课讲授大纲》中有政治常识八讲，每周授课一次，每次一讲。第一讲：抗日战争是大家的事。内容包括：抗日战争非打不可，不抗日活不成，抗日是大家的事。第二讲：抗日战争是持久战。内容包括：两种错误想法，持久战能战胜日本帝国主义，持久战的三阶段。第三讲：统一战线是战胜日本帝国主义的好法宝。内容包括：有统一战线才有抗战，以国共合作为基础，各革命阶级共同领导，统一战线也有斗争。第四讲：抗战必定要胜利。内容包括：三年抗战证明能胜利，抗战胜利要大家来争取，提高民族自尊自信心。第五讲：抗战的严重危机。内容包括：严重危机是怎样来的，困难是能够克服的，难关是可以渡过的，克服困难危机要大家努力。第六讲：抗战到底，团结到底。内容包括：巩固国共合作，实行三民主义，唤起民众自力更生，坚持敌后抗战。第七讲：敌后抗战和新西北。内容包括：新西北和从前不一样了，民主的政权，进步的军队，救亡团体，经济建设。第八讲：老百姓该怎样办。内容包括：要改变旧思想，帮助军队和政府，努力生产，加入救国会，教育自己①。

同时，政治教育还包括民主启蒙教育。讲实行宪法，召开国民大会，区村选举，对诸如"国家大事，小民不问""好事很多，你们去做"的民性弱点进行有针对性的教育，在小组会上学习民主开会，演习村选。《冬学课本》的第三课写道："村长代表，大会公选，贪污犯法，立即罢免。进行选举，定要注意，谨防坏蛋，暗中舞弊。所选代表，正直公平，精明能干，办事才行。"② 第四课写道："地痞恶棍，切莫选举，恶棍当权，欺压人民。公民资格，不分男女，年满十八，有权选举。选举被选，应有权利，为公为私，切莫忽视。"③ 对民众进行爱护晋西北根据地的教育，要求爱护一二零师、新军，

---

① 行署教育处. 冬学政治课讲授大纲. 教育丛书第七种，1940.
② 冬学成绩. 晋西大众报，1940-12-21.
③ 冬学成绩. 晋西大众报，1940-12-28.

爱护新政权，执行新法令，改善自身生活。尤其可以演习减租减息、合理负担、公粮检讨①。

二是军事动员和战争技术教育。着重揭露敌寇的阴谋与残暴，激励群众一致对付仇敌，动员青壮年参军支前。例如，办地雷训练班、地道训练班，使群众掌握必要的军事知识。练习国防歌曲，表演国防戏剧。以时事政策教育为主，启发农民群众的抗战意识，使之积极参加抗日救国运动、支援前线和根据地建设工作，增强农民群众战胜日本侵略者的意志与信心。教授军事常识，如游击战的射击瞄准、埋地雷、掷手榴弹等军事技术，男子参加自卫军训练、军事管理，妇女学会简单的医药看护技能；练习防卫技术，如逃避、防空、防毒等方法；进行战时工作训练，如构筑战沟、救护慰劳、交通运输、侦探敌情等工作；"在集团生活中训练民众的行动纪律，使其参加救亡活动，能为大众服务"。

1942年以后，军事动员和战争技术教育更加注重与反"扫荡"、反"清剿"斗争的联系。晋察冀边区1942年的识字课本特地编排了《不告诉敌人一句实话》《坚壁东西》《当心敌人放毒》《不给仇敌粮食》《不用汉奸票子》等课文。1943年又编印了《反法西斯课本》《减租减息课本》《拥军优抗课本》《生产课本》等。这些教材都体现出政治性、实用性和通俗性的特点，发挥了很好的教育作用。

三是文化和生产技术教育。在文化教育方面，以识字扫盲为主，随着识字的增多，逐步增加学习各方面文化知识，培养初步的阅读能力和写作能力，为学习其他文化知识打下基础。在科学知识教育方面，有育苗、施肥、耕作等农业科技知识，有妇婴保健、疾病防治等卫生知识。抗日根据地多地处偏远，经济落后，文盲众多。广大民众在查路条、认钱、写信、记账等方面存在困难，有学习文化知识的强烈需求，所以各类社会教育中的识字课便结合民众实际进

---

① 如何进行冬学教育. 抗战日报，1940-10-26.

第三章　抗日根据地的职业教育与成人教育

行识字教学，教广大民众认自己的名字、认契约、认路条、认农具、认农作物等。这样，民众能够学以致用，极大地方便了他们的日常生活，农民的学习兴趣高涨。晋西北行署教育处编印的《冬学讲授大纲》提到一定要提高民众的"文化水平"[①]。各根据地政府还积极组织编印课本，供冬学、民校采用。这些课本注意与民众生产生活的联系，也注意突出各根据地的特点。陕甘宁边区政府教育厅编印了《识字课本》《日用杂字》《庄稼杂字》《新千字文》等教材。在课堂教学中，与群众的实际运用结合起来，激发学员学习的兴趣与信心。教学与民众的家庭生产生活紧密结合，避免学与用的脱节。晋绥抗日根据地的冬学，起初有的冬学教师讲述中美关系、鸦片战争等群众听不懂也不乐意听的内容，效果不理想，丰镇教员张维德设法把冬学与生产劳动相结合，教冬学学员编草帽、打草鞋、织毛衣、编草席等劳动技能与知识，深受广大群众的欢迎，因而吸引了更多的民众来上冬学。通过开展与生产劳动相结合的识字教育和生产教育，不仅提高了广大民众的文化素质，而且提高了民众的生产技能，有力地支援了边区的抗日战争。

晋绥抗日根据地对民众进行各种与日常生活实际密切联系的教育，让群众学以致用。在社会教育运动中，老百姓主动提出"要教庄户人家常用的字，教打算盘，记账写路条，还要教打掐棉花，穷人家的娃娃半天识字半天动弹"[②]。保德县袁家里村在冬学里进行算账教育，如冬天背下多少炭，农忙时可以省出多少工，又可以多开荒多少地，这些都与农村实际生活联系很紧密，农民学着有劲，成效自然不错。又如兴县，有一年因为雨水大，秋分时棉花未碰开，兴县市黑板报专门出了一期针对棉花的催碰专号，附近村子里的群众看完黑板报回去，都对棉花进行催碰，从此对黑板报更关注起来。

---

① 行署教育处. 冬学讲授大纲. 教育丛书第五种，1940.
② 参见：晋绥革命根据地教育史资料选编（内部资料）.

兴县的刘晋德说："黑板报是给咱们出主意的地方。"[①] 兴县李家山秃子家的羊被老鼠咬得不行，读报组介绍了报纸上关于对付老鼠吃羊的办法，他照着做，果然给治好了。秃子高兴地说"政府可关心咱了"[②]。

需要注意的是，1941年冬学运动的中心是与反"扫荡"战争密切联系起来的，在教育内容、教学组织形式上都有所改变。抗日根据地在战争中坚持办冬学，按民兵自卫队组织学生，上课布岗哨，随时准备转移。在游击区，冬学面临的挑战是最剧烈的，《北方局的信》明确指出，在党内外反对那些认为在战争中不能坚持冬学、在游击区不能开展冬学的取消主义观点，创造性地运用教员分散在民兵及群众中利用间隙进行教学，在接近敌区利用旧形式，以开明士绅或进步知识分子任义务教员，夜间教学，分散轮回，家庭传习等办法。晋西北行署教育处结合当地特点制订了《民国三十年度冬学计划》，明确了冬学是社会教育的正规制度；冬学的任务包括破除迷信、讲求卫生、增加生活必需的知识。1941年冬学任务重点有二：一是以识字教育为主，二是了解本区重要法令的意义。1941年12月，日寇的"扫荡"已迫在眉睫，行署发出《关于冬学运动配合反"扫荡"战争的紧急指示信》，要求冬学运动必须与长期的反"扫荡"战争配合，因此必须贯彻锄奸教育、公民誓约运动、动员参军；抓紧时间及早开学，战争未到的地方要坚持上课，在战争先结束的地区先行复课。

（二）以中等职业技术教育与培训为主的职业教育

1. 抗日根据地职业教育的性质与意义

抗日民族统一战线建立后，陕甘宁边区政治建设、经济建设、文化建设等方兴未艾，艰巨的任务迫切需要中国共产党人在短时间内迅速造就一支数量庞大、文化和军事素质较高的干部队伍和具有较高层次专业技术的工作者队伍。而现状却是党和边区政府缺乏干

[①②] 参见：晋绥革命根据地教育史资料选编（内部资料）.

第三章 抗日根据地的职业教育与成人教育

部和专业技术人员，不能满足这一需要。党进入延安后，由于还处在战时环境，加之边区经济社会发展落后，人力、财力受限，职业教育与干部教育、国民教育、社会教育并没有得到清晰的划分。抗日战争进入相持阶段后，陕甘宁边区才处于相对比较稳定的时期，职业教育也有了比较大的发展，以延安为中心创办了一系列职业教育院校，其他根据地也相继创办了一些职业教育学校。

由于抗战的需要和根据地建设的发展，职业教育与培训也逐步地得到了重视和发展。党和边区政府立足陕甘宁边区经济建设和社会发展的实际，根据边区政局相对稳定和人民生活贫穷、技术落后的实情，虑及形势发展的需要适时创办职业学校。1940年8月28日，在《中共中央宣传部关于提高陕甘宁边区国民教育给边区党委及边区政府的信》中，第八条就是关于职业教育的，"为了提高边区的生产，改善人民卫生及培养职业教育的师资，提议设立农业学校、畜牧学校、手艺学校、中医学校"[1]。并建议一律招收高小毕业或有同等程度的学生。在教学上，因材施教。教育对象十分复杂，年龄从14岁到47岁不等，来自中国的20多个省，还有外国华侨；文化程度有小学、中学、大学，还有留学生和一大批文化程度较低的农民子弟；入学前的职业有学、工、农、商、军、政和自由职业等。他们在觉悟程度、斗争经验、工作能力、生活习惯和理想信念等方面都存在着很大差别。因此，各职业学校因材施教，采取分类编班学习，设有高级班、初级班、预备班。对"凡带专门性质的学校应以学习有关该项专门工作的理论与实际的课程为主"[2]。1940年8月，中央宣传部在《关于提高陕甘宁边区国民教育给边区党委及边区政府的信》中说：1941年山东革命根据地提出，中等教育是普通教育的最后阶段，中等学校学生是未来社会的中坚人物，要求加强

---

[1] 董纯才.中国革命根据地教育史：第2卷.北京：教育科学出版社，1991：257.
[2] 中央教育科学研究所.老解放区教育资料（二）：上册.北京：教育科学出版社，1986：238.

中学教育，提倡职业教育。各边区政府和根据地根据需要与可能办起了一些职业学校，包括在中学设职业班、技术干部训练班，半工半读、半耕半读等形式的职业性质的学校或专门的职业技术班。

2. 职业教育的主要形式和办学情况

总体来讲，职业教育与培训主要有职业补习学校与中等职业技术学校两种形式。

(1) 职业补习学校。

职业补习学校是职业教育与成人教育相结合的产物。民众教育馆设馆长1人，经费由县、市自行筹集。1937年陕甘宁边区从无到有，建立了7个民众教育馆，到1941年已建立了16个民众教育馆。庆阳民众教育馆成立于1937年，陆为公是第一任馆长。该民众教育馆利用庆阳县每年七八十次大小庙会的机会，组织人员在庙会上开展宣传教育工作。1944年创造了"文化棚"这种新的庙会宣传形式，通过散发图书、挂图及说书、唱小调等方式，向农民宣传棉花打揸、纺织卫生、时事常识，并实地教授群众棉花打揸、纺织等技术，深受群众欢迎。定边民众教育馆创办了7个职业补习学校，一面教识字，一面教手艺，学生也不脱离实际生产。

(2) 中等职业技术学校。

当时陕甘宁边区的初等技术人才缺乏，而抗战和边区建设又十分迫切地要求有更多的具有专门技术的人才参加工作。为了适应抗战和边区建设的需要，边区政府在人力、物力、财力十分困难的情况下，先后创办了一批中等职业技术学校。

1) 农业类学校。陕甘宁边区农业学校是一所培养农业技术人才的职业学校。它是在抗日战争进入最艰苦的岁月，边区经济面临极端困难的条件下创办的。1939年7月23日边区农业学校举行开学典礼。边区政府主席林伯渠、委员刘景范到会讲话。他们对创办农业学校的目的、意义做了说明，鼓励大家努力办好学校，培养农业技术专家，为边区的农业生产服务。该校根据边区农业生产的实际需

第三章　抗日根据地的职业教育与成人教育

要，设有农艺、园艺、畜牧三个部和一个实验农场。办学方针是：吸收边区农业生产经验，加以科学整理，求得改良边区的农业技术，推动边区的经济建设。

1941年秋，陕甘宁边区开办了职业学校，校址设在延安，校长王荫圃。1942年6月1日，边区农业学校和职业学校合并，仍用职业学校的校名。边区职业学校是培养工农业行政工作人员、工农技术人员及商业技术人员的中级学校。学校共有教职员工15人，学员85人，设有工业科两个班，农业科一个班。

2）卫生类职业学校。在抗日战争的背景下，医药卫生类职业学校得到了较快的发展。抗日战争爆发前，陕甘宁边区卫生条件极差，缺医少药，人畜死亡率很高，婴儿死亡率达60%，全区巫神达两千余人，招摇撞骗，危害甚烈。人民不仅备受封建经济压迫，而且吃尽了文盲、迷信、不卫生的苦头，健康和生命得不到保障。由于社会经济文化落后，这里不仅医药卫生状况极差，而且没有一所卫生职业学校。1936年2月，中共中央和中央红军到达陕北后，为改变陕甘革命根据地医药卫生落后局面，召回了在长征中分散到各地的中国工农红军卫生学校学员，并在陕北瓦窑堡重新建立红军卫生学校，招收新学员。这是陕甘宁边区最早建立的卫生职业学校。抗日战争爆发后，红军改编为八路军奔赴抗日前线，红军卫生学校随即改为八路军卫生学校。由于抗日前线急需大批政治可靠、技术优良的医务人才，因而卫生职业教育也就显得更为重要。中共中央和陕甘宁边区政府先后建立了陕甘宁边区医药学校、西北医药专门学校、延安药科学校、白求恩护士学校等一批卫生职业学校。由此，边区卫生职业教育逐步构建了系统较完备、层次有序和门类较齐全的卫生职业教育体系。

陕甘宁边区卫生职业教育的教师主要由两部分人员组成：一部分是专门从事研究与教学工作的专家和教员，卫生医药专业基础课教员大部分是专职教员；另一部分是由边区政府和部队卫生工作部门负责人任兼职教员。中共中央和边区政府的一些领导同志，也经常到各卫生医药学校做政治报告，讲述国内外反法西斯斗争形势，对提高学员思想政治修养起了重要作用。随着卫生医药学校规模逐步扩大，师资力量也得到进一步充实和加强，为陕甘宁边区和新中国的卫生职业教育奠定了坚实基础。延安时期边区各卫生职业学校的学员主要有两个来源：一是边区和各抗日根据地及八路军部队的医务工作者，他们在各卫生职业学校接受较为系统的培训和轮训，以提高工作技能和水平；二是从青年知识分子中招考，为边区和各抗日根据地、八路军部队培养卫生技术人才。抗日战争爆发后，国统区大批知识青年进入边区卫生职业学校学习。

边区各卫生职业学校的学制和课程内容存在差别，学制长者数年，短者数月，但都服从于抗日民族解放战争和边区卫生建设的实际需要。如八路军卫生学校在1938年为适应抗日前线战地救护需要，将学制设为军医班一年半，调剂班一年，护士班半年；在1940年改名为中国医科大学后，其学制改为四年。边区卫生医药学校学员入学后先接受一年预科教育，之后教师根据学员文化水平分班教学，其中医生班学制三年，司药班学制二年，护士班学制一年半。

边区卫生职业学校的课程设置，紧紧结合边区实际和抗战需要，既注重专业教育，又注重思想政治和时事政策教育。课程设置以内科、外科、骨伤科为主，具有明显的战时特征。延安时期边区卫生职业学校坚持教育与生产相结合，把生产劳动作为教育工作的重要内容，组织学员和教员积极参加生产劳动。特别是在边区开展的轰轰烈烈的大生产运动中，边区各卫生职业学校教员、学员和人民一起劳动，促进了边区教育和生产劳动的结合，推动了卫生职业教育的发展。

3）边区妇女职业学校。为了培养妇女干部，1945年，边区政府决定开办妇女职业学校。经过两个月的筹备，1946年1月20日，边区妇女职业学校正式成立并上课。开始有学生50多人，后来增至

第三章 抗日根据地的职业教育与成人教育

60多人。校长路志亮，副校长阮雪华。学习期限十个月（最后三个月是实习）。主要科目是助产，占全部课程的70%；政治文化课占10%；一般疾病治疗知识课占10%；生产课占10%。1947年春停办。

4）延安外国语学校。1944年在原俄文学校的基础上建立了延安外国语学校，校址在清凉山北侧的丁泉砭，校长为曾涌泉，学校设俄文、英文两系。主要培养军政翻译人才。教学以语言实践为中心，学习以自学为主。抗战胜利后停办。

5）延安自然科学院。1940年9月在延安创立了延安自然科学院，这是边区政府在抗战时期兴办的第一所理工科高等职业学校。学制三年，并附设机械实习厂、化工实习厂以及化工、生物实验室。机械实习厂研制了医疗设备、手术器械、纺织器械及配件等；化工实习厂研制了肥皂、火柴、食糖、玻璃等。延安自然科学院造就了一批早期科技人才，推动了边区经济建设的发展。

3. 职业教育的课程与管理

职业教育更好地贯彻了理论与实际相结合、教育与生产劳动相结合的原则。在课程设置上，学校不仅有文化课和专业理论课，也十分重视开设农业技术和生产经验的课程。在教师方面，专业教师往往懂得几门农业、林业、畜牧业技术并有丰富的实践经验。学校还经常邀请一些劳动模范和边区农业、林业、畜牧业的专业技术人员到校指导。1941年12月，中共中央和陕甘宁边区在对各类学校课程设置做出的专门规定中提出："凡带专门性质的学校（例如军事的、政治法律的、财政经济的、自然科学的、文艺的、师范教育的、医学的等等）应以学习有关该项专门工作的理论与实际的课程为主。文化课、政治课与专门课的比例应依各校情况决定之。一般说来，专门课应占百分之五十（不须补习文化之学校，则专门课应占百分之八十），文化课应占百分之三十，政治课应占百分之二十。"[1]

---

[1] 中央教育科学研究所. 老解放区教育资料（二）：上册. 北京：教育科学出版社，1986：238.

各级职业教育学校主要由陕甘宁边区政府教育厅负责领导和管理。学校的内部领导和管理主要实行校长负责制。1937年9月，边区政府成立时，其办事机构就设有教育厅，且一直常设至1950年1月陕甘宁边区政府撤销。边区教育系统以教育厅为最高领导机关，还根据边区情况特设督学及辅导团，进行集体视导。教育厅领导分区特派员和各县三科。县三科领导区教育科，区教育科领导乡教育委员会。1942年《陕甘宁边区政府关于整顿边区各直属学校的决定》规定："边区职业学校，为培养工业、农业行政工作人员、工技术人员及商业技术人员的中级学校，由建设厅直接领导。为培养各县、区医药卫生人员的边区医药学校委托医科大学管理。"各类职业学校除军事学校外一般实行校长负责制。校长对学校教学计划的制订和执行、对后勤工作和思想政治教育工作负全面责任。边区各级职业学校都建有党支部或党总支等党的基层组织，但党组织在学校的任务是不直接命令行政领导，而是对党的路线、方针和政策在学校的贯彻执行以及教育计划的实施起监督保证作用。在校长下设副校长和若干办事机构，负责领导学校的相关工作。办事机构一般有教务处、生活指导处、总务处和实习场所。

1937年边区政府教育厅下设编审科，1938年5月改为编审委员会，1940年又改为编审室。其任务就是编辑学校课本、教材、教学法及各种民众读物，编审教育工作条例，审查各校采用的非边区教育厅编印的教材，编辑并审查各种参考书和各种图书、刊物。职业院校的教材编写主要采取学校自编教材，即按照教育厅的总要求，由教员根据各校制定的课程主要内容及教学进度，自行编写提纲或讲义，付印前由各校初审，再送教育厅审定。教员相继编写了军事、文艺、医药、边区建设等方面的教材。由于边区教育经费有限，学生集中学习时间短和文化程度低，所以专业课程教材数量较少，质量也较低。1940年，边区政府教育厅在《边区教育宗旨和实施原则（草案）》中规定了各级各类教材的编写原则：以民族独立、民主自

第三章 抗日根据地的职业教育与成人教育

由、民生幸福的理论为中心。1943 年,边区政府在《陕甘宁边区民国三十二年之教育方针、政策、制度和干部配备问题》中规定:"理论教材按中央宣传部之规定办理,文化政治教材由教育厅负责编辑,业务教材由边区最高主管机关负责编辑或提供材料。"①

1941 年,边区政府教育厅将教务处和生活指导处合并为教导处,实行"教导合一"。这次改革是为了加强对学生的全面管理,使思想教育工作和教学工作更加紧密地结合起来。学校实行学生自治,建有学生会。学生会的成立有助于加强学生间的团结互助,加强学生与学校行政间的关系,保证学校教育计划的完成。其工作十分丰富,组织多种研究会,并开展多种文化活动。学校工作以集体领导、校长负责为原则,校长对专署和教育厅负责,学校通过校务会议、教导会议、事务会议和全校教职员及学生代表联席会议来实现民主集中制管理。学校的行政领导一般由管理人员担任,但也有特例,如鲁迅艺术学院的领导班子呈现出党领导的"专家治校""教育内行"的特点,从行政处长到各系主任,无一不是由很有经验且得力的业务专家和教育内行担任。

4. 职业教育的原则与方法

教育与生产劳动相结合是党的重要教育方针,在职业教育领域贯彻得较为彻底。抗战时期的职业教育,非常注重理论联系实际,教学与实际相结合。边区政府和中央军委卫生部就卫生教育问题做过多次指示,制定了一系列具体规定。如 1943 年《中共中央军委关于卫生部门教学问题的通令》明确指出部队医学卫生教育方针,即以军事卫生勤务学、近代医疗技术为主课,辅之以时事政治、政策策略教育等。它既明确了教学任务,又规定了教学内容,既注重医疗技术的提高,又重视对思想的引导。

---

① 陕西师范大学教育研究所. 陕甘宁边区教育资料:教育方针政策部分. 北京:教育科学出版社,1981:387.

实验是职业教育中的一种重要的教学方法。延安时期的实验式教学一般在实习农场进行。实验可以使学生把实践知识同书本理论联系起来,以获得比较完全的知识,又能够培养他们的独立探索能力、实验操作能力和科学研究兴趣。如边区农业学校开展育种实验,培育和改良农作物和牲畜。延安地区的西红柿种植就是从边区农业学校的实习农场开始推广的,实习农场培育的蒙古马、关中牛、三边白羊曾在边区农业博览会上被评为优良畜种。

实行生产自给是延安时期各类职业学校教育和教学的特殊模式。学员通过参加生产劳动,把知识与劳动联系起来。不仅培养了劳动观点、群众观点和集体主义精神,加强了组织性、纪律性,养成了艰苦奋斗的作风,而且还创造了物质财富,增加了经济收益,改善了办学条件。边区农业学校开垦了1200多亩荒地,精耕细作,每年收获粮食20万~30万斤。鲁迅艺术学院的师生创作并演出了著名歌曲《生产大合唱》和轰动一时的新秧歌剧《兄妹开荒》等。

三、抗日根据地职业教育与成人教育的实施原则

在教育为抗战服务的思想和新民主主义教育方针的指导下,抗日根据地职业教育与成人教育的实施原则突出地表现为:教育与生产劳动相结合;职业教育和成人教育与抗日战争实际相结合;理论联系实际的教学原则;动员最多的教育资源,建立教育统一战线。

(一)教育与生产劳动相结合

教育与生产劳动相结合是马克思主义教育的基本原理,也是中国共产党领导下的职业教育与成人教育的基本原则和经验之一,在抗战中得到进一步的创造性发展。1939年2月,中共中央召开延安干部生产动员大会,毛泽东在会上提出生产和学习是全党和根据地

第三章 抗日根据地的职业教育与成人教育

的中心工作。1939年5月4日，毛泽东在延安青年纪念五四运动20周年大会上指出："延安的青年运动的方向，就是全国的青年运动的方向。"不仅因为延安的青年们是团结的，是统一的，尤其是"他们在学习革命的理论，研究抗日救国的道理和方法。他们在实行生产劳动，开发了千亩万亩的荒地。开荒种地这件事，连孔夫子也没有做过。……现在全国广大地方的学校，革命理论不多，生产劳动也不讲。只有我们延安和各敌后抗日根据地的青年们根本不同，他们真是抗日救国的先锋，因为他们的政治方向是正确的，工作方法也是正确的"[1]。1943年抗战进入最艰苦的一年，党中央号召根据地军民"自己动手，丰衣足食"，来自全国各地的进步青年，在延安边学习，边响应党的号召，参加边区的大生产运动，从中受到了锻炼。教育与生产劳动相结合不仅贯穿于各种教育之中，而且贯穿于教学的全过程。

在抗日根据地，教育和实际生活打成一片。学习和实际生活密切联系，使理论和实践求得统一。读书和工作，学校和社会，都应有联系，使学生一切活动都含有教育意义，使一切教育都是领导学生的活动。1939年1月，陕甘宁边区政府主席林伯渠对边区第一届参议会所做的工作报告中说："边区国防教育的实施，虽然因为边区财政困难以及各种物质条件的困难而受到了限制，然而在全国范围内，边区是第一个创造与实行国防教育的，把教育从少数人的专有品中解放了出来，把教育与实际生活打成了一片，使教育成为抗战的一个有力的武器。"[2]

（二）职业教育和成人教育与抗日战争实际相结合

抗日根据地成人教育着重于对抗战教育、国防教育的思考，充

---

[1] 毛泽东选集：第2卷.2版.北京：人民出版社，1991：568.
[2] 陕西师范大学教育研究所.陕甘宁边区教育资料：教育方针政策部分.北京：教育科学出版社，1981：56.

分反映抗日根据地教育改革的历史特点。重视成人教育，重视对广大干部、群众进行抗战知识、国防知识和生活技能知识的教育和训练。从1940年起，晋察冀、晋冀鲁豫、晋绥、山东、华中等各抗日民主政府，都先后颁布了施政纲领，明确制定了各根据地实施成人教育的具体政策和措施，规划了各根据地干部教育、群众教育的实施办法和条例。

1938年4月，《陕甘宁边区国防教育的方针与实施办法》指出：抗战时期成人教育的任务是"提高民众的民族觉悟、胜利信心和增加抗战的知识技能，以动员广大民众参加抗战，训练千百万优良的抗战干部，培养将来独立、自由、幸福的中国建设者，争取中华民族的独立、自由和解放"。中共中央于1940年3月发布了《关于开展抗日民主地区的国民教育的指示》，指出："开展抗日民主地区的国民教育，是当前深入动员群众参加与坚持抗战，培养革命知识分子与干部的重要环节。"1940年12月，毛泽东在《论政策》中指出，文化教育政策"应以提高和普及人民大众的抗日的知识技能和民族自尊心为中心"[①]。

抗战时期，由于对敌斗争异常尖锐，为适应形势与对敌斗争的变化，成人教育的形式和内容都强调从实际出发，因地制宜。战争需要什么就学什么，根据地需要什么就教什么。抗日根据地大都处于交通不便、经济落后、地广人稀的偏僻山区，文化教育基础特别薄弱。在当时师资、物力、财力极端困难，许多边区文化科学极端落后的条件下，能在许多区域和村镇普及教育，基本上消灭了成年人中的文盲，这在世界教育史上也是一个奇迹。所有这些都得益于抗战国民教育方针的正确指引。

1941年9月11日延安《解放日报》发表社论《打碎旧的一套》，提出必须根本改革过去的教育方针和教育制度，废除不急需和不必

---

① 毛泽东选集：第2卷.2版.北京：人民出版社，1991：768.

第三章　抗日根据地的职业教育与成人教育

要的课程，废弃不合理的办法，改变与一切抗日根据地环境不调和的教育，发展真正与人民、与实际相联系的教育。并明确指出："在民主政治已经实现的时候，我们就需要一种与人民相联系的教育。所谓与人民相联系，不但是说人民可以普遍的享受教育，而且是说人民的实际生活应该成为教育的中心内容，并从教育中得到一种迅速进步的基础。用这种观点来审查各个抗日民主地区的教育，我们就将发现我们的工作还是远落于这个需要之后。"所以必须"打碎旧的一套，彻底地改进我们的全部教育"①。

（三）理论联系实际的教学原则

抗战时期的成人教育不是以教授系统知识为典型特征，而是结合政治宣传教育，在成人扫盲、提高文化水平的过程中，以唤醒民众阶级觉悟和训练现实斗争所必需的技能为目的的教育。同时使成人教育与斗争实践和生产劳动相结合，在开展成人教育的过程中坚持走群众路线，按群众的需要、以群众的自觉自愿来办，以培养抗战急需人才和满足广大群众的需要。

毛泽东在这一时期发表了《实践论》《新民主主义论》《改造我们的学习》《整顿党的作风》《反对党八股》等著作，毛泽东指出："学习不是容易的事情，使用更加不容易。""读书是学习，使用也是学习，而且是更重要的学习。"② 在《整顿党的作风》中强调学习应该学以致用，对成人教育有着高屋建瓴的指导意义。

各抗日根据地多处于山区腹地，绝大多数成人是文盲。因此，抗日根据地的群众教育主要就是从扫盲教育开始。而群众教育又主要是农村群众教育，中共中央根据当时农村群众分散的特点，结合当地斗争和生产的需要，照顾农民生活习惯和切身利益，创造了多

---
① 打碎旧的一套. 解放日报，1941-09-11.
② 毛泽东同志论教育工作. 北京：人民教育出版社，1958：109，112.

种多样的群众性扫盲的教育形式，主要有冬学、民众学校、夜校、半日校、识字班、读报组，以及剧团、俱乐部等，目的是大力消灭文盲，提高工农群众的政治觉悟和文化水平，使他们积极参加支援前线的工作。其中冬学和民校适应分散的农村群众生产和生活实际，是最受欢迎、最普遍、最广泛的群众教育形式。识字组是一种最简便、最经济、最灵活的群众教育组织，以生活、工作接近的人为单位，利用早、中、晚等空闲时间来学习。民众教育馆是县级社会教育常设机构，其主要任务是负责社会教育和民众动员的宣传工作。

（四）动员最多的教育资源，建立教育统一战线

1937年5月，毛泽东在中国共产党全国代表会议上发表了《为争取千百万群众进入抗日民族统一战线而斗争》的讲话，指出："我们的正确的政治方针和坚固的团结，是为着争取千百万群众进入抗日民族统一战线这个目的。无产阶级、农民、城市小资产阶级的广大群众，有待于我们宣传、鼓动和组织的工作。……把党的方针变为群众的方针，还须要我们长期坚持的、百折不挠的、艰苦卓绝的、耐心而不怕麻烦的努力。没有这样一种努力是一切都不成功的。抗日民族统一战线的组成、巩固及其任务的完成，民主共和国在中国的实现，丝毫也不能离开这一争取群众的努力。"[①] 为着抗战的胜利，必须争取千百万群众进入抗日民族统一战线。

为了争取和团结知识分子，建立文化教育上的统一战线，1939年12月，毛泽东在《大量吸收知识分子》一文中指出："在长期的和残酷的民族解放战争中，在建立新中国的伟大斗争中，共产党必须善于吸收知识分子，才能组织伟大的抗战力量，组织千百万农民群众，发展革命的文化运动和发展革命的统一战线。没有知识分子

---

① 毛泽东选集：第1卷.2版.北京：人民出版社，1991：278-279.

第三章　抗日根据地的职业教育与成人教育

的参加，革命的胜利是不可能的。"① 延安和各抗日根据地贯彻执行党的文化教育工作统一战线，吸引了大批知识青年、著名文化学术界人士，奔赴各敌后抗日根据地，参加党领导的各项抗战工作。1944年10月，抗战胜利即将到来之时，为了动员一切力量，建设根据地的新文化教育，迎接抗战胜利，毛泽东在陕甘宁边区文教工作者会议上做了题为《文化工作中的统一战线》的讲演，指出："解放区的文化已经有了它的进步的方面，但是还有它的落后的方面。解放区已有人民的新文化，但是还有广大的封建遗迹。在一百五十万人口的陕甘宁边区内，还有一百多万文盲，两千个巫神，迷信思想还在影响广大的群众。这些都是群众脑子里的敌人。我们反对群众脑子里的敌人，常常比反对日本帝国主义还要困难些。我们必须告诉群众，自己起来同自己的文盲、迷信和不卫生的习惯作斗争。为了进行这个斗争，不能不有广泛的统一战线。而在陕甘宁边区这样人口稀少、交通不便、原有文化水平很低的地方，加上在战争期间，这种统一战线就尤其要广泛。因此，在教育工作方面，不但要有集中的正规的小学、中学，而且要有分散的不正规的村学、读报组和识字组。不但要有新式学校，而且要利用旧的村塾加以改造。……我们的任务是联合一切可用的旧知识分子、旧艺人、旧医生，而帮助、感化和改造他们。"②

中国共产党通过执行抗战的文教统一战线，团结和改造了一切可用的旧知识分子、旧艺人、旧医生，共同与文盲和迷信做斗争，对改变根据地的文盲状况和落后习俗发挥了巨大作用。

从教育对象来看，主要是根据群众不同的需求，进行广泛细致的动员，尽可能多地吸收群众接受教育。因此，根据地每个地方开展社会教育吸收的学员，有富农，有中农，有贫农，有雇农，并没

---

① 毛泽东选集：第2卷.2版.北京：人民出版社，1991：618.
② 毛泽东选集：第3卷.2版.北京：人民出版社，1991：1011-1012.

有把教育对象局限在一个小范围内。针对这些不同年龄、不同阶层的民众开展不同类型的教育，就更有利于团结根据地各个阶层的所有民众，把广大民众都组织起来投身到识字和抗战的洪流中去。如文水县在开展社会教育时，为了方便带孩子的母亲学习，专门找了一位识字妇女在冬学附近的房间看护和教育六七岁的孩子，好比现在的临时托儿所一样，这样就可以使母亲和孩子同时进行学习。

教育采取"民办公助"等多样化的办学形式。1938年毛泽东在《论新阶段》中指出："政治上动员民力与政府的法令相配合，主要的在于发动人民自己教育自己，而政府给以恰当的指导与调整，给以可能的物质帮助，单靠政府用有限财力办的几个学校、报纸等等，是不足完成提高民族文化与民族觉悟之伟大任务的。"由群众集资、出力自己办学，主要是通过民众劳动来解决资金和人力问题，也采用集资、提取结余、开学田、组织文教合作社等方式来筹集办学资金，政府则给予方针上的指导、物质上的补助和师资上的支援。群众自愿办学，教学内容也和群众的需要结合得非常紧密：群众要求学会记账、开路条、写信、打算盘，民办学校及各种文化学习班组（如适应妇女中午空闲就学的"午学"，适应各种生产组织学习的田头组、运输组、放牧组、纺织组等）会相应地教这些内容。

四、抗日根据地职业教育与成人教育的成就和经验

（一）抗日根据地职业教育与成人教育的成就

由于中国共产党的重视和大力提倡，群众积极性高涨，冬学运动在各抗日根据地迅速而广泛地开展起来，并取得了显著成效。各抗日根据地在成人教育中注重抗战知识、技能和生活的训练。以冬学为代表的成人教育最显著的成效就是为战争服务，为生产服务，为中心工作服务。党的抗日主张、大生产运动、减租减息、社会政

第三章　抗日根据地的职业教育与成人教育

策以及社会动员等都融入这些群众教育手段中去，寓教于乐，对群众思想的改造起到潜移默化的作用。

1. 提高了民众的文化知识水平和生产生活水平

各根据地每年都发动大规模的群众性冬学运动，参加的人越来越多。陕甘宁边区1937年仅有冬学382所，参加人数10 337人；1940年年底，冬学发展为965所，参加人数增至21 689人；1941年10月，有80%的文盲参加了扫盲运动。据统计，至1941年，边区有夜校、冬学、半日学校等1 380所，参加学习人员达31 000人。1941年，边区已经开办了5 800多个识字班和识字组，将近4万人扫盲，扫除文盲工作取得了较大进展。在晋察冀边区，据48县统计，1938年时有小学4 898所，学生220 460人[1]。据《新华日报》，1944年陕甘宁边区有识字组1 973个，夜校545所，半日学校393所，冬学659所，还有多处民众教育馆、阅览室、图书馆，受教育者以数百万计。通过各种形式的扫盲、启蒙教育，广大农民提高了文化水平和政治素质。其他如山东根据地、华北根据地、华中根据地的成年农民参加扫盲学习的人数也逐年增加。1938年冬，晋察冀边区号召开展冬学运动，扫除文盲。当年冬，晋察冀第三专区各县成立工、农、青、妇识字班322个，民众学校268所，学习班82个，参加冬学的人数达到13万。1940年冬，冬学运动形成高潮。如冀中第七专区6个县、第八专区7个县、第十专区两个县开办冬学2 136所，入学人数达30万之多。1943年2月，各地在冬学基础上建立民校又办春校，边区成人教育逐渐走向经常化。1943年11月，冬学实行"民办公助"，发动群众自办冬学，使民办教育更加普及深入[2]。1940年晋西北根据地19个县共建冬学3 116所，学员178 182人。1942年晋冀鲁豫的北岳地区参加冬学者已占文盲数的82%～

---

[1] 董纯才. 中国革命根据地教育史：第2卷. 北京：教育科学出版社，1991：35.
[2] 郭海洋. 近代石家庄教育史研究. 保定：河北大学，2020：180-181.

91%；1944年全区有冬学3 131所，学员100 746人；1945年发展到5 000多所，学员30万人。

抗日根据地的成人教育在很短时期内提高了民众的文化水平，改变了根据地90%以上成人的文盲状况，使昔日目不识丁的劳苦民众通过各种扫盲教育能够读书看报。这无疑是根据地成人教育的一个显著成绩。冬学运动不失为经济落后的农村地区实施成人群众教育，扫除文盲、普及最初步的文化教育的有效形式。"不管是自觉的抑或是被动的，农民的学习要求强烈起来。冬学这种形式，较好地适应了这种需要。冬学是社会教育、成人教育，农民带着问题来学习，能够学用结合。"① 随着冬学工作的深入，对民众的识字要求逐步提高。如1942年，延安县就要求甲班学员有80%达到能读能写水平，乙班学员有60%达到能读和记住简单话句的水平。

民众职业技术教育和专门的职业学校，是陕甘宁边区实施新民主主义文化教育的重要组成部分。以医药卫生为例，不仅培养了大批医药卫生技术人员，促进了边区医药卫生建设事业的发展，而且有力地支援了抗战，为发展新中国卫生职业教育奠定了基础。卫生职业教育培养了大批卫生技术人员，为陕甘宁边区、八路军部队乃至整个敌后抗日根据地培养了成千上万的卫生技术干部和基层医务工作者，有力地支援了抗日战争。仅八路军卫生学校在1938—1940年就培养了各级各类卫生技术人员498名；而陕甘宁边区医药学校从1942年至抗战胜利，共培养医生110人、护士30人、司药13人，并为各抗日根据地培养进修和实习医生150人、检验员23人、药剂师25人。除此之外，边区党政军各系统卫生部门和机构举办的医药训练班、助产士班、护士班等多种医教机构，也先后培养出了大批卫生技术人员，成为抗日前方和边区地方基层卫生医疗工作的骨干。1940年，陕甘宁边区卫生署与中国医科大学联合开办了边区

---

① 齐武. 晋冀鲁豫边区史. 北京：当代中国出版社，1995：360.

第三章 抗日根据地的职业教育与成人教育

医药学校,学校由卫生署领导,教学由中国医科大学负责,校址设在延安,校长为李治。1942年,边区医药学校附属在中国医科大学之内。学校共有教员15人,学员84人,编成一个护士班,一个医药班。该校的教育方针是培养边区医务干部,为边区150万农民服务。因为教育时间短促,又考虑到农村医药条件困难,所以教学中采取多讲实际少谈理论的原则,讲边区主要流行的地方病,介绍过去医药队下乡工作的经验,紧密联系农村家庭及公共卫生实际情况。延安时期的卫生职业教育促进了边区建设,不仅为陕甘宁边区培养了一大批卫生技术人员,也改善了边区卫生医疗状况。抗战时期边区各县都建立了医院和保健药社,积极开展卫生医疗保健活动和卫生疫病防治工作,有效控制了流行性传染疾病,降低了发病率和死亡率。到1945年,边区人口平均死亡率从60%以上降到了30%以下。同时,边区还开展了声势浩大的反巫神运动,打击害人的巫医神汉,破除迷信,增强了民众的科学意识,使之养成良好的卫生习惯;密切了党群关系和军民关系,推动了陕甘宁边区政治、经济、社会、文化等方面的建设,充分显示了卫生职业教育的巨大效应。

2. 提高了民众的政治觉悟

增强了民众的民族自尊心和自信心,激发了民众的民族意识和抗战积极性。由于冬学运动在各抗日根据地普遍深入开展,广大群众对中国共产党的政策(如持久战、统一战线、民主政治)以及目前政治形势的特点都有了一般的了解,广大农民群众的民族意识大大增强,树立了"抗日高于一切""不做汉奸顺民"的思想,抗日情绪高涨。

通过教育,提高了民众的民主意识和政治参与热情。民众自愿参加各种社会组织,参军参战,参与根据地建设。如妇女加入了妇女救国会,青壮年男女参加了自卫军。此外,民众还积极参加合作社、变工队、支前小组等。这些组织在"劳动与武力结合""战斗与生产结合"的口号下,一面生产,一面战斗,开创了根据地大生产运动和经济建设的多种形式,支持了长期抗战。通过群众教育,民众接受了中国共产党基层政权组织的政治行为模式、生产组织模式、社会生活模式（如村民公约中应遵守的规范）及其他制度，使自身的政治生活、经济生活与社会生活和共产党领导的政权紧紧联系在一起，表明党实现了对根据地乡村经济和社会群众的全面领导。

通过多种形式的群众教育，把一些新的意识形态和道德观念、民族和国家意识、党的政策及奋斗目标传递给民众，激发民众的政治参与热情，以提高民众的民族觉悟，增强抗战必胜的信心。在抗战中，正如朱德在《论解放区战场》中所述，中国共产党"把解放区人民的抗战积极性和民族自信心发扬到最高度，纵使在敌人空前残酷的烧光、杀光、抢光'三光'政策之下，战斗意志仍然能够坚持下来"。

在增强民众的民族自尊心和自信心的基础上激发出来的强烈的爱国热情、不屈的战斗意志、坚韧的吃苦精神，成为根据地军民坚持持久抗战、战胜一切艰难困苦的强大精神力量，成为战胜敌人的重要武器。根据地军民在党的领导下，积极从事抗战的各项工作，不但直接参军参战，替军队运粮，优待抗属，帮军队解决物质困难，而且发动游击队、民兵和自卫军，侦察敌情清除奸细，运送伤兵，保护伤兵，直接帮助军队作战。党在根据地通过成人教育，极大地增强了民众的民族自尊心和自信心，激发了民众的抗战热情，真正做到了动员全民参加抗战，把抗日战争变成一场人民战争，对持久抗战、夺取抗战胜利起到了重要作用。埃德加·斯诺在《西行漫记》中记录了他的所见所感，他在陕北不仅看到了指挥员和战士们的民族气节和抗日决心，也看到了普通民众对国家民族命运的关切，人们觉得"学会开枪打汉奸和日本，再吃苦也不算苦"[①]。

3. 配合并促进了根据地中心工作的开展

冬学运动大大提高了根据地群众和基层党员干部的基本素质。

---

① 斯诺. 西行漫记. 北京：东方出版社，2005：247.

第三章　抗日根据地的职业教育与成人教育

冬学运动的开展，提高了根据地群众和基层党员干部的文化水平和抗战知识技能，密切了党与群众的联系，使中国共产党的各项方针、政策在根据地得以顺利贯彻执行，有力地配合了根据地反蚕食、反"扫荡"、反投降工作，推动了减租减息、互助生产、交纳公粮、担架运输、民兵练武参战、动员青壮年参军等各项中心工作的开展。同时，在冬学运动的教育下，群众了解了民主政治的意义，还懂得了运用自己的民主权利，积极参加根据地政权的民主选举工作，大大促进了根据地建设事业的发展。

农牧业生产的发展也促进了工业生产的发展，到1944年边区办起了11个造纸厂、2个肥皂厂、12个被服厂、8个工具厂、4个印刷厂、3个陶瓷厂、23个纺织厂等77个公营工厂，职工达12 000多人。在公营工业发展的同时，私营工业也迅速发展。比如私营纺织厂，1938年只有5个，年产布1 260匹，1943年则发展到50个，年产布1.2万匹。

4. 培养了大批的专业人才

抗日根据地的各类职业教育为新中国各项事业的发展奠定了基础。各类职业教育，不仅为各根据地的职业教育积累了经验，培养了一批职业教育的教研人员和管理干部，而且也为发展新中国的职业教育造就了一支教研人员和管理干部队伍。他们成为新中国职业教育的骨干力量，促进了新中国医疗、师范、农业、工业等的发展。抗日根据地的职业教育，是新民主主义教育中的光辉一页，为发展新中国职业教育积累了宝贵经验，对当代职业教育改革和发展仍具有重要的启示意义。

（二）抗日根据地职业教育与成人教育的经验

抗日根据地的职业教育与成人教育之所以能取得如此巨大的成就，其中有着许多可以总结的经验。纵观抗日根据地的职业教育与成人教育的发展历程，可以说这是中国共产党职业教育与成人教育理论、模式、体系的重要形成期,也在很大程度上、很长时间内影响了中国职业教育与成人教育的进程,对今后如何进行职业教育与成人教育改革仍有重要的历史借鉴意义。其中,最主要的经验有三条:

(1) 坚持党对职业教育与成人教育的领导。

抗日根据地的职业教育与成人教育是在党的领导和直接组织下开展的。抗日根据地职业教育与成人教育取得的巨大成绩,归根结底在于中国共产党在正确革命路线指导下对教育工作的直接领导。中国共产党非常重视职业教育与成人教育,把职业教育与成人教育当作实现党的任务的重要方面,是贯彻党的路线、方针、政策的重要手段,旗帜鲜明地把教育作为抗战的战斗武器和重要组成部分,批判忽视教育和取消教育的错误倾向,制定正确的"教育为抗战服务"的方针,保证教育朝着正确的方向发展。在正确的方针指引下,既有计划、有组织,又因地制宜、与实际相结合,从而保障了职业教育与成人教育在极其困难的情况下,克服种种困难,取得巨大的成就。

(2) 职业教育与成人教育一定要与实际相结合。

抗日根据地的职业教育与成人教育,无论是教育对象、组织形式还是内容、教学原则等,都体现了与实际相结合的特点。各根据地因地、因时、因人制宜,创造出了多种办学形式,如各种识字班、识字组、冬学、民校、夜校、个别教学、炕头教学、送字上门、巡回教学等。"认字就在背包上,写字就在大地上,课堂就在大路上,桌子就在膝盖上",以提高民众素质,启迪民族智慧。针对民众实际情况,各根据地采取了非常灵活的教学方式:利用冬季农闲的时候上冬学、利用群众晚上不做活的时间动员他们上夜校;结合民众实际生活,利用空闲休息时间在田间地头进行教育。在内容上,都紧紧围绕抗日战争的需要和生产生活的实际而展开。总之,教育要为抗战服务。教育要与受教育者自身的特点相结合,即要从实际出发,理论联系实际，提高教育质量。

（3）职业教育与成人教育要具有开放性，与时俱进。

这一经验是和党对教育事业的领导、教育与实际相结合紧密相关的。马克思主义唯物史观与辩证法告诉我们，一切都是发展变化的。职业教育与成人教育由于和社会的紧密关系，比其他类型、其他阶段的教育更要面临快速变化的政治经济形势。抗日根据地的职业教育与成人教育，随着战争形势的变化和根据地的中心工作的变化，任务是不断调整的，满足了当时的需要。所以，当下和未来的职业教育与成人教育，怎样适应不同地区、不同产业、不同人群的需要，能够保持开放性，及时调整、与时俱进，仍然是成败的重要因素。

第四章 解放战争时期的职业教育与成人教育

解放战争解决的是代表广大人民群众利益的中国共产党与以蒋介石为首的国民党统治集团之间的阶级矛盾，先后经历了战略防御、战略进攻、战略决战三个阶段，其规模之大、战况之烈、斗争内容之广、胜利意义之深远，都是中国历史上前所未有的。抗日战争胜利后，面对国民党反动派的步步紧逼，面对日益发展壮大的革命形势，为应对国民党反动派的进攻，支援解放战争，巩固解放战争成果，各解放区大力建立发展各类专科教育，规范教学行为，强化士兵教育，广泛组织开展冬学运动，培养了一大批各条战线各行各业急需的各级各类人才，提高了解放区人民的整体素质，为解放战争在全国的胜利和中华人民共和国的成立奠定了坚实的基础，在中国职业教育与成人教育发展史上写下了光辉的一页。

一、解放战争时期的专科学校

（一）教育方针政策

　　在解放战争时期，解放区的教育，特别是新解放城市的教育，从小学、中学到大学贯彻的教育方针政策可以分为以下几个方面：

　　1. 教育为解放战争服务

　　1947年4月，《陕甘宁边区政府关于战时各中等学校工作的指示》提到"不论环境如何困难，各校必须在教育与战争结合，学习与工作结合的总原则与支援前线、服务战争的总任务下，坚持工作。至于教育内容与教育方式，则需根据以上方针及战争环境，加以适当的改变"；明确教育的"中心任务是增强学生的胜利信心与提高服务战争的热情"，坚信"人民解放军与解放区人民所进行的爱国自卫

第四章　解放战争时期的职业教育与成人教育

战争，其性质是正义的，前途是胜利的，责任是大家的"，进而确切理解"为战争服务就是为人民服务"①的道理。上述从中等教育的方针、原则、任务与内容的角度阐释了其为解放战争服务的必要性和重要性。换言之，教师在教育教学中，要深刻剖析战争的性质、责任与局势，坚定信心、指明方向，为战争获取胜利奠定思想之基。

2. 教育和生产劳动相结合

1947年4月，晋察冀晋行署和群众团体联合发出指示，要求各地在目前自卫战争的紧急情况下，应更进一步使教育为生产服务，以保证军需民食，支援长期自卫战争。同年，晋冀鲁豫边区教育厅在《关于本边区实施新教育方针的初步意见》中提出，"教育要和实际结合"。"主要是能在生产活动中融合各种学习，在学习内容上，注重生产知能，生产不是教育以外的东西，而是使学习内容更加充实"②。解放区教育由于逐步实现了教育同实际联系，教育同生产劳动相结合，不仅脱离了旧教育为读书而读书的积习，而且初步做到了把书本知识同实际知识结合起来、理论知识和应用知识结合起来，学生逐步克服了几千年来轻视劳动、轻视劳动人民的观念。

3. 正确接管与改造旧学校

随着解放区的扩大，许多大中小城市相继解放，接管与改造旧有学校成为解放区教育工作一个极为重要的方面。1948年7月，中共中央宣传部就处理新收复区大中学校的方针，给东北局宣传部发出指示，指出对原有大学、中学的方针，就是维持原校加以改良。这使接管与改造旧学校的工作沿着正确的方向发展。在接管与改造过程中，非常重视政治思想教育，内容包括多个方面。同时，解放区还接管了一些私立学校与教会学校，要求私人和教会办的学校统一使用政府的课本，不允许在学校内开展宗教活动和读经活动。

---

① 中央教育科学研究所. 老解放区教育资料（三）. 北京：教育科学出版社，1991：340.
② 同①50-51.

4. 争取团结和教育知识分子

争取团结和教育知识分子是解放战争时期十分重要的问题。1948年1月，毛泽东起草的党内文件《关于目前党的政策中的几个重要问题》，既概括了过去对待知识分子的经验，又结合新的情况做了进一步的指示。文件指示，中国学生运动和革命斗争的经验证明，学生、教员、教授、科学工作者、艺术工作者和一般知识分子的绝大多数是可以参加革命或者保持中立的，坚决的反革命分子只占极少数。因此，中国共产党对于学生、教员、教授、科学工作者、艺术工作者和一般知识分子，必须采取慎重态度，必须分别情况加以团结、教育和任用，只对其中极少数坚决的反革命分子，才经过群众路线予以适当的处置[1]。

（二）发展过程与成就

抗日战争胜利至解放战争爆发前，解放区的职业教育侧重于恢复和重建。解放战争爆发后，解放区的职业教育一方面为土地改革服务，另一方面为培养大量的技术干部服务[2]。解放区的职业教育继承了"五四"以来教育改革的精神，在新的条件下进一步发展。一是解放区的职业教育是为人民服务的；二是解放区的职业教育具有实事求是、密切联系实际的特点；三是解放区的职业教育充分体现了劳动人民是生产和生活的主人。由于解放区大多处在农村和战争的环境下，职业学校自然存在着不可能大量发展、内容比较简单、年限长短不一的情况[3]。下面，主要以华北、东北、山东解放区为典型代表，详细论述解放区专科教育的发展。

1. 干部专科教育的建立与发展

解放战争时期是中国革命从局部胜利走向全国胜利的时期。面

---

[1] 董纯才. 中国革命根据地教育史：第3卷. 北京：教育科学出版社，1993：31-48.
[2] 米靖. 中国职业教育史研究. 上海：上海教育出版社，2009：304.
[3] 李蔺田，王萍. 中国职业技术教育史. 北京：高等教育出版社，1994：204.

第四章 解放战争时期的职业教育与成人教育

对新的政治、军事形势变化，解放区的成人教育工作既要继续加强战时教育、阶级教育和生产劳动教育，更要贯彻群众路线，坚持教育与生产劳动相结合的方针，大力培养各种门类的干部和建设人才。党在大力抓紧干部学校教育的同时，也注意加强在职干部教育，通过举办各种训练班等，对大量工农干部、革命青年、知识分子等在职干部分期分批进行轮流的短期培训[①]。

（1）华北解放区。

1）晋察冀军政干部学校。1946年2月，以原抗大二分校的干部为基础组建了晋察冀陆军军官学校，培养营团级干部。10月，晋察冀陆军军官学校易名为"晋察冀军政干部学校"，主要训练地方入伍干部及新参军的知识青年。晋察冀军政干部学校坚持教育与应用科目相结合、学以致用的教学方针，走群众路线，实行官教兵、兵教官、兵教兵、官教官的教育方法，培养了大批军政干部。

2）冀鲁豫革命干部学校。1948年下半年，冀鲁豫行署决定创办冀鲁豫革命干部学校。学校总的办学宗旨是培养新民主主义社会所需要的各种建设人才；课程设有目前形势和任务、中国革命与中国共产党、新民主主义论和党的基本政策。此外，各队根据不同专业性质，讲授某些专门业务基础知识，为革命与建设培训了大量的干部[②]。

（2）东北解放区。

1）合江军政干部学校。为适应革命斗争形势和创建合江革命根据地的需要，迅速培养、选拔大量的地方干部，1945年11月合江军政干部学校组建成立，由省工委派延安来的老同志组成领导班子培训军政干部。这些干部在当时建党、建军、建政以及发动群众等各项工作中起到了很大的作用，初步缓解了基层干部紧缺的问题[③]。

---

① 董明传，毕诚，张世平. 成人教育史. 海口：海南出版社，2002：50.
② 董纯才. 中国革命根据地教育史：第3卷. 北京：教育科学出版社，1993：153-154.
③ 柴明军. 解放战争时期佳木斯的军事学校. 黑龙江史志，2005（3）.

2）辽南建国学院。1947年7月，辽南行署在瓦房店创办辽南建国学院，第一期学员约600名。1948年2月，开办第二期。设有政干班和师范班。另外，为培养后备干部，鼓舞翻身农民送子弟学习，还附设了初中班。1948年下半年，开办第三期，将原来的政干班、师范班扩大为农林系、水产系、教育系和行政系。教育系学生是在职中学教员和完全小学校长，农林系、水产系、行政系新生均经考试入学。

（3）山东解放区。

1）渤海公学。1945年8月，渤海行署决定将耀南公学改建为渤海公学。学员分在职干部队和普通队，在职干部队暂以整风为主，普通队设行政、财经、教育、医务各科。学习课程分必修课、专修课、选修课，必修课有新民主主义论、论联合政府、政治常识、根据地建设的各项政策等。学员入学后第一阶段，先学习政治理论教育等必修课，第二阶段分班进行业务教育即专修课，选修课则以文化教育或理论教育为主。1947年春，惠民中学与渤海公学合并。

2）渤海干部学校。为了大量培养训练行政部门干部，渤海行署决定将渤海公学、会计专科学校、工商学校、青年学校、烈军工属子弟学校等5个学校合并，于1948年6月成立渤海干部学校。学校设有行政、财政、工商、青年、实业、直属等6个大队，并附属烈军工属子弟学校，之后又成立了政治队。到1950年，学校接收整编人员学习一段后宣告结束[①]。

2. 农业专科教育的建立与发展

解放战争时期，为了提高广大农民群众的思想、文化和生产劳动水平，在各解放区内，持续开展了农民教育活动，其重点主要是围绕解放战争和土地改革这两个重要内容进行。这一时期的农民教

---

① 教育科学研究所筹备处.老解放区教育资料选编.北京：人民教育出版社，1959：259-260.

第四章　解放战争时期的职业教育与成人教育

育，一方面以政治时事教育为主，另一方面进行了以扫除文盲为重点的大规模农民冬学运动①。

（1）华北解放区。

这一时期，华北解放区的农业专科学校典型代表是张家口农科职业学校。该校是1945年8月在宣化农业中学基础上建立的，首位校长为张云莹。学校培养目标是为农村培养农林、畜牧普通技术人才，入学程度是高小毕业，分设林牧和农业两个专业。修业年限为三年，第一学年侧重文化课，第二学年技术文化并重，第三学年偏重技术方面的课程。课程设有政治课、文化课（国文、数学、史地、理化等）以及技术课。1946年10月，由于战争形势紧张，张家口农科职业学校解散②。

（2）东北解放区。

1）东北农学院。1948年8月，中共中央东北局和东北行政委员会在哈尔滨创办东北农学院，暂设农艺、森林、畜牧兽医系。1950年1月，改名为"哈尔滨农学院"。这是中共在东北根据地最早创建的一所新型的高等农业院校③。东北解放区各级农业院校培养了一批思想素质较高的农业专门人才，对推动东北解放区土地改革和农业改良发挥了重要作用。

2）沈阳农学院。1949年1月，在沈阳塔湾建立，后停办并入东北农学院。1949年3月，重新筹建沈阳农学院，8月正式成立，设农艺、森林、畜牧、兽医、农业工程、农业经济六个系和农艺、森林、畜牧、农经四个专修科。这一时期，东北各省中等农业教育也得到了恢复与发展④。

---

① 董明传，毕诚，张世平. 成人教育史. 海口：海南出版社，2002：50-60.
② 董纯才. 中国革命根据地教育史：第3卷. 北京：教育科学出版社，1993：150.
③ 李国杰，杨思尧，吴春雷. 革命根据地和解放区的教育方针与高等农业教育的发展演变. 高等农业教育，2006（3）.
④ 樊期曾. 东北农业教育八十年（1906—1986年）. 高等农业教育，1987（1）.

(3) 山东解放区。

山东省专科学校管理委员会根据"精干正规"的原则，对全省专科学校进行了调整和整顿。在农业发展方面，兴办了山东省立农学院等一系列农业专科学校。

山东省立农学院，以已有农学院为基础，合并黄河水利工程专科学校。其任务为培养初、中级农业技术人才，暂设农艺、园艺、森林、畜牧兽医、水利、农业化学等科系[①]。农学院设有实习农场1处，除种植谷类作物、蔬菜、花卉供学生实习外，还进行优良品种繁殖及耕作示范工作[②]。

3. 中等师范教育的建立与发展

随着党的工作重点由乡村转到城市，在新形势下，党对教育工作提出了新的要求：必须以最大的力量，迅速地培养大批革命干部输送到各个部门去，着手恢复和改革中小学教育，使之适应经济建设的需要。东北、华北等其他解放区也都制定了相关的教育政策，采取了积极的措施，进行教育事业的恢复、改造与发展工作。

(1) 华北解放区。

1) 太岳师范学校。1948年7月由太岳行署创办，校址设在山西阳城县王曲村。学校分设师范班、中学班、师训班。师范班学制三年，培养高级小学教师；中学班学制三年，进行普通中学教育；师训班期三个月到半年，学员是从各县抽取的高小校长、教导主任、骨干教师。关于课程设置，各班均设有政治、国文、数学、历史、地理等课，师范班还设有教育学。

2) 武训师范学校。1945年10月在冀鲁豫区创办，校址设在冠县柳林镇，主要培养小学教师，学生三年毕业。在校期间，学生除学习文化知识外，还积极参加战争服务和中心工作，也开展勤工俭

---

① 山东解放区教育史编写组. 山东解放区教育史. 济南：明天出版社，1989：123-124.
② 同①127-128.

第四章　解放战争时期的职业教育与成人教育

学活动。1949年秋，学校改称平原省立武训师范学校①。

(2) 东北解放区。

这一时期，东北解放区师范教育得到了迅速发展，创办了许多中等专科学校，其中以行知师范学校为典型代表。1946年5月5日，松江省人民政府教育厅接管原"松江省立第一师范学校"，保留原校名。这是我党在东北解放区接管的第一所师范学校。1947年10月，更名为"松江省立行知师范学校"。1949年10月，松江省立行知师范学校和哈尔滨市立师范学校合并为哈尔滨市行知师范学校。1951年，正式成立哈尔滨师范专科学校，哈尔滨市行知师范学校的名称停止使用。哈尔滨市行知师范学校尽管不能算是高等学校，但其师专部的创办为松江省的高等师范教育开创了先河，"行知师范"是中华人民共和国成立后黑龙江省高等师范教育的源头②。

(3) 山东解放区。

1) 曲阜师范学校。1946年1月，颜士南接收原曲阜师范学校。经过两个多月的努力，在原曲阜师范、曲阜县中、县农业专科学校的基础上，于3月初重新建立曲阜师范学校。1947年12月，学校在战场上与鲁南建国学校合并，此后师生全部分配工作，参加人民解放战争。以曲阜师范学校为代表的一批解放区师范学校，在山东师范教育史册上写下了游击流动办学的极富特色与意义的一笔。

2) 文登工读师范学校。文登工读师范学校是专为贫苦子弟入学设立的，于1946年8月20日正式开学。学校办学方针是，以生产支持学习，以劳力换取智力，提倡勤工俭学，生产劳动是工读教育的重要内容。目的是培养新的师资，学生来源主要是小学毕业生，也有一部分是荣誉军人、工作干部、小学教员和普通中学的转学生。文登工读师范学校的半工半读教育实践，是山东解放区师范教育实

---

① 董纯才. 中国革命根据地教育史：第3卷. 北京：教育科学出版社，1993：139.
② 胡魁海. "行知师范"：黑龙江省高等师范教育的源头. 世纪桥，2002 (3).

行学习与生产劳动相结合的一个缩影,是减轻政府财政负担、解决贫苦子女就学的一种有效的办学形式[①]。

4. 医学专科教育的建立与发展

解放战争时期,各地医学院校不但继续充实发展,而且办学方针、教育方法更加明确,有的医学院校开始采取新学制和新的教育方法,学校管理、课程设置、师资队伍、仪器设备日益正规化,教学质量也不断提高。

(1) 华北解放区。

1) 晋冀鲁豫医科专门学校。1946年4月,晋冀鲁豫医科专门学校迁到河北邢台,8月扩建为北方大学医学院。医学院建立后,从国统区招收一批高中学生,在校学生共编为3个区队,调整了教学内容,增设中医和针灸课程,增添了教学设备,增加了师资力量。1948年5月,迁到石家庄,7月与晋察冀军区白求恩医科大学合并,改为华北医科大学。北方大学医学院先后培养了大量各类医务干部,有力地支援了抗日战争和解放战争。

2) 太岳军区卫生学校。1946年,太岳军区卫生学校成立。1948年8月,改名为"中原军区四纵队卫生学校",随军进入河南。同年,学校规模扩大,改名为"中原军区中原医学院"。至1949年1月,设有医科班、司药班、护士班、助产士班、化验班等,共开办16期,以开封国际和平医院为教学医院;4月,南京解放,中原医学院大部分干部和学员奉命去南京参加接管工作;7月,第二野战军卫生部决定改为第二野战军医科大学。1950年3月,第二野战军医科大学改校名为"西南军区卫生部医科大学"。

(2) 东北解放区。

1) 东北军区卫生学校。1948年冬,东北军区卫生部将龙江军区卫生学校、松江军区卫生学校、合江军区卫生学校(三校成立于

[①] 徐兴文,孟献忠. 师范春秋. 济南:齐鲁书社,2002:190-202.

第四章　解放战争时期的职业教育与成人教育

1946—1947年）合并，成立东北军区卫生学校，培养中级卫生技术干部。1949年5月，学校并入第四野战军医科学校。1949年10月，改校名为"华中医学院"。

2）东北药科专门学校。1946年12月，东北药科专门学校在佳木斯成立，隶属东北民主联军总卫生部。开学时，有学员48人，工作人员9人。此后，学校不断发展，至1948年，已设有调剂、制药、药品分析3个科，调剂科学员学习时间为7个月，制药科、药品分析科学员学习时间为14个月。1948年11月，学校迁至沈阳，接收原满洲医科大学药学部，改校名为"东北药学院"，后又改名为"沈阳药学院"。

（3）山东解放区。

1）华东白求恩医学院。华东白求恩医学院的前身系新四军军医学校。1947年2月，改名为"华东白求恩医学院"。同年夏，华东白求恩医学院迁至胶东乳山县夏村滕格庄，由单一的医学系调整为多科系、综合性、高低兼容的医学院，包括医学系、卫生技术学校、药剂学校、化验班、牙科班，以及医务干部轮训队等。1948年9月，学院由山东益都迁至济南。1950年12月，华东白求恩医学院由军队正式移交地方。华东白求恩医学院在解放战争时期，为培养华东部队卫生技术人才做出了突出贡献。

2）华东军区卫生技术学校。华东军区卫生技术学校创建于1948年，附设于华东白求恩医学院，主要是培养部队需要的初级卫生技术人员。学制6个月，第一个月为军政训练，后5个月为专业训练。对录取的学员编队后即分配到军区所属医院，按军区卫生部统一训练计划实施教学（仍属华东白求恩医学院建制），毕业时由卫生部统一分配。这种统一学制、统一课程设置、建制不变、分散教学的灵活办学方式和方法，适合战时特点和需要，有利于发挥医院技术人才和设备的作用，有利于理论联系实际，有利于工学相长[①]。

---

① 许文博，等．中国解放区医学教育史．北京：人民军医出版社，1994：131-172．

（三）教育管理

1. 加强对教育工作的领导

解放区民主政府在新的形势下，进一步健全了教育的领导工作。在解放区，从边区、行署、专区到县、区、村的各级主要领导人都逐步把教育工作放到了重要的地位，定期讨论教育工作，重视教育干部的配备，为他们解决工作中的困难，提高他们的社会政治地位。与此同时，各解放区都制定了各级各类学校的培养目标、学制、课程和各种制度，使各级各类学校由游击的或训练班的形式逐步转变为正规的学校形式。

2. 教育管理机构

各解放区的教育机构不尽相同，专署和县设教育科，区设教育（文教）委员会，乡（村）设教育委员会，有的地区设学区或中心小学制度。各级教育行政部门都有明确的职责，一般是各解放区内教育行政领导部门负责决定中等学校的方针、学制、课程、编制及主要干部的配备等，县教育科直接领导完成，专署经常派人巡视、检查、督导。为健全教育领导机构，各地区都选拔优秀称职的干部充实教育行政机关，同时大量吸收地方知名人士参加教育工作，有的地区还专门办班集训干部，培养或提高教育工作人员的专业精神。

3. 教师队伍建设

教师队伍不稳定，文化水平较低，有的在思想上还有一定差距，这是当时教师队伍的情况。针对这些情况，各解放区都采取了有效措施。首先，制定了一系列管理制度，以保证已有教师的安定，各解放区都制定了小学教师服务规程等法规。其次，各解放区都广设师范学校、短期师范学校或乡村师范学校、中学附设师范班等，以培养所需的师资。再次，提高已有教师的业务政治水平，加强在职学习培训，学习内容包括业务学习、时事学习、新教育方针学习等，学习方式方法普遍采用假期集训和分期轮训。最后，各解放区根据当地实际情况，组织成立教师们自己的组织。

4. 教育经费

解放战争初期，各解放区的教育经费仍采取统筹统支的方法、分级自筹的原则。1946年5月20日，晋察冀边区行政委员会针对教育经费问题提出"为便于教育事业的发展，教育经费必须增加，必须划定专款，采取分级地方自筹的原则"。解放战争后期，华北、东北等解放区的财政收入已较稳定，对教育经费又开始实行统筹统支，并规定了教育经费在地方财政收入中的比例。对于教师待遇，抗日战争胜利后，有的地区继续实行供给制，有的先后改为薪金制。在解放战争初期，学生上学费用一律由公费支出。1948年后，解放区日益巩固，学生大多数与家庭有了联系，许多家庭都有能力供给学生上学。1949年开始，各解放区相继改为助学金制，并制定了助学金申请管理办法。

5. 学校管理

对于解放战争时期的学校管理，老解放区与新解放区不同。在新解放区的学校，一般都是在维持原有学校规模的基础上，对组织机构、课程、教师等分别进行改组和改造。1948年提出正规化后，各解放区对各级各类学校都规定了明确的培养目标、办学方针，但由于各地区工作基础不一样，老区、半老区与新区，城市与农村的情况和存在的问题不同，各地都从实际出发，灵活运用。因此，在学校管理上，既规定了统一的制度，又保留了部分灵活性。对学校的管理机构，实行学校管理学校化，反对军队化与机关化。关于学制，各解放区高中有的按地方建设要求分科，有的另设职业学校；关于课程的制定，则以社会的需要和学生的程度为依据。在学习制度方面，除制定了学制课程外，还实行毕业制度、放假制度、学习时间考试制度、课外活动等[1]。

---

[1] 董纯才. 中国革命根据地教育史：第3卷. 北京：教育科学出版社，1993：47-55.

（四）经验与启示

1. 发展特点及经验

（1）开设范围广、类型多，因地制宜。

除前文介绍的华北、东北、山东解放区兴办的众多学校外，陕甘宁边区还先后开办了工业、财经、行政、艺术等专科学校，并于1945年10月专门创办"边区妇女职业学校"，培养妇女干部；华中解放区等也进行了相应的学校建设。东北行政委员会在1948年10月颁布的《关于教育工作的指示》强调：我们应该拿出一定力量来办大学、中学和师范，工业、农业、铁路、邮电、卫生、行政等专门学校，培养各种知识分子和干部。根据当时东北解放区的实际情况，要求各地根据当地工作需要开办职业学校和地方干部训练班，同时要求最好由各生产部门来办职业学校，如由铁路部门办铁路学校，由矿山企业办矿业学校，由工业部门办工业学校，由农业机关办农业学校。至于地方干部训练班，各地如果具备条件就单独办，如果没有独办的条件，可交给中学或师范兼办。

（2）开设的主要目的是服务政治和军事。

解放区开办学校着重进行干部教育，其次是群众教育，最后才是儿童教育。如：陕甘宁边区的西北医药专科学校，医科学制3年，为军队和地方培养专科医务干部；药科学制2年，为军队和地方培养药剂人员；预科则补习数理化和语文。1948年《中共中央关于九月会议的通知》进一步指出，夺取全国政权的任务，要求我党迅速地有计划地训练大批的能够管理军事、政治、经济、党务、文化教育等项工作的干部。

（3）重视对女性的教育。

单独开设女子学校，全国民主妇联接办前"河北省立北平女子职业学校"，改名为"新中国妇女职业学校"。陕甘宁边区为了培养妇女干部，创设了妇女职业学校，这所学校以之前的短期助产训练

第四章 解放战争时期的职业教育与成人教育

班为基础,学生被派到各乡村实习,毕业后再分配到各地服务,学习内容主要是助产。

2. 当代启示

(1) 教育培养目的具有历史性。

不同的时代对教育培养的人才要求不同,教育是为了培养社会所需要的人才,必须要明确"为谁培养人"。解放战争时期,全国人民都在为了战争的胜利而努力,因此当时的学校教育主要是为战争和军事服务。现代社会是知识型、信息化社会,要求学生具备观察能力、思考能力、动手能力和创新能力等素质,要求德智体美劳全面发展,培养新时代的中国公民。

(2) 学校类型应该因需而设,因地制宜。

解放战争时期,为了适应当时战争的需要,各解放区因地制宜开办了工业、农业、财经、行政、铁路、卫生等各级各类学校,为解放战争和新中国建设输送了大量急需的人才。这启示我们,当代学校类型应多种多样,不仅要办好普通教育,而且要大力发展职业教育,建立职业教育"立交桥",促进普职融通,以适应和满足不同学生的学习需求。

(3) 教学组织形式必须灵活多样,因材施教。

解放战争时期,解放区的很多学校只能根据当时当地的实际情况灵活多样地组织学生学习,这虽是不得已而为之,但也培养了大批有用的人才。这启示我们,除了传统的班级授课制,应根据新时代形势的变化开展线上教学、走班制和翻转课堂等多样化的教学形式,让学生从不同的教学组织形式中体会到个体自主选择性和独立性,打破班级的壁垒,提高学习的积极性。

(4) 学校的开办和建设要注重教育公平。

解放战争时期,由于经济、政治等各种因素的制约,解放区只能重点建设一部分地区的一部分学校。当前我国是世界经济大国,有充足的财力加强教育建设,应充分考虑教育公平问题,把更多的财政经费向中西部欠发达地区倾斜，扶持那里的教育事业发展，这样才能更好地带动当地经济发展。

二、解放战争时期的士兵教育

解放战争时期的士兵教育目标指向明确，切合时势需求，把党的路线、方针、政策转化为士兵的行动指南和价值引领，促进他们提高政治觉悟，始终保持坚强的革命精神和旺盛的战斗意志，积极投身于解放战争，争取战争的胜利，直至最终实现人民当家作主的历史任务。这里主要选取战略防御阶段采用的立功激励、团结互助方式，与战略防御阶段的新式整军的典型教育运动来归纳士兵教育的内容和方法，深刻分析其规律，为新时代士兵教育提供有益的借鉴与启示。

（一）教育内容

解放战争时期，士兵教育内容广泛，囊括士兵的思想、政治、纪律、廉政、军事训练，及特殊时期衍生出来的溶俘工作。

1. 思想工作：精神引领，坚定信念

思想工作是士兵教育的核心内容，主要解决士兵的认知、情感与态度问题。解放战争时期，各部队注重分析时势，深刻分析敌我利弊，"做到战略上藐视敌人，战术上重视敌人的有机结合。……既鼓舞部队的胜利信心，又防止骄傲轻敌、麻痹大意"[1]。为此，部队还采用诉苦、立功活动等多种方式，不断激发战士的阶级觉悟与作战信心和勇气，营造了一种"为人民复仇立功最光荣"的氛围；在强训中引领士兵树立"猛打、猛冲、猛追"的三猛精神，树立"敢于穿插分割敌人，打到敌人心脏中去"的勇气，树立"不怕牺牲、

---

[1] 肖裕声.中国共产党军队政治工作史：上卷.2版.北京：军事科学出版社，2015：1012.

第四章 解放战争时期的职业教育与成人教育

不怕伤亡、不怕困难、不怕疲劳"和"不管付出多少代价,也要战斗到底"的决心,为迎战做好充分的思想准备,引领士兵们有勇有谋,灵活作战。战争结束后,及时评功选模,为下一次作战做思想铺垫,以防士兵们精神松懈,沉迷于之前战争的喜悦(胜仗)或痛苦(败仗)中不可自拔,进而引导战士理性对待胜败,不妄自菲薄,继续斗志昂扬,充满信心。

2. 政治工作:明确指令,绝对服从

政治工作是战士教育的首要内容,也是军队保持旺盛斗志、获得战争胜利的生命线。解放战争时期,党把政治工作放在首位,提出"政治上提高战胜顽军保卫解放区之决心与信心"[①],政治教育"以揭穿法西斯进攻,提高自卫作战的准备为主题"[②]。解放战争爆发后,强调"一切军队必须加强政治工作"[③],规定"部队内部政治工作方针,是放手发动士兵群众、指挥员和一切工作人员,通过集中领导下的民主运动,达到政治上高度团结、生活上获得改善、军事上提高技术和战术的三大目的"[④],主要任务"就是通过各种形式的宣传教育,把中共中央和毛泽东关于国内形势和战争前途的科学分析灌输于广大干部战士头脑之中,提高觉悟水平,澄清模糊观念,克服某些畏惧心理和悲观情绪,确立敢打必胜的决心和信心"[⑤]。例如,晋冀鲁豫中央局和军区1946年5月26日发布的《关于全区二个月练兵的指示》指出:"政治教育的内容,一为形势、任务教育(亦称'时事教育')。主要是学习中央有关指示,延安《解放日报》社论,一些负责同志的形势报告,政协决议和国共谈判中的有关材

---

① 中共中央文献研究室,中国人民解放军军事科学院. 毛泽东军事文集:第3卷. 北京:中央文献出版社,1993:193.
② 中国人民解放军国防大学党史党建政工教研室. 中共党史教学参考资料:第18册. 北京:[出版者不详],1986:190.
③ 同①506.
④ 中共中央文献研究室,中国人民解放军军事科学院. 毛泽东军事文集:第4卷. 北京:中央文献出版社,1993:381.
⑤ 肖裕声. 中国共产党军队政治工作史:上卷. 2版. 北京:军事科学出版社,2015:876.

料,并通过联系思想实际进行漫谈讨论、回忆对比、发动控诉、开展论战等,达到提高思想认识,澄清模糊观念,克服和平麻痹思想,增强战斗意志,进一步树立打败蒋军进攻的决心和信心。二为人民军队和光荣传统教育。主要学习毛泽东《论联合政府》中的'人民战争''人民的军队'部分,《古田会议决议》中'关于单纯军事观点'部分,朱德《论解放区战场》中的'建军的原则''怎样养兵''怎样带兵''怎样练兵'等部分。除了上述两项政治教育内容外,各部队都增加了政策和纪律教育。主要是组织干部战士学习党的保护工商业的政策、人民军队的城市纪律和宽待俘虏的政策。在上述政治教育中,都强调要把提高思想认识、检查思想和改进工作三者紧密结合起来"①。

3. 纪律教育：严明军纪,从严治军

严明军纪是战士教育的重要内容,也是军队作战取胜的重要保证。军队高度重视战士的纪律教育,如 1946 年 7 月 12 日,毛泽东在《注重加强部队纪律教育》一文中指出:"任何部队,在每一次行动前,必须进行一次公开的全体的纪律教育,并以按照当前具体情况应当注意的具体事项,在不泄露机密的条件下,明确地告诉一切指战员,方能于行动时使一切指战员遵守政治纪律,给人民以良好影响。近来仍有部分部队,由于事先忘记进行此项教育,或在进行此项教育时未采取认真的严肃的态度,或以为过去进行过此项教育,在新的行动时不必再做,……以致在进入城市时发生破坏纪律之事,实属不好。望各部队首长责成政治机关对此予以检讨,加强一切部队的纪律教育,是为至要。"② 1947 年 10 月 10 日,毛泽东重新颁布《中国人民解放军总部关于重行颁布三大纪律八项注意的训

---

① 肖裕声. 中国共产党军队政治工作史：上卷. 2 版. 北京：军事科学出版社,2015：865 - 866.

② 中共中央文献研究室,中国人民解放军军事科学院. 毛泽东军事文集：第 3 卷. 北京：中央文献出版社,1993：336.

第四章　解放战争时期的职业教育与成人教育

令》，要求全军"以此为准，深入教育，严格执行"。"三大纪律"内容为："（一）一切行动听指挥；（二）不拿群众一针一线；（三）一切缴获要归公。""八项注意"内容为："（一）说话和气；（二）买卖公平；（三）借东西要还；（四）损坏东西要赔；（五）不打人骂人；（六）不损坏庄稼；（七）不调戏妇女；（八）不虐待俘虏。"[①] 作为全军统一的纪律和行为规范，要求全军人人必须学会办到。为更好地严明军纪，严格执行各项方针政策，1948 年 11 月，中央军委又发出《关于整顿全军纪律的训令》，强调"为着保证政策纪律的贯彻执行，中央军委和各个部队在战役过程中提出了一系列具体要求和措施。例如，东北野战军在辽沈战役发起前，就发布了《入城纪律守则》并在部队中进行了教育"[②]。

4. 廉政教育：惩腐肃贪，廉洁自律

廉政教育关涉部队的纯洁、军队的形象、战士的斗志，是士兵教育内容的重要组成部分。组织战士们认真学习、贯彻执行系列有关廉政教育的指示、决定、制度与政策，提高了战士们的认识与自觉，使之保持清明、廉洁的作风，增强了革命的热情与斗志。一是中央军委颁发《关于加强军队纪律坚决执行城市政策的指示》（解放战争后期），要求部队"进入城镇以后，必须坚决的执行城市政策"，"不准随便没收汉奸财产"，"除弹药武器等军事资财由军事机关与部队直接处理外，敌人的其他物资如粮食、油、盐、布匹等，由政府接收统一处理（主要以供给部队）"[③]。二是中央制定《关于城市驻军纪律问题的决定》（1949 年 5 月），强调"不容许有不守纪律及贪污和腐化的现象"[④]。三是成立士兵委员会，发挥士兵的监督与审查作

[①] 毛泽东选集：第 3 卷.2 版.北京：人民出版社，1991：1002.
[②] 肖裕声.中国共产党军队政治工作史：上卷.2 版.北京：军事科学出版社，2015：1002.
[③] 中国人民解放军国防大学党史党建政工教研室.中共党史教学参考资料：第 18 册.北京：[出版者不详]，1986：24.
[④] 中国人民解放军政治学院政治工作教研室.军队政治工作历史资料：第 13 册.北京：中国人民解放军战士出版社，1982：118.

用，在实践中践行条例。如 1947 年年底，在每一个连队成立士兵委员会，规定"其任务主要是改善伙食，公布与清查账目，反对贪污浪费，保证经济公开，给士兵以经济上的民主权利"[①]。四是根据实际情况制定具体规定。如 1946 年 10 月，晋冀鲁豫野战军规定，一切战利品"作为公物，必须切实爱护，登记保管，呈报上级，以便妥为分配处理，不得有看作个别单位或少数人私有物，而私自隐瞒或任意损坏以致变卖等现象"[②]；甚至"为了防止资产阶级腐蚀和个人突出，党的七届二中全会还做了不祝寿、不送礼、不以领导人的名字命名地名等重要规定，对部队特别是各级领导干部也起了很好的教育和约束作用"[③] 等。

5. 军事教育：利用战隙，军事训练

军事训练是士兵教育的主要内容、核心任务，决定军队的战斗力，影响战士的士气与信心。解放战争时期，高度重视军事训练，适时根据实战需求、练兵现状，调整方针与要求进行操练，提高士兵的军事技能。如 1945 年 12 月 15 日，毛泽东起草的《一九四六年解放区工作的方针》明确规定：一、练兵对象包括：野战军、地方军、民兵；二、练兵的时间，利用作战间隙；三、练兵项目，仍以提高射击、刺杀、投弹等技术程度为主，提高战术程度为辅，特别着重于练习夜战；四、练兵方法，应开展官教兵、兵教官、兵教兵的群众练兵运动[④]。同时要求"一九四六年必须进一步实现改进军队政治工作的任务，克服军队中存在着的教条主义和形式主义作风，为团结官兵，团结军民，团结友军，瓦解敌军，保证练兵、供给和

---

① 中国人民解放军政治学院政治工作教研室. 军队政治工作历史资料：第 11 册. 北京：中国人民解放军战士出版社，1982：337.
② 中国人民解放军政治学院政治工作教研室. 军队政治工作历史资料：第 10 册. 北京：中国人民解放军战士出版社，1982：379.
③ 肖裕声. 中国共产党军队政治工作史：上卷. 2 版. 北京：军事科学出版社，2015：1068.
④ 中共中央文献研究室，中国人民解放军军事科学院. 毛泽东军事文集：第 3 卷. 北京：中央文献出版社，1993：146.

第四章　解放战争时期的职业教育与成人教育

作战任务的完成而奋斗"①。1946年5月1日又专门发出《关于练兵的指示》，强调"练兵内容，军事上练三大技术，练守城，练夜战"②。1946年12月24日，中央军委颁布《关于练兵与训练干部的指示》。"这些指示，除要求全军各部队必须善于利用战斗间隙，进行军政训练，不断提高整个部队的军事技能和政治觉悟外，还特别提出要把大批训练和积蓄干部作为自己的任务。并规定：各甲等军区（如晋察冀、山东等）条件具备时，要开办技术兵种（如炮兵、工兵、坦克等）训练班及参谋、通信、军医供给等学校。"③

6. 溶俘工作：重塑信仰，保障制度

溶俘工作是士兵教育的基本内容，也是解放战争时期的特色产物。解放战争爆发之后，鉴于敌我人员、武装设备悬殊的前提，毛泽东提出"取给于敌""以战养战"的方针，迅速壮大队伍、扩充装备。缴获的武器装备稍加培训即可为我军所用，但俘虏的士兵需认真"溶化"。1948年7月17日，毛泽东指示："各区及各军应用大力组织俘虏训练工作，原则上一个不放，大部补充我军，一部参加后方生产，不使一人不得其用。"④ 根据指示，军队改造"溶俘"工作全面铺开。如，晋冀鲁豫四纵各旅成立专门机构——"解放大队"，"开展诉苦运动，从根本上提高俘虏的觉悟"，"在挖苦根的基础上，再引导大家找出路，使他们看到中国的前途，提高对中国革命的胜利信心，明了只有共产党才能救中国救人民，只有参加八路军消灭蒋介石才能报仇雪恨过好日子"⑤。随后实行"即俘即补即战"的做法。首先，向士兵"说明'即俘即补即战'方针的目的、意义及上级的有关规定和我们应当有的态度，使之成为有领导、有组织的群

---

① 毛泽东选集：第4卷.2版.北京：人民出版社，1991：1175.
② 中共中央文献研究室.毛泽东文集：第4卷.北京：人民出版社，1996：114.
③ 中国人民解放军政治学院政治工作教研室.军队政治工作历史资料：第10册.北京：中国人民解放军战士出版社，1982：468.
④ 中共中央文献研究室，中国人民解放军军事科学院.毛泽东军事文集：第4卷.北京：中央文献出版社，1993：530.
⑤ 改造俘虏的经验.军政杂志，1947（17）.

众性行动，并防止诸如对之采取单纯利用态度，或者丧失警惕、忽视严格管理，以及在单位之间争夺俘虏等错误倾向的发生"①。同时，利用战争的间隙对俘虏兵家庭出身、生活习惯、思想实际等方面进行审查，然后"采取各种形式宣传人民军队同国民党军的根本区别和当前战争形势与前途，首先解决好愿意入伍打仗的问题，同时利用战斗空隙进行小型诉苦，提高其阶级觉悟，及时消除其疑虑，以发挥他们的战斗积极性"②。此外，还通过"老兵特别是老解放战士以交朋友、相互谈心的方式教育"，将其作为自家人一样平等对待，充分信任，颁发入伍证，对其生活、思想上给予热情的关怀与帮助，给予他们同等的立功与激励的机会。

（二）教育方法

解放战争时期的士兵教育方法灵活多变，潜移默化渗透于士兵的学习、战场与生活中，形成严密的思想教育体系，引领士兵坚定理想信念，为夺取解放战争全面胜利奠定坚实的基础。

1. 理论解说教育

深入调研，切实掌握战士的家庭成分和思想现状后，有针对性地选取恰当的组织方式展开理论教育。比如诉苦运动对士兵的教育安排，逻辑严密、系统，效果显著。首先领导高度重视，介绍成功的经验方法。如"1947年1月23日，中央军委向各战略区介绍了晋冀鲁豫军区政治工作的新方法：发动解放战士诉苦，介绍国民党统治区人民生活痛苦和军队士兵受压迫情形；发动解放区参军的新兵谈解放区农民怎样翻身，为谁参军，为谁打仗；发动八路军老战士讲人民军队的宗旨和优良传统"。其次召开动员会议。组织会议号召诉苦，深度阐释诉苦的目的和意义，引导战士明白"什么是苦，为

---

①② 肖裕声. 中国共产党军队政治工作史：上卷. 2版. 北京：军事科学出版社，2015：1026.

第四章　解放战争时期的职业教育与成人教育

什么要诉苦",反复强调"穷人受苦受侮辱,那是旧的社会制度造成的,是反动统治阶级的罪恶,在人民自己的军队里,不但不被认为是'丑事',而且应受到同情和尊敬",以此来消除战士们普遍的思想顾虑,例如"诉苦丢人","大丈夫流血不流泪","仇人不在这里,诉了也不顶用"等①。最后,采用各种生动形象的形式渲染氛围,有计划地组织战士观看展现人民大众饱受剥削和压迫的《白毛女》《血泪仇》等戏剧,阅读、讲解《血腥的发家史》,参观地主庄园、农民家庭后,形成强烈的反差,深化认知。

2. 舆论宣传教育

解放战争时期,为加强对士兵的教育,充分发挥部队报刊、电话、广播的舆论导向作用。在当时通信设备极其缺乏的艰苦条件下,"拿笔杆子中,作用最广泛的是写文章登在报纸上和出小册子,再就是写好稿子到广播电台去广播。出报纸、办广播、出刊物和小册子,而又能做到密切联系实际,密切结合中心任务,这在贯彻实现领导意图上,就能比其他方法更有效、更广泛,作用大得多"②。它们主要把中央的政策、方针,前线的战况,英雄人物的事迹等及时传播至各军队,发挥着舆论导向的作用。首先,注意办刊的多样性。中原野战军第六纵队政治部在围歼黄维兵团的战斗中,就创办了《人民英雄》《每日英雄》《新闻参考资料》三种小报。其中,《人民英雄》是纵队政治部进行战时思想指导的主要阵地,刊有评论、指示、论文、战斗经验、英雄故事等。其次,注意报刊的时效性。领导非常重视,有效疏通渠道,及时把报纸投送到各部队,组织战士学习。如纵队出的小报,多数连队当天至迟第二天上午就可以看到,旅、团出的小报、快报到达连队的时间更快一些。小报、快报一到连队,就被看作战场上的"宝贝"和"主要精神食粮",立即转读、组织学

---

① 肖裕声. 中国共产党军队政治工作史: 上卷. 2版. 北京: 军事科学出版社, 2015: 956.
② 陈斐琴, 缪海稜, 殷步实. 刘邓大军征战记新闻编. 北京: 新华出版社, 1987: 1-2.

习、反复讨论。最后，保证人员、设备齐全。解放战争时期，中央重视军事报道工作，政治工作指挥所配备油印机，"纵队以上单位都成立有新华社支社、分社机构，三大战役中人力更有加强。各级政治机关也都十分注意创造条件，给以方便，使其能够做好军事报道工作，充分发挥了它在鼓舞军队和人民、打击敌人等方面的重要作用"。此外，还会通过对国家的政策、时势、英雄人物及时地广播、电话传诵、派人专解、书写翻印等来加强宣传力度。

3. 论辩互动教育

为了深化认识，消除战士心中的疑惑，部队展开辩论活动。一是主题针对性强。经深度了解战士的模糊观念，选取既契合战士个人利益的思想"疙瘩"，又符合认清反动统治本质的主题展开讨论。二是方式灵活多样。选取讨论、辩论或竞技的方式，反复而有目的地运用摆事实、讲道理的方式进行自由辩论或论争交锋，来辨清是非，提高觉悟。三是效果十分明显。经过反复辩论，辩明了"是地主养活了农民还是农民养活了地主，是地主剥削了农民还是农民剥削了地主"，"穷人为什么穷，富人为什么富"，明白了"地主阶级剥削的实质"，"剥削的含义和封建剥削的残酷性"，懂得了"苦从何来"，从而把每个人的苦归结到整个阶级的苦上，把各个地主恶霸的罪恶归结到以蒋介石国民党为代表的大地主、大资产阶级的罪恶上来，使大家明确认识到全国人民的"总苦根是老蒋"，"天下穷苦人是一家"，"只有劳苦人民在共产党领导下，彻底打倒国民党蒋介石的反动统治，才能过自由幸福的生活"[①] 等。同时积极开展打胜仗、缴枪械、捉俘虏的革命竞赛，提高了士兵的战斗情绪。

4. 诉苦运动教育

解放战争时期，在对士兵的教育中，部队高度重视诉苦运动的

---

① 肖裕声. 中国共产党军队政治工作史：上卷.2版. 北京：军事科学出版社，2015：956-957.

第四章　解放战争时期的职业教育与成人教育

影响作用。在运动中，注重树立不同类型的诉苦典型，形成广大战士被反动统治阶级压迫与剥削的总图景。一方面，诉苦人员多元，有官兵、群众、指战员，诉苦人员的出身有贫雇农、中农及其他劳动家庭，地主富农家庭；另一方面，诉苦内容多样，有控诉"封建地主阶级剥削压迫农民"，"蒋管区征粮抓丁、恶霸特务横行、民不聊生"，"蒋军内部黑暗统治，官长吃空额喝兵血、打骂侮辱士兵"，"厂主老财奴役剥削工人，压榨工人血汗，和其家庭父母惨遭蒋伪杀害，被迫流离失所"[①] 等内容。通过诉苦运动，从不同角度、不同层面揭露地主阶级剥削压迫农民的罪恶情景、黑暗内幕，进而全方位提高战士的阶级与政治觉悟，形成一种严肃悲痛、同仇敌忾的气氛。

5. 查整自省教育

为了发挥民主和战士自我教育的作用，各部队展开批评与自我批评，进行查整活动。查整的基本方针是："自我教育为主，开展批评和自我批评，惩前毖后，治病救人。"查整的主要方式以自我教育为主，采取民主和自我教育的形式展开。查整的内容以"毛泽东所概括的'三查'，即查阶级、查工作、查斗志"为中心，各大战略区针对自身的特点与问题调整查整重点。如进入中原地区的晋冀鲁豫野战军，是"四查"，即查立场、查思想、查作风、查工作。东北地区部队，对干部是"五整一查"，即整思想、整作风、整关系、整纪律、整编制、查成分，对战士是搞好土地改革教育和民主运动等。在查整中，从上而下全员参与，发扬民主，听取意见，"认真检查每个人对土地改革的立场和态度，以及在思想、工作、战斗上存在的问题，并研究制定出改正措施"，效果显著。查整的根本目的"在于从政治上、思想上、组织上和作风上进一步保持人民军队的无产阶级纯洁性，提高觉悟，加强团结，增强部队战斗力"[②]。

---

① 肖裕声. 中国共产党军队政治工作史：上卷. 2版. 北京：军事科学出版社，2015：956.
② 同①958.

6. 通俗艺术教育

为了振奋军心，激发斗志，人民解放军通过编制口号、歌曲、快板、顺口溜、打油诗等各种通俗易懂的艺术形式教育战士，深入人心。一是提出口号。为了激励战士勇猛冲杀，有差异地提出不同的口号。如，对英雄模范提出"有功不骄傲，功劳上面加功劳"；对党员提出"党员做模范，立功打先锋"；对新解放战士提出"立功在今后，机会有的是"；对无信心的同志提出"天下无难事，只怕有心人"；对犯错误的同志提出"将功赎过，戴罪立功"；对各行各业人员提出"行行出状元，人人能立功"[①]。二是编唱歌曲。如，军队为揭露蒋介石国民党的反动本质，写、教与唱歌曲"谁种的庄稼谁收割，谁栽的果木谁得果。我们流血抗战八年来，胜利果实谁也不能夺"[②]，以此鼓舞战士练兵杀敌的士气。李震的《棉衣歌》"此事古今从未闻，千古奇迹出我军。一切困难皆可渡，全在万众是一心"[③]，作为经典传唱，发挥着凝心聚力的作用。三是编制快板。如，部队为解决部分战士对坦克的恐惧心理，编"坦克有十怕"的快板，在行车路上和战士们拍着节奏对唱、同唱，不仅让战士们了解了装备的性能，掌握了应付的方法，而且提振了他们作战的信心和决心。四是编顺口溜。如，为严明入城纪律，提高战士自觉自律，把相关纪律编成"饭前饭后必读词"，要求战士在饭前饭后的空隙背读、牢记于心，贯彻于行，效果显著。五是写打油诗。如，为消除战士对华中野战军撤退至山东举措的不理解情绪，编写并反复教育："反攻反攻，退到山东，口吃煎饼，手拿大葱，有何意见？打回华中。""今日退到山东，正是为了明日打回华中"[④]。这些目标精确、生动具体、及时有效的鼓动形式，确保了军队的旺盛士气和高昂斗志。

---

① 肖裕声. 中国共产党军队政治工作史：上卷. 2版. 北京：军事科学出版社，2015：916.
② 同①832.
③ 同①945.
④ 同①880.

第四章　解放战争时期的职业教育与成人教育

7. 立功激励教育

解放战争时期，军队对战士的立功激励形成联动机制且常态化，有效促成战争的全面胜利。(1) 中央高度重视，系统颁布立功决定等。如1946年10月以来，《关于开展功劳运动的决定》《关于开展立功运动的指示》《立功运动暂行条例》先后发布，号召全军"人人立功，事事立功"。(2) 明确标准与原则，力求公平合理，即掌握特殊性、经常性和创造性三条标准，任务难易、成绩多少、影响大小三条原则。(3) 建立评功委员会，有代表性地在班、排和基层选出记功员。(4) 研制简约易行的工作制度，明确记功类型，如何"记功、评功、奖功、庆功"等，并争取做到记功迅速真实，评功及时公正，奖功隆重庄严，庆功广泛热烈等。(5) 规定立功内容，与作战任务、工作任务相融合，把各项活动统一到战斗取胜中，即："英勇作战、建立奇功的指战员或战斗单位；英勇沉着、射击精确、杀伤敌人的指战员；指挥艺术机动灵活的指挥员和有各种各样战术上成功创造的各种人员；作战中英勇艰苦，坚决完成重要任务的供给、卫生、侦察、通讯、联络、政工人员等；具有模范政治纪律、战场纪律和内部团结巩固的模范单位或个人"[①] 等。(6) 制定奖励办法，"如对被记功的人员颁发立功奖状、立功证书；对功绩显著者授予各种英雄、模范称号，并将功绩记入档案；对立功单位授予锦旗，其中有重大特殊功绩者授予称号，并举行隆重的授旗、授号大会；对牺牲的功臣进行追功活动"等。立功会上，给功臣披红戴花、坐荣誉席，首长宣读嘉奖令；隆重向功臣家庭报喜，颁送"功臣之家"或"光荣之家"牌匾。这些生动活泼的立功活动，极大鼓舞了战士的战斗热情。

(三) 经验及启示

解放战争时期，士兵教育内容丰富多元，教育方式灵活多样，

[①] 肖裕声. 中国共产党军队政治工作史：上卷. 2版. 北京：军事科学出版社，2015：914.

为新时代士兵教育提供了重要的启示：增强人本意识，贴近士兵之实；增强多元意识，切合时代之需；增强创新意识，顺应时势之变。这些有益的启示有利于助推强国强军梦的实现。

1. 增强人本意识，贴近士兵之实

经验：解放战争时期，展开士兵教育之前，以士兵为中心，采用亲切谈话、多方调查等方式深入了解士兵的家庭成分、成长经历、现实困惑及实际需求，有步骤有针对性地关注士兵之所需、关心士兵之所困、解决士兵之所难，让士兵真正感受到组织的温暖与关怀。根据掌握的思想动态及作战实际，开展新式整军教育运动，其中比较典型的是诉苦、追苦根等教育活动，切合大部分战士的出身与经历，提高了教育的亲和力和实效性，掀起了思想教育的高潮，引领战士们认清反动统治的本质，极大地唤起了战士们的作战勇气与斗志，更加坚定了士兵们敢打必胜、敢于决战、敢打大歼灭战的决心和信心，是最终获取全胜的重要法宝之一。另外，部队在诉苦教育的基础上，采用民主与自我教育的形式展开查整运动，充分调动士兵的积极性、主动性，进行自我批评与自我教育，进而不断提高士兵的政治觉悟与行为自律。在士兵教育中，从士兵的实际出发，采取喜闻乐见的教育方式，激发士兵的内驱力，发挥士兵的主体作用，收到了理想的教育效果。

启示：解放战争时期，士兵的思想教育工作取得成功的主要原因之一是部队在把握党的方针政策、战斗任务的同时，紧扣士兵实际展开。新时代的士兵教育也应如此。因为士兵教育的对象是士兵，士兵作为一个具有思想的主观能动体，要使其思想转化、形成正确的价值观和政治立场，单有科学的教学内容、指导方针、教学方法是不够的，还需要增强人本意识，从士兵的思想、生活甚至思维等方面的实际出发，探寻士兵的思想水平、发展规律，找准适合的方法，有目的有计划有步骤地影响士兵，通过内外因的相互作用，使其真正从思想上实现转化。为此，在士兵教育中，教育者应立足士

第四章 解放战争时期的职业教育与成人教育

兵实际，尊重士兵、理解士兵，不断改进教育内容和方式，增强教育的亲和力，针对士兵的思想疑惑、关注的热点，及时进行互动、对话与疏导，切实推动士兵思想教育走深、走实、走心。同时，加强士兵的自我教育，建立激励政策，树立学习楷模，不定期开展批评与自我批评、自我审查、自我鞭策。此外，作为新时代网络原住民的士兵，用手机上网、获取最新资讯，在网络空间交流已成为生活的常态，如何尊重士兵的主体性，发挥军事民主，利用强大的网络交互平台，快速而便捷地获取各种优质资源，形成集体智慧，让士兵在思想的碰撞中，实现自我的成长与飞跃，值得深入研究与探索。当然，网络是把双刃剑，如何规避西方不良思想的渗透，保持网络资源的纯洁性，也是一个迫切需要解决的问题。

2. 增强多元意识，切合时代之需

经验：解放战争时期，因战争的不确定性，士兵教育的内容和方法可能随战争的需要随时调整，没有严密的结构与逻辑，呈多元、多变之势。首先，士兵教育内涵丰富，主要包含：思想教育，在精神上引领士兵以坚定马克思主义理论为信念；政治教育，明确指令，绝对服从党和军委的领导；军事教育，利用战隙，根据实战需求进行军事训练；纪律教育，严明三大纪律八项注意，从严治军；廉政教育，军队一律惩腐肃贪，养成廉洁自律的作风。这些内容在教育活动中，有时针对某一现象有主题地进行引导，有时并非完全独立成块地展开，而是几者相互交融或渗透，主要随着形势的需要，及时把握战士的思想动态、思想疙瘩，进行或增或减的调整，以切合时代（战争）之所需。其次，士兵教育方法多样，全方位渗透于士兵的学习、战场和生活中。例如，利用部队报刊、电话、广播，发挥舆论导向作用；组织会议学习中央或军委颁布的相关方针、政策或指示，进行思想动员；针对士兵的模糊概念，举行讨论会与辩论会；树立典型示范，起好模范带头作用；采用编口号、歌曲、快板、顺口溜、打油诗等战士喜闻乐见的方式，鼓舞斗志与信心；展开轰轰烈烈的立功运动，建立激励机制。这些方式没有形成固定的教育模式，而是随着战争的需要及时调整，目的就是如何根据党中央的指示和战争的需要，灵活选用不同的方式把士兵的思想工作做到位，最大限度地唤醒士兵的战斗勇气，坚定理想信念，为夺取解放战争全面胜利打下坚实的基础。

启示：新时代，士兵教育内容随着时代的发展更为规范、系统与全面。但我们仍可以从解放战争时期的宝贵经验中吸取营养，获得启示。士兵教育内容多元，各自在军队教育中起着不同作用。如思想教育是士兵教育之魂，引领士兵坚定理想信念，树立正确的三观；政治教育是士兵教育之根，是我党一切工作的生命线，使军队始终坚持党的领导，忠诚于党；军训教育是士兵教育之本，真正练就"能打仗，打胜仗"的战斗本领；纪律教育是士兵教育之要，严明纪律，严格要求自己，绝对服从党的统一领导；廉政教育是士兵教育之基，教育士兵廉明自律，形成风清气正的良好部队生态。这些内容随时代的发展、时势的变迁，适时调整以适应社会和军队发展之需。在新时代，士兵的文化水平、思维习惯、兴趣爱好都发生了深刻的变化，与之相适应的教学方式也应做出相应的调整。"教无定法，贵在得法。"单凭某种方法难以满足士兵教育的需求，应在传承的基础上，围绕主题，综合多种有效的方法教学，使教育不仅有意义，而且有意思。例如，随着新时代线上教育的兴起，教育者应根据教学主题、士兵特点，实现线上线下相融合的新业态，采用新媒体技术，构建逼真的学习空间，用文、图、音、像并茂的虚拟技术把静态、平面、抽象的教材变成动态、立体、形象的素材，让士兵多维度感知、理解与深化知识、技能与方法，在潜移默化中坚定立场、昂扬斗志，成为能打胜仗的行家里手。

3. 增强创新意识，顺应时势之变

经验：解放战争时期，士兵教育的内容与方式随着战况时局的变化而不断更新调整，创新意识明显，其中溶俘工作是创新思想的

第四章 解放战争时期的职业教育与成人教育

有力证明。这也是我党我军在力量、武器悬殊的条件下最终能取胜的重要法宝之一。例如，士兵教育的内容在内战的不同阶段不同时期都会有不同的主题，初期："主要争取和、准备打的思想教育"；防御期："保证战略防御作战的胜利，粉碎国民党的军事进攻"；追击期："保证战略追击的胜利，为建立新中国而斗争"；甚至连战场上的鼓动口号都会随着战争进展的情况即时调整、创词等。而军队的教育方式中的创新意识体现得更为淋漓尽致：初期，士兵教育的方式主要通过会议，采取摆事实、讲道理的说理方式，透彻分析当前的敌我军情，揭露敌军的反动本质，以此来坚定战士的政治立场，激扬士兵的斗志；随着解放战争的深入发展，军队在实践中即时发现、总结、创新并运用切合当时现状、士兵需求的教育方式，采用立功激励、团结互助及诉苦、追苦根运动的方式，稳定和提高了战士的思想情绪，也激发了战士的政治觉悟与抗敌自觉，从而奠定了战争最终取得胜利的强大思想基础。

启示：新时代，创新意识及精神在士兵教育中更为重要。随着新媒体技术，尤其是大数据、人工智能的迅猛发展与运用，迫切需要高度重视增强创新意识，顺应时势之变，在充分传承的基础上融合新技术新方法来促进部队士兵教育的发展。习近平指出，"人民军队的力量来自改革创新"，"人民军队必须勇于改革、善于创新，任何时候任何情况下都永不僵化、永不停滞"。因为新时代面临新形势、新任务、新要求，士兵教育也应提升应变能力，科学应变，主动求变，及时结合士兵的思想动态、喜好，将新技术运用于实践教学中，而不是"照本宣科满堂灌"，走过场，让士兵学起来没劲、没趣、没味。比如，了解士兵的实际情况，可以利用网络时代的大数据收集士兵的出勤、表现、成绩、网络互动、信息引擎等信息，通过大数据分析，结合线下的沟通、交流，做定量与定性研究，能更精准地掌握兵情。这样利于教育者瞄准士兵的现实需求进行备课，持续地改进教学内容和教学方式，进行雪中送炭般的引导，提高教育的实效性。同时，可以利用"互联网"提供的云、网、端一体化的数字化基础设施，打造一个多元开放的数据资源平台，如构建士兵教育网站、App、专家资源库等，为士兵提供一个可供选择的、适应性的、泛在的智慧学习环境，把党最新的重要政策、核心思想、重大事件及时融入其中，唱响教育主旋律，用积极、乐观、向上的教育内容春风化雨般地引导士兵保持对党的绝对忠诚、绝对纯洁、绝对可靠，为强军凝聚军心。

三、解放战争时期的冬学运动

解放战争时期根据地（解放区）开展的冬学运动，是对农民进行新民主主义文化教育，普遍提高民众识字水平，使之较快接受新民主主义革命思想的一种教育方式。冬学运动是根据地，尤其是解放区规模最大、最经常、最有效的一种社会教育组织形式，对提高根据地（解放区）人民的政治文化素质发挥了巨大作用。

（一）宣传发动

冬学运动的宣传首先是通过政府颁布的一系列条例、法令和指示来推动的。为了顺利推进冬学运动，各根据地（解放区）几乎每年都发出关于冬学运动的指示，对冬学运动的任务、组织乃至具体做法给出了详细的说明。例如，早在1937年10月13日，陕甘宁边区中央教育部发布《关于冬学的通令》，指出"冬学就是国防教育领域内总动员的具体任务，……是成年补习教育的一种，特别是给农民教育的良好机会，也就是普及教育、消灭文盲的重要办法之一"[①]。1945年10月25日，晋察冀边区行政委员会颁发《关于普遍深入开

[①] 中央教育科学研究所. 老解放区教育资料（二）：下册. 北京：教育科学出版社，1986：1.

第四章　解放战争时期的职业教育与成人教育

展冬学运动的指示》，规定了冬学运动的时间、内容和不同重点[①]。1946年9月24日，东北行政委员会发出《关于改造学校教育与开展冬学运动的指示》强调："我们教育工作的总方针，应是进一步肃清敌伪奴化教育和蒋介石封建法西斯主义教育的遗毒和影响，建立民族的民主的大众的科学的新民主主义教育，使教育服务于新民主主义的政治斗争，服务于东北人民的和平民主建设事业。""因此，我们的国民教育，就应配合着协助发动广大群众参加保卫和建设东北解放区的斗争。……秋收后在群众已发动起来和情况较好的地区，可以配合着群众运动，与各地工作团合办冬学，吸收农工会和自卫队中的积极分子、活动分子入学，进行冬训。"[②] 1946年，陕甘宁边区政府发出冬学工作指示，要求"今年的冬学就要与自卫军的冬训密切结合。……各级负责同志，应有计划地到冬学去讲时事，尽量吸收当地群众来听，……按照各县的具体情况和可能条件，计划出应该举办冬学的地区，分配干部深入农村抓住群众中的积极分子推动一般群众，说服消极分子，经过民主酝酿和讨论，大家动手办好冬学"[③]。1948年10月23日，东北局、行政委员会《关于冬季群众教育的指示》强调："今冬的群众教育，应该注意防止脱离实际，脱离群众，脱离生产的老毛病……"[④] 这些指示对冬学运动的方针政策、组织方式和规章制度等做出了详细规定，对推动冬学运动在各解放区的发展和扩大起到了关键性的指导作用。各级政权的文教部门和同级的青救、文协、抗协等团体组成的冬学运动推行委员会，负责领导组织群众开展冬学运动，必要时还邀请其他党政军民机关团体的代表参加。每年11月15日到11月底的半个月，是冬学运动的准备阶段，通过大会、标语、漫画、戏剧、地方开明绅士的讲演

[①] 中央教育科学研究所.老解放区教育资料（三）.北京：教育科学出版社，1991：464.
[②] 东北教育社.东北四年来教育文件汇编.沈阳：东北新华书店，1949.
[③] 陕甘宁边区政府指示 冬学与自卫军冬训结合.人民日报，1946-11-25.
[④] 同②.

等方式进行宣传动员，使广大农民体会到不识字的痛苦，了解冬学运动与其切身利益和民族命运的密切联系，鼓励其入学。同时，积极通过根据地中原有的群众组织进行冬学的宣传动员工作，使得各群众团体中的会员都加入冬学，或是直接把冬学运动加入这些组织原有的活动中去。如 1940 年 9 月 28 日的一封《关于办理冬学的联合指示信》提道："各分区和县党的宣传部、专署和县府第三科、自卫军大队部、工会、青救会、妇联会，接到这一指示信后，应马上召开联席会议，依照指示各项进行讨论，并开始今年的冬学工作。""各团体要在自己的会员中进行深入的宣传。""各群众团体要在冬学中负责动员本团体会员入冬学。"[①] 通过这些方式，各根据地（解放区）政府组织起冬学运动必需的人员和条件，并通过各种政策进行保障。

（二）组织开展

通过下发各种通令、指示等文件和对群众进行广泛的宣传发动，冬学运动在各个解放区都轰轰烈烈地举办起来，在实践中不断摸索经验，其组织范围越来越大。

一是组织形式灵活化。如，东北行政委员会于 1947 年 10 月 21 日发出了《关于冬学运动的指示》，提出了开展冬学运动的初步意见，其中包括："各地可以根据当地情况，有重点地开展冬学运动。土地改革深入的地区……如果可能解决教员问题，可以较广泛地开展冬学运动；土地斗争不深入的地区……可以斟酌情形办理，可能办就办，不可能办就不必强办。"东北局、行政委员会于 1948 年 10 月 23 日发出《关于冬季群众教育的指示》，提出"今冬开展群众教育，应根据各地情况，采取多种多样的组织形式，只要能进行教育，

---

① 中央教育科学研究所. 老解放区教育资料（二）：下册. 北京：教育科学出版社，1986：39.

第四章 解放战争时期的职业教育与成人教育

有一定的组织形式也好，没有固定的形式也未尝不可。应因地制宜，因时制宜，利用群众的现存组织和活动机会，进行宣传教育。例如干部和群众开会的时候，就可以利用机会，抽空讲讲与会议有关的政治常识，或读报讲时事，或识字唱歌。在经费、教员有着落的条件下，可以成立夜学，或学习小组之类的学习组织，组织学习。春节的时候，可以组织群众搞文化娱乐，并帮助他们利用和改造秧歌等旧的民间艺术形式，进行宣传活动"①。

二是参与对象层次化。例如，东北行政委员会于1947年10月21日发出的《关于冬学运动的指示》，强调"冬学对象，原则上是以村屯干部、农会会员、民兵自卫队队员与妇女会会员为主，其次是失学儿童。干部应重于群众。如果必要和可能，可根据不同对象办不同的冬学，如干部冬学或冬训班、群众冬学、妇女冬学等。干部冬学，主要的是进行政策思想教育与工作教育，群众冬学主要的是进行一般时事政治教育与翻身教育。原则上，两者都可以文化课为辅"。东北局、行政委员会于1948年10月23日发出《关于冬季群众教育的指示》，提出"今冬开展群众教育，以村屯干部和有组织的群众（男女青壮年）为主要对象，主要是解决群众当前的思想问题，提高群众觉悟"②。在对象的组织上，采取以主干带群众的方式。如1944年《太岳行署关于冬学运动的指示》中写道："教育对象以村干部（邻长、民众团体委员、小组长、民兵队长、自卫队长、指导员、合作社主任等）、劳动英雄、战斗英雄及有组织的（工、农、青、妇、合作社）群众为主干，尤应注意通过他们来推动其他的群众。"③晋绥边区就1944年的冬学运动总结道："在开展冬学运动过程时，首先从动员干部及积极分子开始。……村干部有了认识，对冬学的责任心也就加强了。他们就和积极分子向群众宣传冬学的好

---

①② 东北教育社. 东北四年来教育文件汇编. 沈阳：东北新华书店，1949.
③ 中央教育科学研究所. 老解放区教育资料（二）：下册. 北京：教育科学出版社，1986：205.

处，筹备校舍等，运用群众已有组织和群众关系，动员群众到冬学学习。"①

三是学习内容生活化。为了把一般民众吸引到冬学运动中来，实践中坚持冬学运动与群众实际生产斗争相结合的原则，认为"要启发农民的觉悟，发动他们投入革命斗争，必须满足农民的实际生活要求"②，把宣传动员群众参加冬学运动的工作与民众的生产、斗争实际结合起来，做到从民众最关心的实际问题着手动员说服工作。如，苏南、苏中、苏北各地都在冬学运动中把冬耕、冬防、冬学结合起来进行，称为"三冬运动"③。冬耕，就是要发展农业生产，争取多打粮食，改善人民生活，支援抗战；冬防，就是要加紧备战，开展武装斗争，坚决粉碎敌人的"清剿""扫荡"；冬学，则是一个群众性的政治教育运动，要求向广大群众进行形势与任务的宣传教育，不断启发群众的政治觉悟，鼓舞他们积极投入斗争，努力完成当前的各项中心任务④。东北行政委员会于1947年10月21日发出《关于冬学运动的指示》，提出"不要孤立的办冬学，而要善于把冬学和当前的群众斗争及实际生活密切的结合起来，把冬学作为提高群众觉悟、动员群众积极支援战争、深入土地改革、开展生产运动的动员会和训练班。识字教育注重应用，教学上除活用课本外，应教以看路条、认票子、记账、打算盘、开条子、写信等等"。东北局、行政委员会于1948年10月23日发出《关于冬季群众教育的指示》，提出"今冬的群众教育，应该注意防止脱离实际，脱离群众，脱离生产的老毛病，必须密切配合着今冬的群众运动进行，就以今冬当地的群众运动为中心内容。……实际作什么工作，就进行什么

---

① 中央教育科学研究所. 老解放区教育资料（二）：下册. 北京：教育科学出版社，1986：164.
② 王树荫. 中国共产党思想政治教育史纲：1919—1949. 北京：党建读物出版社，2002：66.
③ 董纯才. 中国革命根据地教育史：第2卷. 北京：教育科学出版社，1991：528.
④ 上海教育出版社. 老解放区教育工作回忆录. 上海：上海教育出版社，1979：4.

第四章　解放战争时期的职业教育与成人教育

教育。布置建党工作，就开展党的宣传，扩大党的影响，使进步的觉悟的优秀分子涌进到党里来。布置普选工作，就开展民主教育，使群众对民主有个正确的认识，了解掌握政权的重要，热烈参加选举运动，为建立自己的民主政权而斗争。布置生产工作，就开展生产教育，扫除群众对生产的顾虑，积极组织起来，从事劳动致富，每个时期的群众教育，应围绕着每个时期的群众运动来进行。组织群众'做什么，学什么'，借以提高群众的觉悟与文化。……学习文化，要根据'学以致用'的原则，需要什么字，就学什么字，这样学习，必受群众欢迎"[①]。

四是教育资源自主化。东北行政委员会于1947年10月21日发出《关于冬学运动的指示》，明确提出"冬学运动，是一种群众教育运动，须走群众路线，实行'民办公助'，发动群众自己来办冬学上冬学，政府给以适当的指导和帮助。关于组织领导，可由农会负责办，也可以成立冬学委员会来负责管理。经费可由群众商量解决，或从斗争果实中抽出若干作冬学费用，或另想办法也行。教员和教材，政府须帮助解决，教材问题，本会正在编辑冬学政治课本与新庄农杂字，作为冬学的政治和识字的教本，由东北书店承印发行。教员问题，各地政府须设法解决。认识较好、水准较高的村屯干部和积极分子，较为进步的小学教员，较为进步的农村知识分子，经过思想改造的中学生师范生等等，都可以动员来办冬学。……各地中学与师范，今冬可派一批学生下乡办冬学，并把冬学工作和改造思想联系起来搞。下乡前，学校应给下乡学生以办冬学的训练"。东北局、行政委员会于1948年10月23日发出的《关于冬季群众教育的指示》则更进一步明确："群众教育应该是'发动群众自己教育自己'，实行'以民教民'。应该组织群众中学习的积极分子，来推动和领导群众学习。关于教员问题，基本上是就地物色人才，应动员

[①] 东北教育社. 东北四年来教育文件汇编. 沈阳：东北新华书店，1949.

当地的干部、文教工作者、知识分子以及放假回家学生，来充当教员。……农村小学，可以作为办该学的据点，农村小学教员，应该成为办小学的骨干。……关于教材问题，宣传部和教育部决定编印政治课本与识字课本。除此以外，各地可根据当地情况和需要，编印补充教材。关于小学经费问题，主要是依靠群众或地方解决，必要时政府可给以可能必要的帮助。"[1]

（三）组织形式

1. 领导机构

为了便于冬学顺利开展，一般由县、区、村的党、政、群众团体各级负责人或代表成立冬学委员会，统一领导冬学运动。

县冬学委员会包括县府、县委宣传部、妇联会、青年团、中等学校、教联、教育科等部门负责人或代表，根据东北局及省关于冬学指示办法等计划布置全县冬学运动。

区冬学委员会包括区委、区公所、农会、妇联会、完小负责人及冬学教员代表等，根据东北省、县关于冬学指示办法计划等，计划、布置全区冬学工作，领导试点，举办各村群众冬学教员训练班。

村冬学委员会包括村支部、村政府、农会、妇联会等部门负责人及村小学教员、劳动模范、冬学教员代表等，进行冬学动员组织工作，选拔冬学教员，筹募经费，负责经费管理与检查工作。

每年冬学开办期间，从边区到县、区政府的民教部门，都以办好冬学作为中心工作之一。村政府负责冬学的日常活动。全面性的工作，如义务教员的训练、教材的提供、教学经验的总结和推广等，由区以上政府的民教部门来做。这些部门还要对各地冬学进行及时的检查和辅导。

---

[1] 东北教育社. 东北四年来教育文件汇编. 沈阳：东北新华书店，1949.

第四章　解放战争时期的职业教育与成人教育

2. 办学形式

冬学运动没有统一的办学组织形式，一般根据情况灵活组织。如，冬学成立了各种识字班、识字组、宣讲组、读报组、医药研究组、家庭识字组、早学、午学、夜校等。不仅对根据地中原有的政府机关以及群众团体参与冬学运动开展布置工作，而且还对原有的各种识字小组重新布置任务。1944 年 8 月 22 日，陕甘宁的《边府发出冬学补充指示信》，指出"今年的冬学运动，首先必须充分利用已有的读报组、识字组、民办小学、民教馆、夜校等各种形式的群众教育组织"[①]。冬学班一般以自然村为单位举办，每班四十人，多至五六十人，由冬学委员会统一领导，分散学习。学员可按年龄、性别、住址、文化水平、职业兴趣、空闲时间等自由组合。有男女老少都参加的一揽子冬学，也有分别不同对象的民兵冬学、妇女冬学等。随着冬学运动的发展，有的地方出现了冬学小组和结合武工队深入敌占区进行突击宣传教育活动的形式。

1944 年苏中教育会议曾总结了冬学的四种形式：

一是模范式。这是指中心地区办得比较正规的一种冬学班。这种冬学班学员人数较多，师资、设备（一般借用学校、庙祠等公共场所）条件较好，有一定的学习制度（如点名、请假等），上课时间相对固定，教学效果较好。这种班为数不多，是一般冬学的榜样。

二是民校式。这是比较普遍的一种冬学班，办理尚好，一般都能坚持经常上课，基本上能完成规定的教育任务。某些方面如师资、学习制度、到课率等稍逊于模范式冬学。

三是小组式。这里的小组即冬学小组，每组少则四五人，多至十几人。这种形式在分散的村子或边区较多。不过有些冬学班遇有敌情时，也往往化整为零，临时改编小组，坚持学习；家务重、孩

---

① 中央教育科学研究所. 老解放区教育资料（二）：下册. 北京：教育科学出版社，1986：50.

子多的妇女也有组织小组学习的。小组式冬学的优点是灵活性大，可以因地制宜地办学。

四是闪击式。这是指有些冬学小组会结合武工队，深入敌占区进行突击宣传教育活动。在边区的有些民兵冬学，也带有这种"闪击式"的味道。他们没有固定的上课时间、地点，完全与民兵教育、勤务活动结合起来，有时也突入敌占区向群众开展宣传。例如，西县有个杨鲍庄民兵冬学，经常活动于卢庄、界沟、芹湖兰各敌据点之间周围三五里的地方，他们的歌声，三个据点的敌人都能听到，但敌人就是拿他们没有办法[①]。

3. 教学内容

冬学运动的教学内容大体上分为军事、政治和文化三个方面，每个根据地（解放区）又可以结合该根据地的实际情况做一些调整。一般来说，政治教育是根据地（解放区）冬学的主要内容。如1942年《晋察冀边委会制发本年度冬学教育实施大纲》规定："各种课程的百分比，政治课占百分之三十，识字课占百分之十四，常识课占百分之十五，组织课占百分之十五，唱歌不占正课时间。特别地区只上政治课，……识字在政治课中附带进行。""不在民校规定年龄的群众，一律进行政治教育（残疾有病，或有特殊情形者除外）。在冬学上政治课时，不入学的男女，都应到校听政治课。"[②] 晋绥行署《关于一九四四年冬学工作的指示信》以及《冬学实施大纲》要求，各地的冬学运动要"联系对敌斗争、减租减息、防奸自卫三大任务进行政治教育，以提高群众的思想认识"[③]。晋察冀边区行政委员会1945年10月25日颁发的《关于普遍深入开展冬学运动的指示》规

[①] 上海教育出版社. 老解放区教育工作回忆录. 上海：上海教育出版社，1979：4.
[②] 中央教育科学研究所. 老解放区教育资料（二）：下册. 北京：教育科学出版社，1986：111.
[③] 同②162.

第四章　解放战争时期的职业教育与成人教育

定："冬学课程：政治课包括时事教育、政策教育（农村以土地政策为主，城市以劳资政策为主）及民主思想教育，文化课以识字为主。生产课以'组织起来'为重心，联系组织群众冬季生产，给明年大生产运动打下基础。其次，珠算、应用文、卫生防疫常识等，均应根据当地群众需要与自愿进行学习。课程比重：老解放区政治课应占70%，文化课占30%。"这些方针政策都表明了政治教育在冬学中所占的重要位置。

冬学的文化课围绕着生活实际进行，主要是以实用为主的识字教育，联系实际教给群众算账目、开路条、写约据、订生产计划等实际知识[①]。从教学组织形式上看，可分为识字班、宣讲班、技术训练班三种。

识字班是冬学运动一种最基本的组织形式，从数量上来说是最多的。参加识字班的多半是18岁到45岁的青壮年，学习时间也比较多。识字班的教学目的：一是通过它来进行战时的政治教育；二是使广大劳动人民掌握文字工具。识字班教育的特点是教学密切联系实际，就是密切联系当前斗争中存在的实际问题，对学员进行政治教育；同时从群众的日常需要出发，对学员进行识字教育。由于识字班的教学工作能密切联系实际，教学内容生动丰富，学员对学习产生了兴趣，达到了掌握文字工具和提高政治认识的目的。在游击区，成立识字班进行集体教学有困难，有的地方就成立了青年识字小组、妇女识字小组，分散开来，继续进行识字学习。识字教材主要有《战时民众课本》等。

宣讲班是冬学运动的一种重要组织形式。宣讲班的名称是晋察冀边区提出的，晋冀鲁豫边区称之为普通班，其实质是一样的。宣讲班上课次数较识字班少，多半是每10天1~3次，集体上课，听

---

① 皇甫束玉，宋荐戈，龚守静．中国革命根据地教育纪事．北京：教育科学出版社，1989：272．

课的人年龄跨度很大,除了学龄前儿童和老弱病残者不能听课外,一般的都可以参加宣讲班。它的教学目的,主要是围绕各个时期的中心工作,及时地对群众进行宣传教育,以提高群众认识来推动工作。

技术训练班数量较少,一般都是以区或中心村为单位特别举办的。为了使广大农民群众掌握有关战争、生产的具体技术,在有关部门的主持下,开办了各种各样的技术训练班。如,晋察冀边区从1942—1943年广泛展开地雷战的时候,所有村庄都挑选一部分游击组员,在县区人民武装委员会的领导下,举办了地雷训练班。冀中区地道战运动开始时,更有不少地区开办了"地下建设"训练班,由各区或中心村召集挖地道的青壮年传授挖地道的方法,边学边做,让大家交流经验,对地道战的开展起了很大作用。此外,为了保证民食,提高生产,自力更生,不少地区举行了有关生产的技术座谈会,请劳动英雄报告生产经验,请种地有经验的老农讲授种地施肥的具体方法等。除了举办战争生产技能训练班外,各地冬学还进行卫生教育,举办妇婴卫生训练班(也有的叫接生训练班),提倡用新法接生。

4. 教学方式

晋察冀边区行政委员会1945年10月25日颁发的《关于普遍深入开展冬学运动的指示》规定,冬学的组织形式与教学方式,以统一领导、分散学习为原则。在冬学委员会或民校委员会等的统一领导下,结合群众需要,采用识字牌、黑板报、炕头教育、家庭学习小组、父教子、子教父、小先生传习以及各种与生产相结合的学习方式,以群众斗争的组织形式作为群众教育的组织形式,展开业余的学习活动,并建立经常的业余学习组织,如补习班、夜校等。根据具体环境与群众需要创造更多的组织形式与教学方式。同时可试办大众图书馆、通俗讲演所、书报阅览室、公共阅报牌等,给群众创造更多的学习机会。在新解放区更可采用群众大会、座谈会、街

第四章　解放战争时期的职业教育与成人教育

头讲演、家庭访问等方式，进行时事教育与政策教育。在冬学运动过程中，为了把更多的民众组织进来，往往会结合群众的要求采取因地制宜、因时制宜、灵活多样的上课方式。如，有的群众担心参加冬学会耽误生产，为了消除他们的顾虑，就采取了"啥时来，啥时教""早来早教""家里实在忙就可以回家"以及"家庭教育""挨户教育"①的方式，以适应群众的实际要求。还有许多地区的冬学，根据战争情况、生产组织及本村的特点，创造了多种多样的组织形式，如"一揽子冬学"、"轮回冬学"、在游击环境下的"流动冬学"和"冬学性质的学习组"②等。陕甘宁边区政府1946年发出的冬学工作指示指出："根据去年冬学经验，一揽子的冬学形式，最为群众所欢迎。如吴旗县去年有几处冬学，除编为早班、午班、晚班、半日班按时实行分班教学外，还辅以随到随教方式，既不耽误生产，又能进行教育。又如志丹、吴旗两县去冬还创立了巡回冬学，分地编组，教员轮教。便利于群众，值得取法和大大推广。"同时，为了激发教员和学员的教学热情，促进冬学工作顺利开展，冬学之间、冬学内部还经常展开竞赛，赛识字、赛唱歌、赛演戏，掀起学习的热潮。

冬学教学一般采取小先生制或老先生制。由于农村中封建习俗依然存在，冬学运动一般都尽量邀请女教员，有时候女教员的人数非常紧缺，就采取小先生制或老先生制，避免青年教员执教引起广大群众的非议。在开课时，原则上也是把妇女和男子分开上课，而且妇女班上课一般都避免在夜间进行。这样就比较贴近农村的风俗习惯。

冬学禁止体罚，在生活指导上采取训育方法，实行学生自治，让他们建立自己的组织，共同立法、共同守法，养成自觉遵守纪律

---

① 中央教育科学研究所. 老解放区教育资料（二）：下册. 北京：教育科学出版社，1986：51.

② 同①175.

的习惯。教师则循循善诱给予引导，并以身作则，帮助学生养成实事求是、遵守纪律、团结互助的良好学风。

5. 教材来源

冬学的教材主要分识字课本和政治教材两种，一般由各边区政府统一编写印发，但由于战争等因素，地方上也有自己手抄、自编、自印的教材，其内容多来源于报纸。文化教材在未编出之前也可采用过去的教材或自编教材[①]。

6. 教员任用

为了推动冬学运动的成功开展，各地对于冬学师资相当重视，对于冬学师资的要求也比较严格。如早在1937年10月陕甘宁边区中央教育部《关于冬学的通令》就明确规定："吸收大批的党政群众团体工作人员兼任冬学教员。各地要选择有能力的教员，不但要文化程度够得上教课，并且要有相当的政治水平，能够领导群众的运动。"[②] 1944年11月《太岳行署关于冬学运动的指示》指出："冬学教员选择是否恰当，对于开展冬运有重大影响。过去在选择冬学教员上的主要偏向，是只单纯地以文化水平作为标准，而忽视了更重要的政治质量，这是在今年选择教员时务必纠正的……"[③] 除此之外，冬学教学也"发动群众自己教育自己"，实行"以民教民"，请文化程度较高的群众、区村干部、农村教员、学生等充当教员，均为义务劳动。

7. 学习时间

晋察冀边区行政委员会1945年10月25日颁发的《关于普遍深入开展冬学运动的指示》规定，"冬学运动的起止时间：一般自11月15日起，至明年2月底止。春耕开始晚的地区可适当延长。旧历年前后与群众斗争相结合普遍开展群众文化娱乐活动"。冬学的时间

[①] 山东解放区教育史编写组. 山东解放区教育史. 济南：明天出版社，1989：195.
[②] 中央教育科学研究所. 老解放区教育资料（二）：下册. 北京：教育科学出版社，1986：3.
[③] 同②206.

第四章　解放战争时期的职业教育与成人教育

一般定为两个半月,每天至少学习 2 小时,打场后开始,春耕前结束。据《山东解放区教育史》记载:从一年 11 月初到来年 2 月底最少上课 90 天,每天最少上课 2 小时①。白天上课,晚上只能做政治讲话,少用灯油,节约开支②。

(四) 经验及成效

1. 支持了根据地(解放区)民众动员工作

冬学运动的广泛开展配合了根据地(解放区)的民众动员工作。在各个根据地(解放区)广泛开展的冬学运动使广大的人民群众在思想上被动员了起来,积极地投身到战争中去。吕良在《边区的社会教育》一文中提道:"冬学运动与抗战动员工作取得了密切的联系,教育与政治完全打成一片。……许多教员、学员都参加实际的动员工作(如归队动员、征收救国公粮等)。"③

冬学运动注重民众的广泛性和普及性,在农村中发展了统一战线。冬学运动最初发动的对象主要是根据地(解放区)的广大青壮年文盲,同时也欢迎广大人民群众主动参加到运动中来。各个根据地(解放区)开展的冬学运动在学员的组成上非常广泛,有干部,有群众,有男人,有女人,有成年壮年,有老人儿童等。从各个阶层来看,有雇农,有中农,有富农,也有地主。整个过程没有把发动的对象局限在小范围内,而是注重受教人员的普及性和广泛性,从而有利于团结根据地各个阶层的人员,把广大的群众都组织起来。如,晋绥边区在 1944 年的冬学运动总结报告中统计了五寨白草坡等 6 个冬学中入学人员的构成情况,其中就包括雇农、贫农、中农、富农、地主,男人、女人、儿童。其中中农和雇农入冬学人数分别占其总人数的 74% 和 63.6%,其次是地主和儿童入学人数均占其总

---

①② 山东解放区教育史编写组. 山东解放区教育史. 济南:明天出版社,1989:195.
③ 中央教育科学研究所. 老解放区教育资料(二):下册. 北京:教育科学出版社,1986:15.

人数的52%，虽然富农入冬学人数占其总人数的比例最小，但也达到了37%[①]，说明冬学运动取得了发动各阶层人员的良好效果。而且，在识字班里常有这样有趣的故事发生，往往在同一个班里，祖母和孙女、婆婆和儿媳或父亲和儿子都是同学。冬学运动变成了男女老幼大规模的群众性学习运动。

2. 配合了根据地（解放区）各项工作的开展

冬学运动有力地配合了根据地（解放区）各项工作的开展。如减租减息、发展生产、公粮征集、民主政权建设、拥军优属等，还对根据地（解放区）起到了移风易俗的作用。冬学运动与广大人民群众的实际生活相联系，从群众的实际要求出发，既起到了动员民众的作用，又使根据地（解放区）的各项工作均有了长足的发展。如，冬学运动对减租减息的宣传贯彻，抓住了群众最迫切的经济要求，加以认真解决，消除了"明减暗不减"现象，使得广大民众从经济上得到了实惠；冬学运动的民主教育，动员群众起来建立属于自己的民主政权，巩固了斗争所取得的成果。群众在共产党的领导下，自己翻身掌握了政权和武装，也积极响应号召，参加到革命战争中去。如，"参军运动时，成千上万的青壮年积极要求参加八路军和新四军；在拥政爱民运动中，解放区人民十分关怀和爱护军队与干部，和他们结成了鱼水的关系等。特别是在紧张的对敌斗争中，广大群众表现出了坚定的信心，紧密地配合武装力量对敌人进行尖锐的斗争"[②]。而且，在冬学运动中，群众的迷信思想和残余的封建意识也大为减弱，根据地（解放区）广大的妇女也被动员了起来，她们也积极投身到根据地（解放区）的各项工作中，有的还发挥了非常重要的作用。

---

① 中央教育科学研究所. 老解放区教育资料（二）：下册. 北京：教育科学出版社，1986：173.

② 陈元晖. 老解放区教育简史. 北京：教育科学出版社，1981：99.

第四章　解放战争时期的职业教育与成人教育

3. 培养了一大批新型知识分子

冬学运动从思想上、文化上培养了一批新型知识分子，从中提拔了基层干部，并且改进了旧有干部的工作作风。冬学教员在冬学运动过程中注意发现培养群众中的优秀分子，如，晋绥边区在1944年的冬学运动总结报告中提道："根据河曲、保德等五县八十四个冬学的统计，共培养、提拔了一百九十三个干部，其中作抗联工作的四十一个，作行政工作的二十一个，作生产工作的五十三个，作民兵工作的四十二个，作小学教员工作的三十六个。"[1] 可见，冬学运动不仅能够教育群众、进行民众动员，而且还能培养、提拔基层干部。原有的基层干部通过参加冬学运动，和群众一起进行学习，与群众进行交流，从而提高了认识，改进了工作作风，融洽了干群关系，在群众中树立了威信，有利于根据地（解放区）各项工作的开展。

综上所述，解放区的教育并没有因战争而停滞不前甚至倒退，而是在中国共产党的坚强领导下艰难但顽强地开展着。中国共产党领导下的解放区职业教育，始终适应革命战争与社会发展的需要，从无到有，从不系统到渐趋系统化，为中国革命和建设培养了大批急需人才，也为中华人民共和国成立后的教育发展奠定了基础。

---

[1] 中央教育科学研究所. 老解放区教育资料（二）：下册. 北京：教育科学出版社，1986：170.

第五章 "以苏为师"发展职业教育与成人教育（1949—1966）

中华人民共和国成立后，中国共产党从领导人民为夺取全国政权奋斗的党，成为领导人民掌握政权的执政党，与此相适应，党的工作重心由乡村转移到城市、由夺取政权转向巩固政权、由革命战争转向经济建设和发展生产力。中华人民共和国成立后，党和国家的工作重心转移到社会主义建设上来，恢复和发展国民经济对人才队伍提出新的要求，革命战争时期成长起来的工农干部普遍文化水平偏低，而现有的教育规模①不能满足经济建设急需大量专业技术人才的需求。为了解决这个供求矛盾，党和中央将人才培养的重点放在培养工农出身的新型知识分子上："我们国家的各种建设事业，都在迅速发展，因而也就需要大量的建设人才。在五六年内全国经济建设需要中级和初级技术干部五十万人左右，需要高级技术干部和管理干部十五万人左右。因此就需要用革命的办法去培养中级和高级的建设人才。"②面对以美国为首的西方国家的孤立和封锁，以社会主义阵营的"老大哥"苏联为师，在国家建设的各个领域全面学习苏联，成了以毛泽东同志为主要代表的中国共产党人的自然选择。在此背景下，党和国家领导人总结以往革命中的教育经验，并在借鉴苏联经验的基础上做出了"教育向工农开门"的重大决策，苏联的教育理论和办学模式深刻影响着中国教育，这个时期普遍开办工农速成中学，大力发展技工学校、中等专业技术学校，发起大规模的扫盲运动等职业教育与成人教育实践，带有明显的苏联教育的色彩。

---

① 据统计，1949年全国的教育规模如下：中等及中等以上学校926所（其中高等学校205所、中等技术学校561所、中等师范学校160所），在校人数33.4万，其中高等学校在校生仅有11.5万。顾明远. 中国教育大系：马克思主义与中国教育：下. 武汉：湖北教育出版社，1994：1936-1939.

② 中央教育部中学教育司. 第一次全国工农速成中学工作会议总结摘要. 人民教育，1952(2).

第五章 "以苏为师"发展职业教育与成人教育（1949—1966）

一、开办工农速成中学：用革命的办法培养高级专门人才

中华人民共和国成立时，全国文盲中工农出身的占了绝大多数①，且在革命中成长起来的工农干部普遍文化水平不高，"我们在建设中需要老区干部和工农知识分子，但他们文化水平很低，如果不让他们学习，他们就不能前进"②。面对这种情况，1949年12月召开的第一次全国教育工作会议提出"我们的教育也应该以工农为主体，应该特别着重于工农大众的文化教育、政治教育和技术教育"③，该次会议正式提出"教育向工农开门"的教育方针。教育部副部长钱俊瑞在会议总结报告中指出："我们要求全国的部队、机关、团体和学校都尽可能地为青年工农，首先是为多年参加革命斗争的青年和成年工农干部，办这样的速成中学。这批工农干部乃是我们祖国最宝贵的财产，我们必须负责将他们培养成为知识分子，培养他们负担建设任务。"④ 这次会议正式提出开办工农速成中学。这次会议还拟了《工农速成中学实施方案（草案）》（以下简称《草案》），规定工农速成中学以"吸收工农干部及工农青年，给以文化科学教育，使其获得中等文化程度和基本科学知识，升入大学深造，成为新中国建设的骨干"为方针任务，招收参加革命斗争三年以上，具有相当于高小毕业程度，年龄在十六岁至三十岁，思想进步、身体健康、工作积极的部队、机关工作人员（男女兼收）和有三年以上的工龄，年龄在十六岁至二十八岁，具有相当于高小毕业程度，思想进步、工作积极、身体健康的工人，首先看重产业工人（男女

---

① 董渭川. 新中国的新教育. 北京：中华书局，1951：86.
② 中央教育科学研究所. 周恩来教育文选. 北京：教育科学出版社，1984：32.
③ 何东昌. 中华人民共和国重要教育文献（1949—1975）. 海口：海南出版社，1998：6.
④ 在全国教育工作会议上 钱俊瑞副部长总结报告要点. 人民日报，1950-01-06.

兼收)。《草案》还对修业年限与课程、设置办法、实施计划和经费设施等做了制度性规定。作为一种带有知识补偿性的成人教育，工农速成中学是工农干部对于文化的要求与国家建设需要的时代产物。

会后，教育部联合北京市文教局积极行动起来，1950年1月，筹办"北京实验工农速成中学"，教育部从东北、河北、山东等老解放区选配一批既有革命经验，又有多年教学经验的老干部担任学校领导，东北实验学校校长胡朝芝被调入北京，担任校长。经过筹备、报名和招生考试，录取新生120名[1]，4月3日正式开学，教育部部长马叙伦，副部长钱俊瑞、韦悫，教育部办公厅主任刘皑风、副主任葛志成，中等教育司司长林砺儒、副司长张莘中，社会教育司副司长江凌，北京市文教局局长翁独健、副局长侯俊岩及该校全体教职员、第一期学员和来宾共约200人出席开学典礼（见图5-1）。马叙伦、钱俊瑞等人先后做了讲话。《人民日报》给予专门报道："钱俊瑞副部长在讲话中指出：文化原是劳动人民创造的，后来被剥削阶级夺了去作为统治劳动人民的工具。今天中国劳动人民在政治上翻身了，经济上亦开始翻身，文化上也必须翻身。如果文化上不翻身，则政治、经济上的翻身还不能巩固。文化上翻身是要把文化交还劳动人民，与劳动生产结合，使工农掌握文化、掌握理论，加强斗争和建设工作。他号召学员们努力学习，将来进大学，毕业后做工人阶级和农民阶级的最忠实的知识分子，终身为工农服务。"[2] 该校顺利开办，为此后工农速成中学在全国范围内推广起到了示范作用。

根据教育部部署，各地区纷纷行动起来。在华东地区，华东人民革命大学附设工农速成中学，7月22日举行入学考试，录取学员

---

[1] 学生中年龄以20岁到26岁者为最多，参加工作年限在十年以上者有19名，五年以上者有20名，三年以上者有81名，职别以办事员、通讯员、收发员、科员为最多。

[2] 有计划地培养工农干部工农青年 京工农速成中学开学. 人民日报，1950-04-05.

第五章 "以苏为师"发展职业教育与成人教育（1949—1966）

图 5-1　北京实验工农速成中学开学典礼（1950）

277 名，并于 8 月 21 日正式开学①；在华北地区，河北、山西、察哈尔、平原省等的工农速成中学和绥远省的工农速成班相继成立②；中南地区在重庆市南岸棠溪开办一所实验工农速成中学，第一期招收 4 个班学员 160 人③。为了进一步加快速度，1950 年 9 月，第一次全国工农教育会议召开，会议积极响应"教育向工农开门"的教育方针，在全面分析中国教育现状、综合考量各方面因素后决定首先重点培养工农干部和积极分子，提出建立专门招收工农干部的工农速成中学。该次会议还制定了 1952 年的招生计划，计划全国招收 7 000 名学生，区域分布如下：中央 560 名（包括北京实验工农速成中学、北京大学附设工农速成中学、清华大学附设工农速成中学），河北省 400 名，山西省、平原省各 320 名，察哈尔省 120 名，绥远省 40 名，北京市 80 名，天津市 160 名，东北区 1 720 名，华东区

---

① 王永贤.上海成人教育史.上海：上海社会科学院出版社，1991：37.
② 华北各省工农速成中学已先后建立.新华社，1950-09-21.
③ 四川省教委《四川普通教育年鉴》编写组.四川普通教育年鉴（1949—1985）.成都：四川教育出版社，1992：135-136.

1 400 名，中南区 1 000 名，西北区 560 名，西南区 240 名，内蒙古自治区 80 名。有条件的地区还可适当发展[①]。1950 年 12 月，中央人民政府政务院颁布《关于举办工农速成中学和工农干部文化补习学校的指示》，提出"为了认真提高他们的文化水平以适应建设事业的需要，人民政府必须给予他们以专门受教育的机会，培养他们成为新的知识分子。为此，特决定在全国范围内有计划有步骤地举办工农速成中学和工农干部文化补习学校，吸收不同程度的工农干部给以适当时间的文化教育"，推定工农速成中学修业年限暂定为 3 年，由教育部和各大行政区教育部统筹举办[②]。

1951 年 10 月 1 日，中央人民政府政务院公布《关于改革学制的决定》，其中涉及"速成"教育的规定有初等教育和中等教育部分：对青年和成人实施初等教育的学校为工农速成初等学校、业余初等学校和识字学校，实施以相当于小学程度的教育；实施中等教育的学校为中学、工农速成中学、业余中学和中等专业学校，对工农速成中学作为培养工农干部和产业工人的新型学校在学制中（见图 5-2）予以确定，这是成人教育在中国学校系统中第一次正式出现。

从图 5-2 中可以看出，新学制与传统学制有着本质区别，工农业余教育与普通教育并举，均可通向高等教育，工农教育、业余教育、中等专业教育在新学制中均有体现，成年人的学习诉求得到了制度性保障。"新学制就反映了我们政权的这种特点。在新学制中就有关于工农速成教育和各级各类业余教育的规定，而且这两种教育不是占次要的地位，而是与其他各种教育占同样重要的地位。……我们学制中的工农速成学校，中等技术学校和各级各类补习学校，在资本主义国家的学制中是没有的。在苏联，现在也没有工农速成学

[①] 中央教育部中学教育司. 第一次全国工农速成中学工作会议总结摘要. 人民教育，1952 (2).

[②] 周恩来. 关于举办工农速成中学和工农干部文化补习学校的指示. 人民教育，1951 (1).

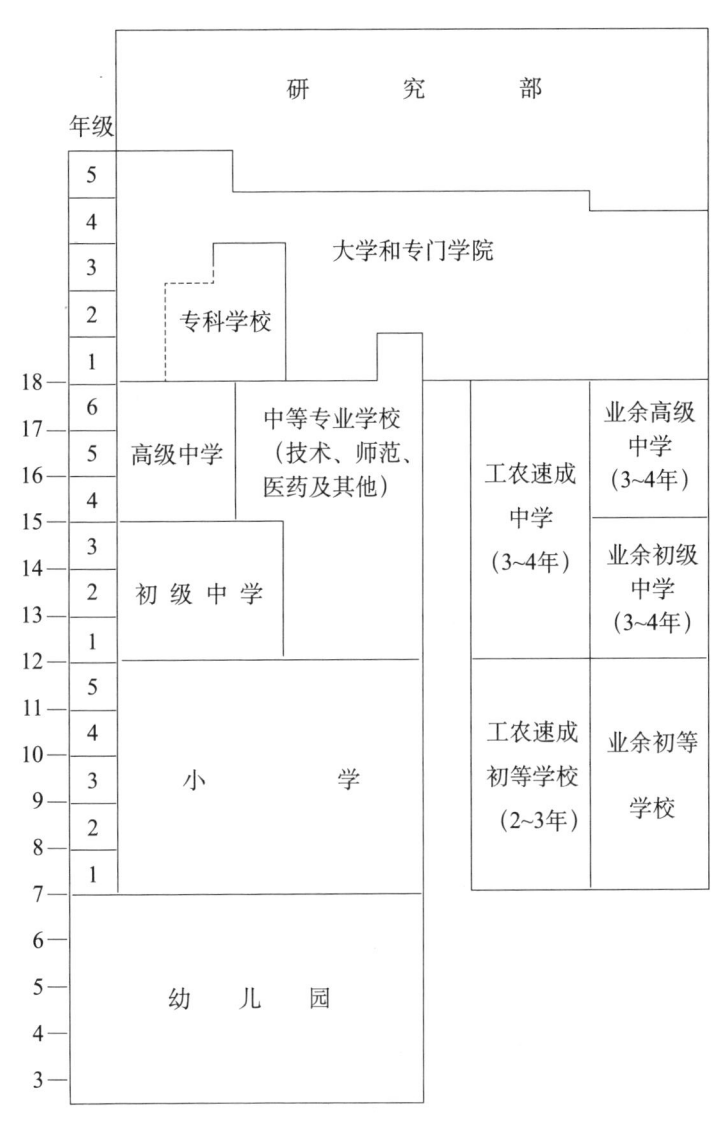

第五章 "以苏为师"发展职业教育与成人教育（1949—1966）

图 5-2　中华人民共和国学校系统图（1951）

校，因为它今天已经没有这种需要了。"① 经过改革后的新学制，初等教育中包括对自幼失学的青年和成人实施教育的识字学校（冬学、识字班）、业余初等学校和工农速成初等学校，中等教育包括工农速

---

① 何东昌. 中华人民共和国重要教育文献（1949—1975）. 海口：海南出版社，1998：107.

成中学、业余中学、各种高等学校附设的先修班和补习班。《关于改革学制的决定》以国家法令的形式确立了成人教育在教育体系中的地位，成人教育的发展被纳入国民经济发展大计。

1951年11月19日，教育部发出《关于工农速成中学附设于高等学校的决定》，要求自1953年起，工农速成中学应有计划、有步骤地附设于各类高等学校，作为高等学校预备学校，学生毕业后，一般即可升入本高等学校继续深造。1951年11月20—29日，教育部在北京召开全国工农速成中学工作会议，集中讨论并就工农速成中学的方针、任务达成共识[①]。1952年8月，教育部决定自1952年暑假起，为扩大学员来源，工农速成中学可以招收18~30岁的农村优秀青年干部、青年店员工人。在中央和教育部的全面部署下，各大行政区和各省、市教育行政部门迅速行动起来，认真贯彻执行指示的规定，工农速成中学在全国各地开始兴办。1954年3月13日，习仲勋在全国文化工作会议上做了题为《1954年文化教育工作的方针与任务》的工作报告，他指出："要切实整顿和大力办好工农速成中学。各级教育行政部门应协同有关部门，抽调和选送工农干部和产业工人中优秀的积极分子入学，调配必要数量的优秀教师去任教，以便切实办好这些学校，有效地提高工农干部的文化水平，争取更多更好的工农速成中学毕业生升入高等学校。"[②] 国家动用各种力量为工农速成中学的开办营造条件。

据统计，1950—1954年，全国有工农速成中学87所（其中57所属于高等学校附设），调配3 700名教师和干部，购置了相应的教学仪器、图书和体育设备，总招生规模为64 700多名（1954年当年

[①] 认为工农速成中学是在较短时间内培养工农干部和产业工人升入高等学校的一种预备学校，它不仅是为了满足工农干部和产业工人对文化的需求，而且是为了适应国家建设的需要，为国家培养各种建设人才。

[②] 何东昌. 中华人民共和国重要教育文献（1949—1975）. 海口：海南出版社，1998：294.

第五章 "以苏为师"发展职业教育与成人教育（1949—1966）

招生为 29 200 多名）[1]。1953 年 7 月 28 日，高教部、教育部联合发出通知，确定工农速成中学招生自本年起逐步实行"工人返还制"[2]，更好地为保送学员的各企业部门培养专门人才。1955 年 2 月 20 日至 3 月 7 日在北京召开全国工农速成中学教育会议暨全国职工业余文化教育会议，指出工农速成中学 1955 年将招收 33 000 名新生，使得在校学生达到 84 000 人[3]。工农速成中学的发展带动了广大工农干部的学习热情，不少毕业生顺利升入高等学校。以中国人民大学附设工农速成中学为例，学校 1953 年末已有学员 907 人，其中工农干部占 86.92%，第一届毕业生中 59 人升入中国人民大学工业经济系、经济计划系、合作系、对内贸易系、对外贸易系、法律系、俄文系；有 21 人升入北京大学、北京工业学院以及其他高等学校；5 人考入留苏预备班[4]。随着工农速成中学学员毕业考入高校，高等学校中工农成分及工农家庭出身的学生数量迅速增加。据统计，1951—1952 学年，全国高等学校工农成分学生人数占在校生总数的 19.08%，到 1956—1957 学年，工农成分学生人数已经达到在校生总数的 34.1%。在每年招收的新生中工农成分学生的比重逐年增长，1953 年高等学校招收的工农成分学生人数占新生总数的 27.39%；1956 年已增至 36.69%；1957 年招收的本科和专科新生中工农成分学生人数达到新生总数的 44%[5]。这说明中华人民共和国成立初期各地贯彻"教育向工农开门"的教学方针、普遍开办工农速成中学取得了初步成效。

工农速成中学要求广大工农进入学校进行专门的教育，这就需

---

[1] 《中国教育年鉴》编辑部. 中国教育年鉴. 北京：中国大百科全书出版社，1984：175.
[2] 这种招生办法是将各企业部门保送的产业工人尽可能分配到设有与该企业部门相关专业的高等学校附设的工农速成中学学习，待他们在高等学校毕业后，分配回原保送单位工作。
[3] 全国工农速成中学教育会议和全国职工业余文化教育会议闭幕. 新华社新闻稿，1955（1742 期）.
[4] 胡朝芝. 三年来的中国人民大学附设工农速成中学. 人民日报，1953-12-28.
[5] 宋守礼. 高等学校工农成份学生年年增加 1957 年招收的新生中工农成份学生已达到 44%. 人民日报，1957-12-27.

要抽调大批的优秀干部和骨干工人长期脱产学习，这在当时全国各地大力进行经济恢复和建设的背景下实行起来是有很大困难的。而抽调上来的部分学员，因知识基础较差、时限紧等原因存在严重的学习困难的情况，当时许多速成中学的学生因学业跟不上而留级退学，有的学生则因学习过分吃力而损害了身体健康。但是，大量的业余学校和识字班（组）在各机关、工厂、矿山、街道和广大的农村纷纷建立，业余小学、中学也纷纷设立，为数千万工农干部和工农群众提供了不脱产也能业余学习的可能和机会。1955年5月19日至6月10日，全国文化教育工作会议在北京召开。会议综合考虑工农教育和工农速成中学存在的问题和发展情况，决定停止招生，工农教育转向业余学习为主："现有的工农速成中学，过去虽作了很大努力，但这种使产业工人中的骨干和工农干部，大量长期离职学习和短期速成的办法在各方面有难于克服的困难，因此从今年起应即停止招生。对现有工农速成中学必须继续办好，学制延长一年；其中一部分有条件的工农速成中学可以招工农干部班，并逐步改为普通中学。"[①] 1955年7月，教育部与高等教育部联合发布《关于工农速成中学停止招生的通知》（以下简称《通知》）。《通知》对五年来的工作给予肯定，"几年来，全国工农速成中学，在各级党委和人民政府的领导下，由于有关方面的协助及全体师生的共同努力，已有了一定的成绩，但实践证明，对工农干部文化科学知识的学习，不用循序渐进的方法而用短期速成的方法，使之升入高等学校，从根本上说来，并不能达成预期的目的。同时，要求大批优秀工人骨干和干部长期脱产学习，目前也是办不到的。今后除工农子女应按普通教育程序大量入校学习外，对广大工农干部和工农群众的学习，应坚决贯彻业余学习为主的方针，不再采用举办工农速成中学的办法"。《通知》指出，"停止招生后，各省、市可将现有的工农速成中

[①] 全国文化教育工作会议闭幕．人民日报，1955-06-12．

第五章 "以苏为师"发展职业教育与成人教育（1949—1966）

学，视其具体情况，逐步转为普通中学。有的地方还可根据需要与可能（学生来源、学校条件），选定一定的工农速成中学设立工农干部班，招收厂矿工农干部和由工人提升的车间主任、工段长等以上干部或已预备调至厂矿中工作的工农干部，提高他们的文化，使之毕业后能更好地工作"。对于在校的学员，《通知》规定"为了保证教学质量，现在的一、二年级学生，一律改为四年制"[①]。《通知》还就现有各工农速成中学学员逐渐毕业后学校员工、校舍及教学设备善后做了相关规定。1958年最后一届学员毕业后，不少办学条件好、有基础的工农速成中学利用已有的校舍和教师，改变为普通中学、大学预科或高校附属中学，如北京实验工农速成中学作为中国第一所工农速成中学，后更名为中国人民大学预科，最后正式更名为中国人民大学附属中学。

总而言之，从1950年第一所工农速成中学挂牌成立到1958年最后一届工农速成中学学生毕业，工农速成中学仅在教育史上存在9年，但它却是共产党作为执政党在教育领域关于成人"速成教育"的一次伟大探索。工农速成中学作为中华人民共和国成立初期中国共产党全面领导国家建设的一次尝试，是"教育向工农开门"的教育方针的实践体现。"工农速成中学是为了培养工农干部和产业工人使成为各种高级专门人才，使成为建设新中国的坚强骨干。这是建设新中国的根本之图；是使中国工业化的有力保证。"[②] 工农速成中学作为时代的产物，为国家培养了一批新型知识分子和管理干部，其毕业生大多考入高等学校成长为高等建设人才和高级管理干部，少数人直接回到工作岗位，成长为中级管理干部和党政机关的骨干，实现了从低文化水平向高文化水平的提升、从缺乏科学知识到成为

[①] 高等教育部办公厅. 高等教育文献法令汇编：第3辑. 北京：高等教育部办公厅，1956：196-197.

[②] 中央教育部中学教育司. 第一次全国工农速成中学工作会议总结摘要. 人民教育，1952(2).

科技骨干的飞跃、从普通群众向社会主义建设者的转变。

二、大力发展中等专业学校，培养技能人才

新中国成立之初，国内工业基础特别是重工业基础十分薄弱，现代工业占比不足国民经济的 10%，钢年产量仅有 15.8 吨，专业人才极端匮乏。如何在短时间内改变旧中国贫困落后的面貌，把中国建设成为一个工业化的富强的社会主义国家，是毛泽东等国家领导人殚精竭虑思考和亟待解决的主要问题。但此时国内"中等学校，普通中学多，技术学校少，不能适应恢复发展经济的迫切需要"；"全国中等技术学校和学生人数，不及中等学校总数的十分之一，所占比重最小"，据统计，1951 年普通中学学生占 90.6%，中等职业学校学生仅占 9.4%[1]。在中国共产党的领导下，中国各地创建了工农文化补习学校和工农速成中学，并在高校开办工农业余补习班、函授班、夜大学；分专业大批举办中等技术学校，培养工农出身的中级技术干部；在工矿企业开办以"边教边学"为主要方法的技术夜校，提高工人的技术水平。1952 年 9 月，教育部发出《关于统一中等技术学校（包括专业学校）名称的规定》，要求中等技术教育学校统一用"中等专业学校"名称。1954 年后国家取消初级技术学校，中等专业学校定位在高中层次。大力发展中等专业教育，成为新中国成立初期培养专门技能人才的有效途径。

新中国大规模的工业化建设拉开序幕，机械、建筑、交通、运输等方面需要大量的初级和中级技术工人。1950 年在全国高等教育会议上，周恩来指出："现在我们国家的经济正处在恢复阶段，需要人'急'，需要'才'专，这是事实"；"为了适应需要，可以创办中

---

[1] 刘英杰. 中国教育大事典（下）. 杭州：浙江教育出版社，1993：1683.

第五章 "以苏为师"发展职业教育与成人教育（1949—1966）

等技术学校"[①]，培养中级技术人才和管理干部是恢复和发展经济的关键。1951年10月《关于改革学制的决定》明确了技术学校（包括技术学校、初级技术学校和各类技术学校附设短期技术训练班或技术补习班）的招生对象、入学条件及修业年限。1952年3月，政务院发布《关于整顿和发展中等技术教育的指示》，明确提出："我们的国家正在积极地准备进行大规模的经济建设。培养技术人材是国家经济建设的必要条件，而大量地训练与培养中级和初级技术人材尤为当务之急。"要大力整顿和发展中等技术教育。如"各类各级中等技术学校应有计划地吸收有相当文化程度的产业工人、参加革命多年的干部和农民劳动模范入学，培养他们成为国家生产建设的技术干部，对他们的入学应给以种种便利和必要的优待。各机关、团体、工厂、矿山、农场均应从国家建设的长远利益着眼，认真地选送上述人员入中等技术学校学习"[②]。各大区统一部署、通盘规划、合理布局，以省市为单位付诸实施，调整专业结构，由原来按大科类进行人才培养转为按专业设置进行人才培养，加大工科专业比重，特别是面对重点工程项目的行业，强化专业的针对性。经过调整，12个中央业务部门所属的157所学校中，明确设置专业的占96.2%，地方所属工业学校有34%设置了专业，全国农业、财经、医药卫生类学校设置专业的分别达到76.1%、37.1%和100%。全国中等专业学校有794所，在校学生290 446人。与1950年相比，学校数量大增，其中中等专业学校数量增长了54%，技校数量增长了8倍；中等专业学校在校学生增长了近2倍、技校在校学生增长了3倍多[③]。

1953年第一个五年计划开始实施，学习苏联经验并结合经济建设需要，国家发布了一系列法规、决定，建立健全中等专业教育制

[①] 周恩来选集：下卷. 北京：人民出版社，1984：19.
[②] 中共中央文献研究室. 建国以来重要文献选编：第3册. 北京：中央文献出版社，1992：142.
[③] 闻有信，杨金梅. 职业教育史. 海口：海南出版社，2000：25-26.

度和技工教育制度，在农村探索建立职业学校，各级各类职业学校逐步走上了为社会主义服务的轨道。1953年11月，中共中央发布了《关于统一调配干部，团结、改造原有技术人员及大量培养、训练干部的决定》，这一决定对人才需求做了初步估计，指出培养大批的初级和中级技术工人是急需解决的问题，为此，高等学校、中级技术学校的设置和调整都要为国家建设服务，"并应视条件的可能，举办更多的中等技术学校，大量招收革命青年知识分子和先进工人及抽调一批在职干部入学，加以系统的培养和训练。……来不断地提高现有技术人员的水平，来迅速地把大批普通工人培养训练成为技术工人"[①]。为满足国家建设需要，全国各地新建一大批中等技术学校，培养在职工人和工农干部。1954年9月，政务院发出了《关于改进中等专业教育的决定》，确定中等专业学校的基本任务为"有计划地培养中等专业干部，以保证国家经济发展的需要"，提出今后中等专业教育应大力整顿并做有计划的发展，对各类中等专业学校应进一步明确领导关系，要学习苏联经验，积极进行教学改革，在教学过程中注重理论与实际的联系，教学实习与生产实习的时间应占理论教学时间的25%～30%。《关于改进中等专业教育的决定》重申各类中等专业学校的学习年限[②]为：工业性质中等专业学校的学习年限定为三至四年，农、林、医药及其他中等专业学校的学习年限定为三年，计划、经济及会计中等专业学校的学习年限定为两年半至三年。业余的中等专业夜校的学习年限应按同类正规中等专业学校的学习年限增加一至二年[③]。1954年，高等教育部颁布《中等专业学校章程》规定，中等专业学校的任务在于培养具有马克思列宁主义

---

① 中共中央文献研究室. 建国以来重要文献选编：第4册. 北京：中央文献出版社，1993：571.

② 1951年政务院发布《关于改革学制的决定》，对中等技术学校的修业年限做了明确规定，中等技术学校分为技术学校（高级中学程度）和初级技术学校（初级中学程度），修业年限均为2～4年，技术学校招收对象是初级中学毕业生，初级技术学校招收对象是小学毕业生，并且都设立短期技术训练班或技术补习班。

③ 中央人民政府政务院关于改进中等专业教育的决定. 人民教育，1954（11）.

第五章 "以苏为师"发展职业教育与成人教育（1949—1966）

基础知识、普通教育的文化水平和基础技术的知识并能掌握一定专业的，身体健康，全心全意为社会主义建设服务的中等专业干部。凡在初级中学毕业或具有同等学力，年龄自15周岁至25周岁的中华人民共和国人民，均可投考中等专业学校。工农干部、产业工人和少数民族的入学年龄可放宽至30周岁。《中等专业学校章程》还对毕业生就业和深造做了规定："学生毕业后，由主管业务部门统一分配工作。服务满3年后，经服务机关批准得投考高等学校。"[①] 对中等职业技术学校等发展做了规范和保障。

由于苏联模式的影响，新中国成立初期农村中等专业教育发展缓慢，即便为农村培养中级专业人才的农业、林业和卫生类中专学校有200多所，但培养目标主要是为县以上单位输送后备力量，甚少直接为农村培养技术力量。1950年8月，卫生部召开第一届全国卫生工作会议，提出"培养乡村卫生员"。同年9月，黑龙江克山萌芽学校开始为农村培养拖拉机手和干部，但仅属于少数地区，人数极为有限。1956年5月，全国中等专业教育工作会议讨论通过了《中等教育12年规划（草案）》，提出为配合农业合作化运动的迅速开展，要加大力量培养农业技术干部和管理干部，提出在12年内，全国各类高等专业人才与各类中等专业人才培养的比例，农业为1∶4或1∶5。

在中等专业教育教学中，按照苏联模式进行了全面改革。（1）教学模式：移植苏联三段式教学，开启公共基础课—技术基础课—专业课教学模式，明确三种课程结构的比例关系、理论教学和实践教育（包括教学实习、生产实习、毕业设计或实践）的课时要求，引进各种教学环节、教学组织、教学检查与考核方法等，中等职业学校教学制度苏化。（2）强调生产实习：学习苏联在教学上重视与生产劳动相结合的传统，普遍建立校内外生产实习（实践）基地。（3）大力引进苏联教材：大范围引进除文化课之外的苏联中专教材，并组织力

---

① 中华人民共和国国史全鉴：第2卷（1954—1959）.北京：团结出版社，1996：1303.

量翻译出版。(4) 聘请苏联专家来华咨询指导：除教育部、高教部以及主要工业部门聘请苏联专家长期驻守外，重点中专学校（如机械、航空、无线电中专）也有常驻苏联专家在校，帮助培训师资、提高教学水平，很多中专在职教师通过师资进修班接受指导和培训，成长为学科骨干。当然，在学习的过程中，也产生了一些忽视国情、盲目照抄照搬的问题，对农村职业教育重视不够，过分强调整齐划一，多样性及灵活性不够，简单地用中专模式培养技术员，仓促取消专科教育等，影响了我国高等职业教育的发展。为克服消极影响，从 1958 年起，我国开始探索教育改革的新路子。

中华人民共和国成立初期要进行大规模的经济建设，培养技术人才是必要条件。新中国各地解放伊始，工会和公营企业就首先开展了一个热烈的政治学习运动。随着工人的政治认识的提高，提高文化水平、技术水平成为工人的诉求。为了培养大量的中级和初级技术人才，全国各地先后创办了工人夜校和业余文化学校。

1950 年 4 月，中华全国总工会召开了九大城市职工业余教育座谈会，经政务院批准，教育部于 6 月 1 日发布了《关于开展职工业余教育的指示》，于 12 月 14 日发布了《各级职工业余教育委员会组织条例》《关于开展农民业余教育的指示》等一系列文件，根据当前情况，明确规定了职工业余教育应以识字教育为重点，各工厂、企业应大力发动有经验的技术工人担任技术教员[1]。经过数月筹备，1950 年 9 月 20 日至 29 日，教育部联合中华全国总工会在北京举行第一次全国工农教育会议，毛泽东和周恩来均出席，教育部长马叙伦在开幕词中指出："我们现在把工农教育问题列为国家教育工作主要的议事日程，这在中国历史上是一件空前的大事。"会议决定了工农业余教育的实施方针："在教育对象方面，必须首先着重对工农干部和积极分子的教育，并有条件地推广到有组织的男女青年和迫切

---

[1] 中国教育年鉴编辑部. 中国教育年鉴（1949—1981）. 北京：中国大百科全书出版社，1984：894.

第五章 "以苏为师"发展职业教育与成人教育（1949—1966）

要求学习的工农群众中去"，"实行以民教民为主的方针，必要与可能时，设一定的专任教师作为骨干"[①]。1952年3月，《政务院关于整顿和发展中等技术教育的指示》颁布，指出"除整顿和发展正规的技术学校外，还应根据实际需要举办各种速成性质的技术训练班，或在各工矿企业农场中以及各技术学校中附设各种业余性质的技术补习班或训练班，务使正规的、速成的、业余的各种技术学校或训练班得到适当的配合发展"[②]。

1954年3月13日，习仲勋在全国文化工作会议上做了题为《1954年文化教育工作的方针与任务》的工作报告，将工农业余教育提到重大政治任务的高度。他总结了一年的教育计划执行情况，提出要加强工农干部和工农群众的文化教育任务："有计划、有步骤地组织还没有具备一定文化的工农干部学习文化，采取以业余学习为主并积极举办工农速成学校等项办法，以逐步提高他们到小学、中学以至大学的文化水平，使他们有可能不断提高政治和业务水平，成为各项建设事业的骨干，是一项重大的政治任务"；指出"要重视工农业余文化教育和扫除文盲工作"[③]。1954年10月16日，中华人民共和国教育部、中国新民主主义青年团中央委员会联合发出《关于一九五四年冬学工作的指示》，指出要紧密结合宣传宪法，进一步开展以互助合作为中心的农业增产运动，继续做好统购统销等工作任务，向农民进行政治教育，同时为了适应农业合作化运动发展需要，积极组织农民学习文化。1955年12月，高教部、教育部和中华全国总工会联合召开了全国职工教育工作会议，提出了开展从小学到大学的正规职工业余教育的要求。工人教育转向职工业余教育形式，既能满足职工参加生产工作的需要，又能让职工在业余时间

[①] 马叙伦. 关于第一次全国工农教育会议的报告. 人民教育，1951（1）.

[②] 中共中央文献研究室. 建国以来重要文献选编：第3册. 北京：中央文献出版社，1992：140.

[③] 何东昌. 中华人民共和国重要教育文献（1949—1975）. 海口：海南出版社，1998：294.

进行学习，提高职工文化水平和专业技能。1956年职工业余教育工作会议制定了对中等以上的业余学校采取"积极发展，力求正规，提高质量"的工作方针，将工矿企业的在职干部和产业工人，特别是工业干部、劳动模范、积极分子和技术工人列为职工业余教育的重点对象[1]。

1958年1月，毛泽东在《工作方法六十条（草案）》中指出："一切中等技术学校和技工学校，凡是可能的，一律试办工厂或者农场，进行生产，做到自给或者半自给。学生实行半工半读。"[2] 共青团中央发出在学生中提倡勤工俭学的决定，强调半工半读，革新教育制度。1958年3月劳动部在天津召开全国技工学校工作会议，提出技工学校要做到"既是学校，又是工厂；是学生，又是工人；既是学习，又是劳动"，要求技工学校必须贯彻执行勤工俭学的方针，继续加强生产实习教学。同月，教育部发文决定中等专业学校要将学生下放到本部门所属工矿企业参加生产劳动，将半工半读落到实处。1958年3月，中共中央宣传部部长陆定一参加民办农业中学座谈会，认为农业中学"学校办到家门口，群众自己办学，国家也不要出钱，群众也省了钱，两方面都省钱"[3]，使不能进普通初中的小学毕业生都能升学，他将农业中学视为"两只脚走路"的好办法。1958年3月24日，教育部召开第四次全国教育行政会议，会议将"大力举办农业中学、工业中学和手工业中学，把高小毕业生培养成为有社会主义觉悟有文化又有一定生产技能的劳动者"列为实现文化革命教育工作的五大任务之一。农业中学作为"一种民办的半工半读的职业（技术）学校"[4]，符合毛泽东的非正规化办学思想，更为解决农民子弟升学难问题探索了一条路径。江苏省海安县双楼乡

---

[1] 职工业余教育工作会议 商讨职工业余教育规划. 人民日报, 1956-01-04.
[2] 中共中央文献研究室. 毛泽东文集：第7卷. 北京：人民出版社, 1999：360.
[3] 何东昌. 中华人民共和国重要教育文献（1949—1975）. 海口：海南出版社, 1998：809.
[4] 中华人民共和国教育部办公厅. 教育文献法令汇编（1958）. 内部发行, 1959：193.

第五章 "以苏为师"发展职业教育与成人教育（1949—1966）

率先试点，仅用四天时间就创办了农业中学，江苏省委在南京召开座谈会推广经验，陆定一参会并做了指示："动员群众的力量办各种职业中学，特别是创办农村中学，使不能进普通初中的小学毕业生也能升学，这是一个好办法。办农业中学，不但有利于教育事业的大跃进，而且也有利于农业生产的大跃进。"①《人民日报》发表社论②，号召各地应大力发展民办工业中学，浙、豫、闽、辽等省纷纷响应。1958年5月5日，党的八大二次会议召开，会议制定了"鼓足干劲、力争上游、多快好省地建设社会主义"总路线，在总路线指引下，农村合作化速度加快，"群众自办、半耕半读、勤俭办学和为生产服务"的办学原则得到了广大农民和学生的欢迎，群众办学热情高涨，创办农业中学成为一时的狂潮。1958年5月，刘少奇在天津视察工作时，指示要试办半工半读学校来实行新的教育制度和劳动制度。5月27日，国内第一所半工半读学校在天津国棉一厂正式成立。5月29日，《人民日报》发表社论文章，指出半工半读的"工人学校是培养工人成为知识分子的重要形式。它代表着我国教育事业发展道路中的一个新的方向，是多快好省地培养工人阶级知识分子的一项重要办法"。半工半读的工人学校"对于我国社会主义建设大有好处，值得大大提倡"③。5月30日，刘少奇在中央政治局扩大会议上提出两种教育制度和劳动制度的主张："一种是现在全日制的学校制度，一种是半工半读的学校制度。在工厂中，也是两种主要的劳动制度同时并行：一种是八小时工作的劳动制度，一种是四小时工作的劳动制度。"④将其视为采取群众路线、多快好省地培养工人阶级和劳动人民知识分子的一种方法，为半工半读教育的全面铺开营造了舆论氛围。仅用一个月时间，23个省份已办起农业中学

---

① 杨建材. 中国职业教育史. 沈阳：辽宁大学出版社，2005：398.
② 大量发展民办农业中学. 人民日报，1958-04-21.
③ 举办半工半读的工人学校. 人民日报，1958-05-29.
④ 刘少奇选集：下卷. 北京：人民出版社，1985：325.

59 115 所，374 万余农村小学毕业生和农业青年入学。以江苏省为例，4 月扬州专区开办了 777 所农业中学，平均每乡有两所，有学生 30 600 多人，历届不能升学的高小毕业生大部分都被容纳[①]。农业中学"农闲多学、小忙少学、大忙放假"，长短班结合，学习语文、数学和农业知识，形式灵活，为当地培养了一批急需人才，成为农村职业教育改革的新事物。1958 年开始，半工半读、半农半读的学校在城市、厂矿和农村蓬勃发展，《人民日报》还专门发表社论文章，指出"工厂附设半工半读的学校，具有十分迫切的现实意义。它可以加快步伐培养大批的工人阶级知识分子"。既可以满足工人不脱产学习、提高工人文化技术知识的需要，还保证了工厂生产不受影响、减少对专职脱产的教育支出，且效果显著[②]。半工半读的业余教育成为"教育大跃进"时期工农学习文化技术的主要途径。

1959 年 5 月，中共中央、国务院发布《关于在农村中继续扫除文盲和巩固发展业余教育的通知》（以下简称《通知》），农民业余教育受到重视，《通知》指出，"要对摆脱文盲状态的青壮年，逐步实行普及业余初等教育"[③]，强调农民业余教育开展过程中，要注意贯彻政治、文化、技术相结合的原则，从而达到教育为生产服务的目的。下半年，教育部先后召开全国农村扫盲、全国业余教育工作电话会议，教育部部长杨秀峰在讲话中指出，要大力发展业余初等学校，使普及业余初等教育同扫盲识字两个环节紧密衔接起来，扫除一批文盲，就要立即发展一批业余初等学校，"随脱盲，随开学"，要保证学以致用，把发展业余教育与培养干部、技术人员结合起来。农民业余教育的开展，巩固扫盲结果的同时，还通过文化科学知识的学习培养了一批农民干部和农业技术人员，对提高农村劳动人口素质起到了积极作用。

---

① 周泽. 巩固和提高农业中学. 人民日报，1958-05-15.
② 举办半工半读的工人学校. 人民日报，1958-05-29.
③ 参见中华人民共和国教育部工农教育司编的《工农教育文献汇编〈农民教育〉》一书。

第五章 "以苏为师"发展职业教育与成人教育（1949—1966）

1960年1月，全国职工业余教育现场会在哈尔滨市召开，林枫指出要大力开展职工业余教育，迅速培养技术人员。"现有职工的文化水平，大体上是文盲半文盲约占21%，小学程度的约占51.6%，初中程度的约占22%，高中程度的约占4%，大专程度的约占1.4%。职工的文化水平还不高，还需要大大提高全体职工的政治、技术、文化水平。"[①] 为了加强行政领导，国务院批准成立了业余教育委员会，职工业余教育成为职业培训和技能提升的一条渠道。1960年3月16日，《人民日报》发表题为《又多又好地办农业中学》的社论，强调要本着"积极提倡、大力发展、及时巩固、不断提高"的方针[②]，大力开办农业中学，进一步把农业中学办好，是当年农村教育工作中的迫切任务。"从1958年开始，5～6年内农业中学已为社队输送了一大批有觉悟、有一定文化的农业劳动者和初级技术管理人员。……农业中学还对当地生产技术的改良和提高、农作物病虫害防治、农用化肥掌握、土壤改良、整枝修建、良种选用、一般农用机具维修使用等方面都起到了积极的作用。"[③] 在"大跃进"三年中，农业中学保持了逐年增长的规模优势，但是，农业中学大面积发展以后，也出现不少问题。作为"教育大跃进"中出现的新鲜事物，很多地方对发展农业中学不免头脑发热，有些地方学生入学率不平衡，专业教师理论薄弱，水平参差不齐，农业技术和农业知识的教学质量及实习场所难以保证，1960年前后，各地遭受天灾，农民生活极端困难，农业中学经费和场地更为不足，农业中学纷纷停办，其发生发展经历了一个大起大落的历史过程。

此外，这一时期电视大学开始出现，远距离成人教育有了新进展。1960年，北京广播电视大学成立，主要招收高中或相当于高中文化程度的在职人员，学制为4～5年，使学员基本掌握综合大学的

---

① 何东昌. 中华人民共和国重要教育文献（1949—1975）. 海口：海南出版社，1998：942.
② 又多又好地办农业中学. 人民日报，1960-03-16.
③ 闻有信，杨金梅. 职业教育史. 海口：海南出版社，2000：57.

基础理论知识，为其专业知识提高打基础。上海、沈阳、长春、哈尔滨、广州等城市也先后建立电视大学，吉林省、重庆市等地还成立了业余广播大学，工农业余学习又多了一条新渠道。

三、提高工农识字率，发起大规模的扫盲运动

"苏联首先用大力扫除了占全国人口百分之八十的文盲，使这些因受压迫、受剥削而成为文盲的男女，睁开眼睛，一个个成为有文化、有教养的人"①，为苏联的现代化建设提供了充足的有能力的劳动力。中华人民共和国成立前夕，鉴于新的经济发展、政治建设的需要，文盲问题亟待解决。早在1945年，毛泽东就曾指出："从百分之八十的人口中扫除文盲，是新中国的一项重要工作。"② 中华人民共和国成立后，中国共产党及中央人民政府投入极大精力，在吸收苏联和革命根据地扫盲经验的基础上，充分调动广大民众的学习热情，积极开展以识字为主的各种形式的社会教育。1949年新中国成立之初，中央人民政府教育部延续传统，下设社会教育司、识字运动委员会，作为全国扫盲运动的最高领导机构。根据党中央、中央人民政府委员会的提议，1952年11月15日，中央扫除文盲工作委员会成立，楚图南担任主任委员，下设办公厅、城市扫盲工作司、农村扫盲工作司、编审司、研究室，专门负责规划发展扫盲识字工作。1956年3月15日，中央人民政府又成立全国扫除文盲协会，陈毅担任会长，在党和政府的倡导下，开展了我国历史上规模最大、持续时间最长、最具有系统性和针对性的扫盲识字运动，这场运动一直持续到20世纪50年代末60年代初。

新中国成立之初不仅国民整体文化水平极为低下，而且在党员

---

① 董渭川.新中国的新教育.上海：中华书局，1953：37.
② 毛泽东选集：第3卷.北京：人民出版社，1991：1083.

第五章 "以苏为师"发展职业教育与成人教育（1949—1966）

干部队伍中也存在大量文盲。1949年12月教育部召开第一次全国教育工作会议，提出从1950年开始进行全国规模的识字运动，并颁布《关于开展一九四九年冬学工作的指示》，指出冬学①运动是适应广大群众需要、与实际工作密切结合的教育方式，应该在全国农村地区普遍试行。1950年3月，时任中宣部部长的陆定一在会见苏联驻华代表时，指出当时我国"华北有150万党员，其中130万是文盲或半文盲。在区委以上的领导人中，近50%没有文化或文化不高"②。而农村党员干部，许多人还不识字，连基本读书看报也很困难，缺乏科普知识和政策理论，各种迷信思想蔓延，这严重阻碍着农村社会发展，给各项政策在农村地区的落实带来了极大的困难，也为新中国的建设和发展带来沉重的负担。所以说，干部扫盲是农村扫盲工作的重点和关键之处，其顺利开展能够起到良好的带动和示范效应。根据各地区的实际情况，有计划有步骤地开展识字运动，逐步减少工农群众中的文盲是新中国成立初期工农教育的基本任务之一。1950年9月，教育部和中华全国总工会在北京联合召开了第一次全国工农教育会议，会议明确指出："推行识字教育，逐步减少文盲。"③ 1950年12月政务院批准并转发《关于开展农民业余教育的指示》（以下简称《指示》），指出"有计划有步骤地开展农民业余教

---

① 冬学作为提高农村地区民众文化水平和政治水平的有效方式，在新中国成立后得到广泛重视。根据中央人民政府教育部发出的1949年冬学工作指示，新中国成立第一年的冬学教育，根据解放区的冬学经验，在土改已完成的老区，对农民群众进行政治和文化两方面教学，其中文化教育以识字为主，教材以共同纲领为主。华北、东北、西北、中南、内蒙古等几个地区，约有1 200万农民参加冬学运动，以识字为主，学习与生产相关的知识，如"春耕""化肥"等常用词，学习内容与劳动生产相结合，有效提高了农民识字的速度，经过学习，一般学生认识200字左右，有的学会400~500字，可以记账、写便条和简单的书信，有的甚至学会一千余字，能写会议简单记录。冬学除了教会农民识字写字，还要灌输时事政策教育、爱国主义教育，因地制宜，根据各地情况制定相关学习内容，如进行土地改革的地区，冬学应当密切结合土地改革，进行系统的政策思想教育。冬学在提升农民文化水平的同时，也是进行党的思想、路线、方针政策宣传的利器，是一场全民参与的政治启蒙运动。

② 高培华．祁建华与"速成识字法"．教育史研究，2002（4）．

③ 何东昌．中华人民共和国重要教育文献（1949—1975）．海口：海南出版社，1998：58-59．

育，提高农民的文化水平，是当前我国文化建设的重大任务之一"，要求争取条件将农民季节性的业余学习（冬学）逐渐转变为常年业余学习，规定农民业余教育一般应以识字学文化为主，并配合进行时事政策教育和生产、卫生教育。《指示》首次提出了扫除文盲的对象和标准，指出应执行从农村干部逐步推广到一般农民的教育策略和三年内识字千字的识字教育标准。1951年2月，教育部发出《关于冬学转为常年农民业余学校的指示》，将冬学正式转为常年农民业余学校。各地机关在这一指示下，研究开展常年农校的条件、具体要求和工作步骤与方法，争取实现500万农民参加常年民校学习的总目标。据统计，1949年冬季土改地区参加冬学的农民有1 100多人，至1950年冬季参加冬学的农民增至2 500万人，1951年秋季转入农民业余初等学校的有1 100万人[1]。1949—1951年三年共扫除文盲340.4万人，其中绝大多数是农民[2]。1952年4月，《人民日报》发表社论，号召各地"普遍推行速成识字法"[3]；5月15日，教育部发出通知，指出运用"速成识字法"将使扫盲过程大大缩短，要求各地迅速开展教学实验工作；9月6日，中华全国总工会发出《关于在工人群众中推行速成识字法　开展扫除文盲运动的指示》；9月13日，中共中央发出《关于推行速成识字法开展扫除文盲运动的指示》，指出"从工农兵劳动人民及工农干部中扫除文盲，是我们的国家实行经济建设与民主建设的必要条件"。9月23日至27日，教育部联合中华全国总工会召开全国扫盲工作座谈会，认为开展扫盲运动，是一项迫切和重大的政治任务，各级领导应以领导历次革命运动的精神来领导这一具有伟大历史意义的运动，以期在今后五年至十年内基本扫除全国文盲，提出扫盲工作要"大张旗鼓、稳步前进、

---

[1] 国家教育委员会成人教育司. 扫除文盲文献汇编（1949—1996）. 重庆：西南师范大学出版社，1997：302.
[2] 刘英杰. 中国教育大事典（下）. 杭州：浙江教育出版社，1993：1831.
[3] 普遍推广速成识字法. 人民日报，1952-04-26.

第五章 "以苏为师"发展职业教育与成人教育（1949—1966）

由点到面、限期完成"①。以"速成识字法"为主的第一次扫盲高潮在全国掀起。截至1953年年末，全国扫除文盲408万人（其中职工文盲近100万人，农民文盲约308万人）。

新中国成立之初的扫盲运动不但在文化上使广大农民摆脱了旧社会的窘状，为其打开了知识文化的大门，从而实现了自身的解放，而且为广大农民通过技术革命改变农村的落后面貌提供了重要的历史条件。但在扫盲运动推行过程中，有些地区不顾农民实际条件，出现了急躁冒进倾向，不少地区只顾进度，出现了"复盲"现象，教育部等相关部门先后召开会议予以纠偏。1953年1月，政务院文化教育委员会召开大区文教委员会主任会议，指出扫盲是一个长期复杂的任务，不是三五年就能一蹴而就的。1953年2月23日至3月5日，新中国第一次全国扫除文盲工作会议在北京召开，会议认为1952年全国推行"速成识字法"开展扫盲运动收到一定成效，但由于过分强调该法的速成作用和对其公式化、程式化的理解及实践，扫盲教育制定的要求过高、过急，计划和摊子铺开过大，形成盲目冒进的偏向②。社会教育司司长、扫盲工作委员会副主任林汉达做了专题报告，批判盲目冒进思想，要求"将扫盲工作纳入正轨"③，指出扫盲工作应遵循教育规律，从长计议，按部就班开展。1953年11月24日，中央扫盲工作委员会发出《关于脱盲标准、扫盲毕业考试等暂行办法的通知》，针对不同对象制定了相应的脱盲标准④，更有针对性。1954年3月22日，教育部、中央扫盲工作委员会联合发布《关于一九五四年组织农民常年学习的通知》，提出为了适应农业社

---

① 张树军.图文共和国年轮（1949—1959）.石家庄：河北人民出版社，2009：195-196.
② 齐高岱，赵世平.成人教育大辞典.东营：石油大学出版社，2000：867.
③ 顾明远.历代教育名人志.武汉：湖北教育出版社，2015：678.
④ 脱盲标准为：干部和工人一般可定为认识2 000个常用字，能阅读通俗书报，能写200~300字的应用短文；农民一般可定为认识1 000个常用字，大体能阅读最通俗的书报，能写农村中常用的便条、收据等；城市劳动人民一般可定为认识1 500个常用字，阅读、写作方面可以参照工人、农民标准。各省、市可根据具体情况灵活掌握，适当伸缩。

会主义改造的要求，在农村互助合作社及农业生产发展的基础上，逐步提高农民的社会主义觉悟和文化水平，是今后农村中的一项重要工作。各地要在冬学基础上，根据自愿原则，采取常年民校、小组学习或个人自学等办法，积极组织农民利用生产空闲时间继续学习[①]。1954年8月5日至16日，第一次全国农民业余文化教育会议在北京召开，会议认为"过去一年，各地根据'整顿巩固、稳步前进'的方针，对农村扫盲工作大力进行了整顿，现已纠正盲目冒进的偏向，初步纳入国家建设的轨道"，会议确定农民业余文化教育必须密切结合农村互助合作运动和农业生产需要，积极地有计划地扫除农民中的文盲，提出争取用15年左右的时间，基本上扫除农村两亿青壮年文盲[②]。1954年11月，教育部、扫盲工作委员会根据国务院指示，中央扫除文盲工作委员会合并于教育部，扫盲教育从行政归属上纳入教育正规体系。

第二次扫盲高潮出现在1955年前后，扫盲运动与社会主义改造结合在一起，农业合作化是强劲助推力。1955年6月中华人民共和国国务院发布《关于加强农民业余文化教育的指示》确定了发展农民业余文化教育的基本方向，学习组织与生产组织相结合，冬学、常年民校要融入生产合作社，互助组与学习小组紧密结合，实现对农民的生产和学习的部署和管理。并指出"当前农村工作的基本任务是开展以互助合作为中心的农业增产运动，逐步进行对农业的社会主义改造……适应当前农村新情况和新任务的需要，积极地开展农民业余文化教育，扫除文盲，克服我国农村文化落后状态，已成为当前一项重要的政治任务"[③]。"各级人民政府和有关方面要采用适

---

① 教育部和中央扫盲委员会关于一九五四年组织农民常年学习的通知. 新华月报, 1954 (4).
② 教育部关于第一次全国农民业余文化教育会议的报告. 江西政报, 1955 (11).
③ 中共中央文献研究室. 建国以来重要文献选编：第6册. 北京：中央文献出版社, 1993: 261.

第五章 "以苏为师"发展职业教育与成人教育（1949—1966）

当和有效的办法，广泛组织和动员识字的人，利用业余时间来教不识字的人，并使他们真正理解到这是一个义不容辞的光荣任务"[1]。农民业余学习与扫盲识字密切联系在一起。1955年10月，在党的七届六中全会上，毛泽东指出"扫盲运动，我看要扫起来才好。有些地方把扫盲运动扫掉了，这不好。要在合作化中间把文盲扫掉，不是把扫盲运动扫掉"[2]。毛泽东还亲自制定了"每人必须认识1 500到2 000个字"的扫盲标准。在此背景之下，教育部、团中央等积极组织实施，《人民日报》等新闻媒体也极力宣传，第二次扫盲教育运动就此轰轰烈烈展开。1956年3月29日，中共中央和国务院发布《关于扫除文盲的决定》，重申在全国范围内积极地、有计划有步骤地扫除文盲，使广大劳动人民摆脱文盲状态，具有现代文化，要求密切结合工业化和农业合作化的发展，在工农群众中大力开展识字教育，明确提出"要求各地按照当地情况，在五年或者七年内基本上扫除文盲"[3]的奋斗目标，将扫盲提到了空前的高度，第一次把扫盲作为国家进行社会主义建设的一项极为重大的政治任务。为了具体生动地展现学习内容并激发广大群众学习的兴趣，多采用民间故事、顺口溜、谚语、诗歌、歌曲、寓言等大众喜闻乐见、易于理解的形式进行，鼓舞了工农群众的学习热情。

1958年5月20日，《人民日报》发表了题为《用革命精神扫除文盲》的社论，成为全国扫盲"大跃进"的纲领性文章，社论总结了以前全国的扫盲经验，指出发动扫盲高潮已具备的有利条件，提出了促进扫盲工作"大跃进"的办法[4]。在此背景之下，新一轮的扫盲高潮形成。伴随着浮夸和形式主义的"大跃进"，扫盲工作也出现

---

[1] 中共中央文献研究室. 建国以来重要文献选编：第6册. 北京：中央文献出版社，1993：265.
[2] 黄道霞. 建国以来农业合作化史料汇编. 北京：中共党史出版社，1992：267.
[3] 新中国成立初期中共中央关于扫除文盲工作文献选载（1952.9 - 1956.3）. 党的文献，2012（5）.
[4] 用革命精神扫除文盲. 人民日报，1958 - 05 - 20.

了不少不切实际的目标,各地政府为了完成上级规定的指标,在扫盲运动中过于注重扫盲数量指标的完成,而忽视扫盲运动本身所要求的质量,甚至助长了形式主义、弄虚作假和浮夸吹牛作风,并且蔓延开来。20世纪50年代末60年代初期,经过前三次的扫盲运动,农村的文盲已大为减少,但"复盲"现象比较严重,而且运动开展得有些懈怠,在山西省万荣县的注音识字经验的带动下,又掀起了新一轮的扫盲高潮,这一阶段扫盲运动可以归结为"加快扫盲速度、巩固扫盲成果"。

总之,由中国共产党和中央政府领导的新中国成立初期的扫盲教育运动,波及范围广、参与人数多、产生影响大,也暴露出不少问题。这场扫盲运动既有过去扫盲运动和冬学运动的一些经验借鉴,也结合当时实际需要,开创了一些新的扫盲教育方式。新中国成立以来扫盲识字运动的开展取得了明显的成效,1964年,全国开展第二次人口普查时,对国民的文化素质进行了调查。结果显示:15岁以上人口的文盲率,已经由新中国成立初期的80%下降到了52%。据统计,从1949年到1964年的十六年中,先后有近一亿中国人摘掉了文盲的帽子[1],提高了工农群众的教育水平,拓展了人民群众特别是农民的眼界。《人民日报》专门报道全国农业劳动模范李顺达、申纪兰的事迹,他们从小没念过一天书,不识一个字,通过扫盲教育,不仅能看报纸,还能写出通顺的总结报告[2]。当然,在扫盲过程中也存在一些明显的缺点和不足,如未能充分认识教育的持久性、连续性规律,制定过高的扫盲目标,采用政治运动方式一哄而上,急躁冒进,"复盲""回生"迭出,一些地区的强迫命令和放任自流伤害了农民学习的积极性。这些经验教训对我们当下的教育工作仍有现实意义。

---

[1] 黄加佳. 堪称人类历史奇迹的新中国扫盲运动. 北京日报,2008-06-05.
[2] 赵德昌. 太行山区 农民文化丰收. 人民日报,1957-12-18.

第五章 "以苏为师"发展职业教育与成人教育（1949—1966）

中国共产党带领中国工人阶级和农民阶级实现了政治上的翻身，必然要带领广大工农群众实现文化上的翻身。借鉴苏联工农教育经验，新中国成立初期工农教育得到国家的大力提倡，举办业余文化补习学习，开展识字教育和政治教育，扫除文盲，提高工农群众文化水平，为国家的各项建设培养了大批建设人才。在党和国家的领导下，新中国成立初期开展的一系列职业教育、成人教育实践，成为当时社会经济、政治的晴雨表，积累了不少经验和教训。

（1）国家根据需要不断调适行政主责部门。

中华人民共和国成立后，中国共产党成为执政党，对工农教育（特别是以扫盲为主的）予以重点关注，成人教育、职业教育被纳入学制系统中，并根据不同需要不断调适行政主责部门，以政府"行政力"推动其事业发展。在中共中央的领导下，1949年9月27日，中国人民政治协商会议第一届全体会议通过的《中华人民共和国中央人民政府组织法》规定，政务院下设教育部。教育部下设社会教育司，负责工农教育、扫盲教育等工作。1951年年底，教育部内设机构充实调整后设工农业余教育司。1952年11月，中央人民政府决定成立高等教育部和扫除文盲工作委员会，成人教育、职业教育的教育行政演变成教育部、高教部、扫盲工作委员会"三分天下"[①]的局面。因实际工作需要，1953年10月，扫盲工作委员会经政务院同意与教育部工农业余教育司合署办公，1954年3月，高教部将工农速成中学教育处移交教育部，11月该处改称工农速成中学教育司。1954年11月，国务院通知扫盲工作委员会合并于教育部，政务院文化教育委员会领导的干部文化教育局改为教育部的一个直属单位。1955年，教育部工农业余教育司与干部文化教育局合并成立工农业余教育局，工农速成中学教育司撤销，并入中学教育司。1958年2

[①] 教育部的工农业余教育司分管工农业余教育，高教部工农速成中学教育处分管工农速成中学，扫盲工作委员会分管扫盲，下设办公厅、城市扫盲工作司、农村扫盲工作司和编审司。1953年，扫盲工作委员会增设干部训练部和研究室。

月11日，第一届全国人民代表大会第五次会议通过《关于调整国务院所属组织机构的决定》，高教部和教育部合并成为教育部，3月1日起正式合并办公，设业余教育司。从全国各地设立冬学大规模扫盲、开办工农速成中学到发展业余教育，新中国成立初期的成人教育、职业教育的发生发展彰显出中国特有的统一管理机制，"政府领导、依靠群众组织、各方面配合"，达到了统一领导、分工合作的目的。

（2）巩固了人民民主专政的国家政权。

工农教育为无产阶级专政服务，中华人民共和国成立初期开办的工农速成中学、中等专业学校以及农业中学，开展的大规模的工农业余教育和扫盲运动，是作为一项政治任务来进行的。新中国成立后，作为人民民主专政的基础的工农阶级，普遍存在文化水平低、政治觉悟有待提高的情况，针对工农群众不同的文化水平，结合相应的教育内容，实施制定相应的政治教育内容，建立了政治启蒙教育、实施政策教育、系统的马克思主义理论学习的三个层次。通过这三个层次的政治教育，新中国成立初期的工人和农民迅速提高了政治觉悟，树立了阶级观点和劳动观点，可以说这是一场中国共产党领导的工人阶级政治启蒙运动。新中国成立后成人教育、职业教育是在中国共产党领导下，坚持理论与实际相结合的工作方法、坚持群众路线、尊重教育发展规律而开展的，唤起了民众的爱国热情和投身国家建设的积极性，为探索中国特色的教育事业奠定了基础。

（3）落实了教育为生产建设服务的方针。

新中国成立后，随着社会主义革命和建设的发展，国家需要造就大批体力劳动与脑力劳动相结合的新型人才，培养这种人才，既要通过教育方针明确和落实培养目标，还要寻找适合这种人才成长的培养途径，需要学校教育理论和社会生产劳动实践两个方面的紧密结合，两种教育制度的提出在满足青年升学愿望的同时，实现了教育与生产劳动相结合，落实了教育为生产建设服务方针政策，为

第五章 "以苏为师"发展职业教育与成人教育（1949—1966）

恢复和发展国民经济发挥了重要作用。

（4）存在冒进等不遵守教育规律的现象。

新中国成立初期的成人教育、职业教育在发展过程中，也出现不少问题，这一时期的成人教育、职业教育实践存在浓厚的革命色彩和泛政治化倾向，存在一哄而上、以运动式的行政命令来运行的极其浓厚的政策色彩和激进主义倾向，对苏联教育经验的学习也存在过于急躁、生硬和机械照搬的弊端。比如扫盲运动，新中国成立初期的扫盲运动作为农民"文化翻身"的具体表现，在几千年来历史发展历程中是农民群体实现自身突破的一大标志，国家开展大规模扫盲运动让一直处于文化封闭状态的农民享受到了真正的教育，其启蒙意义不言而喻，但因政治化和激进主义的影响，这一时期的扫盲运动一直在冒进和调整中交替行进，造成了一些消极影响，值得我们反思。

第六章 20世纪60年代自主特色发展的职业教育与成人教育

中华人民共和国成立初期，国家对从旧社会接管过来的职业学校进行了整顿和调整，在此基础上兴办了中等专业学校，又在对失业人员进行就业培训的基础上兴办了技工学校。1951年，教育部召开了全国中等技术教育会议，会议规定中等技术教育采取以调整、整顿为主，有条件发展的方针，中等技术学校由业务部门领导的原则。此后，根据会后有关文件精神，停办了一批条件差的学校，兴办一批新学校，把原来接管的高级职业学校（多科综合的职业学校）改组为培养目标明确的、新型的中等专业学校。各类中等专业学校（不含中师）逐步转归有关业务部门领导，形成了后来的条块分割的格局。到20世纪60年代前后，新中国职业教育发展处于一种借鉴、尝试、探索实践的阶段。追溯起源是国际教育思潮的更迭，当时能力本位教育发展成一股席卷全球的教育思潮并最终取代知识本位教育思潮，从而引发国际教育思想发生根本的转向，即由以传授和掌握知识为主，且相信一个人只要拥有足够的知识就足以立足于社会的"知识本位"阶段，转变到重视智慧能力和生产能力的掌握，且认为一个人只有知识要想立足于社会是远远不够的"能力本位"阶段[①]。这个时期，我国也开始探索具有社会主义特色的职业教育，创办了以江西共产主义劳动大学为主要代表的一批劳动大学。

一、20世纪60年代职业教育与成人教育发展简要概述

　　新中国成立后，我国立足当时经济发展建设需要，建立健全各

---

① 朱小蔓. 教育的问题与挑战：思想的回应. 南京：南京师范大学出版社，2000：188.

第六章 20世纪60年代自主特色发展的职业教育与成人教育

类制度基础，把职业教育与成人教育纳入国民教育体系。1951年实行的新学制特别强调职业教育的重要意义。1952年，政务院和教育部陆续颁布制定《关于整顿和发展中等技术教育的指示》和《中等技术学校暂行实施办法》，确定大量培养各类中级技术人才，特别是国防建设和重工业人才为当时最重要的任务。各类中等技术学校如雨后春笋般出现，吸收学生近百万，涉及林业、农业、交通、工业等多个学科门类，同时将实习锻炼、校企交流等纳入职业教育的培养体系中，为国家建设战线输送了大批技术骨干能手。

1953—1965年是进行社会主义改造、建立社会主义经济基础的重要历史时期；同时又是努力学习苏联等国的先进经验，探索与基本建立社会主义计划经济体制的关键时期。该时期的主要任务是，"准备在几个五年计划之内，将我国现在这样一个经济上文化上落后的国家，建立成为一个工业化的具有高度现代文化程度的伟大的国家"[1]。为实施五年规划，推进国家工业化建设，我国借鉴苏联的经验加大了以重化工为重点的工业投入，陆续建立了一系列专业化经济管理部门，专业经济部门创办了一大批职业教育机构，逐步形成了职业教育管理的计划体制。

1952年，高等教育部成立，下辖中等技术教育司，专门对全国职业教育予以统筹管理。1954年，《关于改进中等专业教育的决定》《中等专业学校章程》陆续发布，明确了中等专业学校的范围。并且大量开办技工培训班和技工学校，广泛培养中等技术工人。在教学上，重视加强学生到医院、农场、工厂、实验室等场所实习锻炼，要求企业必须对学生学习进行有力的指导。1955年，大批量技工学校由劳动部成立，突出以生产实习为主要内容的办学政策。从1956年起，各地响应国家办学政策，大量以半工半读为主要形式的学校成立，为国家培养大量技术型人才。1958年，国家制定《关于教育

---

[1] 毛泽东著作选读：下册. 北京：人民出版社，1986：715.

工作的指示》，开始全方面培养专业人才。这一时期，中央及各省市教育部门成立了相应级别的中等技术教委会，负责解决本级范围内的中等技术教育问题，并拟制相应的招生计划和培养方案。1963年，职业教育司在教育部成立。为降低国家职业教育培训方面的经费保障难度，从1968年起，国家允许地方自行决定各类职业中学、普通中等专业学校、各级业务学校的发展设置，形成了国家、地方政府、厂矿企业、合作社等办学的格局，有效促进了各级部门开办职业教育的积极性，职业教育在我国迎来了快速发展期[①]。

中等专业学校经过1953年前的调整、整顿之后，到1954年达557所，在校学生30万人。1957年发展为728所，在校学生48.2万人。全国技工学校在1952年有22所，在校学生1.5万人，至1957年学校数为144所，在校学生6.6万人[②]。1958年后，受"大跃进"影响，各级各类职业教育都出现了一些盲目发展的状况。1960年，中等专业学校由1957年的728所剧增到4 261所；技工学校由1957年的144所增至2 179所；并创办了大量的农业中学，1960年全国有农业中学3万多所[③]。由于发展过快，规模过大，超过了国民经济的负担能力，影响了教育质量的提高。其间，根据职业教育发展与国民经济相适应的要求，1961—1962年对职业学校进行了调整，职业教育取得了跨越式发展。至1965年年底，全国中等职业学校由1952年的近600所增加到63 291所、在校学生由1.9万人增加到516.34万人，半工半读学校发展到7 294所、在校学生达到126.6万人[④]，形成了专科学校（高职教育）、中等职业教育（高中阶段）、初等职业教育（初中阶段与小学层次）共存，全日制学校、业余学校、半工半读学校并举的职业教育发展格局；以及以行业办学为主要特色、计划体制为根本特征的职业教育管理体制。

[①] 康琳，常乐. 继承与转型：建国初期职业教育研究. 职教研究，2015（18）.
[②③] 郝新生，袁吉林，钱怀智. 比较职业教育. 延吉：延边大学出版社，1987：102-104.
[④] 石伟平. 比较职业技术教育. 上海：华东师范大学出版社，2001：228-229, 231, 233.

第六章　20 世纪 60 年代自主特色发展的职业教育与成人教育

二、20 世纪 60 年代职业教育与成人教育发展的指导思想

"教育必须受一定社会的政治、经济、文化科学所制约，并为一定社会的政治、经济、文化科学服务。"[①] 新中国成立初期的职业学校是"历史的结晶""时代的产儿"，是国际教育改革大气候、国内教育新模式大探索、各地农业大生产特色大需求综合作用的产物。伴随着第二次世界大战以后国际教育思想"能力本位"转向的需要，我国职业教育的发展倾向重技能发展阶段，围绕"政治挂帅"办大农业教育。

（一）教育服务政治的办学方向

在马克思主义者看来，虽然教育和政治都属于上层建筑，但是教育既要在观念形态上反映政治，又要反作用于政治。当教育与社会政治制度相适应时，教育则起着维护和发展这种社会政治制度的作用，成为维护阶级统治、巩固和发展统治阶级利益、向新生一代传授一定的政治、道德、哲学等观点和信念任务的工具。这就决定了教育具有重要的政治职能。根据历史唯物主义基本原理，马克思主义创始人认为，深受生产关系影响和控制的教育，也受到政治（马克思、恩格斯称政治的上层建筑）直接的重大影响。政治不仅影响着教育的领导权，而且统治阶级的政治目的、政治观点直接影响教育的政治方向。要改变资本主义社会的教育现状，无产阶级必须夺取政权，既"要使教育摆脱统治阶级影响"，又要使"一切教育机构对人民免费开放"[②]。学校不仅应当成为一般共产主义原则的宣传者，而且应当从思想上、组织上、教育上对劳动群众中的半无产的

---

① 潘懋元. 高等教育学讲座（增订本）. 2 版. 北京：人民教育出版社，1985：34.
② 中共中央马克思恩格斯列宁斯大林著作编译局. 马克思恩格斯选集：第 3 卷 . 3 版. 北京：人民出版社，2012：99.

和非无产的阶层施加影响，以利于镇压剥削者的反抗和实现共产主义制度。

苏联强调进一步完善成人教育，并提出"对年轻一代进行共产主义教育的问题，在当前条件下具有非常重大的意义，它已成了国家机关和社会组织活动中的中心问题"[1]。毛泽东一贯非常重视教育的政治服务功能。从1957年开始，由于对我国阶级斗争形势的错误估计，毛泽东更加突出和强调教育的政治服务功能。他指出，"政治和业务是对立统一的，政治是主要的，是第一位的，一定要反对不问政治的倾向"，要以政治带专业，以红带专。否则，不仅经济工作和技术工作会迷失方向，教育工作也"一定会走到邪路上去"。同时，他提出"教育必须为无产阶级政治服务"，认为"工、农、商、学、兵、政、党这七个方面，党是领导一切的。党要领导工业、农业、商业、文化教育、军队和政府"[2]。因此，"教育工作必须在党的领导下，才能更好地为社会主义革命和社会主义建设服务，为消灭一切剥削阶级和一切剥削制度的残余服务，为建设消灭城市与乡村的差别和消灭脑力劳动与体力劳动的差别的共产主义社会服务"[3]。毛泽东在《关于农业问题》中将德、智、体三育引申为红专结合，认为"政治和业务是对立统一的，政治是主要的，是第一位的，一定要反对不问政治的倾向；但是，专搞政治，不懂技术，不懂业务，也不行"，因此，各级干部要"使自己成为内行，又红又专"[4]。

20世纪60年代前后的职业教育也遵从教育服务政治的宗旨。各级各类职业学校坚持"政治挂帅"，实行教育为无产阶级政治服务，勤工俭学、半工半读的"又红又专"的办校方针，精简文化课、专业基础课，集中学习专业所需的理论知识与生产技能，加强教育教

---

[1] 瞿葆奎. 教育学文集：苏联教育改革：下册. 北京：人民教育出版社，1993：5-6.
[2] 中共中央文献研究室. 毛泽东文集：第8卷. 北京：人民出版社，1999：305.
[3] 中国教育年鉴1949—1981. 北京：中国大百科全书出版社，1984：688.
[4] 中共中央文献研究室. 毛泽东文集：第7卷. 北京：人民出版社，1999：309.

第六章　20 世纪 60 年代自主特色发展的职业教育与成人教育

学与生产劳动的结合，以"劳动就是资格"来满足劳动人民接受高等教育的愿望。这种教育大众化的努力方向、能力至上的教育观，以及对"教育与生产劳动、教育与政治关系"的探索，一方面与国际教育思想转向引发的教育改革内容相契合，另一方面也是当时中国教育培育革命接班人的重大诉求。

（二）教育与生产劳动相结合的人才培养思想

毛泽东教育思想特别强调教育为无产阶级政治服务、教育与生产劳动相结合，认为这是社会主义教育与资本主义教育的本质区别[1]。在贯彻这一思想的实践中，要坚持把"教育与劳动联系起来"，强化学生"一面学习，一面生产"，学校在人才培养手段和教学实践中要积极探索新的办学模式。

在中国，对教育与生产劳动相结合的理论探索，毛泽东虽不是第一位，但是，他却是将马克思主义教劳结合基本原理与中国具体教育实际相结合（即马克思主义教育思想中国化）的开拓者，而且把教育与生产劳动相结合作为社会主义教育"不可易移"[2]的原则和"劳动人民要知识化，知识分子要劳动化"[3]的唯一途径，并使它成为社会主义教育的目的和苏维埃文化教育方针、党的基本方针的重要内容。毛泽东不仅将人的全面发展作为教育的终极目标，而且把培养全面发展的人作为教育同生产劳动相结合的根本目标[4]。教育与生产劳动相结合的目标不仅仅是培养脑力劳动与体力劳动相结合的全面发展的人，德、智、体三育并重、全面发展也是其应有之义[5]。

---

[1] 刘圣兰，陶杨.江西共产主义劳动大学办学模式的现实启示：基于社会主义教育发展道路探索视角.高等农业教育，2014（2）.
[2] 毛泽东论教育.3 版.北京：人民教育出版社，2008：294.
[3] 同②291.
[4] 刘圣兰.社会主义教育发展道路的艰辛探索：江西共产主义劳动大学研究.上海：华东师范大学，2013：130.
[5] 刘茂才，等.毛泽东教育思想历史与理论研究.成都：四川教育出版社，1994：135.

新中国成立以后，毛泽东从培养全面发展的社会主义建设者的战略高度，为克服我国教育领域一度存在的轻视劳动、脱离实际现象，又提出如果要使劳动者有社会主义觉悟、有文化，就应该使受教育者在德育、智育、体育几方面都得到发展，而学校课程太多、讲授不得法、考试方法以学生为敌，都是不利于培养青年们在德、智、体诸方面生动活泼地主动地得到发展的，强调"儿童时期需要发展身体，这种发展要是健全的。儿童时期需要发展共产主义的情操、风格和集体英雄主义的气概，就是我们时代的德育。这二者同智育是联结一道的。二者都同从事劳动有关，所以教育与劳动结合的原则是不可移易的"[①]。1958年9月，《中共中央、国务院关于教育工作的指示》明确提出"党的教育工作方针，是教育为无产阶级的政治服务，教育与生产劳动结合；为了实现这个方针，教育工作必须由党来领导"。这种教劳结合的育人思想，直接引导、推动新中国成立初期至20世纪70年代的职业教育与成人教育学校的发展。

（三）职业教育与成人教育全力支撑经济重建

新中国成立后，我国虽采取了一系列恢复和发展国民经济的措施，但由于经济基础过于薄弱，经济落后的局面并未得到很大改观，尤其是地处偏远的山区。方志纯曾描述："山区经济落后，交通闭塞，群众生活艰苦，长年吃杂粮，有的以果菜代粮食还食不果腹。有的一年四季或几代人穿一套衣服。"[②] 一定社会的文化教育是一定社会的政治和经济在观念形态上的反映。诸如，1949年江西全省人口1 314万，平均每万人中有大学生1.92人，中等专业学校学生6.05人，普通中学生24.41人，小学生344.88人，全省儿童入学率只有20%，全省人口80%是文盲[③]。新中国成立后，江西省委和省

---

① 中共中央文献研究室. 毛泽东文集：第7卷. 北京：人民出版社，1999：398-399.
② 江西省地方志编纂委员会. 江西省农垦志. 北京：方志出版社，1998：序4.
③ 危仁晸. 当代江西简史. 北京：当代中国出版社，2002：91.

第六章　20世纪60年代自主特色发展的职业教育与成人教育

人民政府采取了许多恢复发展文化教育事业的措施，并取得巨大成就，如1957年，大学在校生有4 205人，中学在校生有132 791人，小学在校生有177.11万人。尽管如此，江西教育落后的现状并没有得到根本改善。在我国进入社会主义建设时期后，江西社会主义建设急需各类人才，尤其是山区农村建设与教育不能满足人才需求之间的矛盾日益凸显。全国各省、市的情况基本类似，在"有的垦殖场针对农民文化程度低，掌握技术有困难的情况，办了技术学校，农业生产的形势更好些"的实践基础上，全国各地兴起了以技能为主体的各级各类学校，以缓解本地社会主义建设人才短缺问题，从工农群众中培养农林牧副渔等各方面的大批人才，半工半读、半农半读的大学开始推广。

三、20世纪60年代职业教育与成人教育发展的实践

"从1953年开始进行社会主义改造和大规模经济建设以来，教育上存在的主要问题越来越清楚、越来越突出。"[①] 这些教育问题主要包括学业过重影响身心发展、忽视政治、轻视劳动、机械地移植苏联的经验等[②]。学业过重影响身心发展，主要表现在各级学校片面追求升学率，对全面发展的教育认识不足，学习时间过多，不注意学生的身体健康。教育忽视政治的倾向在当时也很严重。毛泽东在《关于正确处理人民内部矛盾的问题》一文中曾提到这种现象："在一些人的眼中，好象什么政治，什么祖国的前途，人类的理想，都没有关心的必要。"[③] 在轻视劳动问题上，除了学校没有抓紧开展正

---

① 毛礼锐，沈灌群. 中国教育通史：第6卷. 济南：山东教育出版社，1989：132.
② 陆有铨. 躁动的百年：20世纪的教育历程. 北京：北京大学出版社，2012：840.
③ 毛泽东同志论教育工作. 北京：人民教育出版社，1958：179.

确的劳动教育之外，认为中小学毕业都应该升学、不能升学而去从事工农业生产就是失学的声音在社会上也不绝于耳。而机械地移植苏联的经验，则强调"苏联学校有的而中国学校没有的就要添上，苏联学校没有的而中国已有的却要删除"。这种不顾中国国情、盲目学苏的观点，不仅直接导致我国教育领域的各类问题更加突出，而且加剧了新中国教育难以适应社会主义新政治新经济需要的矛盾。教育领域的这些实际问题，引起了党和国家领导人的高度关注。毛泽东主张不要照抄外国的，一定要符合中国的情况，要求教育必须为无产阶级政治服务，必须同生产劳动相结合。劳动人民要知识化，知识分子要劳动化[①]。同期，创办的职业教育与成人教育学校具有系列共性。

（一）职业教育与成人教育学校的办学共性

（1）在办学方向上，职业大学的方向设定为创新教劳结合方式、革新管理体制、改革招生分配制度，培养扎根农村的既懂政治又懂业务、既能脑力劳动又能体力劳动、又红又专、能文能武的全面发展的劳动者，从而找到解决我国教育实际问题和为国家经济建设与社会发展输送大批各类建设人才的根本出路。职业大学或者劳动大学倡导以自力更生、艰苦奋斗的精神办学，提出"半工半读，勤工俭学"的办校方针。学校根据所设专业办起了农场、林场、牧场以及各种为农业服务的工厂，作为基地，提出并逐步建立起教学、生产、科研三结合新体制。为适应这种新体制，经过几年实践，实行了系、场（厂）合一，把专业对口的生产基地与系（专业）合并起来，统一组织，统一领导，统一实施教学、生产、科研三结合计划，编制教学生产计划，进而实行教学班、生产队、教研组合一。按照

[①] 刘圣兰. 江西共产主义劳动大学办学动因的再考察. 江西师范大学学报（哲学社会科学版），2016（5）.

第六章　20 世纪 60 年代自主特色发展的职业教育与成人教育

专业性质和不同年级恰当规定"工"与"读"的比例，把"工"与"学"有机结合起来。坚持专业课为发展生产力服务，基础课为专业课服务。

（2）在教学上坚持理论联系实际的原则，从本省农村、山区社会主义建设和农业生产的实际需要出发，设置专业，开设课程，确立教学内容和科研项目。当时的江西共产主义劳动大学总校和分校一般设有农学、林学、畜牧兽医、园林、农机、农村财会、农业经济等专业，按照农、林、牧生产的工种和工序组织教学，编写教材。强调在教学内容改革上坚持三个面向：面向农业、面向生产、面向基层。在教材编写中贯彻"少而精"，强调科学性、实践性和先进性。在组织基础理论教学时，还充分利用学生参加生产劳动具有与所学专业内容一致的、比较丰富的实践知识这一有利条件，努力提高教学效果。在教学方法上实行课堂教学与现场教学、专业教学与专业生产、校内教学与参加校外生产实习相结合。

（3）在生产劳动的安排上坚持"三个为主"：一是生产以农、林、牧生产为主，二是劳动以学生劳动为主，三是学生劳动以专业劳动为主。学生结合专业参加生产劳动，进行基本技能技巧的训练，进行推广、示范新技术和开展科学研究活动，同时创造财富，力争自给，逐步实现"不要国家一分钱"（指学生生活费自给）。至 1974 年，江西共产主义劳动大学共有分校 108 所，农田 3 000 多公顷，山林 24 000 多公顷。农、林、牧场及农机等工厂 350 多个，生产粮食 18 000 万公斤，收入经费 4 亿多元。

（二）职业教育与成人教育采用半工半读模式

社会大系统由政治、经济、文化、教育等诸多子系统构成。教育作为社会的有机组成部分，与政治、经济等密切联系，需要相互配合、彼此协调。1956 年年底，我国社会主义改造基本完成，正式建立了社会主义制度。社会主义新政治、新经济的建立，使得以根据地教育、苏联教育模式和旧教育为基础的新中国教育，因在教育实践中"单一仿苏"而难以适应急速变化的政治经济形势需要。不断激化的矛盾，迫切呼唤适合中国当时实际的社会主义新教育。不仅如此，我国开始大规模社会主义建设之后，各项社会主义建设事业急需大批掌握现代科技知识的专门人才，亟须提高广大劳动者的生产技能和劳动素质。换句话说，不仅需要大批科学家和专业技术人员，而且也需要大量有技术、有文化的工农劳动者。

"在社会主义时代，比以前任何时代都更加需要充分地提高生产技术，更加需要充分地发展科学和利用科学知识。"[1] 尽管新中国成立后，我国教育已取得巨大发展，但是"从国家建设的要求来看，我们在高等学校和中等专业学校所培养的人才，在数量上、尤其是在质量上和门类上，还难以满足需要"[2]。用本土解决方法推动问题的解决、克服苏联教育模式的弊端被提上议事日程，并迅速掀起了探索中国教育新模式的高潮。改革教育制度、满足工农群众受教育的需求，成为这一探索高潮的当务之急。用半工半读教育方式培养社会主义各类建设人才，则成为这一探索高潮的热点。

1958年5月，刘少奇在谈到升学和半工半读问题时指出："我们国家应该有两种主要的学校教育制度和工厂农村的劳动制度。一种是现在的全日制的学校教育制度和现在工厂里面、机关里面八小时工作的劳动制度。这是主要的。此外，是不是还可以采用一种制度，跟这种制度相并行，也成为主要制度之一，就是半工半读的学校教育制度和半工半读的劳动制度。""我们就可以在很短的时间内训练大量有文化的技术工人、技术员、大学毕业生。"[3] 刘少奇关于"两条腿走路"的政策性意见，拉开了探索中国自己的社会主义教育

---

[1] 周恩来选集：下卷. 北京：人民出版社，1984：159-160.
[2] 中共中央文献研究室. 建国以来重要文献选编：第9册. 北京：中央文献出版社，1994：208.
[3] 刘少奇选集：下卷. 北京：人民出版社，1985：324，326.

第六章　20世纪60年代自主特色发展的职业教育与成人教育

的序幕，引发了我国教育史上一次大规模的半工半读办学潮。在这股办学潮中，各地举办了大量的半工半读、半农半读学校。因此，20世纪60年代的职业教育"在本质上是新中国探索建立社会主义新型教育制度的一种伟大尝试和实践"[①]。

"半工半读"学校在教育与生产劳动相结合实践上，依据党的教育方针和半工半读、勤工俭学的办学实际，探索试验了一套适合半工（农）半读学校的办学体制，建立了统一领导、分级管理的管理体制，确立了"双结合"的生产体制，完善了工读结合的教学体制。如生产基地与系科专业设置相结合，现场教学与课堂教学相结合，一般劳动与专业劳动相结合，教学科研与生产劳动相结合。它实行"社来社去"的分配体制，使办学过程中存在的教育与生产劳动之间的矛盾得到调和。在办学实践中，这些学校通过采取改善知识结构和提高技能水平的实际措施来促进人的全面发展；通过政教实践，把重视加强党的领导视为其政教实践的核心，强调红专结合，密切联系政治形势，极力争取上级和领导的支持。

（三）职业教育与成人教育改革的时代特色

以当时最为典型的江西共产主义农业大学为例，对这一时期的职业教育与成人教育进行总结，具有典型的改革创新特色。

（1）党和国家的高度重视，各级领导的关心和支持，是江西共产主义农业大学办学的机制保证。该校是我国克服苏联教育模式正规化弊端、探索适合自己国情的社会主义教育发展道路的新生事物。同时，该校又是在毛泽东教育思想的直接指导和毛泽东的直接关心下创办发展起来的。因此，江西共产主义农业大学在办学过程中始终受到党和国家的高度重视，受到各级领导的关心和支持，毛泽东

---

① 黄定元. 探索中国农村教育发展之路：江西共产主义劳动大学教育研究. 南昌：江西高校出版社，1997：92-93.

甚至亲自写信称赞该校的事业。

（2）统一领导、分级管理的管理体制，产学研结合的教学体制，"社来社去"的分配体制，是江西共产主义农业大学办学的体制保证。江西共产主义农业大学属于半工半读的新型学校，与当时国家办的全日制大、中专学校不同，其办学体制，无论是管理体制、教学体制还是分配体制都不能简单照搬常规教育体制。为此，江西共产主义农业大学坚持半工半读、勤工俭学的办校方针，贯彻教育与生产劳动相结合，切实解决办学遇到的首要问题——"怎样办"，并摸索出一套适合半工半读特点的管理体制、教学体制、分配体制。在管理体制上，总校由省委、省人委直接领导，省（专）属分校委托所在地地委、专署或垦殖场领导，县属分校由县委、县人委领导，总校负责对分校进行业务指导；在教学体制上依据"三面向"实行教学、生产、科研相结合；在分配体制上采用"社来社去"的分配体制[①]。

（3）加强思想政治教育，是江西共产主义农业大学办学的思想保证。有学者指出，江西共产主义农业大学的每一次前进与发展，都与其紧密联系党的教育方针和"半工半读"的办校方针，坚持理论教育与实际锻炼相结合，加强思想政治教育工作密切相关。江西共产主义农业大学的思想政治教育，比其他学校有着更高的要求，不仅要培养学生具有学农爱农务农，立志改变农村落后面貌的责任感和事业心，还要培养学生高昂的劳动热情和自力更生、艰苦奋斗的创业精神[②]。

（四）职业教育与成人教育发展的时代不足

认识来源于实践，但同时实践又受制于认识。20世纪60年代的

[①] 中共江西省委党史资料征集委员会. 江西共产主义劳动大学的创立及其沿革. 北京：中央文献出版社，1996：22-24.

[②] 黄定元. 探索中国农村教育发展之路：江西共产主义劳动大学教育研究. 南昌：江西高校出版社，1997：74.

第六章　20世纪60年代自主特色发展的职业教育与成人教育

职业教育与成人教育对教育与生产劳动、教育与人的全面发展、教育与政治之间关系的认识，毫无疑问地支配了它处理教育与三者之间关系的实践行为。

（1）人的全面发展与个性发展不协调。

纵观这一时期的职业教育与成人教育学校，大部分是"政治挂帅"、办学条件简易、快上急上的新学校。当时，人的全面发展是德育、智育、体育的发展，是学生能力的发展，是个人发展与社会发展和谐统一的发展，其实现的根本途径是劳动与学习相结合，即教劳结合的根本目标就是实现人的全面发展。这样的认识，既看到了教育的目的是实现人的全面发展，也看到了人的全面发展的基本内涵及其实现途径，更看到了人的发展与社会发展之间的关系。因此，它合乎追求"知识本位"和"能力本位"的国际教育思想的要求，顺应了当时我国大规模社会主义建设对"又红又专"各种技术人才的需求，契合了新中国需要将工农分子知识化、知识分子工农化的迫切愿望。

然而，在很多职业教育与成人教育学校的教育实践中，全面发展的人仅指智力、体力、精神道德以及能力发展的人而已，是缺了个性和独创性的人，是没了自己兴趣爱好和没了生动活泼的人。很多学校的政教观，把政治置于学校一切工作的首位，认为不突出政治，生产教育就搞不好；不突出政治，就不能改造人的思想。在政治这根"金箍棒"指挥下，学校教育难免出现要求学生的一切活动听命于政治，无条件地服从政治要求和上级决定，不能违背集体意愿，不能有自己的兴趣爱好，个人需求被无视，个性受到压制等现象。学生没有了个性，何谓"自由"；学生没有了自由，何谓"全面发展"。否认人的个性的自由发展，或者说缺乏"真正人性"的全面发展，仍然是一种片面的、畸形的发展。由于存在忽视学生的个性特点、压制学生个性的现象，不少学校在办学实践中不根据学生的年龄、体力来安排劳动，强迫学生劳动的事情时有发生。

(2) 高等教育大众化与教育歧视并立。教育作为一种社会现象，是社会生活的重要组成部分，要随着整个社会政治、经济、文化的发展、变革而发展、变革。1958年诞生的江西共产主义劳动大学，作为我国全面探索社会主义教育发展道路的产物，它不是与社会"绝缘"的，更不是脱离社会而存在的"偶然物"，而是当时我国社会政治、经济、文化发展变化的反映。

　　党的八大之后，大规模社会主义建设的开展，使得我国对各类建设人才的需求日益增加，而1958年的"大跃进"运动则使这一需求进一步增加。与此同时，1957年的反右运动，尤其是1962年党的八届十中全会，由于对国内政治形势的错误判断，认为大多数知识分子是资产阶级的，这样知识分子工农化、工农分子知识化问题就变得十分尖锐，从而被提到议事日程上。当时我国政治、经济上的新变化，都对教育提出了新课题，迫切要求教育积极做出回应。于是我们就要对"精英教育"与"大众教育"做出选择，即面对"既要扩大劳动人民受教育的权利，迅速普及教育；又要通过正规化、制度化的教育，为实现工业化和国防建设培养大量急需的专门人才"[1]的局面，需要对教育重新做出调整，发展重心由"精英教育"转向"大众教育"。当时为实现"大众教育"，我国大力提倡"两种教育制度、两种劳动制度"，鼓励创办半工半读高等学校。据统计，1958年新办高等学校达800多所，全国已有高等学校千所以上，在校生数比1957年增长了23倍；业余学校数比1957年增加了5.5倍，学生达5 000多万人[2]。由此可见，其中作为"历史的结晶""时代的产儿"的江西共产主义劳动大学，它的"高等教育大众化"认识，就是"为所有的人进大学开辟道路"，充分体现了教育对我国当时政治、经济提出的时代课题的积极回应，顺应了时代发展的要

---

[1] 杨东平. 艰难的日出：中国现代教育的20世纪. 上海：文汇出版社，2003：152.
[2] 全民办学，全民上学，加速社会主义建设. 光明日报，1958-10-01.

求，满足了广大工农群众受教育的需要。

虽然"高等教育大众化"的愿望是美好的，也顺应了当时我国政治、经济发展的要求，但是却忽视了当时的生产力实际，背离了"社会教育是社会存在的反映"的马克思主义唯物论观点，因为社会经济基础对教育具有直接的、持久的、稳定的制约性。那个阶段，我国教育发展总体水平相当落后，小学教育、中学教育都没有实现普及化，大学就更谈不上。况且由于社会生产力水平极其低下，全国人民温饱问题都没有得到解决，按照马克思的"需要理论"或者马斯洛的"基本需求层次理论"，"人的自然需要"或"人的生理需求"都不能得到满足，"高等教育大众化"在当时便是不切实际的，只能是超越生产力实际的"空想"罢了。

不仅如此，当时的"高等教育大众化"，并非真正的"大众化"，存在一定的教育歧视。从"一定要办无产阶级的教育，要为工人、农民服务"的愿望出发，强调教育的阶级性，认为什么阶级办的学校，就应该为什么阶级服务，社会主义教育理所当然是为无产阶级服务的，只有工农群众最有资格进大学；坚持"政治挂帅"，只要是劳动人民的子弟，做过几年工就行，而出身于资本家和地主家庭的子弟即使通过了入学考试、具有高中毕业文凭，一般也不能进入江西共产主义劳动大学学习[①]。

四、20世纪60年代职业教育与成人教育发展的启示

新中国成立初期的职业教育与成人教育学校，以广大工农群众为服务对象，把学校办在了广大山区农村，办到了农业生产第一线，办到了工农劳动群众的家门口，密切了教育与社会实践之间的关系，

---

① 费正清. 剑桥中华人民共和国史. 北京：中国社会科学出版社，1998：376.

为办好有中国特色的社会主义教育积累了丰富的历史经验①。

从实践意义上看，20世纪60年代前后的职业教育与成人教育实施把知识与生活和实际结合起来的教劳结合实践措施，学生直接参加生产劳动，不仅可以通过直观教学使学生"活学专业理论知识"，"学到生产实践经验"，"熟悉生产操作技术"，而且挑战了我国"万般皆下品，唯有读书高""学而优则仕"的传统文化观念，缩小了"体脑分离"的鸿沟。可以说，大部分学校教劳结合的摸索、实验、改革措施，是对传统儒家文化的一次清算，也是对传统儒家文化的一次改造。因此，这种改造的方向是正确的，是造就全面发展的人的重要路径。毋庸讳言，方向正确的教劳结合举措，成为这一时期职业教育的主要特色和主要经验。

从理论发展看，这一时期的职业教育在实践中积极改善知识结构、提高技能水平。从教育发展观的变迁来看，职业教育与成人教育重技能水平是对教人如何做事的"能力本位"功利教育思潮内在要求的实践运用。尤为值得关注的是，在当时我国社会主义建设高潮下，重技能水平不同程度地满足了社会主义新农村新山区的开发和建设对大批各类建设人才的需要，克服了苏联教育模式"重质量轻劳动""理论脱离实际"的弊端，使学生热爱劳动，提高了学生的生产劳动技能，培养了学生对劳动人民的感情。

从教育规律看，这一时期的职业教育与成人教育发展更多的是满足外部需求。教育的外部规律指教育同其他社会现象的关系，主要是和政治、经济的关系，教育要受社会的政治、经济、文化等因素的制约，并对社会的政治、经济、文化的发展起作用；而教育的内部规律要求教育既受教育对象身心发展、个性特长的制约，又需协调好教育者、教育对象、教育影响诸要素。教育正是在内外规律的双重作用下不断发展的。诸多职业学校强调红专结合，重心在

---

① 汪东兴. 教育为兴国之本：回忆江西共产主义劳动大学. 江西教育科研, 1995 (1).

第六章　20世纪60年代自主特色发展的职业教育与成人教育

"红";强化思想政治教育,关注的是学生的政治立场和态度;密切联系政治形势;高度重视上级领导的支持,落脚点也是政治。由于一味"突出政治",从而忽视社会生产力发展水平,正是因为有"为所有人上大学开辟道路"的口号,才有招生"以政治劳动为第一条件""强调政治纯洁,身体强壮……不宜强调文化程度"[①] 的规定。部分学校在教学上,采取"一条直线上升,一竿子到底"的办法,大量削减普通基础课和专业基础课,强调基础课为专业课服务,同样违背了学生的身心发展特点和认知规律。

从实践基地建设看,提高实践教学效果的重要平台是校外基地。这些基地是职业院校与一些高科技示范园及社会上的厂(场)通过鉴定协议建立起来的实习基地。实践教学持续开展,必须有稳定的教学实践基地。校外基地的建立必须具备双赢特质,也就是说,学校必须派出专家亲临实践基地,指导制订基地内生产方案、推进并改进基地内生产技术、落实并完成基地内生产计划。基地则配合学校安排好有关学生的专业实习,配合实习指导教师完成对学生职业技能的训练。即通过协议的方式,基地法人代表确认在有指导教师亲临现场的情况下,学生可以获得以下几项权利:一是拥有参加某一过程的生产、管理的权利;二是拥有自己动手操作、亲身体验的权利;三是拥有提出改进技术、创新生产模式的权利。

总体来看,新中国成立初期的职业教育与成人教育发展虽然受政治因素影响较大,但是要求教师、干部深刻领会并全面贯彻党的教育方针,实行"半工半读",做到能文能武等措施经验在今天依然值得借鉴。在教师中提倡"一专多能",在干部中提倡"能上能下"。尤其是学校根据"半工半读"的办学特点,组织动员全校的教职工积极主动地做好学生的思想政治工作,把共产主义思想教育和参加劳动生产实践结合起来。坚持四个教育:一是共产主义理想教育,

---

① 江西共产主义劳动大学文件摘录. 江西农大档案馆,1983年长期卷:34.

二是革命传统教育，三是学农爱农扎根农村教育，四是劳动和艰苦奋斗教育。围绕这些教育目标，实行多种形式办学，高等学校在招生中除招收高、初中毕业生外，还注意招收有实践经验的工人、农民入学。他们的文化程度偏低，按学校规定先进预科班学习，待补习达到一定程度，经考试后再进入专业学习。学生毕业后除少数由国家统一分配外，绝大多数实行"社来社去"的分配体制，回到农村基层。江西共产主义农业大学总校及省属分校还举办农业劳动模范、先进生产者培训班，对他们进行有选择的理论教学和推广、示范新技术的训练，同样实行"社来社去"的分配体制。这些经验，取其精华，去其糟粕，对"十四五"期间实施乡村振兴战略，培育乡村本土人才具有一定的参考价值。

第七章 改革开放时期大规模发展职业教育与成人教育

本章主要回顾从 1978 年党中央开始实施改革开放政策，直到 1996 年八届全国人大常委会颁布《中华人民共和国职业教育法》这段时期我国的职业教育发展历程。这段时期职业教育发展的外部环境发生了很大变化，主要表现在中等教育结构的重大调整、教育体制改革（管理体制、上学收费、取消毕业统包统配）、经济体制改革（国有企业经营机制转换）等。改革开放之初，我国发展职业教育的基础非常薄弱。1978 年，全国在高中阶段向学生提供职业技术教育的学校尚不足 5 000 所。1980 年，全国高中阶段开展职业技术教育的学校数量几乎翻了一番，增至近 1 万所。1985 年，党中央确定了高中阶段职业技术教育发展规模，要实现与普通教育"大体相当"的目标。改革开放以来，尤其是 1985 年之后，在高中阶段接受职业技术教育的学生数量持续不断上升，由 1978 年的 127 万人上升到 1985 年的 460 万人，再到 1996 年的 1 087 万人。

　　高中阶段开展职业技术教育的学校主要有三类，1978 年至 1996 年，普通中专（包括 20 世纪 50 年代建立的老中专和 1985 年后新建的中专）学校和技工学校的全国总数量都基本稳定在 3 000～4 000 所，成人中专学校也稳定在 4 000～5 000 所，唯有农业中学和职业中学的学校数量在这十几年里大幅度增加，20 世纪 80 年代末为两三千所，到 1994 年已突破 1 万所。全国高中阶段开展职业技术教育的学校，1992—1996 年都保持在 2.2 万所以上。这种规模上的迅速扩大效应，主要是由职业高中的数量激增而产生的，这些职业高中也大都脱胎于普通高中。

　　1985 年，党中央在对教育体制进行改革之前，全国各地的中专学校大都是在新中国成立后按照苏联经验开办的，这些学校由中央业务部门直接管理。直到 20 世纪 90 年代初，不光教育部门、劳动

第七章　改革开放时期大规模发展职业教育与成人教育

部门在办学校,其他从事各领域经济发展业务的部门也都在不同程度上办学校,为本部门企事业单位培养人才。职业技术教育主要由行业主管部门和厂矿企业举办,中专学校作为职业技术教育中的骨干力量得到稳定发展。从1993年起,党中央实施的社会主义市场经济体制改革,要求国有企业转换经营机制,给职业教育发展带来了重大冲击和挑战。

一、职业教育促进中等教育结构优化

20世纪80年代初,我国高中阶段绝大多数学生接受普通教育,中专学校在校生与高等学校在校生基本相当,而在农业中学或者职业中学接受职业教育的在校生则非常少;普通初中在校生与普通高中在校生规模相差悬殊(见图7-1),只有很少一部分普通初中毕业生有机会升学接受普通高中教育,大部分毕业生进入社会就业。针对这种现状,党中央决定要对中等教育结构进行重大改革,将高中教育作为开启教育体系第一步改革的切入点。1980年2月10日,李先念在中共中央召集的干部会议上指出,要改进中等教育的结构,多办一些职业学校和技工学校[①]。1980年10月7日,国务院批转教育部、国家劳动总局《关于中等教育结构改革的报告》提出要"改革中等教育的结构,发展职业技术教育"。其中肯定了"文化大革命"前刘少奇提倡的"两种教育制度、两种劳动制度"[②] 对推动当时教育结构改革的积极作用,由此正式开启了对我国高中阶段教育结构进行改革的进程。在本次教育结构改革中,党中央坚持的改革方

---

① 国家教育委员会政策法规司. 十一届三中全会以来重要教育文献选编. 北京:教育科学出版社,1992:48.
② 一种是全日制学校教育制度和工厂或机关八小时工作的劳动制度,这是主要的教育制度和劳动制度;另外一种就是与之并行的"半工半读"学校教育制度和"半工半读"劳动制度。[刘少奇. 我国应有两种教育制度、两种劳动制度. 高教战线,1986(1).]

职业教育与成人教育

针体现在三个层面——"实行普通教育与职业、技术教育并举","全日制学校与半工半读学校、业余学校并举","国家办学与业务部门、厂矿企业、人民公社办学并举",分别涉及对教育类型、学校类型以及办学主体的区分。经过调整改革,要使各类职业(技术)学校在校生数量在整个高级中等教育中的比重大大增长[①]。上述改革目标是国务院做出的重大决议,而且是在教育部和国家劳动总局这两个部门最高主管机构达成共识的前提下,做出的国家战略部署。

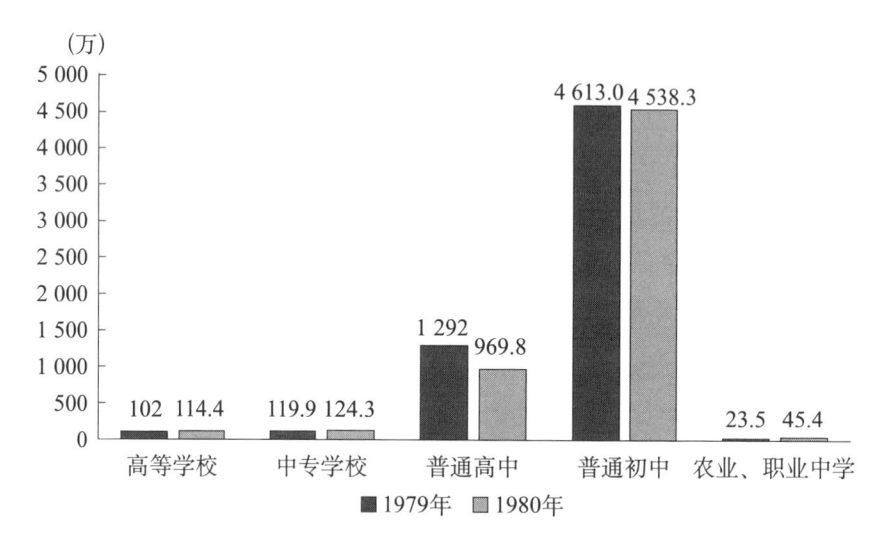

(万)

学校类型	1979年	1980年
高等学校	102	114.4
中专学校	119.9	124.3
普通高中	1 292	969.8
普通初中	4 613.0	4 538.3
农业、职业中学	23.5	45.4

图 7-1 1979—1980 年各级各类学校在校生数量

资料来源:教育部计划司. 全国教育统计资料(1978—1980 年). 北京:教育部计划司,1981:2.

1981 年,蒋南翔在全国教育工作会议上提出,每年六七百万高中毕业生的安置问题必须通过"改革中等教育的结构"来解决[②]。政策上也鼓励有条件的大中城市试办职业技术教育中心,开设若干职业技术教育科目,提供专业教师、设备和实习场所;鼓励各地可以利用一些适合办学的关停的工厂厂房及设备举办职业(技术)学校

---

① 国家教育委员会政策法规司. 十一届三中全会以来重要教育文献选编. 北京:教育科学出版社,1992:58.
② 同①549.

第七章　改革开放时期大规模发展职业教育与成人教育

或作为学校的实习场所，也可以留用一部分技术人员和老工人做教师或实习指导。技工学校作为培养中级技术工人的学校，也得到积极发展。按照上述改革思路，高中阶段的学校类型由单一化转向多样化。普通高中的课程内容也从单一的学术科目转向学术科目和职业（技术）教育科目兼顾。

（一）中专教育恢复发展

1978年党的十一届三中全会以来，中专教育得到了迅速恢复和发展。截至1981年年底，全国中等专业学校（不含中等师范学校）数量已由1978年的1 714所增长到2 171所；在校生数量由52.90万增长到63.21万；教职工数量由17.60万增加到24.89万，其中专任教师数量由6.9万增加到9.8万；专业设置共达到346个，初步形成了具有一定规模、专业门类比较齐全的中等专业教育阵地。许多部门和地区对中专教育做出了全面规划，调整中专教育的内部比例，发展了经济管理、政法、轻纺等各类短线专业，并扩大了招生规模。同时加强了部门之间和地区之间的协作，使专业配套和学校布局方面趋向合理。各中专学校普遍把学校工作的重点转移到以教学为中心的轨道上来，坚持了德智体全面发展的方针和中专教育的培养目标。在教学方面，各校既反对忽视理论教学，又反对轻视实践教学；既重视加强基础知识、基本理论教学，又注重实际技能培养，并加强教学过程中的质量管理，狠抓教学过程中的课堂教学、实验教学、实习与生产劳动、课程设计与毕业设计、考试与考察五个主要环节，使得教学质量明显提高。

从1980年起，第一次为广大中专教师评定了职称，各校普遍建立了教师业务档案，制订了教师培训规划，加强了师资队伍管理。各地区和各部门将教育投资视为生产投资的一部分，尽一切可能武装学校，采取措施积极改善办学条件，加强重点中专学校建设。比如福建省建工局，从国家拨给该局的投资中，平均每年拨18%给省建工学校,并在仪器、设备的分配上,优先满足学校需要。由于学校主管部门的重视,中等专业学校,特别是重点中专学校的校舍、师资、实习基地、实验仪器设备等方面的状况开始好转①。

1. 普通中专

中专教育虽然也属于高中阶段实施的一种教育类型,却在人才培养定位上有别于职业高中。1980 年 10 月 8 日,国务院在批转教育部《全国中等专业教育工作会议纪要》中明确:"中等专业学校是在相当高中文化程度的基础上进行专业技术教育,中专的高年级与大学低年级交叉,是介乎高中与大学之间的一种学校";"根据我国经济文化发展不平衡和中专专业门类多、要求不一的情况,中专学制可以多样化:招收初中毕业生,一般为四年,个别五年,有的专业仍保持三年;招收高中毕业生,一般为二年,医科和工科等有些专业可为二年半或三年";"中等专业教育除全日制中专外,还要积极举办半工(农)半读、业余和函授教育等,有条件的学校,还应承担干部轮训工作"。

中等专业学校按照行政管理关系,分为国务院部属学校和地方学校;"省市自治区教育部门的中专教育行政机构,一般可设在高教局";"中专学校一般应为县团级单位,重点学校可为地师级"②。1981 年,蒋南翔在全国教育工作会议上指出,中专教育的办学和培养目标定位不同于中等职业技术教育,中等专业学校是培养中级技术管理人才的学校。

通过上述调整,中等专业教育开始得到恢复发展。据统计,1983 年全国各类中等专业学校招生 91.55 万人,在校生达到 227.67 万人,其中普通中等专业学校招生 47.78 万人,在校生达到 114.33 万人;成人中等专业学校招生 43.77 万人,在校生达到 113.34 万

---

① 教育部中专司教学处. 中专教育近四年来取得显著成绩. 高教战线, 1982 (11).
② 国家教育委员会政策法规司. 十一届三中全会以来重要教育文献选编. 北京:教育科学出版社, 1992: 62.

第七章　改革开放时期大规模发展职业教育与成人教育

人。各类中等专业学校招生人数和在校生人数比上一年有较大增长。普通中等专业学校包括中等技术学校和中等师范学校。1983年，全国有中等师范学校861所，其中幼儿师范36所。全国中等技术学校总数比上一年增加61所，共有2 229所，按学校人才培养对口经济部门的类型分为工业学校（670所）、农业学校（365所）、林业学校（39所）、医药学校（520所）、财经学校（375所）、政法学校（82所）、体育学校（31所）、艺术学校（97所）及其他学校（50所）。

2. 职工中专

1980年1月16日，邓小平在中共中央召集的干部会议上做了《目前的形势和任务》的讲话，明确指出"要改变干部缺少专业知识、专业能力的状态"，"目前重要的问题并不是干部太多，而是不对路，懂得各行各业的专业的人太少。办法就是学。一个是办学校、办训练班进行教学，一个是自学"[①]。20世纪80年代初，除了以招收应届初中毕业生为主的全日制中等专业学校，政府还面向就业人员举办专门的职工中等专业学校。为了使一部分职工受到系统的正规的中等专业教育，1982年9月9日，国务院颁布了《国务院批转教育部关于举办职工中等专业学校的试行办法的通知》。这份文件是教育部根据《中共中央、国务院关于加强职工教育工作的决定》而制定的。该文件明确规定，这类学校的招生对象是具有初中毕业实际文化程度并具有两年工龄的正式职工，年龄一般不超过35岁（确有学习条件的，年龄不超过40岁也可入学）。可见，享受该政策福利的社会群体出生于1942—1947年，显然是当时成人教育改革的一部分。

这类学校学制灵活，"可采取脱产、半脱产、业余等多种形式办学"。脱产学习的学制一般为三年（文科的某些专业，根据情况可定为两年半）。每周上课时数（按六天计算）一般平均为26学时至30

---

① 邓小平. 邓小平文选：第2卷. 2版. 北京：人民出版社，1994：263.

学时。半脱产和业余学习的总学时可根据情况适当减少一些，其学制视周学时的安排相应延长。这类学校以业务部门管理为主。"教育行政部门要在业务上进行指导"；"国务院各部委及省、自治区、直辖市有关业务部门，要根据中共中央、国务院《关于加强职工教育工作的决定》，负责管理本系统的职工中等专业学校"；"教育部和省、自治区、直辖市高教（教育）厅（局）负责综合研究指导职工中等专业学校有关教育行政和教学业务方面的方针、政策和带有共同性的问题"。

尽管中等专业教育的恢复发展取得上述良好成效，但我国中等专业教育的发展还远远不能适应国家实现"四化"建设的需要。特别是中等技术学校发展缓慢，使得中等和高等专业人才比例严重失调，不利于加强和充实生产第一线的技术力量，造成教育投资的严重浪费。人才结构上存在的这种高级人才同中级人才比例倒挂问题，是由于企业工程师在数量上多于技术员，导致工程师干技术员的工作。1983年，普通中等技术学校还积极承担了在职干部、职工的培训提高任务，举办了干部、职工中专班，招生2.18万人，占普通中等技术学校招生总数（28.64万人）的7.6%。同时，在国家招生计划外，还举办为期两年的各种进修班、短训班，共培训学员7.92万人，受到社会各行业的欢迎。1983年，全国成人中等专业学校毕业生有17.78万人（相当于普通中等专业学校毕业生水平），其中有1.19万人毕业于职工中等技术学校，1.61万人毕业于农民中等技术学校，14.98万人毕业于小学教师进修学校（指脱产离职、系统性的进修）[①]。

3. 走读中专

从1980年起，部分省份在一些城市陆续举办收费走读、不包分配的全日制中等专业学校（简称"走读中专"）。比如江苏就将这类

---

① 黄尧. 一九八三年中等专业教育发展情况. 高教战线，1984（6）.

第七章 改革开放时期大规模发展职业教育与成人教育

走读中专作为中专教育结构的重要组成部分积极发展。城市走读中专是由地方根据各自实际，自筹资金建校，直接为地方培养人才，因此被列入地方的中等教育结构改革、经济体制改革和人才培养规划统筹安排。在地方政府领导下，由计划部门、教育部门牵头制定发展规划，并由教育部门负责学校日常行政管理工作；劳动人事部门负责解决用人指标和毕业生录用问题；财政部门提供部分办学经费；用人单位和部门提出人才需求计划，并提供一定的办学条件等。

由于部分走读中专是利用普通中学或职业中学改办的，因而还保留了中学的部分办学特点，比如学生就近入学、就地培养，毕业后就地录用。这些学校除了开设财经、纺织、电子、建筑、机械等通用类专业，还设有旅游、工艺美术等具有明显的地方特色的专业。走读中专实行不包分配、择优录取原则，毕业生可到全民单位或集体单位工作，还可以自谋职业。这是对国家统包统配的中专招生和分配制度的一项重大改革。由于用人单位都要以各种方式参与走读中专的办学过程，比如联办、提供培养经费或者自行办学，所以促使用人单位在对中专生的培养和毕业生使用上更有计划和针对性，这就在基本保障了毕业生质量的同时有效提高了教育投资效益。

长期以来中专教育由国家办学，只有中央和省部分业务部门的积极性，一条经费渠道，服务范围狭窄，办学形式单一，供需矛盾突出。走读中专在办学形式和管理体制上具有多样性和灵活性，其办学形式主要有三种：市业务部门办学；教育部门和业务部门联合办学，由双方共同管理，一般以教育部门为主，根据地方各部门的需要和可能提供的办学条件（实习基地、部分专业课教师和经费）设置专业；教育部门办学，这类学校较少。总之，这种走读中专的出现，是对传统中专教育办学思想和领导管理体系的突破，它极大调动了地方政府、教育和业务部门、企事业单位、学校以及学生的积极性[①]。

---

① 王兆明. 城市走读中专的办学经验. 高教战线，1986（3）.

4. 联办中专

"六五"期间，天津市有半数以上中专学校与市内或外地工厂、企事业单位建立了联合协作关系。以跨省市的联合协作为例，1986年天津有20多所中专学校与外地工厂、企事业单位建立了联系，实行定向招生、委托培养，或者与当地工厂、企事业单位联合办班，招生范围扩展到28个省（区、市）。还有的中专学校与部队协作，培养军地两用人才。此外，还通过举办各种类型的短训班为外地工厂、企事业单位培训在职人员。再比如，中专学校与本市工厂、企事业单位的联合协作，形式多样，有长期的也有临时的，有全面的也有单项的，有全日制的也有业余的。而且绝大部分是与本系统以外的其他行业、部门建立的联系，既满足主办部门培养人才的需要，又兼顾其他部门的需要，实现了跨系统、跨部门招收学生，使中专学校在现有条件下扩大了服务范围。

此外，中专学校还与周边区、县联合协作。中专学校多集中在市内，通过与周边区、县联合协作，采用多种办学形式，促进了全市中专教育的协调发展。中专学校还与职业学校联合协作。这两类学校各有所长，专业相同或相近的两类学校通过联合协作取长补短、互相促进，能够切实发挥中专学校在职业技术教育中的骨干作用。上述天津市的经验，促使中专教育从过去只面向本行业、本部门、本地区的状态，逐步转入以发展横向联系为重要内容的新发展阶段。这种地方改革经验有利于中专学校摆脱行政隶属关系的羁绊，冲破部门所有制的狭隘界限。这也是发展横向经济对教育提出的必然要求，有利于机动灵活地为用人单位和国家培养人才[1]。

（二）职业高中异军突起

党中央在20世纪80年代初提出要发展职业技术教育，是为了

---

[1] 史万铎. 加快发展中专教育，重视联合与协作. 高教战线，1986（6）.

第七章　改革开放时期大规模发展职业教育与成人教育

培养千百万中级、初级技术人员，管理人员，技工和其他城乡劳动者。1980年10月7日，国务院批转教育部、国家劳动总局《关于中等教育结构改革的报告》提出："在城乡要提倡各行各业广泛举办职业（技术）学校。可适当将一部分普通高中改办为职业（技术）学校、职业中学、农业中学。"在调整中等教育结构的过程中，全国各地所有普通高中逐步增设了职业（技术）教育课，厂矿企业办的普通高中改为职业（技术）学校、职业中学、农业中学。1980年，全国职业中学在校生总数超过45万，之后连年迅速激增。在1983年赶超中专学校在校生数（122万），1985年突破229万人，到1996年升至473万人。而且，1983—1996年，职业中学在校生规模始终都大于中专学校在校生规模。

这个时期办起来的职业高中，属于教育部门办学、本地区办学。优点是打破行业界限，缺点是如果上一级政府缺乏统筹规划和指导，就会造成地区之间分割，自成系统，结果也会造成学校布局不合理，办学质量和效益不高[①]。构成我国职业技术教育主体的中专学校、技工学校、职业高中三类学校隶属于各自的办学单位或部门，由教育部门和劳动部门管理。教育部门管理中专学校和职业高中的教育行政和教学工作，劳动部门管理技工学校的教育行政和教学工作，但有些地区中考招生工作由教育部门统管考试，而录取工作却由两部门分别负责。技工学校招生专业由劳动部门确定并列入计划，学生毕业后由劳动部门按计划统包统配。劳动部门掌握就业信息多，有利于指导职业学校按需合理设置专业；有招工指标，有利于向企业推荐录用职业高中毕业生；统管劳动工资和人员调配，有利于制约企业办学并令其接受职业学校毕业生就业。一项关于北京市职业技术教育十年（1980—1990年）发展状况的研究显示，经过十年改

---

① 孟广平，孙震瀚，闻友信. 关于发展我国职业技术教育的基本经验的探讨. 教育与职业，1991（2）.

革，中等职业学校、技工学校、职业高中已成为北京市中等职业教育的三个重要组成部分。其招生人数在整个高中阶段的招生比例，已从1980年的5.7%上升为1985年的55%，之后五年一直稳定在55%上下。

（三）农业技术教育重建

改革开放初期，在农村开展的职业技术教育主要通过设立农民技术学校和农民高等专科学校的方式进行。接受这种教育的人一般都是具有一定文化程度的成年人，这类教育具有中等专业教育的性质，主要是为当地农村培养管理干部和技术员。1980年4月，教育部决定先通过两年实验，将有条件的"五七"大学改办为农民技术学校。1982年6月9日，教育部颁发《县办农民技术学校暂行办法》，此类学校属于农业（包括林、牧、副、渔、工等）中等专业教育性质的学校。其任务是为农村人民公社与生产队培养具有相当于中等农业科学技术水平的人才。这类学校由县（市、区）人民政府举办，教育部门主管，以县（市、区）为单位设置，临近县也可以联合办学。学校的基本建设、生产投资及教学设备等费用，由县财政支出。招收对象是具有初中毕业以上文化程度的社队管理干部、技术员、有一点生产经验的农村青年和农民教育的教师。学员在校期间，学习比较系统的农业科学基础知识和基本技能，培养和提高自身解决实际问题的能力。学习年限为两年或三年。学生学习期满，由学校发给毕业证书，由哪里来，仍回哪里去，国家不分配工作[①]。

农民高等专科学校是由地方政府举办的。脱产学习的学制为两年或三年，主要招收具有高中毕业文化程度和有一定实践经验的农业技术人员、青年农民和农林系统的在职职工，培养具有大学专科

---

① 《中国教育年鉴》编辑部．中国教育年鉴（1982~1984）．长沙：湖南教育出版社，1986：246.

水平的技术骨干和管理干部。1980年5月，中共中央书记处在讨论成人教育时也注意到农民教育的重要性，而且1980年全国也举办了165所农民高等专科学校。但是，这类学校在1981年萎缩至72所，1982年后全国仅剩四五所。

二、职业教育在教育体制改革中规模发展

自1985年起，党中央从办学体制上对教育领域实施改革。有三个重要判断对今后职业技术教育发展具有重要意义。其一，发展职业技术教育时，要充分调动企事业单位和业务部门的积极性。其二，在中央政府层面专门成立国家教育委员会，一方面统筹整个教育事业（包括职业技术教育在内的各级各类教育）发展，另一方面协调各个部门举办的各种教育事业。其三，使大多数地区的各类高中阶段职业技术学校的招生数相当于普通高中的招生数，这其实也就是要继续扩大高中阶段学生接受职业技术教育的比重。这段时期，各地在老中专学校、技工学校的基础上，新建了一些中专学校和技工学校，并继续将一部分普通高中改办为职业高中。

（一）确定高中阶段职普比目标

进入20世纪80年代中期，我国人才结构依然存在高级人才同中级人才比例倒挂问题，很多企业工程师多于技术员，导致工程师干技术员的工作。为了改变这种人才结构不合理的状况，党中央决定改革教育体制，进一步发展职业技术教育。1985年，全国职业中学、中等专业学校和技工学校的在校生数量已占高中阶段在校生总数的36%。但这三类学校发展很不平衡，其中职业高中发展比较快，而中等专业学校的发展则比较缓慢，已经远远不能适应形势需要。为此，1985年5月，中共中央提出，要调整中等教育结构，大力发展职业技术教育；发展职业技术教育，要充分调动企事业单位和业

务部门的积极性。由新成立的"国家教育委员会"负责掌握教育的大政方针，统筹整个教育事业的发展，协调各部门有关教育的工作，统一部署和指导教育体制的改革。由此可见企事业单位和业务部门对于发展职业技术教育的重要性。要充分发掘现有中专学校和技工学校的潜力，扩大招生；有计划地将一批普通高中改为"职业高中"（在概念上与"普通高中"相对），或者在普通高中里面增设"职业班"；新办一些中专学校、技工学校和职业高中。调整中等教育结构的目标是"争取在五年左右，使大多数地区的各类高中阶段的职业技术学校招生数相当于普通高中的招生数"。这是首次将"高中阶段职普招生规模大体相当"作为发展目标正式确定下来。

李鹏在 1986 年 8 月 30 日解释说："各地应因地制宜，从本地实际情况出发，确定自己省、市、地区要达到的比例。在一个省范围内各个地区、市、县之间也可以有所不同。要把这个权力下放到各级地方政府，中央只是提出总的要求。"[①] 中央政府对于"职普比大体相当"的目标判断，是以地区为单位，而不是笼统地以省（区、市）为单位，更不应该理解为各个地区级市或者县也实现"职普比一比一"这个目标。中央确立这个发展目标的目的，其实是要提高职业技术教育的参与率，让高中阶段的学生有更多人能够接受职业技术教育。

1991 年，全国高中阶段职业技术学校（包括中等师范学校在内）招生数占整个高中阶段招生总数的比重已经从 1980 年的 21%，上升到 1990 年的 48%[②]。李铁映在 1991 年全国职业技术教育工作会议上讲话时重申，发展职业技术教育的原则是继续依靠和鼓励部门、行业、企事业单位办学；要支持中专学校深化改革，办出特色，办出水平，发挥它们在同行业中等职业技术教育中的骨干作用；技工

---

① 教育改革重要文献选编. 北京：人民教育出版社，1986：326.
② 国家教育委员会政策法规司. 十一届三中全会以来重要教育文献选编. 北京：教育科学出版社，1992：464.

第七章　改革开放时期大规模发展职业教育与成人教育

学校担负着培养中级技术工人的重任，要采取措施加强技工学校的建设，扩大培养技术工人的规模；各地各部门应继续积极扶持职业高中，要调整职业高中的专业结构，使之更加符合本地区、本系统的实际需要；同时，要逐步试办培养技艺性强的高级操作人员的高等职业学校；在普通教育的适当阶段，要因地制宜地引进职业技术教育因素，培养学生从小热爱劳动、热爱科学技术的精神；"把办职业技术教育作为企业建设的重要组成部分"。何东昌1991年1月在全国职业技术教育工作会议闭幕式上提出，在基础教育的适当阶段，要"渗透"并"适当引进"职业技术教育的元素，不仅培养劳动的观念，还要训练劳动的能力。

自1985年以来，安徽省合肥市的发展经验显示，教育部门与劳动部门紧密配合是发展城市职业教育的有效机制。发展职业教育需要调动各方面的积极性，尤其是发挥企事业单位的作用。实践证明，联合办学是发展职业教育的有效措施。合肥市技工学校基本由企业自办，但是多数职业高中脱胎于普通高中，基础比较薄弱。自1985年以来，合肥市一直坚持联合办学。按照国家教委、劳动部关于"实行厂校合作培训制"的要求，有些城市在厂校"联合办学"的基础上，逐步向"企校合作"方向过渡。教育部门所办的职业高中基本上都有联办单位。与职业高中开展联合办学的机构包括行业主管局和公司，也有工厂之类的基层单位和事业单位。电子、机械、纺织等职业学校，成立有"厂校合作培训委员会"，企校双方通过协议形式，明确规定各方的权利和义务以及所应承担的任务和责任[①]。

孟广平等人认为，我国从改革发展中总结的主要经验就是，职业技术教育的管理体制必须是行业（条条）与地方（块块）相结合，

---

① 安徽省合肥市人民政府. 教育、劳动部门紧密配合是发展城市职教的有效机制. 教育与职业，1991 (3).

统筹兼顾，调动两个积极性，以有利于提高教育质量和效益为原则[①]。我国发展职业技术教育的基本经验是由主管业务部门举办并管理，今后仍然要依靠业务部门，大力发展中等专业学校和技工学校。教育部门兴办的职业技术学校也必须有行业（企业）的积极参与才能办好。特别是广大中小企业的人才，主要依靠教育与企业业务部门合办的学校提供（德国称之为"双元制"）[②]。我国职业技术学校中的骨干是中等专业学校和技工学校。这两类学校主要由业务部门或大企业办学，由业务部门管理。除了中央各业务部委（包括中央部委直属企业）直接办学外，各省、市办的学校也大都是由省、市的业务厅、局办学或主管。由于市用人单位直接办学，能够紧密切合用人部门的需要，在业务指导和经费投入上容易得到业务部门的支持。其弊端是容易形成部门之间不协调，在人才需求上不能互通有无、统筹安排，造成同一地区不同部门重复设校或设专业，降低了办学效益和质量[③]。

（二）职业教育体系内部构成

中专学校、技工学校和职业高中是中等职业技术教育体系的一个层次的三个部分，既相互渗透，又有各自的特点。从领导体制上看，中等职业技术教育处于"部门所有、条块分割、多头领导"的状态，影响了整个地区综合效益的发挥。有观点认为，要明确经济业务主管部门在中等职业技术教育中的责任。在现有管理体制下，依靠经济业务主管部门，并加重其责任，是发展职业技术教育的关键措施。系统与行业之间可以交叉办学，彼此交换，取得各自所需的专业人才。如此，既能满足中小企业和乡镇企业的人才需求，改变分散办学的状况，又可以做到人才培养与使用之间衔接，还有利

[①] 孟广平，孙震瀚，闻友信.关于发展我国职业技术教育的基本经验的探讨.教育与职业，1991（2）.

[②][③] 同[①]20.

第七章　改革开放时期大规模发展职业教育与成人教育

于解决职业技术教育的师资、场地、设备和经费等问题，也为解决在职工人的岗位培训问题创造了条件。职业学校所有权不变，挂靠一个业务主管部门，由主管部门根据本系统的劳动力供需状况，对学校招生、培养和毕业生录用进行统筹规划[①]。

高等职业学校、一部分广播电视大学、高等专科学校的学生毕业之后，除小部分人继续深造外，大部分人要走上各种职业岗位，在各行各业生产第一线从事基层工作。所以，这类学校属于职业性的高等教育，定位于第一个层次，即"高等职业技术教育"这个层次。第二个层次是"中等职业技术教育"，就是招收初中毕业生的中专学校、技工学校和新兴的职业高中，以及相当于这个水平的各种类型的职业培训中心。第三个层次就是"初等职业技术教育"。从总体上来说，职业技术教育大体上可分为高等、中等和初等三个大的层次。中专学校在层次上具有特殊性——大部分中专学校招收初中毕业生，也有一部分招收高中毕业生。中专学校培养出来的毕业生，从社会主义经济建设的实际来看，是非常需要的。根据许多基层企业的反映，中专毕业生有他们的特点。他们一般工作比较踏实，对企业各种工作的适应性很强，能够较快地和企业的、基层的工人及其他工作人员打成一片，对生产和管理发挥了很大的作用，因此很受欢迎。而且在中专生中，通过实际工作的锻炼，也培养出了一批高级人才，有的当了高级工程师或企业的领导人。所以，中专这个层次是不可或缺的。不仅企业需要，就是科研单位和高等院校也需要有这个层次的人才来工作[②]。

顾明远认为，大力发展中等专业教育是发展职业技术教育的一个重要环节，应该把专业教育与职业技术教育分开考虑。其好处是可以更明确这两类学校的性质和任务，有利于明确各自的培养目标

---

① 毛临宙. 中等职业技术教育的现状与问题. 教育与职业，1990（3）.
② 教育改革重要文献选编. 北京：人民教育出版社，1986：330.

和要求,从而提高这两类学校的教育质量。既然中等专业学校是"介乎高中与大学之间的一种学校",那么在技术上它可以指导中等职业技术学校,而且可以为它们培养技术性师资。初级职业技术中学和职业高中主要培养半专业性的职工,许多技术课的师资可以由有实践经验的中专毕业生担任[①]。顾明远建议,首先要对中等专业学校的学生和毕业生采取优惠的政策,才可以扭转当时许多中学生不愿上中专,都奔向大学的现象。应该适当提高中等专业学校毕业生的起点工资,以吸引青年人投考中专。其次是加强中等专业学校与企业的联系,中专是为企业培养干部,企业有责任关心中专,中专只有和企业联系,才能解决教育与生产劳动相结合的问题,才能培养出企业所需要的中等专业干部。最后是改进管理体制。中专一定要面向社会,才有生命力。以往中专大多由专业主管部门办学和管理,由地方办的比较少。随着地方企业尤其是城镇企业的发展,它们也会对中级技术人才产生需求,因此各个地方教育部门应该和企业管理部门共同规划,联合办学,这就需要改进管理体制。职业技术教育具体的全面管理任务,应该明确由各级地方政府统一负责,使职业技术学校都能面向社会,使人才培养和企业需要相适应[②]。

(三) 职业高中办学多样化

1991年1月,李铁映在全国职业技术教育工作会议上讲话时指出:在中等教育结构改革中涌现的9 000所职业中学,其在校生数已经占中等职业技术学校在校生数的一半,成为中等职业技术教育的一支生力军。职业高中的办学形式主要有四种:一是联合办学。教育部门与业务部门、企事业单位和乡镇联合举办职业高中。这类学校已占职业学校总数的70%以上,成为一种较为普遍的办学形式。

[①②] 顾明远. 区分职业教育与技术教育异同,推动中专教育发展. 中国高等教育,1986(11).

第七章　改革开放时期大规模发展职业教育与成人教育

联合办学有利于发挥双方优势，具有投资少、见效快、条件好的特点。二是教育部门自办。一般是由普通中学改造而成，或者在普通中学附设职业班。这类由教育部门自办的职业高中人数占职业学校总人数的20%左右。这些学校开设的专业口径较宽，适应性强，能较好地满足社会需求。三是企事业单位办学。这些单位自办职业高中，针对性强，培训与就业实行一体化，办学经费比较充足，可以提供实习场地和生产设备，专业师资力量雄厚，潜力比较大。部分学校已成为本单位或本部门的职业技术教育和岗位培训的中心。四是委托代培。用人单位需要某种专业人才，但不具备办学条件，学校接受委托代为培养。用人单位根据所需人才的质量要求，对学生进行文化、专业教学。这类学校具有学制灵活、长短结合的特点[1]。

1985年，全国农业中学和职业中学共有2 655所。1986年陡增到8 187所，比上年增加了2倍多，增加的职业中学有不少是由普通中学改办的。以北京市为例，北京市从20世纪80年代开始办职业高中。1988年，北京市有200多所职业高中，在校生近5万人，覆盖200个专业（主要属于第三产业），有77%的学校设置了幼教、外事服务、财会、烹饪、服装、电子等11个专业。由于职业高中是由普通高中改办的学校，截至1988年还有相当大部分的学校既有普通高中，又有职业高中，加上不少初中班。"重普教、轻职教"的传统观念和习惯势力普遍存在[2]。

职业高中在办学中会出现一些问题。比如，教育行政部门（特别是市、县一级）过去只管普通教育，因此对职业教育不太熟悉，对其含义不太明白，有不少人带着普通教育的观点来看待和管理职业教育。这种观念反映在对职业中学质量的认识上便是：职业高中文化课应相当于普通高中。因此，不少职业高中按照普通高中教学

---

[1] 毛临宙. 中等职业技术教育的现状与问题. 教育与职业，1990（3）.
[2] 宋广陵. 要重视职业高中教育前进中的问题. 教育与职业，1988（6）.

计划，或减去物理和化学，或减去历史和地理，增加专业课，在文化课方面向普通高中看齐①。后来在1986—1988年，人们对职业高中的质量观发生了变化，大家认为职业高中的文化课应该为专业课服务，开始重视专业技能的培养（却相对忽视了对学生思想素质和职业道德的培养），于是推动了各地建设实验室、学习工场、农场。

直到1988年之后，人们才对职业高中的质量有了较为全面的理解。有观点认为，"职业教育是针对取得某种社会职业资格的教育"（人只有通过这种教育，才可以取得进入某职业领域进行工作的资格）。对职业教育持此观点的人认为，只有真正具备一种综合的职业能力（包括思想品德、职业道德，以及与该职业有关的知识、能力、技术、技能和技巧等）的人，才具备这种"职业资格"。按照这种观点，那些脱离专业要求，盲目追求专业知识和技能的做法与这种取得"职业资格"的要求是不相适应的。所以，要评价职业中学的质量，就应该以学生是否取得这种"职业资格"来衡量。取得这种"职业资格"是达到质量的最为基本的要求。从上述"职业资格"的内涵看，人的思想素质与其专业知识和技能以及职业经验等是一个不可分割的整体。忽视任何一个方面都必然导致质量问题②。

有研究认为，职业中学的办学形式不能"一刀切"，必须采取多种办学形式，才能解决办学中的各种实际问题。比如，1987年辽宁省全省共有职业高中600多所，其中教育部门举办的有280所，其他部门举办的有323所，教育部门与其他部门联合举办的有55所，同时还在不断扩大企事业单位兴办职业中学的比例。此外，有些地方还积极开展产教结合、企校合一以及"双元制"试验③。从1988年起，国家教委在全国六个城市开展"双元制"试点。这些地方都强调市政府对试点工作的统筹和领导。1989年10月，在"中国—联邦

---

①② 章锡炎. 对职业高中质量的认识：兼谈学习《再呼吁为职业教育正名定位》一文的体会. 教育与职业，1989（12）.

③ 纪芝信. 社会主义初级阶段职业中学教育的特征. 教育与职业，1990（2）.

第七章　改革开放时期大规模发展职业教育与成人教育

德国'双元制'职业教育研讨会"上，王明达指出，目前我国职业技术教育中，实践技能训练薄弱和质量意识不强的状况必须尽快改变；要特别重视企业在发展职业教育中的作用。他认为，德国双元制职业教育的特点就是"企校结合，以企业为主"，"一定要认识到培养高素质技术工人，企业应该承担责任"；此外要加强教学过程管理，建设高水平师资队伍，建立岗位证书，对达到技术等级的工人要有相应的待遇[①]。李铁映在研讨会闭幕式上指出，发展职业技术教育，不能只靠教育部门，必须充分发挥企业的作用；在搞好文化、技术教育的同时，还必须加强对学生的思想政治教育和职业道德的培养[②]。

1989年，杨金土指出，我国有80%人口在农村，地域广阔，各地区差异很大，宏观上要采取分类指导的方针，在学习联邦德国双元制经验时，各地、各单位都可以有不同的具体做法，不强求一致。他认为，在校企合作过程中，以企业为主，这是联邦德国"双元制"的核心。所以，增强企业办学的责任心，由企业办学，实现校企密切合作，这是在我国做好"双元制"试点的重要前提[③]。20世纪80年代，企业办学的责任心和积极性还有待发挥。为此，杨金土建议，有关部门能够对企业办学在经费上给予适当的政策优惠，以此增强企业办学的内在动力，实现校企密切合作。当时，技工学校理论教学和实践性教学之比一般为1∶1。我国多数技工学校和职业中学实习场地不足，设备陈旧，难以满足学生实训要求。为此，需要加速建设校内、校外的实习车间或实习工厂。

（四）职业教育收费政策

1991年7月20日，国家教委、国家物价局、财政部、劳动部发

---

① 金益. 王明达同志谈学习联邦德国职业教育的经验进一步改革和发展我国的职业教育. 教育与职业，1989（12）.
② 辛振铠. 李铁映同志谈职业技术教育. 教育与职业，1989（12）.
③ 新翌. 杨金土同志谈学习"双元制"职业教育模式的基本思路. 教育与职业，1989（12）.

布了《中等职业技术学校收取学费的暂行规定》，其中指出：中等职业技术教育属非义务教育，自1991学年起，对中等专业学校（不含中师）、技工学校和职业高中新入学的学生适当收取学费。1990学年及以前入学的学生仍执行原规定。这三类学校的学费标准的制定原则是：第一，高于普通高中学费标准，其中中等专业学校的学费标准要低于同类普通高等院校的学杂费，职业高中和技工学校的学费标准要低于同类中等专业学校的学费。第二，培养费用较高或报考人数较多的热门专业（工种），其学费标准可以适当高一些。第三，工作条件艰苦或国家重点扶持的专业，如为农牧业服务的专业等，可以免收或减收学费[1]。可见，普通高中的学费最低，这实际上不利于吸引学生去接受中等职业技术教育。

1991年10月17日，《国务院关于大力发展职业技术教育的决定》提出，在普通教育中积极开展职业指导，因地制宜地在适当阶段引进职业技术教育元素，鼓励以多种方式发展初中阶段职业技术教育。比如，对城市高三学生进行分流，对一部分人进行定向性的或预备性的职业技术教育；在农村，根据各地的具体情况，采取"三加一"（三年初中教育再加一年职业技术教育）、初三分流、四年制渗透职业技术教育内容或开办职业初中等措施。当时还提出要稳定中专教育的规模，深化中专教育的改革，把中专教育办出特色，提高中专教育的质量，积极发挥中专学校在同类职业技术教育中的骨干作用。加强技工学校和职业中学建设，改善办学条件，提高教学质量。积极推进现有职业大学的改革，办好一批培养技艺性强的高级操作人员的高等职业学校。发展职业技术教育主要责任在地方，关键在市、县[2]。

---

[1] 何东昌. 中华人民共和国重要教育文献（1991—1997）. 海口：海南出版社，1998：3183.

[2] 国家教育委员会政策法规司. 十一届三中全会以来重要教育文献选编. 北京：教育科学出版社，1992：516.

第七章　改革开放时期大规模发展职业教育与成人教育

中专学校和职业中学，都要收取学费，而且学费高于普通高中。高等学校毕业生的就业也逐渐从城市的政府机关和全民所有制企事业单位向农村、基层、中小企业和乡镇企业转变。在这种情况下，中专毕业生也沿着这种就业流动方向转变。学历高的毕业生，在就业过程中要享受更好的待遇。初中成绩好的学生就会在中专教育和大学教育中做出选择，加上中专教育开始收取学费，这部分学生便流向普通高中。所以，《国务院关于大力发展职业技术教育的决定》提出，要制定"稳定中专"的政策，要积极发挥"中专学校在同类职业技术教育中的骨干作用"。

（五）农村职业教育

农民教育因"文化大革命"而长期停顿。新中国成立至1981年，全国共扫除文盲1.3亿人，农村少青壮年文盲比例由新中国成立初期的80%以上减少到25%左右[①]。20世纪80年代中期，随着农村经济改革深入发展，农村社会主义建设需要更多专业技术人才和管理人才。1986年，农村这方面人才严重缺乏。当时全国共有366所农业中专，这些农业中专拥有专任教师1.6万人，教职工4.3万人，设有专业80多个。它们的仪器设备、图书资料都比较齐全，办学经验比较丰富。这些农业中专是一支为农村培养中级技术人才的重要力量。全国的农业中专在校生数每年平均约300人，教职工与学生之比为1∶2.4，专任教师与学生之比为1∶7。一方面，农村急需人才，国家投入大量资金去改办农村职业中学；另一方面，农业中专还有很大发展潜力。

20世纪80年代中期，乡镇企业迅速发展，既对农村职业教育提出了人才需求，也为职业教育发展创造了良好的条件。乡镇企业参

---

① 《中国教育年鉴》编辑部．中国教育年鉴（1949—1981）．北京：中国大百科全书出版社，1984：596.

与地方教育部门办学,加快了农村职业技术教育发展的步伐。以江苏省为例,"六五"期间,江苏省职业中学招生数每年递增1万多人,在校生递增近3万人,主要原因是越来越多的乡镇企业参与办学,使职业学校增加了活力,办学条件也得到较大改善。江苏省某些县有60%~70%的职业班是由乡镇企业参与办学的。1985年,苏州市有六个县(市),共有99个部门(单位)和乡镇办学或参与办学,共办了189个班,占职业班总数的38.3%。某些乡镇还制定了有利于职业教育发展的政策和措施。比如,规定凡本乡初中毕业生考入职业中学读书者,每人每月由乡补助5~10元生活费,毕业后在本乡企业就业者,工资比社招进来的工人高两级[1]。总之,乡镇企业的发展对职业教育具有十分明显的促进作用。

1985年5月27日发布的《中共中央关于教育体制改革的决定》[2]指出,"发展职业技术教育要以中等职业技术教育为重点,发挥中等专业学校的骨干作用"。当时农业中专实行的是统包统配制度,学生毕业后纳入干部编制,由本部门统一分配到所属的机关和事业单位。这种制度使受过中等专业教育的人无法回到生产第一线,这不仅影响农村各行业生产技术的提高,而且严重影响农业中专自身的发展,比如招生减少、办学条件不能改善等。这是导致农业中专潜力不能充分发挥的最重要原因[3]。当时农业中专由农业部门管理,经费由农业部门的事业费支出。若毕业生被分配到部门以外的单位,就出现了谁出办学经费的问题。王明达建议,农村各部门对人才的需求一般由地方统筹规划,地方所需人才可通过由地方和部门联合办学的方式来培养,地方按所培养的学生数量承担相应的经

---

[1] 张小林.乡镇企业对职业教育的促进作用.教育与职业,1987(2).
[2] 1985年《中共中央关于教育体制改革的决定》没有涉及成人教育,这并非意味着成人教育不重要,而是意味着成人教育需要认真研究后才能做出决定,这也许说明了成人教育需要另一种不同的发展思路。
[3] 王明达.积极推进农业中专教育的改革.中国高教研究,1986(7).

第七章　改革开放时期大规模发展职业教育与成人教育

费。联合办学各方应保证学校经费的稳定来源，经费应与学校的招生任务挂钩。联合办学可不改变学校的隶属关系，但应明确各方责任。除了联合办学外，也可以在原有体制下，接受乡镇企业的委托培养或向有关用人单位收取培养费。无论采取什么形式办学，入学标准都必须按教育行政部门的规定执行[①]。在调整、增设专业时，王明达建议，必须加强地区统一规划。规划专业设置的地域范围不能太小，否则所需人才会很快饱和。为了提高效益，一般情况下应以地市作为规划的范围，需求较少的专业还应在更大范围内规划。

1987年党的第十三次全国代表大会提出，农业的稳定增长和农村产业结构的改善，是整个国家国民经济长期稳定发展的基础。我国农村还处在开发时期，许多资源还没有得到合理利用，潜力很大，农林牧副渔各业和乡镇企业的发展前景都十分广阔。要实现国民经济的商品化，生产的专业化、社会化、现代化，关键在于农村。要开发农村，主要是依靠掌握现代科学技术的人才。因此，在农村除了大力发展职业技术学校外，还必须把普通教育的改革提到重要的议事日程，使普通教育与职业技术教育、成人继续教育有机地结合起来[②]。

1986年，全国农村参加扫盲班学习的人数近544万，参加各类技术学习的人数达4 180多万，比1985年增加了两倍多。全国由教育、农业等部门举办的县级各类农民中等专业学校、农民技术学校、农机化学校以及农村干部和技术人员培训学校3 600多所。农村成人教育进入了以技术教育为重点，以相应的文化教育为基础的新阶段。1980—1988年，农民中等技术培训为农村培训了1 710多万青壮年农民，为我国农村经济发展和贫困地区的脱贫致富做出了重要贡献[③]。以山东省为例，20世纪80年代中期山东省初步形成了以农村

---

① 王明达. 积极推进农业中专教育的改革. 中国高教研究，1986 (7).
② 周玉良. 略论普通教育与职业技术教育相结合. 教育与职业，1988 (2).
③ 中华人民共和国国家教育委员会计划建设司. 中国教育统计年鉴 (1988). 北京：北京工业大学出版社，1989：5.

职业中专、职业中学为中心的县、乡镇、村三级职业技术教育网络。截至1987年年底，全省有农村职业中专、职业中学共385所，在校生17.95万人，已有六届毕业生共计11万多人，大多成为专业户、重点户、科技示范户和经济联合体带头人。乡镇农民文化技术学校（或成人教育中心）1 745处，占乡镇总数的70%，村办农民文化技术学校超3.6万处，占行政村总数的41%[①]。

县以下农村职业技术教育办学面大，涉及范围广，有党政部门办学，教育部门办学，有关系统办学，厂矿企业办学，乡镇办学，教育部门与其他部门、企业、乡镇联合办学以及私人办学等多种形式。以平度县为例，平度县是一个有110多万农业人口的大县，1979年开始改革中等教育结构。由有关部门组成办学委员会，实行联合办学。过去由于条块分割（如教育部门、职业教育办公室、农业局、科协、妇联、民兵、共青团、党校等），各自办学，缺乏统一领导，在人才培养上易发生专业重复，培育与需要失调的现象。为改变这种办学局面，平度县进行了职业技术教育管理体制改革等尝试。该县成立职教管理委员会，把参与乡镇成人教育的科协、妇联、共青团等系统安排的内容，统一纳入乡镇职教管理委员会的领导下，使职前教育和职后教育有机结合起来。县职教中心的中级教育，主要为县属企业和乡镇企业培训急需的中级技术人才，同时对中级职业学校的布局和专业设置做统筹安排。在县职教管理委员会统一领导下，该县统筹的人民教育基金连续向中等职业技术教育投资500多万元，重点建设的第一所农业技术中学达到中专标准，经省教育厅批准改为职业中专。这所学校通过编写教学资料、制订教学计划、代培教师、组织教研等活动，在全县职业技术教育中发挥了骨干和示范作用[②]。

[①②] 董操．一个亟待解决的重要问题：关于山东县以下职业技术教育管理体制的调查．教育与职业，1988（6）．

第七章　改革开放时期大规模发展职业教育与成人教育

以湖南省为例。1990年有研究显示,湖南省全省有各类中等职业技术学校678所,其中农村职业学校322所,农民中专46所,在校生9万多人,占农村高中阶段在校生的37%,与1985年相比,学校数量和在校生数量都增加了一倍多;还有3 200多个乡镇和2.8万个村庄举办了农民文化技术学校或农科教中心。湖南省政府在发展职业教育时强调,教育部门负有义不容辞的责任,不仅本部门要办,而且要支持其他部门办职业技术教育,但是办学的担子主要应由业务主管部门来挑。其他部门举办职业技术学校,比教育部门有更多有利条件。比如,一些现成的基地可以利用,专业课师资可以从本部门技术人员中调剂,实习场地和设备也比较容易解决,专业设置、招生计划、教学内容的安排更能够切合实际。

1987年,湖南省政府明确划分了在当地政府统筹下各部门的办学职责。截至1990年,全省业务部门单独或联合举办的中等职业技术学校有175所,占全省职业高中总数的46%;这些中等职业技术学校的招生数加上与教育部门联合办班的招生数,占全省职业高中招生总数的75%。各业务部门不但积极创办职业技术学校,而且切实担负起办学责任(投入办学资金)。一些原来由教育部门主办的农业职业学校,也逐步转变为以农业部门为主办学[1]。在业务主管部门兴办职业技术教育的过程中,教育部门给予大力支持。除了参与联合办学外,其他部门每办一所职业学校,省教委将给予相应的开办经费支持;文化课师资由业务部门自行解决的,当地教育部门按本部门职业技术学校的标准,拨给师资补助费;其他部门利用教育部门所属的职业高中办学的,教育部门继续提供原有师资、设备和普通教育经费。同时在学校管理、教学业务、教材编写、师资培训、招生等方面给予指导和帮助[2]。

湖南省农业中专自1983年起进行招生分配制度改革,面向农村

---

[1][2]　王向天. 处理好三个方面的关系,促进农村教育的改革. 教育与职业, 1990 (2).

招收了不包分配班，着力于培养基层农技人员和农技骨干。但是1992年有研究指出，这种制度开始受到一些因素的影响。虽然中央部委和省内有关厅局发布文件，提出了一系列不包分配学员在校和回乡村后的优惠政策，但是在基层基本上得不到落实。不包分配的毕业生普遍处于就业难、创业无条件、科技服务无门路、加入基层农技队伍无指标的状态。因此，要继续推进这种制度，必须制定和落实一系列配套措施和政策[①]。

三、职业教育在市场化经济体制下适应发展

从1978年党的十一届三中全会开始，我国经济体制改革进入新阶段。中国农业全面复苏，乡镇企业、民营企业和三资企业等非国有经济迅猛崛起。但是，这种改革策略没能从根本上触动传统体制最核心的部分，我国国民经济的主导力量——国有经济存在的问题一直没有得到解决。绝大多数国有企业一方面没有自主权，另一方面没有硬约束，内部机制僵化，财政负担沉重，国有资产和骨干人才大量流失，与欣欣向荣的非国有企业形成鲜明对照。江泽民在1992年党的十四大报告中指出，转换国有企业特别是大中型企业的经营机制，把企业推向市场，增强其活力，提高其素质，是建立社会主义市场经济的中心环节。1993年党的十四届三中全会的召开，为从根本上解决国有企业的问题，在国有企业建立符合市场经济要求的现代企业制度铺平了道路，国家开始对国有企业改革采取大动作。

（一）职业教育适应企业经营机制转换

20世纪80年代，劳动部门运用手中的权力与隶属于教育部门的

---

① 严德荣. 农业中专不包分配制度需要配套政策. 教育与职业，1992（4）.

第七章　改革开放时期大规模发展职业教育与成人教育

学校相结合,使我国职业高中异军突起。但是进入20世纪90年代后,现行管理体制的弊端对职业教育发展产生的消极作用越来越明显。尤其是国务院发布了《全民所有制工业企业转换经营机制条例》后,在经营机制改革的进程中,原有的职教管理体制更加不适应。比如,根据该条例,企业将成为自主经营、自负盈亏、自我约束、自我发展的商品生产和经营单位,成为独立享有民事权利和民事义务的企业法人。劳动部门就不能再像之前那样用行政办法干预企业办学或接受职业学校毕业生就业。在企业招工方面,也不再需要招工计划指标;学生毕业时的就业取向也取决于劳动力市场需求,而不是招工计划指标。就连技工学校毕业生也要走向劳动力市场竞争就业,劳动部门继续管理技工学校的教育行政和教学工作失去特定意义。在过去高度集中统一的计划经济体制下执行的劳动力统包统配制度在企业经营机制转换的过程中将被废止。这就需要尽快逐步完善人才市场,以便为各级各类职业学校毕业生求职和企业招工提供竞争平台,而搭建和维护这种劳动力市场和人才市场,应该成为劳动部门的主要业务。这种管理体制改革,不仅仅是部分管理权限的转移和界定,其本质是政府职能的转变,以适应转换工业企业经营机制和建立市场经济的需要。这种改革涉及重新划分教育部门和劳动部门在职业技术教育管理上的权限和责任[1]。

通常市场取向的经济体制改革必然强化经济增长对劳动力质量的依赖,提高市场对知识、技能、人才,包括高级、中级熟练劳动力的需求。但是,从我国实际看,却出现了相反的局面。教育培训与经济发展的矛盾变得尖锐,职业教育出现了相当幅度的滑坡[2]。具体表现为:职业教育经费困难,生源困难,学生毕业分配困难,受训人员学习热情下降,师资队伍不稳,流失率上升,教学管理松懈,

---

[1] 杨洁清.呼吁重新界定教育与劳动部门对职教的管理职责.教育与职业,1993(2).
[2] 陈宇.我国职业教育面临的十大变化.教育与职业,1994(4).

教学质量下降，培训装备更新速度降低，许多职业教育机构被迫偏离主业甚至不得不停办等。从总体上看，出现这种不正常局面的主要原因是，我国传统的职业教育体制没有能够根据经济体制的变革做出相应变化，它与新的经济体制和经济发展发生了严重冲突。处于双轨过渡阶段的企业等经济部门出现了更多短期行为，使得职业教育的困境更是雪上加霜[1]。

在经济体制改革的大趋势下，职业教育体系也逐渐从以行政指令为导向，转变为以市场需求为导向。政府不再直接组织和实施职业教育的具体工作，不再直接管理职业教育机构（包括学校和企业）。同时，政府还将通过财政、税收、审计、评估等手段引导职业教育发展的方向。预测指导性计划和全面信息服务将取代传统的指令性计划和具体管理。然而，由于分散在全国各个局部区域的每个培训机构视野有限、信息不全，难以了解全国劳动力市场的中长期变动趋势和全局发展的要求，所以，由政府提供的全面信息服务和方向性指导对各个职业教育机构具有极其重大的影响关系[2]。政府在社会主义市场经济体制下发挥的重要作用绝不亚于计划经济体制时期，只是发挥作用的方式发生了根本性变化。

社会主义市场经济条件下的职业培训被看作人力资本的生产性投资收益活动，它要求包括人力资源本身和人力资源开发机构双方的产权都要清晰。职业教育体制改革的一个基本出发点就是尊重劳动者对自身劳动力的所有权，这是建设劳动力市场的核心，也是形成劳动力供给主体的关键。职业教育投资也不要求从政府统包转为贯彻"谁受益、谁投资"的原则，而是由国家、企业、个人共同负担，以便从根本上解决职业培训投入不足的问题[3]。职业教育机构作为人力资源开发机构，清晰其产权主要是为了解决这些机构的运行效率低下问题。各级职业教育机构将具有独立法人地位，享有法人

---

[1][2][3] 陈宇. 我国职业教育面临的十大变化. 教育与职业，1994（4）.

第七章 改革开放时期大规模发展职业教育与成人教育

财产权、民事权利，并承担民事责任等。20世纪90年代中期，职业教育机构由于管理部门不同，隶属关系不同，政出多门，矛盾重重，内耗不断。各级行政管理部门都把各自领导的职业教育机构看作自己的附属物。在废除了行政约束控制体制后，职业教育机构无论在管理上，还是在利益上都将与行政体系完全脱钩，各综合部门和产业部门的行政控制权会大大削弱，这将有利于社会化综合服务管理系统的建立和各类职业教育机构之间的协调和发展。职业资格证书是连接职业教育与生产经济活动的主要纽带，是政府对劳动力质量和劳动力产权进行认证和监控的主要工具，对劳动者个人增强就业竞争能力、增加就业选择机会等具有重要意义[1]。

以保定市变压器厂为例，该企业是河北省机电行业和全国变压器行业中率先实行"全员劳动合同制、岗位技能工资制、劳动保险制度改革"（简称"三项制度"改革）的试点单位。开展"三项制度"改革要对职工进行"劳效评价"，这是对职工技术水平、劳动态度、所做贡献的综合考核，是实行岗位技能工资、择优上岗的重要依据。实施这种评价，就需要对职工进行四个方面的考核或考试，包括上岗资格的考核、技能水平考试（含应知应会）、劳动实绩考核、岗位必备知识考试。不合格者不能兑现岗位技能工资。该厂教育处抓住契机，根据要求普及的知识编写教材，抓职工培训和考试，及时完成了对全厂职工的培训考核工作，促进了企业经营机制转换工作的顺利进行。同时还根据企业生产的需要，办相应的培训班，以解决生产中的难题，有针对性地为生产服务。劳动管理方式的变革也促使职工教育向深层次发展，许多工人认识到市场竞争也是人才竞争，必须脚踏实地学好技术[2]。

---

[1] 陈宇.我国职业教育面临的十大变化.教育与职业，1994（4）.
[2] 王勉.国营企业职工教育怎样促进企业转换经营机制.教育与职业，1993（5）.

（二）重点中专教育发挥示范作用

1993年，国家教委提出，由于职业学校发展不平衡，各校之间差距较大，受人力物力财力限制，国家不可能一下子把所有学校都办好，所以要加强骨干学校建设。国家教委通过评估省级重点职业学校建设，调动地方为职业学校基本建设投资的积极性。为此，国家教委制定了国家级重点学校标准。1993年，国家教委职教司副司长王文湛指出，《中国教育改革和发展纲要》提出的积极发展职业技术教育，是指要挖掘现有各类职业学校的潜力，扩大招生，扩大服务对象，为多种所有制经济服务。目前职业学校的潜力很大，效益不高，主要是规模小，质量难以保证。全国职业高中在校生平均350人，技校为320人，中专为570人。而且这些职业学校对短期培训重视不够，企业职工富余人员多，素质不高，工人中高级工仅占2%，初级工占60%。这些职业学校还是以国家举办为主。他指出，今后国家只办一些骨干学校、重点学校和示范性学校。大多数职业学校要由企业、社会和私人来举办，特别要发挥企业在职业教育上的优势，企业是用人单位，对用人规格以及师资和实习方面都有条件。今后要把举办职业教育的担子压在企业身上，但是目前的困难是还没有找到很好的机制来调动企业举办职业教育的积极性。要对积极举办职业教育的企业给予优惠政策，调动其积极性。关于就业问题，今后不再搞统一分配，毕业生直接进入劳务市场。技工学校从当年起不再下指标，不再包分配。中专学校当年招生要扩大合同生、委培生、自费生和其他不包分配的比例。各类职业学校毕业生不能只面向全民所有制，要面向集体、个体，特别是打通人才通往农村的渠道。他提出，职业学校要利用贷款，办好校办产业，其中一类校办产业是育人需要，另一类是创收比较高的，要把二者结合起来[1]。

---

[1] 郑理. 王文湛谈学习《纲要》和职教的改革与建议. 教育与职业，1993 (5).

第七章 改革开放时期大规模发展职业教育与成人教育

1993年11月,在全国普通中等专业教育改革与发展工作会议上,与会代表提出,中专教育改革必须坚持从各地、各行业的实际出发,按照因地制宜、分区规划、分类指导、分布推行的原则,加强国家宏观调控机制,扩大地方政府对中专教育的统筹权和决策权。发展中专教育要走内涵发展的路子,推动部门和地方结合,使现有中专学校达到合理有效的规模,进一步发挥老中专的办学潜力,提高整体效益。虽然当时现有职工大学、职业大学和大专院校都有很强的职业性,但尚不够规范,职业教育特色还不突出。所以发展高等职业教育除了这些机构外,还可以利用有条件的中专,试办招收初中毕业生的学制五年的高职班。

(三) 职工教育在困境中寻找出路

职工教育实质上也是一种职业教育,即就业后培训。在实际工作中,职业技术教育迅速广泛地向成人教育、职工教育领域拓展,这是国民经济、社会发展和科技进步的必然要求。有观点提出,应该把社会上的职业技术教育和企业职工教育中的职业技术教育统一起来,建立一个完整的职业技术教育体系,促进这两种教育的改革和发展[1]。从这种观点来看,20世纪80年代中期我国职业技术教育有两种基本形式:一是有系统的学校教育,比如全日制中专、技校、职业中学、函授大学、广播电视大学等;一是职业技术培训,一般是短期的、专业针对性更强的教育,比如劳动服务公司就业训练中心、企业的继续教育中心和其他类型的培训班等。各种不同的职业技术学校和培训中心,在培养或强化职业能力这一共同目标下,各自承担不同的任务,互相促进,互为补充。1987年各企业开展的岗位职务培训、技术等级培训、班组长培训等,更是职业技术教育中提高训练的典型形式。还有电大、职工大学、函授大学、夜大学这

---

[1] 费重阳.关于职业技术教育和职工教育相互关系问题的再研究.教育与职业,1987(6).

类专科大学，其办学目的也都是提高广大职工的职业适应能力或职业转换能力，适应生产和工作发展的需要[①]。

随着经营机制的转换，企业主要以提高生产效益为目的。在企业机构改革中，首先受到冲击的是职工教育部门。据有关资料，企业职工教育师资队伍出现的问题主要包括教师数量不足，在机构改革中，部分企业合并了职工教育机构，把职工教育的教师作为精减对象。当时企业职工教育师资队伍中，大部分教师只能胜任普通教育，技能教师严重短缺，制约了职工学员实际技能水平的提高，影响了职工教育的教学质量。据北京市1993年年底的一项调查，北京市工业系统原设专职教育机构的有577家企业，其中352家企业在机构调整中被合并（占比约61%），83个企业撤销了专职部门和职工教育的职能（占比约14.4%），只有142家企业仍保留了教育职能部门（占比约24.6%），专职教育干部平均不足1人。某行业所属102个企业中，有93个企业撤销合并了教育部门，只有9个企业设立了教育部门。某市在企业改革中，45%的企业撤销了教育部门，47%的企业合并了教育部门，只有8%的企业保留了教育部门[②]。

在各部门贯彻《全民所有制工业企业转换经营机制条例》的过程中，有些行业、部委机构改革频繁，大量压缩人员和编制，撤销合并职工教育机构，政策制定又不及时，致使职工教育缺少重大举措，宏观指导也不够。比如，在建立现代企业制度试点过程中，由于有关部门对剥离非生产经营职能范围提法不准确，没有明确说明与生产紧密联系的职业培训、职工培训不属于剥离范围，导致出现了部分试点企业不加区别地将技工学校、职工学校像企业办幼儿园、食堂、医院一样，从企业生产经营活动中剥离出去了。有观点认为，职工教育是一项系统工作，不是哪一家企业能够独立完成的，需要

[①] 费重阳. 关于职业技术教育和职工教育相互关系问题的再研究. 教育与职业，1987（6）.
[②] 张永麟. 当前企业职工教育存在的问题及对策. 教育与职业，1995（1）.

第七章　改革开放时期大规模发展职业教育与成人教育

中央部委相互协调。开展职工教育既是企业行为也是国家的责任，在建立现代企业制度试点过程中，要对职工培训、职工素质提出明确要求。同时加速建立与学历证书并行的职业资格证书制度，按照国家职业分类、标准对从业人员进行职业技能鉴定，确定技术等级资格，并以此作为求职、任职、个人开办经营业务和单位录用的主要依据，为企业创造有利于提高职工素质的大环境[①]。

同期，职工教育也面临生源危机。社会主义市场经济体制的建立，使得经济效益成为多数企业追逐的主要目标。国家及有关部门对职工教育不再提具体要求，一些企业认为既然国家没有要求，企业有自主权就可不抓职工教育工作，只顾眼前利益，重物轻人，忽视了职工教育。企业的这种短期行为造成了职工教育的短期行为。企业单纯追求经济效益，不愿意为短期难以见效的职工教育投资，职工教育不可避免地受到冷落，生源得不到保障，致使职工教育面临发展危机。与此同时，一些开展职工教育的部门以文凭、岗位证书、资格证书、等级证书为诱饵，吸引企业和学员参加职工教育，却忽视教学质量，由此在一定程度上使职工教育的社会声誉受损。另外一个因素也导致职工教育吸引力下降，那就是学员参加职工教育之后的经济收入与之前差别不大。

同期，国家对职业教育的投入也逐渐减少。1995 年，有观点认为，国家对普通教育的投入过大，而对职工教育、职业教育特别是技工培训的投入过小。企业自办基础教育、职业教育的教育税应该返还给企业使用，职工教育经费不够的应允许按照职工工资总额的 2%～3% 提取，或按企业销售总额的 1% 提取使用。1995 年有调查显示，近几年用于职工教育的经费不到位并逐年递减现象很普遍。一些大型企业认真开展职工培训，但 1.5%（这是 1981 年《中共中央、国务院关于加强职工教育工作的决定》中规定的经费提取比例）的职

[①] 张永麟. 当前企业职工教育存在的问题及对策. 教育与职业，1995（1）.

工教育经费远远不够。如果企业根据实际多提取职工教育经费，审计部门会认为超出国家规定要对企业进行罚款；而数十万中小企业无条件独立办学，职工教育专项经费被挪作他用。

1994年上半年，北京市工业系统企业用于职工教育的经费比国家规定提取数减少50%。北京市某行业80%的企业职工教育经费被压缩，经费下降严重影响了职业教育的正常开展[1]。部分企业将职工学校视为经营实体，将企业内部的经营承包制推行到技工学校、职工学校，将学校视为自负盈亏的经营实体，不仅要自负本单位教职工的一切开支，个别学校还要上缴企业部分资金。由此造成学校领导和教职工一心挣钱、无心从教。有研究建议，职工教育在发展了十多年之后，其发展速度和规模应该适当调整，减少或合并同类院校，集中优势力量重点办好基础条件比较好的职工学校，由此避免各院校在职工教育方面都"吃不饱"的现象，避免人、财、物及时间上的浪费。同时，职工教育部门也应该引进竞争机制，按照社会需求举办职工教育，注重教育和培训的实用性、速效性，比如与企业共同开展职工教育[2]。

四、成人高等学历教育的多样化规模发展

1977年8月8日，邓小平在科学和教育工作座谈会上关于"教育制度和教育质量问题"的一番谈话，为全国高中毕业生打开了进入大专院校接受高等教育的大门。"从高中毕业生中直接招考学生"，这句话彻底改变了之后学生的命运。要知道此前十年，上大学一直是通过"搞群众推荐"的方式实现的[3]。1978年，全国各地大学、专科学校在校生总共不足38万人。为了给更多热爱学习的人创造接

---

[1] 张永麟. 当前企业职工教育存在的问题及对策. 教育与职业，1995（1）.
[2] 许景文. 职工教育面临的困境与对策. 教育与职业，1993（10）.
[3] 邓小平. 邓小平文选：第2卷. 2版. 北京：人民出版社，1994：55.

第七章　改革开放时期大规模发展职业教育与成人教育

受高等教育的学习机会，邓小平提出了"教育还是要两条腿走路"的观点——"大专院校是一条腿，各种半工半读的和业余的大学是一条腿"①。从"文革"结束到20世纪80年代末，成人高等学历教育经历了快速发展期。1976—1981年，每年取得成人高等学历证书的毕业生数远超普通高校培养的全日制本科及专科毕业生数（见图7-2）。1990—1994年，普通学历毕业生数每年稳定在60万左右，1995—1999年该数字稳定在80多万。自学考试毕业生数变化情况与普通学历比较类似，虽然总数较少，但是比较稳定，而且总体上在增加。相比之下，成人学历毕业生数在这段时期存在少许波动（见表7-1）。

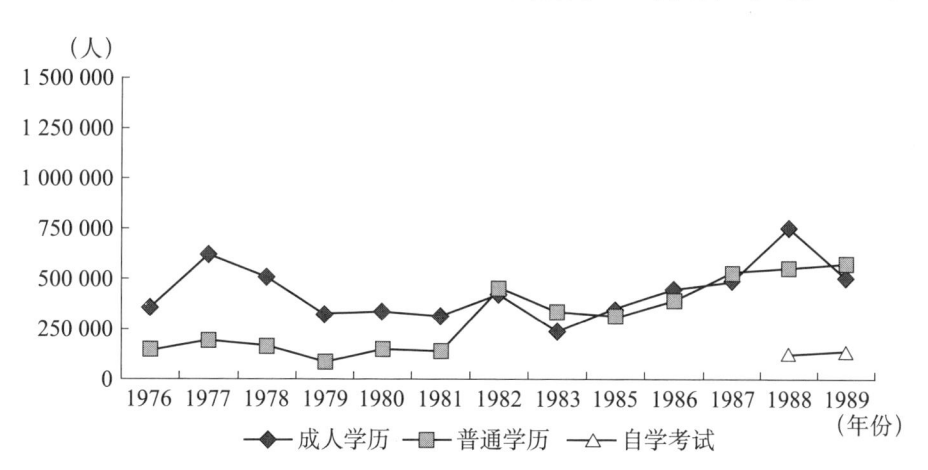

图 7-2　1976—1989 年高等学历教育本科及专科毕业生数

资料来源：中华人民共和国教育部计划财务司. 中国教育成就（统计资料）（1949—1983）. 北京：人民教育出版社，1985：24，48；国家教育委员会计划建设司. 中国教育成就（1986—1990）. 北京：人民教育出版社，1991：6，86，88.

表 7-1　1990—1999 年高等学历教育本科及专科毕业生数

单位：人

年份	成人学历	普通学历	自学考试
1990	488 762	614 000	120 029
1991	620 800	614 300	111 724

---

① 邓小平. 邓小平文选：第2卷.2版. 北京：人民出版社，1994：54.

续前表

年份	成人学历	普通学历	自学考试
1992	517 821	604 223	129 544
1993	441 200	570 700	151 090
1994	455 300	637 400	138 827
1995	636 100	805 400	197 347
1996	771 500	838 600	260 244
1997	892 000	829 100	288 768
1998	825 700	829 800	345 369
1999	888 200	847 600	421 971

资料来源：根据历年《中国教育统计年鉴》数据统计。

（一）自学考试制度的创立与发展

为了使青年人不迷信上大学，1980年5月，中共中央书记处讨论教育工作问题时提出：为了促使青年自学上进，应该拟定一个办法，规定凡是自学有成绩，经过考试合格的人，要发给证书，照样使用。为此，1981年1月，国务院批转了教育部《高等教育自学考试试行办法》，决定通过各种途径发展高等教育，加速培养和选拔专门人才，高等教育自学考试制度得以创建，并开始在北京、天津、上海等地试点。经过20世纪80年代的快速发展，直到1993年我国大专院校在校生总数突破100万，至1998年也基本保持在120万左右。在这段快速发展时期，自学考试制度的创建和各种面向成人的"半工半读"和"业余大学"功不可没。

高等教育自学考试制度正式创建于1981年年初。1980年2月10日，李先念在中共中央召集的干部会议上指出，"要采取多种形式，包括办业余学校、函授学校和电视大学等，来加速和扩大人才的培养"[①]。1983年5月初，国务院同意成立全国高等教育自学考试

---

① 国家教育委员会政策法规司. 十一届三中全会以来重要教育文献选编. 北京：教育科学出版社，1992：48.

第七章　改革开放时期大规模发展职业教育与成人教育

指导委员会，并要求各地方相应建立本地区的指导委员会。1985年下半年，全国有29个省、区、市都实行了自学考试制度。1986年，国家教委转发全国高等教育自学考试指导委员会《关于开考本科段自学考试问题的几点意见》，并提出在上海市、天津市、湖南省试点。1988年3月3日，国务院发布了《高等教育自学考试暂行条例》。

何东昌提出，自学考试执行国家的学历制度，但具体规格是多样化的。有课程合格证书，有基础科、专科和本科的毕业证书，还有对达到要求的应考者授予学士学位，今后甚至可以考虑增加专业证书等规格。高等教育自学考试是一种目标参照性考试，它的参照系就是普通高等学校教育。高等教育自学考试工作是高等学校任务的一个组成部分，这必须作为一个原则确定下来。高等教育自学考试在"六五"期间进行了试点和推广，在"七五"期间要加强高等教育自学考试部门与各业务部门的联系，按业务部门的合理需求协调开考相应的专业，并依托业务部门开展有效的助学活动。

（二）广播电视大学举办普通专科班

广播电视大学系统举办高等学历教育肇始于1960年在北京创办的全国第一所广播电视大学，其办学宗旨是为北京市在职职工提供业余学习和进修的机会。它利用现代化教育手段进行教学，开设数、理、化和中文四个专业，学制为四至五年。1979年2月，经国务院批准，教育部、中央广播事业局在北京共同创建了中央广播电视大学，当年全国已有28个省、区、市恢复或建立了广播电视大学。1983年8月13日，教育部、国家计委、财政部、劳动人事部联合发文提出：广播电视大学要扩大招收待业知识青年。从1986年起，广播电视大学举办普通专科班，招收参加普通高等学校统一考试的高中毕业生。这是广播电视大学发展中的一项重大改革，使广播电视大学首先成为既面向成人教育，又兼备普通高等学校职能的新型高等学校。这项改革缓解了普通高校的压力,扩展了培养人才的渠道,拓宽了就学面,为广播电视大学的发展开辟了新路子。当时以电视和广播为主要教学手段的高等学校,主要培养相当于高等专科学校毕业水平的人才。

1986年,有观点认为,成人高等学校举办本科、专科层次的学历教育,要控制数量,着重提高质量。当时成人高等教育还有一个任务,是对已具有高中文化程度的干部和工人进行培训教育,主要是指学历教育之外的高层次在职培训,帮助企业提高产品质量、降低物资消耗、发挥经济效益等。要做好这部分职业培训,成人高等教育就需要制定出各级工人、干部相应的岗位和职务标准及规范,确定培训的内容和要求,并依此实施培训。这就需要成人高等学校克服当时存在的片面追求"高层次"学历的倾向,改变单一学历教育的办学模式。成人高等教育除了培养专科水平的专门人才,还要对已具有大专以上学历的人员实施继续教育。1949—1985年,普通高等学校为国家输送各类专门人才超过471万人,加上成人高等教育培养的专门人才,这两部分作为继续教育的主要对象超过670万人。随着每年新毕业的本科、专科大学生不断增加,继续教育对象在数量上不断增加[①]。

有研究建议,成人高等教育不能简单套用普通高等教育的层次和规格,也不能受普通高等教育现有的层次和规格的限制,而是要在层次和规格上体现多样化,才能适应经济和企业发展对人才多样化的要求。在确定成人高等教育的规划和任务时,要从实际出发,对不同地区、不同行业、不同对象提出不同要求,实行分类、分层次指导,不能"一刀切"。经严格考核后颁发的证书,应允许在本地区、本部门、本单位内使用。成人高等教育要真正做到按需施教、学用结合的原则,在办学中避免盲目性,还应该做好一项非常重要

---

① 董明传. 对成人高等教育发展中的一些问题的看法. 中国高等教育,1986(7).

第七章　改革开放时期大规模发展职业教育与成人教育

的基础性工作，那就是：按岗位、职务对不同类型、不同规格、不同层次的人才提出要求，对成人高等教育要承担的培训任务进行预测。不同行业中又有各种不同要求的岗位和职务，数量上可能会有成千上万种。这就需要分口、分级组织工作实践经验丰富的各行业专家包括总工程师、总经济师、总会计师和管理人员等通过调查研究和科学论证制订出规范、标准和培训教学计划，并建立相应的考试考核制度[①]。

在成人高等教育的办学体制上，也有观点认为，要对当时的成人高校进行适当调整，促进地区、部门、企业、学校之间的联合办学。要改变单一学历教育的模式，实行多种规格办学。建议应该逐步实行普通学历证书、专业证书、单科证书三种证书制度。尤其需要说明的是，专业证书绝不是一种降低要求的"毕业证书"，它是根据岗位、职务培训要求提出的，是考虑到我国职工及干部队伍的现有文化、技术水平和具有专业实践能力的实际情况提出的，是从"既要有学历而又不唯学历"的观点出发做出的考虑。在管理体制上，该观点认为，国家教委作为管理教育的总口子，应该在方针政策上加强指导，并做好综合、协调和服务等工作；同时要充分发挥各部门、各地区的积极性，实行分口分级管理，真正做到"加强领导，统一管理，分工负责，通力协作"。

（三）成人高等教育途径的多样化

从我国历年教育事业统计年鉴数据来看，1987—1997年，我国举办高等教育的机构主要分为三类院校：本科院校、专科院校和短期职业大学。1989年，全国共有459所高职（专科）学校，其中包括短期职业大学116所。1990—1998年，短期职业大学数量起伏波动，最终剩余101所。自1999年起，官方统计以"职业技术学院"

---

① 董明传. 对成人高等教育发展中的一些问题的看法. 中国高等教育，1986（7）.

取代"短期职业大学"。截至 1987 年，全国共开办了 120 多所职业大学，开设了近 200 个专业，在校生超过 10 万人，毕业生超过 1 万人。职业大学培育学生费用少、周期短。职业大学之所以有生命力，是因为这类学校定位于培养动手能力强的应用型人才，采取了不包分配、择优推荐的办法。中小城市的职业大学主要是面向农村招生，办学层次是专科。这类学校在专业设置上，通常比较灵活，既有一些相对稳定的骨干专业，又有相当数量的随时准备调整的专业。在办学层次上，有为期半年至一年的各种短训班，有函授班，还有比较常规的 2~3 年制专科班。在就读方式上，既有走读生，也有方便农村学生入学的寄宿生[①]。

何东昌认为，要加强高教自学考试与广播电视大学、函授大学以及其他成人高等学校之间的联系，逐步做到相互沟通，相互承认学分，为学习人员提供方便。实现这种沟通的前提是同一专业可以采取不同的教育形式，但它们的基本课程的基本考核标准要一致[②]。1982 年，教育部发文改变了高等学校举办函授教育和夜大学的审批程序，不再采用之前有关文件规定的"由主管业务部门审批，报教育部备案"的办法，而是改为按照院校隶属关系，由国务院主管部门和省（区、市）提出一个时期内所属院校举办函授教育和夜大学的名单，由教育部汇总审定。这样做是为了更好统一安排，合理布局，有机会有步骤地发展函授教育和夜大学。要求拟定名单中的高等学校函授教育和夜大学，以在职人员为招生对象，要求各部门和各地区将所招函授和夜大学生纳入职工培训计划，实行对口培养。有关部门如果要求高等院校协作，通过函授教育和夜大学培养人才，必须由省（区、市）以上的业务部门与学校商定，由学校报请主管部门批准，系或教研室不能单独接受这方面的任务。一定要保证毕

---

① 汪光盛. 关于办学职业大学的几点意见. 教育与职业，1988（6）.
② 何东昌. 关于高教自学考试工作的经验与"七五"期间的方针和部署. 中国高等教育，1986（12）.

第七章　改革开放时期大规模发展职业教育与成人教育

业生达到相当于全日制高等学校同类专业的水平[①]。

1983年4月28日，教育部和国家计委提出，要采取多种形式，开辟新的门路，继续贯彻"两条腿走路"的方针；要在扩大高等教育规模的过程中，调整改革高等教育内部结构，增加专科和短线专业的比重。要分层次规定不同的质量要求，同时抓紧重点学校和重点专业的建设。相应的措施主要包括：增加全日制高等学校年度招生人数，采用其他形式举办高等教育，比如广播电视大学、函授大学、夜大学、厂办职工大学、县办农民大学、管理干部学院、教育或教师进修学院等。鼓励高等学校举办分校或夜大学；积极提倡在大城市、经济发展较快的中等城市和大企业举办高等专科学校和短期职业大学，为本地区、本单位培养人才。中等专业学校连续招有大专班学生，质量又确有保证的，可以继续办好大专班[②]。

20世纪80年代初，奋战在各条战线上的许多领导干部和技术骨干曾是"文革"前业余高等学校的毕业生。"文革"期间，业余高等学校被迫停办。从1978年起，教育部会同有关部门对"文革"期间举办的"七二一"大学进行整顿，提出了办学要求，规定了建校审批程序。1981年年底，经各省、区、市人民政府或国务院各部、委、直属局批准举办的职工大学（包括职工业余大学）已有800多所，其中已经向教育部申报备案的共735所，在校生近8万人，另有单科进修生1.3万人，专职教师超过1万人（约四分之一具有讲师、工程师职称），开设专业共有200多个[③]。

---

① 教育部. 关于改变高等学校举办函授教育和夜大学审批程序及有关的几个问题. 高教战线，1982（3）.
② 《国务院批转教育部、国家计委关于加速发展高等教育的报告的通知》，这是1983年4月28日国务院发给各省、区、市人民政府等单位的通知，引自：教育改革重要文献选编. 北京：人民教育出版社，1986：409－414.
③ 王英儒. 我国职工大学发展简况. 高教战线，1982（4）.

第八章 创新发展职业教育与成人教育

一、颁布《中华人民共和国职业教育法》，推进依法治教

《中华人民共和国职业教育法》（以下简称《职业教育法》）于1996年5月15日经第八届全国人民代表大会常务委员会第十九次会议通过，自1996年9月1日起施行。这部法律的颁布，丰富了我国教育法律体系，改变了我国职业教育发展无法可依的局面，助推我国职业教育从此走上健康规范发展的道路。

（一）立法背景

1. 经济社会发展急需高素质劳动者

1993年2月13日，中共中央、国务院印发了《中国教育改革和发展纲要》，指出职业技术教育"是工业化和生产社会化、现代化的重要支柱"。李鹏在1994年全国教育工作会议报告中也强调，"大力发展职业教育和成人教育，是提高劳动者素质和振兴经济的必由之路"。职业教育的核心职能是培养有技能的熟练劳动者和实用型人才，培养数以千万计这样的技能型人才，把我国的人口优势转化为人才优势，能够彻底改变国家生产力水平总体落后的不利处境，提升我国综合国力。正如亚里士多德所言："国势强弱与其以人数来衡量毋宁以他们的能力为凭。"

人口素质是具有增值性的人力资源，具有社会经济价值。世界各国发展水平的差距，已经主要不是因为自然资源禀赋的不同，而主要在于人口素质能在多大程度上转变为现实的生产力，在于人力

第八章　创新发展职业教育与成人教育

资源是否得到了充分开发和合理利用①。自然资源和条件只能代表潜在的发展优势，资源条件与具有高素质的人力资源相结合，才能转变为现实的生产力。我国在20世纪90年代，人口数量大，但是人口素质不佳，人力资源的质量不高，这是制约国家经济社会发展的重要因素。因此，大力提升劳动者素质，是职业教育战线的重大战略任务。

有关数据显示，1987年，全国具有大学文化程度的人口占总人口的0.88%，80%的工人达不到初中文化水平②。也就是说，当时各行业的从业群体，多半没有接受完整的基础教育，甚至是文盲半文盲，在劳动大军中占有相当大的比重。如何进一步提升他们的文化水平和就业技能？职业教育有着不可推卸又当之无愧的历史使命。为实现国民生产总值到20世纪末比1980年翻两番的战略目标，国家要大力发展工农业生产和科技创新。对职业教育开发人力资源的价值和经济社会发展对实用人才的需求这一大背景的认识，充分体现于《职业教育法》的起草中。例如，《职业教育法》第一章总则第一条明确了立法宗旨，即"为了实施科教兴国战略，发展职业教育，提高劳动者素质，促进社会主义现代化建设"；第三条规定，"职业教育是国家教育事业的重要组成部分，是促进经济、社会发展和劳动就业的重要途径"。这是贯彻党的基本路线的必然要求③。

2. 职业教育健康发展需要法律支撑

首先，在《职业教育法》颁布之前，国家相关部委、各省区市已经围绕职业教育改革发展出台了不少政策文件和规章，发挥了指导和规范事业发展的重要作用。但是由于多头发布和区域差异，这些政策文件的科学性、严谨性、统一性以及强制性都显得很薄弱，虽然各自发挥了本部门、本区域的指导作用，但是难免具有局限性，

---

① 穆光宗. 我国人口素质问题初析. 南方人口，1992（4）.
② 同①45.
③ 吴福生.《职业教育法》的几个特点. 中国职业技术教育，1996（6）.

甚至存在一些矛盾和冲突。因此，亟待国家层面健全立法，加强职业教育发展的统一规范和法律保障，以明确职业教育的科学内涵、法律地位，并理顺管理体制。

其次，职业教育的体系尚不健全，适应各行业对岗位人才知识技能水平提升的紧迫要求，职业教育迫切需要从中等层次向高等层次延伸。同时，完全局限于学校时空的职业教育，一方面容易与行业企业需求脱节，另一方面也难以与社会培训协调发展。因此，体系的健全与完善，也急需在法律层面做出明确规范。

最后，社会上鄙薄体力劳动、鄙薄职业教育的传统观念十分普遍，甚至在政府内部、教育部门内部也存在厚此薄彼的问题。职业教育发展往往靠战线上同志的个人情怀去推动，去谋取各方面的支持，这就导致事业发展起伏大、不稳定，并且区域不平衡问题也十分突出。从法律层面确立政府乃至社会对发展职业教育的重要职责，这对促进职业教育健康、可持续发展至关重要。

《中国教育改革和发展纲要》明确要求"加快教育法制建设，建立和完善执法监督系统，逐步走上依法治教的轨道"，"要抓紧草拟基本的教育法律、法规和当前急需的教育法律、法规，争取到本世纪末，初步建立起教育法律、法规体系的框架"。《职业教育法》的制定就是在依法治教的方针指引下，以宪法为指导，以教育法、劳动法为依据，以法律手段对职教工作进行规范的新成果[①]。

3. 充分借鉴国际职业教育法治经验

国际上，职业教育体系比较完善、治理体系比较完备的国家，无不通过立法来支撑职业教育有序发展。美国于1917年出台《史密斯-休士法》，规定由政府拨款支持各州发展职业教育。1937年，又颁布了《菲茨拉法案》，建立了学徒训练制度。日本在1899年颁布《实业学校令》，把职业学校和职业补习学校独立出来。1903年又颁

---

① 吴福生.《职业教育法》的几个特点. 中国职业技术教育，1996（6）.

布了《专科学校令》,增设各种职业科的高等专科学校,以培养中级技术人员,自此形成了初、中、高级的职业技术教育体系。联邦德国 1969 年制定了《职业教育法》,对初级职业训练、进修职业训练和转业职业训练都做了严格而明确的规定。英国 1964 年制定了《产业训练法》,1973 年还修订了《就业与培训法》,推动了英国职业教育的快速发展。法国在 1919 年制定了《阿斯蒂埃法案》,规定由国家来代替个人承担给工人子弟以职业教育的任务;1971 年、1984 年分别颁布了《在终身教育框架下举办继续职业训练法案》《职业继续教育法》[1]。这些国家的经验表明,通过法律确立起制度,进而保障职业教育健康有序发展。

据记载,作为我国第一部《职业教育法》,当时的起草组高度重视对国外先进立法经验的学习借鉴。自 1985 年 10 月起,国家教委先后派出近十个代表团赴德国、法国、丹麦、瑞典、匈牙利、美国、日本、澳大利亚、新西兰等国考察,认真学习国外先进经验。从 1983 年 12 月起至 1986 年 1 月止,职教司、法规司和起草小组先后搜集了四五十个国家职教立法的有关资料,编印成数十万字的《职教立法参阅资料》供领导和起草工作小组同志参阅。李岚清于 1993 年 7 月 23 日在某刊物上批示:"请教委领导同志阅,希望加速职业教育立法进度。"同时,国家教委和劳动部还曾多次召开国际经验研讨会[2]。因此,《职业教育法》的起草博采众长,吸收了国外先进的职业教育发展理念和制度建设经验,结合我国实际形成了本土化的法律框架。

(二)立法内容

《职业教育法》涵盖了职业教育管理、体系、实施、保障等多个

---

[1] 姜俊和. 国外职业教育立法与职业教育发展. 外国教育研究,1997 (1).
[2] 张光喜.《职业教育法》的立法追忆及修订建议. 中国职业技术教育,2010 (30).

层面，回应了突出的发展矛盾，并在广泛政策咨询、部门间协调磋商的扎实工作基础上，实现了一些历史性的政策突破。

1. 理顺职业教育管理体制和办学职责

我国职业教育多头管理的问题由来已久，一方面在事业发展过程中，学校类型比较多样，举办主体也较为多元。同时，由于职业教育与产业发展的紧密联系，一些行业管理部门也会举办和管理一些职业学校。调查发现，在当时，一所学校由七八个部门和机构同时管理的情况也是存在的，难免给学校教育教学和管理工作造成困扰。《职业教育法》在起草过程中，在党中央、国务院和全国人大的坚强领导下，管理体制得以理顺。总则第十一条规定："国务院教育行政部门负责职业教育工作的统筹规划、综合协调、宏观管理。国务院教育行政部门、劳动行政部门和其他有关部门在国务院规定的职责范围内，分别负责有关的职业教育工作。"起草小组成员曾撰文表示，"这一突破来之不易，应予以百倍重视与珍惜"[①]。

《职业教育法》的另一突破，是明确了政府以及相关责任主体发展职业教育的重要职责。总则第三条规定："国家发展职业教育，推进职业教育改革，提高职业教育质量，建立、健全适应社会主义市场经济和社会进步需要的职业教育制度。"总则第六条规定："各级人民政府应当将发展职业教育纳入国民经济和社会发展规划。行业组织和企业、事业组织应当依法履行实施职业教育的义务。"总则第七条规定："国家采取措施，发展农村职业教育，扶持少数民族地区、边远贫困地区职业教育的发展。国家采取措施，帮助妇女接受职业教育，组织失业人员接受各种形式的职业教育，扶持残疾人职业教育的发展。"从这些条文来看，政府对职业教育的职责主要包括管理、规划、投入等重要领域，一个地区的职业教育发展得好不好，与政府的重视和支持程度有着直接关系。同时，《职业教育法》也明

---

① 张光喜.《职业教育法》的立法追忆及修订建议. 中国职业技术教育，2010（30）.

第八章　创新发展职业教育与成人教育

确了其他相关主体的职业教育实施职责。其中，行业组织可以直接举办或参与举办职业学校和职业培训机构，并对本行业企事业单位举办职业教育负有指导责任。企业有责任做好本单位职工的职业教育，也可以单独举办或者联合举办职业学校或职业培训机构。国家还鼓励事业组织、社会团体、其他社会组织及公民个人依规举办职业学校、职业培训机构。

2. 确立职业教育体系框架

（1）合理分流。穷国办大教育是教育层面的最大国情。在我国社会生产力不发达、高等教育毛入学率偏低的发展阶段，通过大力发展职业教育，培养大批初中级人才，让更多青少年通过职业教育获得谋生技能，这是与我国发展实际相适应的教育发展战略。为此，《职业教育法》第十二条规定"实施以初中后为重点的不同阶段的教育分流"，但前提是尊重"不同地区的经济发展水平和教育普及程度"的差异，有些教育普及程度较低的地区，可能要在一定程度上实行小学后分流，在职业初中学习一些实用性技术技能；在教育普及程度较高的经济发达地区，可以探索高中后分流。这一分流节点的确立是符合我国当时的发展实际的，体现了实事求是的科学态度。

（2）纵向衔接。随着经济的发展，社会对高等职业教育的需求日益增长。一些乡镇企业呼吁需要大专层次的新型管理人才。据调研，在20世纪90年代初，我国的高层次人才极为匮乏，乡镇企业中具有大专学历的"一长三师"（厂长、工程师、经济师、会计师）凤毛麟角。以上海市为例，全市乡镇企业缺少10万名专业技术人员，厂长、经理中学历为大专的仅占10.36%[1]。为了满足人才需求，《职业教育法》明确了职教体系的纵向架构，即"职业学校教育分为初等、中等、高等职业学校教育"，"高等职业学校教育根据需要和条件由高等职业学校实施，或者由普通高等学校实施"。这为我

---

[1] 吴福生.《职业教育法》的几个特点. 中国职业技术教育，1996（6）.

国职业教育形成纵向贯通衔接的体系奠定了法律基础。将积极发展高等职业教育写入法律，标志着我国职业教育发展进入了一个新的阶段。

（3）横向并举。《职业教育法》的总则第二条规定，"本法适用于各级各类职业学校教育和各种形式的职业培训"，在概念的内涵与外延上宣告了我国职业教育体系所涵盖的范围。第十二条规定，我国要"建立、健全职业学校教育与职业培训并举，并与其他教育相互沟通、协调发展的职业教育体系"。第十四条进一步明确了培训的类型，"包括从业前培训、转业培训、学徒培训、在岗培训、转岗培训及其他职业性培训，可以根据实际情况分为初级、中级、高级职业培训"。正是在《职业教育法》的指引下，越来越多的职业院校结合当地经济社会发展需求，承担了越来越多的劳动力转移培训、企业职工培训以及面向社区的生活类培训等，使我国的职业教育真正体现"面向人人"的价值导向。

3. 明确多渠道筹措职教经费原则

职业教育是需要高投入的教育，若缺乏经费投入的保障支撑，职业教育就难以办出质量和类型特色，很容易陷入"在教室里种田，在黑板上开机器"的窘况。经费不足是影响我国职业教育健康发展的突出问题。据1994年统计数据，仅以中等专业学校（不含中师）、职业高中和技校为例，全年在校生700多万人，预算内职教经费共计80多亿元，生均经费仅1 000多元，公用经费才几十元。这和德国生均培养费折合人民币每年9.79万元、法国7.52万元、瑞士和澳大利亚1万多元相比差距过大。若按《国务院关于〈中国教育改革和发展纲要〉的实施意见》的要求，到2000年，各类中等职业学校招生数和在校生数占高中阶段学生数的比例，全国平均保持在60%左右，普及高中阶段教育的城市可达70%，届时在校生将增至1 200万~1 500万人，生均经费以2 500元计算，起码需要300亿~400亿元，需增加5~6倍[①]。因此全国各地都反映要通过本次立法

---

① 张光喜. 职业教育与职教立法：写于国家《职业教育法》颁布前夕. 中小学管理，1996（4）.

第八章　创新发展职业教育与成人教育

解决经费投入问题。

《职业教育法》第二十六条首先确立了"多种渠道依法筹集发展职业教育的资金"的原则。第二十七条规定，国务院有关部门应当会同国务院财政部门制定本部门职业学校学生人数平均经费标准。但把各地生均经费标准的制定权下放给了各省区市政府。同时要求各级人民政府、国务院有关部门用于举办职业学校和职业培训机构的财政性经费应当逐步增长。除财政投入外，要求企业承担本单位职工的职业教育费用，如果企业没有依法落实职业教育实施工作，政府可以统筹相关经费用于发展本地的职业教育。地方政府所征收的教育地方附加费也可以专项或者安排一定比例用于职业教育。农业农村科技推广的经费也鼓励适当用于农村职业培训。同时，允许职业院校和职业培训机构向学生适当收取学费，并鼓励通过开展社会服务获得收入补充办学经费。也鼓励社会力量捐资助学。按照这样的设计，职业教育经费的来源渠道是多样的，经费责任是多元主体共同分担的。

（三）立法影响

（1）依法治教道路开启。《职业教育法》的颁布，彻底结束了我国职业教育无法可依的发展局面。在国家立法基础上，教育部、国家发展改革委员会、人力资源和社会保障部等国务院职能部门以及地方政府针对职业教育的具体问题发布了一系列部门职业教育规章，陆续制定了《职业教育法》实施条例或办法来加强职业教育法制建设，这些法规和有关文件在一定程度上细化了《职业教育法》的相关规定[1]。可以说，在《职业教育法》的指导和引领下，我国职业教育逐步走上了依法治教的正确道路。

---

[1] 陈鹏，薛寒.《职业教育法》20年成就、问题及展望.陕西师范大学学报（哲学社会科学版），2016（6）.

（2）体系建设成效明显。按照《职业教育法》建立、健全职业学校教育与职业培训并举，并与其他教育相互沟通、协调发展的职业教育体系的要求，在各地的真抓实干下，我国职业教育发展规模快速扩大，结构逐渐优化。2000年，全国有职业初中1 200所，招生32万人，在校生近90万人；中等职业学校（包括普通中专、成人中专、职业高中和技工学校）20 250所，招生411.9万人，在校生1 307.2万人，中等职业学校招生数和在校生数占高中阶段学生数的比例分别为46.6%和52.1%；在高等教育阶段，全国有独立设置的高等职业技术学院184所，招生194万人，在校生361.8万人，一些普通高等学校也建立了职业技术学院。全国各种形式的职业培训有了很大发展。国家还开通了中等职业教育毕业生直接报考普通高等学校的渠道，一些地方进行了职业教育与普通教育相融合的综合课程教育的试验[1]。体系建设支撑了应用型人才的培养数量和质量的快速提升，满足了国家经济社会发展的需求。

二、"三改一补"发展高等职业教育

我国高等职业教育的发展，是顺应经济社会发展需求的必然选择，也是服务于国家教育体系建设、丰富人才培养结构、拓宽人才成长通道的有效途径。从20世纪80年代开始，在党中央、国务院的高度重视下，通过"三改一补"多种途径，我国高等职业教育在短短几十年的时间里蓬勃发展起来。

1. 宏观发展背景

（1）经济社会发展需求迫切。实施改革开放政策以后，我国的社会主义建设进入高速发展时期。伴随着大批先进装备和技术的引进，工业生产的科技含量快速增加，高新技术产业发展也展现出勃

---

[1] 黄尧.贯彻实施《职业教育法》推动职业教育健康发展.职教论坛，2002（1）.

第八章　创新发展职业教育与成人教育

勃生机。在产业快速高质量发展的形势下，生产加工工艺和流程升级，新工种、新岗位逐步涌现，各行各业都更加紧迫地需要大量高素质的技术技能型人才。比如，以数控机床为主的机加工现场的技术人员；新设备的安装、调试、维修人员；30万千瓦以上发电机组、日产千吨以上水泥转窑新工艺生产线、现代化冶炼生产线等的集中控制系统的技术人员；能适应高技术、大吨位船只工作，具有国际航运与交往能力的高级船员；12层以上高楼和24米以上大跨度建筑的现场施工技术人员；既懂得种养技术和农产品仓储、加工、运销，又会经营管理较大规模农林牧渔企业的生产经营者；新兴的鞋帽服装设计和制作工艺技术人员；计算机和电子信息技术人员；等等[1]。我国以初中后中等层次技能型人才培养为主的中等职业教育已经无法有效地服务于经济社会发展需求。因此，社会各界广泛呼吁发展高等职业技术教育。日本在20世纪八九十年代奉行"技术立国""科学技术创造立国"路线，通过职业院校培养了大量的活跃在生产技术开发改进第一线的国民，使日本社会彻底告别了改良和模仿的时代，走出了从引进、模范到自主创新的发展道路[2]。这启示我们，没有高素质的技术型、应用型人才，国家的产业升级则难以为继。

（2）教育和人才结构亟须优化。高等教育需有合理的专业结构和办学结构，既要有培养从事基础研究的学术型人才的研究型大学，也要有培养能够转化科技成果的工程技术人才的应用型高校，还要有培养各行各业一线岗位需要的技术技能型人才的高等职业院校。欧洲教育部长会议于20世纪70年代组织了一个"第三级教育多样化专题调查组"，经过六年在英、法、德、荷兰、挪威、瑞士、瑞典七国的调查与试验，发布了关于"第三级教育多样化"的报告，指

---

[1] 杨金土. 20世纪我国高职发展历程回顾. 中国职业技术教育，2017（9）.
[2] 俞仲文. 改革开放三十年我国高等职业教育跨越式发展的经验与启迪. 中国高教研究，2009（1）.

出:"传统的高等教育制度,既不能满足各方面差别不断增加的学生们的需要,也不能适应这些国家技术上较发达以及民主的欧洲社会中技术和资格极大多样化对教育的需求。要使这些问题得以解决,只有把传统的高等教育改变成范围较广的、具有各种目的的和各种水平的多样化第三级教育体系。"教学上要"更着重于就业需要","专业和职业走向必须以关于劳动力市场发展情况的既有数量又有质量的系统情报为基础"[①]。自此,高等教育的多样化逐步引起各国的关注。

(3) 联合国教科文组织1997年修订《国际教育标准分类法》,对第三级教育(中学后教育)有较大的修改(见图8-1)。图8-1中所列的5B,相当于高等职业技术教育。按该分类法第89条说明:"5B的教学计划内容,是面向实际的,适应具体职业的。主要目的是让学生获得从事某个职业或行业,或某类职业或行业所需的实际技能知识,完成5B学业的学生一般具备进入劳务市场所需的能力知识。"[②] 这是发展高等职业教育、健全职业教育体系的国家框架依据。

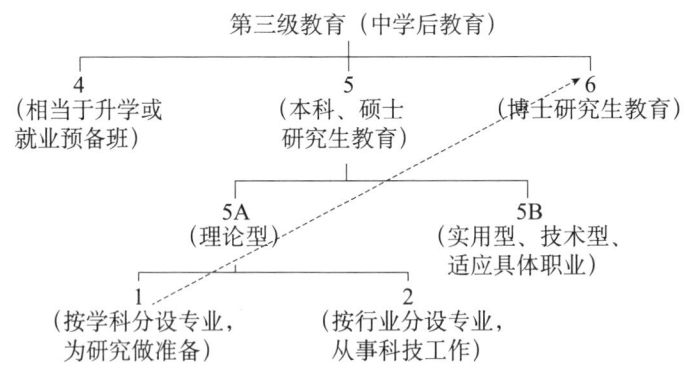

图8-1 联合国教科文组织第三级教育分类示意图

2. 确立法律地位

1985年5月,《中共中央关于教育体制改革的决定》指出,要

[①②] 潘懋元. 高等职业教育:体系、定位、发展与模式(笔谈). 教育研究,2005(5).

第八章 创新发展职业教育与成人教育

"大力发展职业技术教育","发挥中等专业学校的骨干作用,同时积极发展高等职业技术院校","逐步建立起一个从初级到高级、行业配套、结构合理又能与普通教育相互沟通的职业技术教育体系"。1986年,全国第一次职业技术教育工作会议明确提出,"高等职业学校、一部分广播电视大学、高等专科学校,应该划入高等职业教育"。这也是官方首次使用"高等职业教育"概念。1986年年底,国务院颁布了《普通高等学校设置暂行条例》,明确将高等专科学校、高等职业学校归入普通高等学校的范畴[1]。

但高等职业教育法律地位的确立,要从1996年5月颁布的《中华人民共和国职业教育法》算起。《职业教育法》第十三条规定:"职业学校教育分为初等、中等、高等职业学校教育。初等、中等职业学校教育分别由初等、中等职业学校实施;高等职业学校教育根据需要和条件由高等职业学校实施,或者由普通高等学校实施。"这一条款明确了我国高等职业教育的办学层次和实施主体。1998年8月,我国颁布《中华人民共和国高等教育法》(以下简称《高等教育法》),规定"高等学校是指大学、独立设置的学院和高等专科学校,其中包括高等职业学校和成人高等学校",以法律形式明确了高等职业教育是我国高等教育结构的一个独立类型,进一步夯实了高等职业教育的法律地位[2]。

2002年,国务院发布《关于大力推进职业教育改革与发展的决定》,明确提出"扩大高等职业教育的规模","'十五'期间,职业教育要为社会输送二千二百多万名中等职业学校毕业生,八百多万名高等职业学校毕业生"。文件确立了"分区规划,分类指导"的方针,大中城市和经济发达地区要在继续发展中等职业教育和职业培

---

[1] 纪念《中华人民共和国职业教育法》颁布20周年 职业教育立法沿革. 职业教育研究,2016(9).
[2] 平和光,程宇,李孝更.40年来我国高等职业教育发展回顾与展望. 职业技术教育,2018(15).

训的同时，积极发展高等职业教育，有条件的市（地）可以举办综合性、社区性的职业技术学院。要求规范使用学校名称，高等专科学校和成人高等学校要逐步统一规范为"××职业技术学院"。这要求地方政府切实从实际出发，积极发展高等职业教育，服务于当地经济社会发展需求。同时，引导高等职业教育办学模式改革，鼓励有条件的大型企业可以单独举办或与高等学校联合举办职业技术学院。

2005年，《国务院关于大力发展职业教育的决定》提出高等职业教育的发展目标是：招生规模占高等教育招生规模的一半以上；"十一五"期间，为社会输送1 100多万名高等职业院校毕业生。在布局结构上，要求在整合现有资源的基础上，每个市（地）都要重点建设一所高等职业技术学院和若干所中等职业学校。为提升办学质量和水平，启动实施职业教育示范性院校建设计划，在整合资源、深化改革、创新机制的基础上，重点建设高水平的培养高素质技能型人才的1 000所示范性中等职业学校和100所示范性高等职业院校。

纵向来看，我国高等职业教育改革发展从无到有、从有到优，始终伴随着持续性的稳定的法律法规体系建设，无论是《职业教育法》《高等教育法》，还是国务院的行政法规以及部门规章，良法善治为高等职业教育快速而高质量的发展发挥了保驾护航的作用。

3. 明确发展路径

1991年10月印发的《国务院关于大力发展职业技术教育的决定》明确，"积极推进现有职业大学的改革，努力办好一批培养技艺性强的高级操作人员的高等职业学校"。1994年7月3日发布的《国务院关于〈中国教育改革和发展纲要〉的实施意见》提出："通过改革现有高等专科学校、职业大学和成人高校以及举办灵活多样的高等职业班等途径，积极发展高等职业教育。"1996年6月17日，国家教委主任朱开轩在全国职业教育工作会议上进一步将上述精神表

第八章　创新发展职业教育与成人教育

述为："发展高等职业教育要与高等教育的结构调整相结合，充分利用现有教育资源，主要通过现有职业大学、部分专科学校、独立设置的成人高校改革办学模式、调整专业方向和培养目标来促进高等职业教育的发展。特别要积极鼓励专科办高职的探索与试点。在仍不能满足需要时，经批准可利用少数具备条件的国家级重点中专举办高职班或转制等方式作为补充。"[①] 这就是发展高职教育的"三改一补"政策。1999年，教育部、国家计委印发《试行按新的管理模式和运行机制举办高等职业技术教育的实施意见》，要求积极探索以多种形式、多种途径和多种机制发展高等职业技术教育，"加快培养面向基层，面向生产、服务和管理第一线职业岗位的实用型、技能型专门人才的速度，缓解应届高中毕业生的升学压力"。在原有的"三改一补"四类学校举办高等职业教育的基础上，允许"具有高等学历教育资格的民办高校"和"本科院校内设立的高等职业教育机构（二级学院）"承担，这就进一步扩大了高等职业教育办学主体，为高等职业教育快速发展开辟了新道路。

4. 逐步发展壮大

1994年，中共中央、国务院召开了全国教育工作会议。会上，国家领导人发表重要讲话，为高等职业教育发展方向和发展路径定了总基调。江泽民在讲话中明确"要大力发展各种层次的职业教育和成人教育"。李鹏指出，高等教育"今后一个时期，适当扩大规模的重点是高等专科教育和高等职业教育"。李岚清指出："大力发展职业教育和成人教育，这是这次会议所研究解决的一个重大课题。""发展高等职业教育，主要走现有职业大学、成人高校和部分高等专科学校调整专业方向及培养目标，改建、合并和联办的路子。"这次会议是我国高等职业教育获得快速发展的转折点，高等职业教育自此走上了改革发展的快车道。

---

① 杨金土. 20世纪我国高职发展历程回顾. 中国职业技术教育，2017（9）.

1994年和1996年，国家教委两次发文共批准18所中等专业学校试办五年制高职班。1998年，专科学校达到428所，比1978年增加了300所，专科学生117.4万人，占普通本专科学生总数340.87万人的34.4%。至1994年，有10个省、2个部委共41所成人高校和4所普通高校的成人教育学院试办了35种专业的高职班。创建于1962年的"新疆职工业余大学"，1996年，被国家教委批准为全国首批高职教育试点院校，并从1997年开始招收高职学生。2000年，学校更名为"新疆职业大学"。1997年，全国有成人高校1 107所，专科学生243.7万人，占成人高校学生总数的89.5%，成人高等教育已成为我国高职教育的生力军之一[1]。截至1998年，我国独立设置的高职院校已有101所，招生6.28万人，在校生14.86万人，分别比1985年增长了52%和58%[2]。

三、基本扫除青壮年文盲

1955年11月16日《光明日报》刊登的题为《进一步开展扫盲工作 迎接农业合作化高潮》的文章记载，1955年全国农村15～45岁的青壮年约有2亿2 600万人，其中文盲、半文盲约占80%。扫盲，是新中国自成立后所实施的一直持续到新世纪的历时半个多世纪的战略工程，是提升人口素质的一项重大基本国策。1993年2月，中共中央、国务院印发的《中国教育改革和发展纲要》提出了扫盲工作的目标，要求到2000年"全国基本扫除青壮年文盲，使青壮年中的文盲率降到百分之五以下"。在中共中央、国务院的坚强领导下，在全国人民的共同努力下，我国在20世纪末如期实现了扫盲目标，为国家经济社会发展和社会文明进步奠定了良好的基础。

---

[1] 杨金土.20世纪我国高职发展历程回顾.中国职业技术教育，2017（9）.
[2] 平和光，程宇，李孝更.40年来我国高等职业教育发展回顾与展望.职业技术教育，2018（15）.

第八章　创新发展职业教育与成人教育

1. 政策法规体系建设为扫盲工作提供了行动指南和坚强支撑

扫盲，是提升整个中华民族科学文化水平的重大战略工程。新中国成立后，扫盲工作常抓不懈，取得了很大成绩，一些生产队、公社和工厂基本上扫除了少年、青年、壮年文盲，为促进工农业生产起了积极作用。但扫盲工作一度遭到"四人帮"的严重干扰破坏，"宁要一个没有文化的劳动者""没有文化一样建设社会主义"等反动谬论颠倒了是非。"文化大革命"结束以后，党和国家的工作重点快速转移到社会主义现代化建设上来，教育战线大力发展各级各类教育，并重新推动扫盲工作。在30多年的扫盲战略行动中，一系列政策法规为扫盲工作提供了战略依据。

1978年国务院颁布的《关于扫除文盲的指示》提出，要完成扫除文盲的历史任务，必须努力做到"一堵、二扫、三提高"。"一堵"就是抓好普及小学五年教育，这样就可以堵住新文盲的产生。"二扫"就是要把12周岁至45周岁的少年、青年、壮年中的文盲基本上扫除，即要求少年、青年、壮年中的非文盲人数达到85%以上，要求这类人能识1 500个字，能够看懂浅近通俗的报刊，能够记简单的账，写简单的便条。"三提高"就是对已经脱盲的人，要采取各种形式，组织他们继续学习，逐步达到小学毕业、初中毕业程度。在扫盲方式上，要求"必须开展一个群众性的扫盲运动"，"要建立一支由知识青年、中小学师生等参加的群众性的扫盲大军。对于扫盲教师和扫盲积极分子应给以精神和物质鼓励"。该指示强调，要完成扫盲任务，必须加强对扫盲工作的领导，关键在于党委的重视。各级党委要把扫盲工作提到议事日程上来，要有一位书记分管扫盲工作。

1988年国务院颁布了《扫除文盲工作条例》，1993年国务院重新修订和颁布了《扫除文盲工作条例》，同年，《中国教育改革和发展纲要》提出全国扫盲的奋斗目标。各级党委、政府也制定了相应的地方性法规和政策，并把扫盲农村成人教育纳入经济、社会发展的总体规划，纳入各级政府的重要议事日程和工作目标，普遍实行了扫盲农村成人教育工作责任制，把工作落实到乡村和人，并制定政策措施，总结推广经验，不断解决困难和问题，推动工作的广泛深入发展。

1988年2月国务院颁布《扫除文盲工作条例》以后，全国扫盲工作取得了显著成绩，也出现了新情况和新问题。不少地方因为达到了扫除青壮年文盲单位的基本标准，而停滞了余量青壮年文盲的扫除工作；还有一些地方不积极扫除临近40岁的文盲，采取让他们自然超龄的办法来减轻扫盲任务。同时，随着青壮年非文盲率达到85%目标的单位不断增加，这些达标单位开始普遍地减缓了扫盲工作步伐，进而对全国扫盲工作的进度造成影响，全国扫盲工作每年扫除400万青壮年文盲的目标难以实现[①]。在这种情况下，国家教委提出修订《扫除文盲工作条例》，要根据新形势、新情况，对原条例中关于扫盲对象的年龄、基本扫除文盲单位标准等条文进行修改。经国务院审议，1993年8月1日，李鹏总理签署1993年第122号国务院令，发布了《国务院关于修改〈扫除文盲工作条例〉的决定》。对原《扫除文盲工作条例》的第二条关于扫盲对象的年龄、第五条关于扫盲教学的内容、第七条关于基本扫除文盲单位的标准、第九条关于巩固扫盲成果和第十四条关于表彰的条文进行了修改。例如：

一是修改了扫盲对象的年龄。原《扫除文盲工作条例》规定凡15～40周岁的文盲、半文盲公民，除不具备接受扫盲教育能力的以外，不分性别、民族、种族，均有接受扫除文盲教育的权利和义务。鼓励40周岁以上的文盲、半文盲公民参加扫除文盲的学习。新《扫除文盲工作条例》规定：凡年满15周岁以上的文盲、半文盲公民，除丧失学习能力的以外，不分性别、民族、种族，均有接受扫除文

---

① 中国成人教育协会组. 中国成人教育改革发展三十年. 北京：高等教育出版社，2008：116.

第八章 创新发展职业教育与成人教育

盲教育的权利和义务。这样，就取消了文盲年龄上限的规定，这一对扫盲对象的界定就与国际社会通用的标准趋同，便于国际社会通用的成人文盲率应用于我国国民素质和扫盲工作水平评估。

二是提高了基本扫除文盲单位的标准。新《扫除文盲工作条例》规定基本扫除文盲单位的标准是：其下属的每个单位1949年10月1日以后出生的年满15周岁以上人口中的非文盲人数，除丧失学习能力的以外，在农村达到95%以上，在城镇达到98%以上；复盲率低于5%。这一修改将原有的85%的标准提高了10%；扫盲对象群体从原来的15～40周岁拓展为1949年10月1日以后出生的年满15周岁以上人口；对复盲率提出要求，为扫盲后的巩固提高工作指明了方向，并确立了相关检查评估标准。

这些修改，及时而有效地克服了扫盲工作中所出现的一些问题，为推动扫盲工作深入、持续开展发挥了极为重要的作用。

为了总结我国扫盲工作经验，发现并解决扫盲工作面临的困难和问题，1990年7月，国家教委印发了《关于检查扫盲工作的通知》和《扫盲工作检查提纲》，决定在全国范围内对扫盲工作进行检查。检查内容包括：管理体制、管理机构情况；扫盲计划的制订和执行情况；普及初等教育、堵住新生文盲的情况；扫盲教学和验收情况；经费筹措使用情况；扫盲后继续教育的情况。当年11月至12月，全国扫盲工作协调小组组成5个检查组，对浙江、福建、江西、河北、广西、云南、贵州、陕西、甘肃等9省区的51个县（市、区）、126个乡（镇、街道办事处）和220个行政村的扫盲工作进行了检查。全国20多个省（区、市）也开展了扫盲检查工作。大范围的检查工作有力地推动了扫盲工作更加深入、精准地开展。

1991年4月，第七届全国人民代表大会第四次会议通过的《中华人民共和国国民经济和社会发展十年规划和第八个五年计划纲要》提出：积极发展成人教育，要十分重视扫盲工作，争取到2000年基本扫除青壮年文盲。1993年2月，中共中央、国务院颁布了《中国教育改革和发展纲要》，明确提出到 2000 年 "全国基本扫除青壮年文盲，使青壮年中的文盲率降到百分之五以下"。1994 年中共中央、国务院召开的全国教育工作会议，把基本普及九年义务教育、基本扫除青壮年文盲（以下简称"两基"）作为 20 世纪 90 年代教育事业发展的"重中之重"。1995 年颁布的《中华人民共和国教育法》规定："各级人民政府、基层群众性自治组织和企业事业组织应当采取各种措施，开展扫除文盲的教育工作。按照国家规定具有接受扫除文盲教育能力的公民，应当接受扫除文盲的教育。"

2001 年发布的《国务院关于基础教育改革与发展的决定》提出，各级政府要坚持将"两基"工作作为教育工作的"重中之重"。2002 年，中共中央办公厅、国务院办公厅转发教育部等 12 个部门《关于"十五"期间扫除文盲工作的意见》，对"十五"期间扫盲教育工作的目标、任务和保障措施，提出了明确要求。2004 年，国务院组织实施《国家西部地区"两基"攻坚计划（2004—2007 年）》，明确提出到 2007 年，在我国西部地区基本普及九年义务教育和基本扫除青壮年文盲的目标。2007 年，教育部等 12 个部门联合印发了《关于进一步加强扫盲工作的指导意见》，确定了新时期扫盲工作的目标任务。

这一系列法律、法规、政策方针的颁布实施，为我国扫盲工作的推进提供了法律依据，使扫盲工作列入各级党委和政府重要工作议程、纳入各地经济和社会发展规划有了法律支撑，有力地保障了扫盲工作广泛、深入、持续地开展并历史性地完成了艰巨的扫盲任务。

2. 分区规划、分步实施、分级验收有序推进扫盲工作

1993 年 9 月，国家教委印发了《关于转发〈国务院关于修改《扫除文盲工作条例》的决定〉的通知》，要求采取分区规划、分步实施的扫盲工作方针：经济与教育发达和较发达的地区，要分别争取在 1995 年和 1998 年前完成扫盲任务；边远贫困地区，除特殊困

第八章　创新发展职业教育与成人教育

难地区外，一般也应力争在 2000 年完成扫盲任务。1994 年 9 月，国家教委印发《关于在九十年代基本普及九年义务教育和基本扫除青壮年文盲的实施意见》，进一步推动我国扫盲工作分区规划、分步实施。该文件及国家教委制定的《全国教育事业"九五"计划和 2010 年发展规划》明确提出了全国基本扫除青壮年文盲的具体目标：到 20 世纪末，在 90% 以上人口地区扫除青壮年文盲，使青壮年人口中非文盲率达到 95% 以上，脱盲人员的巩固率达到 95% 以上；到 2010 年，使成人文盲率降到 10% 以下。还规划了年度目标任务：20 世纪 90 年代每年扫盲不少于 400 万人。

采取分区、分步、分期达标计划。将各省（区、市）分成三类地区，实行三步走扫盲计划：第一步，经济、教育条件好，占全国人口 33% 的 10 个省、直辖市（北京、天津、上海、辽宁、吉林、黑龙江、江苏、浙江、广东、山东）1996 年以前使青壮年文盲率降到 5% 以下。第二步，经济、教育条件比较好，占全国人口 52% 的 13 个省、自治区（河北、山西、福建、江西、安徽、河南、湖南、湖北、广西、海南、四川、陕西、新疆）1998 年以前使青壮年文盲率降到 5% 以下。第三步，经济、教育基础较差，占全国人口 15% 的 6 个省、自治区（内蒙古、贵州、云南、甘肃、宁夏、青海）2000 年前使青壮年文盲率降到 15% 以下，其中占该地区 1/3 人口以上的城镇、条件比较好的农村使青壮年文盲率降到 5% 以下。西藏自治区在 2000 年后使青壮年文盲率降到 15% 以下。

为了保证扫盲工作质量，我国较早建立分级扫盲验收、督导评估制度。1988 年国务院颁发的《扫除文盲工作条例》明确规定：扫除文盲实行验收制度。扫除文盲的学员由所在乡（镇）人民政府、城市的街道办事处或同级企业、事业单位组织考核，对达到脱盲标准的，发给"脱盲证书"。基本扫除文盲的市、县（区），由省、自治区、直辖市人民政府验收；乡（镇）、城市的街道，由上一级人民政府验收；企业、事业单位，由所在地人民政府验收。对符合标准的，发给"基本扫除文盲单位证书"。为了统一验收标准，规范验收程序，保证验收质量，国家教委于 1992 年发文试行《扫除青壮年文盲单位考核验收办法》和个人脱盲考试内容，对扫除青壮年文盲的单位及脱盲人员的考核验收工作做了明确的规定，推动了扫盲验收工作的科学化和规范化。1993 年 3 月，国家教委印发了《普及九年义务教育评估验收办法（试行）》、《县级扫除青壮年文盲单位检查评估办法（试行）》和《关于 1993 年普及九年义务教育县（市、区）和扫除青壮年文盲县（市、区）评估验收工作的通知》等三个文件，建立对普及九年义务教育县（市、区）和扫除青壮年文盲县（市、区）进行评估验收制度，坚持不普及初等教育，就不验收基本扫除青壮年文盲工作；不基本扫除青壮年文盲，就不验收普及九年义务教育。建立了国家抽查评估省、省验收县、县验收乡（镇）、乡（镇）验收村的逐级检查验收制度。

从 1993 年开始，国家教委开展了对省（区、市）是否实现基本扫除青壮年文盲目标的抽查评估工作。在省（区、市）人民政府对各县（市、区）扫盲工作进行验收的基础上，应省（区、市）人民政府的申请，国家教委组织由国家督学和多年从事扫盲工作的同志组成的检查组，对基本扫除青壮年文盲工作进行抽查评估。检查组依据《中国教育改革和发展纲要》《扫除文盲工作条例》和国家教委《县级扫除青壮年文盲单位检查评估办法（试行）》等有关规定，采取随机抽样与指定相结合的方法，重点抽查经济、教育条件相对较差，第四次人口普查时文盲人口多，扫盲任务较重的五个地区的五个县，在每个县抽查三个乡镇九个行政村，并测试近三年来的脱盲学员，要求原则上参考率不低于 80%。检查组通常分为 5 个小组，采用听汇报、查资料、看学校、开座谈会、访问学员、文化考试等多种方法，核实扫盲和扫盲后巩固提高工作的情况。评估结果以书面报告的方式向被抽查县（市、区）和省级政府及教育行政部门反馈意见[1]。分级检查验收的制度，既调动了各省级政府的工作主动

---

[1] 中国成人教育协会组. 中国成人教育改革发展三十年. 北京：高等教育出版社，2008：118.

第八章　创新发展职业教育与成人教育

性，又提高了扫盲及巩固工作的质量，为我国如期实现扫盲目标发挥了巨大推动作用。

3. 经费投入和奖励激励机制调动了扫盲工作积极性

我国的扫盲工作经费采取多渠道筹措的办法，中央财政基于专项奖励资金支持，以调动地方政府工作积极性，并对少数民族等地区给予倾斜性扶持。

国务院《扫除文盲工作条例》提出，"扫除文盲教育所需经费采取多渠道办法解决"，"鼓励社会力量和个人自愿资助扫除文盲教育"。1995年，国家教委与财政部联合印发《关于扫盲工作经费问题的通知》，提出"中央财政决定安排扫盲奖励专款用于今后几年的扫盲表彰、奖励工作。地方各级人民政府也应当对在扫盲工作中成绩显著的单位和个人予以表彰、奖励"。此后，中央财政对扫盲教育的扶持力度不断加大。"八五"期间，中央财政每年划拨300万元奖励经费；"九五"期间，增加到每年500万元；"十五"期间，增加到每年800万元；2007年起，中央财政加大了对扫盲教育的支持力度，将扫盲教育奖励经费由每年的800万元增加到5 000万元，资金重点向扫除妇女文盲和少数民族扫盲工作倾斜。同时，财政部与教育部联合颁发了《扫盲教育中央专项资金管理暂行办法》，着力提高扫盲经费的使用效益[①]。

为了表彰在扫盲工作中做出重大贡献的单位和个人，激发扫盲工作热情和积极性，国家设立了一系列扫盲工作奖项。国家教委设立了"中华扫盲奖"，并与全国妇联联合设立了"巾帼扫盲奖"，与财政部联合设立了"扫盲工作先进地区奖"。这些奖项至1999年先后表彰奖励了扫盲和农村成人教育工作成绩显著的先进地区和先进单位655个、先进学校507个、先进个人1 365人，对扫盲工作产生

---

① 中国成人教育协会组. 中国成人教育改革发展三十年. 北京：高等教育出版社，2008：124.

了重要的推动作用。2001年，教育部、财政部、国家发展计划委员会决定向31个省（区、市）和新疆生产建设兵团颁发"推进'两基'成就奖"，授予329个地区（单位）"全国'两基'工作先进地区（单位）"光荣称号，授予1 044名同志"全国'两基'工作先进个人"光荣称号，激励了广大教育工作者进一步落实"两基"工作，调动了社会各界关心支持教育事业。2007年，教育部、国家改革和发展委员会、财政部又联合向西部地区12个省（区、市）和新疆生产建设兵团颁发"推进西部地区'两基'攻坚成就奖"，授予西部地区100个市、县"西部地区'两基'攻坚先进地区"荣誉称号；授予西部地区50个单位"西部地区'两基'攻坚先进单位"荣誉称号；授予450名同志"西部地区'两基'攻坚先进个人"荣誉称号。

4. 世界全民教育运动为我国扫盲工作增添了动力

为了促进世界各国对扫盲工作的重视和舆论支持，联合国大会确定1990年为"国际扫盲年"。1990年1月，国家教委在北京召开迎接"国际扫盲年"全国电话会议。国家教委、中宣部、文化部、广播电影电视部、农业部、林业部、中国人民解放军总政治部、共青团中央、全国妇联、中国科协等部门的领导同志，各省（区、市）教育、农业等部门的负责同志参加了会议。国务委员兼国家教委主任李铁映、国务委员陈俊生代表国务院做了重要讲话，国家教委副主任何东昌在会议总结时要求各地把扫盲任务抓紧落实到乡、到村，凡有文盲的乡村都要做出计划，对文盲建档立卡，有计划地限期扫除。农村中小学的教师和小学高年级以上的学生，在假期中要积极参加当地的扫盲工作，并且长期坚持下去[①]。

1990年3月，由联合国教科文组织、儿童基金会、开发计划署和世界银行发起和赞助的"世界全民教育大会"在泰国中天（Jom-

---

① 中国成人教育协会组. 中国成人教育改革发展三十年. 北京：高等教育出版社，2008：115.

第八章　创新发展职业教育与成人教育

tien）举行，因而又称"中天大会"。来自世界150多个国家以及联合国系统各机构、20个政府间组织和150多个非政府组织的约1 500名代表、观察员及专家出席了会议。大会讨论并通过了《世界全民教育宣言》和实施宣言的《满足基本学习需要的行动纲领》。《世界全民教育宣言》提出的全民教育目标中，有关扫盲的目标内容是：到2000年普及并完成初等教育（或任何被认为是"基础"的更高层次的教育）；降低成人文盲率（各国自定适当的年龄组），例如，到2000年减少至1990年水平的一半，要特别重视妇女扫盲以明显地缩小男女文盲率之间的差距。之所以制定这样的目标，是因为当时全世界有2.8亿儿童（约占学龄人口的20%）未能接受初等教育；同时，有9.48亿成人属于文盲（文盲人数在1950年为7亿，1970年为8.9亿），其中三分之二的文盲是妇女，性别之间文盲比率的差距在发展中国家尤为明显，约相差20个百分点；而功能性文盲（意味着一个人所掌握的书面文字和一般基础知识还明显地不足以使其在越来越复杂的社会中"行使功能"）已成为包括工业化国家和发展中国家在内所有国家的严重问题[1]。

1990年3月，国家教委、中宣部、文化部、广播电影电视部、农业部、林业部、中国人民解放军总政治部、共青团中央、全国妇联、中国科协等中央十部委联合成立全国扫除文盲工作协调小组，并发出联合开展扫盲工作的通知。通知要求：成立各级扫盲工作协调领导机构。加强对扫盲工作的宏观指导，动员社会各界关心和支持扫盲；协调、统筹安排各有关部门、团体共同参与扫盲工作；定期检查了解扫盲进展情况，指导、督促、推动扫盲工作；表彰扫盲先进单位和个人。在各级政府的领导下，各有关部门、团体分工协作、齐抓共管；认真贯彻迎接"国际扫盲年"全国电话会议精神，积极参与"国际扫盲年"活动，为扫盲做贡献；逐级制订和落实扫

---

[1] 赵中建.全民教育：一个全球性的课题.比较教育研究，1997（2）.

盲计划；实行督促检查制度；总结交流经验，表彰先进。1990年，国家教委在北京召开全国扫盲工作会议，总结了扫盲进展情况，交流了经验，表彰了全国扫盲先进工作者，研究部署了1991年扫盲工作。1993年12月，由联合国教科文组织、儿童基金会和人口基金会倡导的"九个人口大国全民教育首脑会议"在印度新德里召开，孟加拉国、巴西、中国、埃及、印度、印度尼西亚、墨西哥、尼日利亚和巴基斯坦九国领导人对实现世界全民教育目标向国际社会做出正式承诺，通过了《德里宣言》。李岚清率中国代表团出席会议并在《德里宣言》上郑重签字。出席会议的九个人口大国人口占世界总人口的二分之一，文盲人口占世界文盲人口的70%，对实现联合国的扫盲目标具有十分重要的作用。为此，联合国教科文组织每隔两年召开一次九个人口大国全民教育部长级会议，回顾、总结和交流九国全民教育的进展情况。2001年，联合国教科文组织在北京召开了第四届九个人口大国全民教育部长级会议，并发表了《北京宣言》，教育部陈至立部长率团出席了会议。2007年7月31日，中国政府与联合国教科文组织在北京联合举办了"联合国教科文组织亚太地区扫盲会议"，会议交流了各参与国开展扫盲工作的成功经验，研究和探讨了当前世界扫盲教育的热点问题[1]。党中央、国务院领导高度重视联合国发起的全民教育运动和扫盲战略行动，积极参加重要会议并主动做出相关承诺，以此为契机引领国内扫盲和教育普及工作，这为我国如期完成扫盲任务指明了方向，增添了动力，也促使我国为世界全民教育运动做出了重大贡献。

5. 扫除青壮年文盲战略目标如期实现

改革开放初期，在党中央、国务院的高度重视和积极推动下，我国成人扫盲工作取得重大进展。1978—1988年，扫除文盲

---

[1] 中国成人教育协会组. 中国成人教育改革发展三十年. 北京：高等教育出版社，2008：125.

第八章　创新发展职业教育与成人教育

3 506.08 万人。进入 20 世纪 90 年代，在"国际扫盲年"的带动下，我国扫盲工作掀起新的高潮。仅 1990 年，全国就扫除文盲 399 万，几乎比上年的 200.1 万人翻了一番。1988—1998 年的 10 年间，扫除文盲 4 076.15 万人。1998 年，全国举办的扫盲班有 13.42 万个，扫除文盲 320.89 万人[①]。

到 20 世纪末，我国如期实现了基本扫除青壮年文盲的目标。经教育部检查评估验收，全国有北京、天津、上海、吉林、黑龙江、辽宁、广东、江苏、山东、浙江、陕西、河北、福建、湖南、海南、河南、广西、湖北、安徽、江西、四川、陕西、重庆、新疆等 24 个省（区、市）青壮年文盲率降到 5% 以下，全国青壮年文盲率已降到 4.8% 以下，如期实现了基本扫除青壮年文盲的目标，文盲数量、文盲率大幅度下降。1978—2000 年，我国累计扫除了文盲 8 435 万人（见图 8-2）。同步推进教育普及和扫盲工作，促使我国人口中的文盲数量和文盲率不断下降，15 周岁以上成人文盲率由 1982 年的 34.49% 下降到 2000 年的 9.08%。成人文盲数量从 1982 的 2.35 亿减少到 2000 年的 8 100 多万，成人文盲率从 1982 年的 34.5% 降到 2000 年的 6.72%。根据国家统计局第三次、第四次、第五次全国人口普查，全国青壮年文盲率 1982 年为 24.06%，1990 年为 10.38%，2000 年为 4.8% 以下，全国实现了青壮年文盲率下降到 5% 以下的宏伟目标。

妇女扫盲和少数民族地区扫盲教育卓有成效。妇女文盲占比高，是世界普遍存在的现象和问题，因此扫除妇女中的文盲既是联合国的明确要求，也是我国扫盲工作的重点之一。根据有关资料，1990—2002 年，全国脱盲 5 040 万人，其中 62% 是妇女。成人妇女文盲人数由 1990 年的 15 900 万下降到 2000 年的 6 181 万，妇女文

[①] 中国成人教育协会组. 中国成人教育改革发展三十年. 北京：高等教育出版社，2008：124.

职业教育与成人教育

图 8-2　1978—2000 年我国扫盲人数

资料来源：《中国教育统计年鉴》中关于扫盲的统计数据。

盲率由 1990 年的 32% 降到 2000 年的 13.5%。男女文盲率差距由 1990 年的 19 个百分点缩小到 2000 年的 8.5 个百分点。青壮年妇女文盲数量由 1990 年的 4 443 万降到 2000 年的 1 503 万。通过扫盲教育，我国农村妇女科学文化素质和社会生产水平得到了提高。根据全国妇联城乡部 1999 年统计资料，农村妇女劳动力占农村劳动力总数的 60%，参加过县以上培训的妇女文盲达 13 400 万人，获得农民技术员资格的妇女达 153.46 万人，妇女科技示范户有 617.7 万个。中国妇女的收入占家庭总收入的比例由 20 世纪 50 年代的 20% 提高到 40%，有的家庭特别是以妇女为主的专业户家庭，妇女的收入比例甚至高达 60% 至 70%[①]。我国少数民族聚居地区由于环境、地理等因素的制约，经济发展滞后，文化教育也相对落后，文盲率高于全国平均水平。随着国家相关扶持政策的落实，民族地区教育获得较快发展，民族地区扫盲工作取得明显成效。2000 年，广西、新疆的成人文盲率低于全国 8.72% 的平均水平；1982—2000 年，贵州、

---

① 蒋华. 改革开放以来我国扫盲教育的政策与实践. 四川师范大学学报（社会科学版），2005（6）.

云南、西藏、甘肃、宁夏成人文盲率下降的幅度快于全国成人文盲率下降的平均水平[①]。

我国扫盲工作之所以能够扎实推进并取得奇效，根本原因在于党和政府对提高国民素质重要性的深刻认识和对扫盲工作的高度重视，一系列政策文件和法律法规的出台、检查督导评估制度的确立和经费投入的支持，为扫盲目标的实现提供了强有力的依据和保障。因地制宜、分类指导的工作方针是实事求是原则在扫盲工作上的直接体现，既尊重了我国发展不平衡的实际情况，又注意调动各地工作积极性、发挥创造性，充分利用各种资源，充分依靠各方面力量，扎实推进扫盲工作，确保扫盲质量。随着我国教育普及水平的提高和科学技术的进步，"文盲"的内涵也发生了根本性的变化，扫盲教育的理念、内容和方式也必须与时俱进，才能更好地满足青少年和成人在工作与生活方面日益复杂的需要。

大事记：

【《职业教育法》大事记】

1996年5月15日第八届全国人民代表大会常务委员会第十九次会议通过《中华人民共和国职业教育法》，1996年5月15日中华人民共和国主席令第69号公布，自1996年9月1日起施行。

【高职教育发展大事记】

1980年，地方性的短期职业大学诞生。

1985年的《中共中央关于教育体制改革的决定》明确要求"积极发展高等职业技术院校"。

1985年，国家教委部署三所普通中专学校开始"五年制技术专科"试点。

1986年，国务院发布《普通高等学校设置暂行条例》，包括了高职学校。

1991年发布的《国务院关于大力发展职业技术教育的决定》，再次强调

---

① 中国成人教育协会组．中国成人教育改革发展三十年．北京：高等教育出版社，2008：135．

"努力办好一批培养技艺性强的高级操作人员的高等职业学校"。

1991年，国家教委与中国人民解放军总后勤部联合批准试办邢台高等职业技术学校。

1994年，深圳高等职业技术学院挂牌成立。

1994年和1996年，国家教委两次发文共批准18所中等专业学校试办五年制高职班。

1994年党中央国务院召开的全国教育工作会议上，国家领导人更系统地提出发展高等职业教育的任务，同时，明确了"三改一补"的发展途径。

1996年颁布的《中华人民共和国职业教育法》，把"高等职业学校教育"和"高等职业学校"以法律形式固定下来。

【扫盲大事记】

1978年国务院发布《关于扫除文盲的指示》。

1988年国务院发布《扫除文盲工作条例》，1993年，李鹏总理签署1993年第122号国务院令，发布了《国务院关于修改〈扫除文盲工作条例〉的决定》。

1990年，国家教委在北京召开迎接"国际扫盲年"全国电话会议。

1990年，由联合国教科文组织、儿童基金会、开发计划署和世界银行发起和赞助的"世界全民教育大会"在泰国中天（Jomtien）举行。

1990年，国家教委、中宣部、文化部、广播电影电视部、农业部、林业部、中国人民解放军总政治部、共青团中央、全国妇联、中国科协等中央十部委联合成立全国扫除文盲工作协调小组，并发出联合开展扫盲工作的通知。

1993年中共中央、国务院印发《中国教育改革和发展纲要》，提出到2000年"全国基本扫除青壮年文盲，使青壮年文盲率降到百分之五以下"的奋斗目标。

从1993年开始，国家教委开展了对省（区、市）是否实现基本扫除青壮年文盲目标的抽查评估工作。

1994年中共中央、国务院召开全国教育工作会议，把基本普及九年义务教育、基本扫除青壮年文盲作为20世纪90年代教育事业发展的"重中之重"。

1995年，国家教委与财政部联合印发《关于扫盲工作经费问题的通知》，

第八章　创新发展职业教育与成人教育

提出"中央财政决定安排扫盲奖励专款用于今后几年的扫盲表彰、奖励工作。地方各级人民政府也应当对在扫盲工作中成绩显著的单位和个人予以表彰、奖励"。

20世纪末，我国如期实现了基本扫除青壮年文盲的目标。经教育部检查评估验收，全国有北京、天津、上海、吉林等24个省（区、市）青壮年文盲率降到5%以下，全国青壮年文盲率已降到4.8%以下。

2004年，国务院组织实施《国家西部地区"两基"攻坚计划（2004—2007年）》，明确提出到2007年，在我国西部地区基本普及九年义务教育和基本扫除青壮年文盲的目标。

第九章 21世纪转型发展职业教育与成人教育

改革开放以来,我国职业教育与成人教育改革和发展取得了重要成就,为 21 世纪职业教育与成人教育事业的振兴奠定了坚实基础。实现社会主义现代化,科技是关键,教育是基础。面对即将到来的 21 世纪,我们党深刻认识到,我国教育发展水平仍然较低,教育结构和体制、教育观念和方法还不能适应现代化建设的需要。党的十五大明确指出:"培养同现代化要求相适应的数以亿计高素质的劳动者和数以千万计的专门人才,发挥我国巨大人力资源的优势,关系二十一世纪社会主义事业的全局。"根据党中央关于 21 世纪社会主义现代化建设特别是实施科教兴国战略的重大部署,我国职业教育与成人教育在 21 世纪之初实施了诸多战略转型,为全面建设小康社会和加快推进社会主义现代化建设做出了重要贡献。

一、示范校(骨干校)、优质校建设,培养高技能人才

进入 21 世纪,为了发挥部分高职院校示范引领的带头作用,带动职业教育加快改革与发展,逐步形成结构合理、功能完善、质量优良的高等职业教育体系,教育部正式启动了"国家示范性高等职业院校建设计划"以及"高等职业教育创新发展行动计划"。项目建设院校在办学实力、教学质量、管理水平、办学效益以及辐射能力等诸多方面都取得了较为显著的成绩[1]。在党的领导下,我国高等职业教育得以科学化发展。

---

[1] 席东梅. 高职教育再启程:从示范到优质. 中国职业技术教育,2017(4).

第九章　21世纪转型发展职业教育与成人教育

（一）国家示范校引领职业教育改革发展方向

进入 21 世纪，我们党对职业教育的发展尤其重视。中共中央在"十五"计划中明确提出"大力发展职业教育和职业培训，发展成人教育和其他继续教育，逐步形成大众化、社会化的终身教育体系"。2002 年 7 月，国务院在北京召开第四次全国职业教育工作会议。会议以邓小平理论和"三个代表"重要思想为指导，进一步确立职业教育的战略地位，明确"十五"期间职业教育改革发展的指导思想、目标和思路，研究制定推动职业教育改革发展的政策措施，努力开创职业教育工作的新局面。会后颁发《国务院关于大力推进职业教育改革与发展的决定》以及两个重要的配套文件：《教育部、国家经济贸易委员会、劳动和社会保障部关于进一步发挥行业、企业在职业教育和培训中作用的意见》和《劳动保障部、教育部、人事部关于进一步推动职业学校实施职业资格证书制度的意见》。这次会议对 21 世纪职业教育改革与发展具有巨大推动作用，标志着中国职业教育迈入了新的发展阶段。随后，2004 年 6 月，第五次全国职业教育工作会议在南京召开，会议讨论了《教育部等七部门关于进一步加强职业教育工作的若干意见》。2005 年 10 月，《国务院关于大力发展职业教育的决定》出台，提出"加强示范性职业院校建设。实施职业教育示范性院校建设计划，在整合资源、深化改革、创新机制的基础上，重点建设高水平的培养高素质技能型人才的一千所示范性中等职业学校和一百所示范性高等职业院校"。同年 11 月，第六次全国职业教育工作会议在北京召开。这次会议是在党的十六届五中全会闭幕后不久国务院召开的全国职业教育工作会议，也是 21 世纪以来召开的第三次全国职业教育工作会议，充分体现了党中央、国务院对职业教育工作的高度重视。会议和《国务院关于大力发展职业教育的决定》对今后几年职业教育工作产生了重要影响，是我国职业教育发展史上新的里程碑。

为贯彻落实《国务院关于大力发展职业教育的决定》，提高高等职业教育质量，增强高等职业院校服务经济社会发展的能力，2006年11月3日，教育部和财政部印发《关于实施国家示范性高等职业院校建设计划加快高等职业教育改革与发展的意见》，正式启动"国家示范性高等职业院校建设计划"，示范建设院校开始陆续立项建设起来。随后，职业教育在办学模式、课程与教学模式方面进行了全面、系统的深入改革，基本明确了"校企合作、工学结合"的办学路径，并从人才培养模式、课程教学模式、产学研合作、实践教学基地、"双师型"教师队伍建设等方面提出了明晰的建设思路，这表明职业教育类型化探索已经进入了定向期。这一时期，职业教育的定位、功能已经从政策层面得到基本明确。同时，自扩招政策出台后，高职高专院校的数量就从 2000 年的 442 所增长到 2006 年的 1 147 所，而招生人数则从 48.7 万增长到 293 万，占到整个高等教育招生总人数的 53.67%，高等职业教育从规模上来看已经占据了整个高等教育领域的"半壁江山"[1]。

随着职业教育办学体量的增长，职业教育大众化的时代到来，教育资源逐步丰富，职业院校需建立自己特有的办学模式，从而满足学生、企业、政府等利益相关主体的切实需求，外部环境也在不断倒逼职业院校明确自身的办学定位，找到适合自身生存的道路。2010 年，中共中央政治局召开会议，审议并通过了《国家中长期教育改革和发展规划纲要（2010—2020 年）》，其中明确了"把提高质量作为重点。以服务为宗旨，以就业为导向，推进教育教学改革"的要求，这就说明此时的职业教育正朝着高质量发展的方向不断前进。

在 2010 年年末还有一个标志性的事件是，高等职业教育的管理权限从教育部高等教育司划归到了职业教育与成人教育司，这意味

---

[1] 许广敏. 关于高等职业教育内涵的分析与思考. 机械职业教育，2003（9）.

第九章　21世纪转型发展职业教育与成人教育

着国家认可职业性是高等职业教育的本质特征，而高等性是高等职业教育的从属特征，高等职业教育是现代职业教育体系的重要组成部分[①]。随着高等职业示范校的逐步立项和验收，各个国家高等职业示范校在发展规划、体制机制创新、人才培养模式、办学条件保障措施等方面，逐步形成了自己的特色和优势，就业率不断攀升。2010年《就业蓝皮书》指出，高职高专院校的就业率约为85.2%；全国示范性高职院校2009届毕业生的就业率（88.1%）已经略高于非"211"本科院校（87.4%）。其他的国家示范校也以其完善的办学条件、雄厚的师资力量、先进的办学水平和适销对路的人才培养，得到了社会的广泛认可，就业率一般都在96%以上，基本上达到"政府满意—企业满意—家长满意—学生满意"[②]。

这一时期，我国职业教育的发展离不开党的引领，而经济区的发展、社会的认可、教育的自身发展需求也为这一时期职业教育的办学和人才培养提供了千载难逢的机遇。

一是经济区发展急需技能人才。随着改革开放的持续推进，从初期的四个经济特区到当时的武汉城市圈、鄱阳湖生态经济区、皖江城市带承接产业转移示范区、北部湾经济区、喀什经济特区、辽宁沿海经济带，各地积极发挥主观能动性，加快发展，而这些经济区的发展与壮大都需要大量技能人才尤其是高技能人才作为其发展的人才支撑，给国家立项建设的示范性高等职业院校带来了极大的机遇。

二是社会认可推动职业教育发展。职业教育逐渐得到社会公众的认可，教育部在《关于全面提高高等职业教育教学质量的若干意见》中强调，要"重视高等职业教育理论研究和实践总结，加强对

[①] 宾恩林. 改革开放40年来高职服务产业转型的政策路径和未来转向. 现代教育管理，2019（1）.

[②] 李漪. 从"示范"到"双高"：高职教育类型化探索的政策逻辑及未来路向. 职教论坛，2020（3）.

高等职业教育改革和发展成果的宣传,增强社会对高等职业教育的了解,提高社会认可度"[1],经过这一时期党和政府的努力经营,国家示范性高等职业院校逐步形成了极具自身特色和优势的办学模式,极大提升了职业教育的社会影响力,凭借高就业率的绝对优势得到了家长、学生以及社会的广泛认可,报考人数逐年增加,录取分数不断提高,这也为职业教育的发展赢得了诸多方面的支持,进一步提高人民对职业教育的信任度,形成全社会重视和支持职业教育的良好环境,有利于凝聚全社会重视高等职业教育的共识,优化职业教育的发展环境,促进职业教育在这一阶段的持续性发展。

三是教育发展需求带动改革创新。2007年,教育部批准在江苏、浙江、湖南、广东4省8所国家示范性高等职业院校进行单独招生试点,学校自主进行考试方式和方法的改革创新,选拔适合院校人才培养模式的学生。由于单独招生实行单独考试,这种模式非常有利于学校和学生的双向选择,拓展了考生选择学校和专业的空间,在一定程度上减少了考生报考学校和专业的盲目性,因此各试点学校单独招生录取学生的报到率均比较高,而且学生专业思想稳定[2]。以2008年部分高等职业院校单独招生学生报到情况为例,南京工业职业技术学院、无锡职业技术学院、辽宁省交通高等专科学校等院校的报到率均达到100%,这说明示范建设院校积极探索单独招生改革试点工作的同时,也带动了其他高等职业院校探索单独招生试点改革,呈现出示范建设院校在招生改革方面的示范导向作用。

(二) 国家骨干校助推区域经济协调发展

"十二五"时期,我国国民经济进入稳增长、调结构、转方式、促发展阶段,经济新常态到来,国家发展对职业教育产生了空前的

---

[1] 中华人民共和国教育部.关于全面提高高等职业教育教学质量的若干意见.(2006-11-16)[2021-03-31]. http://moe.cn/srcsite/A07/s7055/200611/t20061116_79649.html.

[2] 岳德虎.基于SWOT的高职示范校"后示范"建设.教育学术月刊,2011(10).

第九章 21世纪转型发展职业教育与成人教育

迫切需求。从教育本身来看，这五年是《国家中长期教育改革和发展规划纲要（2010—2020年）》实施的前五年，职业教育进一步得到重视，而经历了扩张的职业教育正在趋于稳定发展，"加快改革""提升质量""走向现代化"成为步入21世纪后发展职业教育事业的主旋律[①]。

根据《国家中长期教育改革和发展规划纲要（2010—2020年）》要求，在2010年，教育部、财政部决定开展国家骨干高职院校建设，这是"十二五"时期我国高职教育深化推进示范校建设的具体政策举措，指出要在2010年、2011年、2012年，分三批遴选出100所骨干高职院校予以重点支持建设。骨干校建设被称为国家示范性院校二期建设项目，是在进一步巩固国家示范校建设成果的基础上，寻求职业教育办学体制机制上的创新，着力建设校企合作的长效机制，是构建以国家示范院校为引领、国家骨干院校为带动、省级示范院校为支撑的现代职业教育体系的重要举措。而国家对骨干校建设的总体要求，主要体现在体制机制建设、政策环境建设、专业建设改革、师资队伍与领导能力建设、社会服务与辐射能力建设这五个方面[②]。

一是对体制机制建设的要求。要求骨干校推进地方政府与行业企业进行深入合作，共同建设高质量的高职院校，探索董事会或理事会办学体制，立足区域产业的发展，建立互利共赢、合作发展的长效机制。骨干校还要推动地方政府统筹协调好职业教育资源，制定多方面的相关政策（如税收减免、实习保险、专项拨款、耗损补贴等），调动行业企业在院校教学、资源共享、兼职教师配备等方面的参与主观能动性。

---

① 张祺午，岳金凤．"十二五"时期职业教育发展的分析与评价：主要规划指标与政策变化的视角．职业技术教育，2016，37（12）．
② 王长文，刘敏，孙百鸣．国家骨干高职院校建设的研究与实践．哈尔滨职业技术学院学报，2016（3）．

二是对政策环境建设的要求。要求地方政府将国家骨干校的建设纳入区域经济社会发展规划中,制定相应的鼓励政策,优化职业院校人才培养的发展环境,支持骨干校进行招生制度的改革创新,探索多元化的招生机制,加大经费投入,保障骨干校基础能力的建设,同时要求骨干校要有明确的办学方向和发展定位,发挥院校的特色和优势。

三是对专业建设改革的要求。骨干校重点专业要高度契合区域经济社会发展需求,专业对接产业,专业群对接产业集群,优化专业结构;要以校企深度合作为平台,深化培养模式改革,参照行业企业标准,融入职业标准和社会主义道德法制教育内容,重新完善人才培养方案和构建课程体系,对接生产过程,建立项目导向、任务驱动的专业核心课程及配套教学资源,加大生产性实训基地建设力度,改革评价体系,有效提高人才培养质量。

四是对师资队伍与领导能力建设的要求。国家骨干校要建立良性的师资队伍培养机制,出台教师实践锻炼与社会服务等文件,着力提升专任专业教师的整体素质,"双师"素质教师比例达到90%以上。学校要与企业合作,制定兼职教师聘任与管理方面的文件,采取有效措施,积极聘用行业企业工程技术人员和高级管理人员作为兼职教师,保证兼职教师承担的专业课时(含专业实践课)比例达到50%以上。骨干校要加强领导团队和中层干部团队建设,提升办学理念,提高学校治理能力、科学决策水平和资源整合能力。

五是对社会服务与辐射能力建设的要求。国家骨干校要拓展社会服务功能,采取有效措施,培养区域经济社会发展和产业升级急需的技术技能人才;主动面向区域和行业、企业开展服务,鼓励教师参与企业技术创新和研发,面向区域开展新技术、新工艺、新材料方面的培训;广泛开展地区间、城乡间的中高职院校对口支援,提高示范带动能力。

随着骨干校建设的启动,各建设院校积极开展校企合作办学、

第九章 21世纪转型发展职业教育与成人教育

育人、就业等活动，在办学的体制机制方面做出了非常多有益的尝试，增强了职业院校的办学活力，骨干校以提高技术技能人才培养质量为主要发展内涵，积极创新职业教育内部管理机制，调整和优化职业院校专业结构，深化人才培养模式改革，加强"双师"结构教师队伍建设，构建企业参与下的人才培养质量保障体系，提升了职业院校服务经济、服务社会的水平。以校企合作为例，许多地区的地方政府在政策出台方面做出了有益探索，如北京市教委、交委于2011年联合出台了《北京市交通行业职业教育校企合作暂行办法》；浙江省宁波市在2009年、2012年相继出台了《宁波市职业教育校企合作促进条例》《〈宁波市职业教育校企合作促进条例〉实施办法》；福建省人民政府办公厅于2012年10月印发《关于支持高职院校改革发展的若干意见》。政策的出台让国家骨干校的建设得到鼓励，有助于骨干校结合区域发展特色，发挥自身优势。

2016年2月，教育部、财政部发布《教育部　财政部关于公布"国家示范性高等职业院校建设计划"骨干高职院校建设项目2015年验收结果的通知》，对2012年度启动建设的30所国家骨干高职院校和2010年度延迟启动建设的院校组织了验收。验收工作聚焦项目学校在校企合作体制机制创新、人才培养模式改革与课程开发、实训条件与师资队伍建设、就业质量与社会贡献等方面的建设情况，地方政府和院校举办方承诺落实情况，项目预算执行情况，资金使用与管理情况，示范建设成果辐射效果与社会认可度等。在综合考虑省级验收结果、现场考察情况和两部验收专家组意见基础上，同意30所项目学校的建设项目通过验收。

（三）优质校助力现代职业教育体系构建

"十二五"期间，基本公共教育服务体系和现代职业教育体系基本确立，高等教育大众化水平显著提升，继续教育持续发展，全民终身学习的态势初步形成，而职业教育、成人教育也需要得到进一步发展，尤其是职业教育在人才培养的类型、层次和学科专业结构与社会需求方面需得到进一步契合。经过国家示范高职院校建设和国家骨干高职院校建设，我国职业教育呈现出"百舸争流、千帆竞发"的良好态势，在总结"十一五"时期国家示范高职院校建设和"十二五"时期国家骨干高职院校建设经验的基础上，指出专科层次高职教育是建设现代职业教育体系承上启下的关键[①]。

尽管通过示范校建设和骨干校建设，作为一种类型教育的高职教育已经初步成型，并凝练形成了具有自身特色的人才培养模式，但面对产业的转型升级，职业教育亟须加快培养战略性新兴产业急需人才，并须加强现代服务业和社会管理服务人才培养，而在教学模式上须推行产教融合的职业教育模式，从而推动校企一体化育人。为此，2014年6月，国务院印发《关于加快发展现代职业教育的决定》，明确提出"建成一批世界一流的职业院校和骨干专业，形成具有国际竞争力的人才培养高地"的目标任务[②]；2015年10月，教育部印发《高等职业教育创新发展行动计划（2015—2018年）》提出，到2018年，将支持地方建设200所左右的优质专科高等职业院校，即要建设优质高职院校。

从类型化探索来看，优质高职院校建设的重大意义在于"把那些经过证明成熟的、可以推而广之的、确有实际办学成效的理念、标准和机制，按照'经验—制度—文化—行动'等步骤积累沉淀下来，让改革经验上升为管理制度，让管理制度升华为学校文化……逐步形成学校人才培养以及教育教学管理等各项工作的规范化、标准化，最终形成一种健康有序、具有鲜明中国特色的高等职业教育制度范式"[③]。如何使示范校和骨干校的探索优势得以保留，以及挖

---

① 席东梅.高职教育再启程：从示范到优质.中国职业技术教育，2017（4）.
② 国务院关于加快发展现代职业教育的决定.（2014-06-22）[2021-03-31]. http://www.gov.cn/zhengce/content/2014-06/22/content_8901.htm.
③ 任占营.优质高等职业院校建设的思考.国家教育行政学院学报，2018（7）.

第九章　21世纪转型发展职业教育与成人教育

掘职业教育的新发展潜力成为这一时期高职教育类型化发展的核心要义。

而促进产教深度融合成为优质校建设的基本遵循。有别于示范校建设以工学结合为特点，形成了工学结合的人才培养模式，以及骨干校建设以校企合作的体制机制创新为特征，优质校建设需推动我国现代职业教育体系日臻完善，因此此次的改革重点在于合理化职业教育体系，增强职业教育服务发展能力，完善职业教育可持续发展机制，持续提升职业教育发展质量。建设优质校的目标体现在办学定位准确、专业特色鲜明、社会服务能力强、综合办学水平领先、与地方经济社会发展需要契合度高、行业优势突出。通过产教融合，深化教育教学改革、提升技术创新服务能力、培养杰出技术技能人才，增强专业教师和毕业生在行业企业的影响力，提升学校对产业发展的贡献度，争创国际先进水平[1]。

2016年以来，全国共有19个省（区、市）相继启动优质校项目建设，这标志着我国高职院校正式步入了优质化发展的时代。2019年6月，200所高职院校被认定为全国优质校，优质校在不同省份叫法和名称不同，在辽宁被称为"双高"，在湖南被称为"卓越"，在有些地区被称为职业教育领域的"双一流"。和示范校、骨干校相比，优质校建设具有时代特征，高职院校内部治理观也发生了重要的转变，治理理念由工具性走向人本性、由封闭性走向开放性，治理主体由一元化走向多元化，治理内容由碎片化走向系统化，治理机构由条块分割走向协同一体，治理手段日趋现代化，治理形态由科层式转向平行网格式，治理目标与结果由人治向善治转变[2]。可以说，优质校建设以产教融合为主线，不断推进职业教育内部治理体系与治理能力的现代化发展。

---

[1] 甘华银. 项目逻辑关系：优质高职院校建设的内涵机理. 职业技术教育，2018，39（34）.
[2] 盖馥. 从示范到优质：高职院校内部治理观的嬗变与提升策略. 职教论坛，2020（2）.

可以说，21世纪，我们党高度重视职业教育的发展。21世纪之初的短短几年间，在党中央的领导下，召开了三次全国职业教育工作会议。胡锦涛也多次在不同场合谈到职业教育工作，提出要大力发展职业教育。从2006年开始，我国先后启动的"国家示范性高等职业院校建设计划""高等职业教育创新发展行动计划"，在创新职业教育体制机制、深化教学改革、提升服务能力、提高办学质量等诸多方面取得了卓越的成效。"示范校""骨干校""优质校"建设直接涉及的虽然仅是部分高职院校，而不是全部高职院校，但对高等职业教育的发展确实发挥了很好的示范引领作用。高职（专科）教育在高等教育规模扩张中快速发展，走出了一条示范引领的创新发展之路。

二、努力办好中国特色开放大学

作为开放大学的前身，广播电视大学从成立之日起，一直得到党中央、国务院的高度重视。广播电视大学在创办初期，贯彻中央精神，实行开放办学，在20世纪80年代初期发展非常迅速。进入21世纪，全球新一轮科技革命和产业革命孕育兴起，互联网、人工智能等新技术的发展引领教育形态发生新的变革。人民群众对教育的需求更加多样，对更高质量、更具个性的教育的需求也更为迫切。1999年，江泽民在第三次全国教育工作会议上指出"要以远程教育网络为依托，形成覆盖全国城乡的开放教育系统，为各类社会成员提供多层次、多样化的教育服务"。可以说，党和政府的高度重视和大力支持，为进入21世纪的广播电视大学向开放教育转型升级指明了方向，创造了条件，提供了动力。

（一）广播电视大学向开放教育转型

为了实现党的十五大所确定的跨世纪社会现代化建设的宏伟目标

第九章　21世纪转型发展职业教育与成人教育

与任务，落实科教兴国战略，全面推进教育的改革和发展，提高全民族的素质和创新能力，教育部制定了《面向21世纪教育振兴行动计划》（以下简称《行动计划》），提出"实施'现代远程教育工程'，形成开放式教育网络，构建终身学习体系"。1999年1月，国务院批转教育部《行动计划》，要求各地贯彻执行。同年3月，教育部根据《行动计划》精神，批复同意了清华大学、浙江大学、北京邮电大学、湖南大学四所高校提出的现代远程教育试点方案。同年4月，教育部印发《关于开展"中央广播电视大学人才培养模式改革和开放教育试点"项目研究工作的通知》，批准中央广播电视大学为第二批现代远程教育试点高校，指出该项目是教育部组织实施的"现代远程教育工程"的重要组成部分，是中央广播电视大学改革人才培养模式、发展现代远程教育的重要实验。1999年6月，中共中央、国务院印发的《关于深化教育改革，全面推进素质教育的决定》三次提到"现代远程教育"，强调"凡符合国家有关法律法规的办学形式，均可大胆试验"。这为我国现代远程教育的超常规发展提供了强有力的政策保障。

1999年6月，中央广播电视大学的开放教育试点项目正式启动。1999年8月，教育部印发《"中央广播电视大学人才培养模式改革和开放教育试点"项目研究工作实施意见（试行）》，对试点教学点的确定和入学注册、教学、课题立项和研究等工作提出了意见。试点项目旨在探索并构建广播电视大学在现代远程开放教育条件下本科及专科应用型人才培养模式的基本框架，以及相应的教学模式、管理模式和运行机制。根据《行动计划》的部署，中央广播电视大学和清华大学等普通高校同时参与国家"现代远程教育工程"的实施，本科开放教育由广播电视大学和普通高校联合举办，专科开放教育由广播电视大学系统独立举办[1]。本科开放教育试点方面，中央广播

---

[1] 丁兴富. 我国组织实施跨世纪的现代远程教育工程：中国远程教育的历史发展和分期（3）. 现代远距离教育，2001（3）.

电视大学分别与清华大学、北京外国语大学、中国政法大学和中国人民银行培训中心签署合作协议，1999年共同开设了计算机科学与技术、英语、法学和金融学四个专业。专科开放教育试点方面，中央广播电视大学分别与水利部及华北水利水电大学、东北师范大学、中国人民银行培训中心签署协议，1999年共同开设了水利水电工程、教育管理和金融学三个专业。同时，园艺学、动物生产、药学专业先按课程进行开放教育试点，条件成熟时开设专业。教育部高教司和中央广播电视大学确定自1999年9月起在北京、天津、上海、辽宁、黑龙江、江苏、浙江、安徽、福建、山东、河南、湖北、湖南、广东、云南、陕西、甘肃、新疆等地的电大和新疆兵团电大开展这项试点项目研究工作，取得经验后再逐步在全国电大展开[①]。

  项目试点采取"宽进严出"的招生培养制度，实行完全学分制。为了保证生源的质量，本科试点的注册对象须具有国民教育系列高等专科以上学历，并要求是相同或相近专业，或者从事专业岗位工作；专科试点的注册对象为具有普通高中、职业高中、技工学校和中专学校毕业证书者。注册学生的入学资格须经所在省、自治区、直辖市及计划单列市教育行政部门审核。试点工作强化了对学习过程的考核评价，采取形成性考核和期末考试相结合的方式；改革传统的考试方式和手段，将网上考试和卷面考试相结合。试点本科专业的教学计划由中央广播电视大学会同合作高校组织专家统一制订；专科专业的教学计划由中央广播电视大学组织专家统一制订。本科、专科教学计划均依据国家高等本科和专科教育的培养目标和规格制订，并经教育部审批后下达执行。试点专业教学计划统一设必修课程、限选课程、选修课程和集中实践环节。试点专业教学计划规定最低毕业总学分。按照教考职责分离的原则，对于必修课程考试说明的编制和期末考试命题工作，专科由中央广播电视大学负责，本

---

① 任绍江. 教育部推进实施现代远程教育工程. 光明日报, 1999-06-30.

第九章　21世纪转型发展职业教育与成人教育

科由中央广播电视大学和合作高校共同组织,主要由合作高校负责,中央广播电视大学参与。本科学生的课程成绩记录及获得的相应学分在注册后六年内有效;专科学生的考试成绩及获得的相应学分在注册后八年内有效。学生修满教学计划规定的学分,经中央广播电视大学审核后统一颁发国家承认的学历毕业证书,达到学位申请要求的学生,由普通高校颁发学位证书[①]。

试点项目启动后,为加强对广播电视大学实施现代远程教育的宏观管理和指导,保证项目研究工作朝着既定目标发展,教育部多次开展了项目评估工作。2001年5月,教育部办公厅印发《关于开展"中央广播电视大学人才培养模式改革和开放教育试点"项目中期评估工作的意见》,决定从2001年起对试点项目进行中期评估。并随文印发了《"中央广播电视大学人才培养模式改革和开放教育试点"项目中期评估指标》。2004年8月,教育部办公厅发布《关于开展"中央广播电视大学人才培养模式改革和开放教育试点"项目总结性评估工作的通知》。该文件指出,教育部将以总结性评估的方式对其进行全面检查、评价和验收,并对总结性评估的目的、对象、组织及方式、内容与时间等做出了指示。2007年11月,教育部发布《教育部办公厅关于公布"中央广播电视大学人才培养模式改革和开放教育试点"项目总结性评估结论的通知》,对"中央广播电视大学人才培养模式改革和开放教育试点"项目予以通过,并给予了总结性评估结论,指出"中央广播电视大学人才培养模式改革和开放教育试点"项目经过8年的探索实践,电大综合办学实力、教育教学质量、社会声誉得到较大提高,为经济社会发展培养了大批应用性高等专门人才。开放教育试点8年,共有全国电大10多万名教职工、20所普通高校和14个行业部委参与。截至2007年年底,开放教育累计开设31个专科专业、18个本科专业(专科起点);累计招

---

① 任绍江. 教育部推进实施现代远程教育工程. 光明日报,1999-06-30.

生458万人，毕业学生238万人，注册学生中94.5%为在职从业人员，78%来自地市、县级及以下基层，25.4%来自西部[1]。试点项目为我国现代远程教育的发展积累了宝贵的经验：初步形成了以天网地网人网结合，三级平台互动，多种媒体教学资源综合应用为特色的网络教学环境；形成了现代远程教育环境下应用性人才培养模式的基本框架，以及相应的教学模式、管理模式和运行机制。开放教育成为推进远程教育和继续教育发展的一种重要形式。通过该项目的大力推进，中央广播电视大学创立了具有中国特色的远程开放教育，形成了富有中国特色的开放式人才培养模式，该项目成为广播电视大学向开放大学转型发展的重要标志[2]。

开放教育试点期间，广播电视大学还扎根基层、服务社会，坚持面向基层、面向行业、面向农村、面向边远地区的办学方向，先后开展了士官的远程开放学历教育；服务残障人士开展远程开放学历教育和岗位培训、实用技术培训、康复培训等非学历教育；服务农村和农民，启动实施"一村一名大学生计划"；推进西部电大开放办学进程，将优质教育资源送到教育欠发达地区和教育弱势群体，促进教育公平[3]。全国电大开放教育实施十年间（1999—2008年），电大本专科学历教育与全国普通高校扩招以来的高等教育大众化实现了同步快速发展，全国电大系统招生又出现一个高潮。就年招生数而言，电大招生数相当于全国现代远程教育招生总数的2/3、成人高等教育招生总数的1/3、全国各类高等教育招生总数的1/8。2008年电大在校生数占全国各类高等教育总数的8%。更重要的是，电大在此期间完成了开放教育的战略转型，实现了历史性跨越。主要表现为四个转变：一是办学和管理从校园化封闭型到网络化开放型的转变；二是从单向传播的广播卫星电视大众媒介发送课程到开启双

---

[1] 引自《国家开放大学校史馆文本汇总》。
[2] 杨孝堂，张曼茵. 中国远程高等教育40年. 北京：国家开放大学出版社，2019：55.
[3] 同[2]68.

向交互的数字网络学习的转变;三是从不适合成人自主学习的传统教材到注重包括文本、音像、数字多媒体及网络在内的多种媒体学习材料与在线课程的一体化设计、开发与应用的转变;四是从过多依赖于固定班组面授教学到提供多种多样以学生为本的学习支持服务的转变[①]。虽然这些转型尚处于起步阶段,但为后期开放大学的成立和建设奠定了重要基础。

(二)开放大学建设上升至国家战略

随着广播电视大学向开放教育的转型,我们党深刻认识到,开放大学建设要上升至国家战略。2010年7月,中共中央、国务院发布《国家中长期教育改革和发展规划纲要(2010—2020年)》(以下简称《规划纲要》),明确提出教育改革发展要"基本实现教育现代化,基本形成学习型社会,进入人力资源强国行列"的三大战略目标,要求以加强人力资源能力建设为核心,大力发展非学历继续教育,"健全宽进严出的学习制度,办好开放大学"。《规划纲要》为广播电视大学的转型发展指明了方向。同年10月,国务院办公厅印发《关于开展国家教育体制改革试点的通知》,明确提出探索开放大学建设模式,并确定原中央广播电视大学和北京、上海、江苏、广东、云南五个地方的广播电视大学作为改革试点单位建设开放大学,全国广播电视大学系统由此正式开启了向开放大学体系转型的新征程。

以国家开放大学的建设为例,2011年5月,教育部党组会议听取了中央广播电视大学关于《国家开放大学建设方案》的汇报,就开放大学的建设工作进行了研究。会议原则上通过了《国家开放大学建设方案》,责成中央广播电视大学按照会议要求分步实施、扎实推进。会议强调,办好开放大学,是落实《规划纲要》的重大举措,

---

① 丁兴富. 从超级巨型大学到一流开放大学:中国广播电视大学30年发展历程回顾与未来展望. 开放教育研究,2009(10).

要坚定不移地扎实推进。要通过国家开放大学建设，利用先进的信息技术手段、灵活开放的体制机制，按照"宽进严出"的学习制度，满足全民学习、终身学习的学习型社会建设需要。会议指出，国家开放大学要科学定位，办出特色；在国家层面要办好国家开放大学，同时制定地方开放大学独立设置的标准，符合条件的经过专家论证和教育部审批后方可独立举办；国家开放大学作为办学实体，应赋予其学位授予权，但要制定"宽进严出"的严格授予办法，审议报批后实施，切实保证办学质量[1]。《国家开放大学建设方案》提出，建设国家开放大学的基本思路是：以促进学习型社会形成为宗旨，以现代信息技术为支撑，以改革创新为动力，以"立足长远、兼顾现实、平稳有序、扎实推进"为工作方针。战略目标是：经过10年努力，把国家开放大学建设成为我国高等教育体系中的一所新型大学，世界开放大学体系中富有中国特色的一流开放大学，我国学习型社会的重要支柱。主要任务是：大力发展非学历继续教育，稳步发展学历继续教育，推进现代科技与教育的深度融合，搭建终身学习"立交桥"。核心理念是：开放、责任、质量、多样化、国际化。框架结构是：国家开放大学由总部、分部、学院和学习中心等组成。建设重点是：网络平台建设、学习资源建设、师资队伍建设、学分银行建设。改革重点是：办学模式改革、培养模式改革、评价模式改革、服务模式改革[2]。

2012年6月，教育部印发《关于同意在中央广播电视大学基础上建立国家开放大学的批复》（以下简称《批复》），同时向北京市人民政府和上海市人民政府发函，同意北京广播电视大学、上海电视大学分别更名为北京开放大学、上海开放大学，标志着开放大学的

---

[1] 中央广播电视大学. 教育部党组会议审议通过国家开放大学建设方案. (2011-06-07) [2021-03-28]. http://dianda.china.com.cn/2011-06/07/content_4250834.htm.

[2] 国家开放大学. 国家开放大学建设方案. (2011-11-29) [2021-03-28]. http://www.ouchn.edu.cn/News/zbxw/d9d6447c954b41739f19a88263c3a54e.htm.

第九章 21世纪转型发展职业教育与成人教育

建设正式启动①。《批复》指出：国家开放大学是教育部直属的，以现代信息技术为支撑，主要面向成人开展远程开放教育的新型高等学校。国家开放大学坚持非学历继续教育和学历继续教育并举。学校应以课程为单位建设学习资源，充分利用高校优质教育资源，促进学习资源的共建共享。积极推进学分银行建设，通过建立学习成果的互认和学分的累积、转换制度，探索搭建终身学习"立交桥"。国家开放大学可授予学士学位，由学校向北京市学位委员会提出申请并获批准通过后，报国务院学位委员会备案。中央广播电视大学名称暂时保留。过渡时期采取"老人老办法、新人新办法"，中央广播电视大学的在校学生仍按原有关规定管理，国家开放大学挂牌以后新进入学习的学生，按照新政策执行②。

2012年7月31日，国家开放大学、北京开放大学、上海开放大学在人民大会堂正式揭牌。时任中共中央政治局委员、国务委员刘延东出席揭牌仪式并发表题为《努力办好中国特色开放大学》的重要讲话。刘延东指出：开放教育已经成为世界性的趋势和时代的潮流，开放大学是开放教育的重要载体，得到了各国政府的肯定和支持，是教育改革发展的重要生长点。在原来广播电视大学的基础上组建开放大学在我国继续教育、终身教育发展史上具有重大的现实意义和战略意义。建设开放大学不是广播电视大学的简单翻牌，而是在新的历史起点上，我国教育适应经济社会发展和人的全面发展而进行的一次战略转型。开放大学的建设要坚持科学定位，在服务国家战略需求中办出特色；深化办学模式和人才培养模式改革，全面提高教育质量；推进信息技术与教育教学的深度融合，创建友好的数字化学习环境；充分发挥开放大学的优势，实现优质教育资源

---

① 2012年12月，教育部又分别向江苏、广东、云南三地的省政府发函，同意江苏广播电视大学、广东广播电视大学、云南广播电视大学更名为江苏开放大学、广东开放大学、云南开放大学。

② 教育部关于同意在中央广播电视大学基础上建立国家开放大学的批复. （2012-06-21）[2021-03-28]. http：//www.moe.gov.cn/srcsite/A03/s181/201206/t20120621_138826.html.

共建共享；加强国际交流与合作，提升办学水平和国际影响力。

可以说，在进入 21 世纪的十余年间，开放大学的建立是在广播电视大学的基础上进行的重要战略转型，是对广播电视大学的功能定位、教育模式、发展机制等方面的重大改革，更是对广播电视大学的承继、发展和超越。这不仅是我们党高度重视的结果，更是我们党在新世纪转型发展期做出的科学研判和重大决策部署。在全面建设小康社会和加快推进社会主义现代化建设关键时期，我们党深刻认识到，开放大学是教育服务国家发展、提升国际竞争力的重要抓手，通过对开放大学的教育理念、价值取向、人才培养模式和教育技术应用的定位，可以为我国到"2020 年基本实现教育现代化，基本形成学习型社会，进入人力资源强国行列"发挥重要作用。可见，开放大学的建设和改革创新，是中国建设终身学习体系和学习型社会的重大战略举措。然而，开放大学的试点时间较短，国内外也无现成的经验可以参照，建设具有中国特色的高水平的开放大学探索之路仍然任重而道远。

三、实现西部地区"两基"攻坚目标

自国家颁布《中华人民共和国义务教育法》《扫除文盲工作条例》以来，2000 年我国"两基"政策战略目标如期实现，我国整体上实现了基本普及九年义务教育（以下简称"普九"）、基本扫除青壮年文盲的历史性任务。经过全党全国各族人民的共同努力，20 世纪末我国实现了党的十四大提出的"两基"目标。21 世纪初，西部地区"两基"任务仍然十分艰巨，截至 2002 年年底，西部地区"两基"人口覆盖率仅为 77%，还有 410 个县尚未实现"两基"，人均受教育年限仅有 6.7 年（比全国平均水平低 1.3 年），而这些县（市、区）中，少数民族聚居县占到 83%，少数民族教育成为"两基"攻坚的重点与难点。实现西部地区"两基"攻坚目标，是关系我国全

第九章　21世纪转型发展职业教育与成人教育

面建设小康社会的一个十分重要的战略性任务，得到党中央、国务院的高度重视。

(一) 21世纪"两基"工作新任务

2000年，全国青壮年人口文盲率下降到5%以下，全国有2 541个县（或县级行政单位）通过了"两基"验收，"两基"阶段性目标如期达成。2001年1月1日，江泽民向全世界庄严宣布：中国如期完成了向世界的庄严承诺，实现了基本普及九年义务教育和基本扫除青壮年文盲的战略目标。

2001年5月29日，《国务院关于基础教育改革与发展的决定》明确了"两基"工作的新任务，要求进一步扩大九年义务教育的人口覆盖范围，并按照"积极进取、实事求是、分区规划、分类指导"的原则，提出了分区域推进"两基"工作，同时要求在抓好"普九"的同时，继续坚持"一堵二扫三提高"的方针，巩固和扩大扫盲成果，重点推进贫困地区、少数民族地区和妇女的扫盲工作[1]。2002年，教育部印发了《基础教育工作分类推进与评估指导意见》，其中具体明确了不同地区基础教育改革与发展的主要目标和质量要求，将"两基"工作分成了"两基攻坚""巩固提高""双高普九"三个层次的要求[2]。

加快西部地区"两基"工作的普及与攻坚，已经成为当时中国共产党发展职业教育与成人教育的紧迫要求。为此，国务院于2003年9月召开了新中国成立以来第一次全国农村教育工作会议，颁布《国务院关于进一步加强农村教育工作的决定》，重点突出了改革目的、改革内容、改革方向、经费保障、队伍建设等方面对"两基"攻坚工作的要求，这部文件成为新世纪推进当时职业教育与成人教

---

[1] 国务院关于基础教育改革与发展的决定. [2021 - 03 - 31]. http://www.gov.cn/gongbao/content/2001/content_60920.htm.

[2] 教育部关于印发《基础教育工作分类推进与评估指导意见》的通知. [2021 - 03 - 31]. http://www.moe.gov.cn/jyb_xxgk/gk_gbgg/moe_0/moe_8/moe_28/tnull_493.html.

育工作的纲领性文件①。

这一时期,"两基"攻坚成为党中央结合当时我国的现代化发展进程、国际竞争需要和"三步走"战略目标,深刻冷静地分析国际国内形势,审时度势做出的历史选择。全国"两基"的实现成为一项提高全民素质、增强综合国力的奠基工程,它势必改变中国的命运。在党中央的高度重视和领导下,各省、自治区、直辖市党委和政府把教育放在优先发展的战略地位,把"两基"作为教育工作的"重中之重",采取有力措施加强对"两基"工作的领导,努力加大教育投入,为确保"两基"的实施发挥了重要作用。例如,浙江省在实施"两基"工作过程中,各级党委和政府都把教育摆到优先发展的战略地位,省委、省政府落实各级党委、政府抓教育工作的目标责任制,把主要领导抓教育的实绩作为干部工作考核的重要内容,明确各级政府的主要负责人是"两基"的第一责任人,各级教育行政部门主要负责人是直接责任人,强化各级党委和政府在实施"两基"中的责任,强化政府办学行为,依法确保教育经费的"三个增长",确保义务教育资金投入;2000年9月,内蒙古自治区"两基"评估验收工作组宣布赤峰市松山区"两基"达标,松山区的"教育乡长"白云生用7年时间走了3个乡镇,对十几所学校进行新建、改造②。

各级党委和政府的高度重视、支持,各级党政领导的以身作则、率先垂范,使得实施"两基"由单纯的教育行为变为坚决的政府行为并继而转化为广泛的社会行为。对于在新世纪保证"两基"的重要地位,为总结"两基"经验,巩固"两基"成果,进一步延伸做好"两基"工作提供了重要的支撑。

---

① 国务院关于进一步加强农村教育工作的决定. [2021-03-31]. http://www.gov.cn/zhengce/content/2008-03/28/content_5747.htm.

② 时晓玲. "两基":谱写中国教育新篇章. (2002-09-25)[2021-04-02]. http://www.edu.cn/edu/zong_he/zhuan_ti/shi_liu_da/200603/t20060323_60616.shtml.

第九章　21世纪转型发展职业教育与成人教育

(二) 着力"两基"难点攻坚突破

在确定了 21 世纪"两基"工作新的攻坚任务后,党和政府把工作的重点放在了我国的西部地区。面对 2002 年年底西部地区"'两基'人口覆盖率仅有 77％""400 余个县尚未实现'两基'攻坚"的现实情况,该阶段的攻坚计划基本核心内容是到 2007 年使西部地区基本扫除青壮年文盲。

而完成西部地区"两基"工作难度大的原因有三:第一,410个县经济社会发展滞后,教育基础薄弱,其中有贫困县 215 个、少数民族县 309 个、边境县 51 个;第二,当时全国尚未脱贫的 3 000万人口,绝大部分生活在这些攻坚地区,人民群众贫困程度极深,当地适龄儿童少年上学面临着诸多的困难;第三,这些地区自然条件艰苦,所处环境多为高山、高原、高寒和荒漠、半荒漠地区,普及义务教育的办学成本、就学成本远高于其他地区[①]。

2002 年,中共中央办公厅、国务院办公厅转发了教育部等 12 部门《关于"十五"期间扫除文盲工作的意见》,强调"杜绝新生文盲、扫除现有文盲与使脱盲人员接受继续教育相结合"的方针,巩固和扩大扫盲工作成果,重点推进贫困地区、少数民族地区和妇女的扫盲教育[②]。西部"两基"攻坚展开后,国家又相继实施了一系列重大工程,如"中西部农村初中校舍改造工程""农村寄宿制学校建设工程""中西部地区特殊教育学校建设工程""全国中小学校舍安全工程""农村义务教育薄弱学校改造计划""边远艰苦地区农村学校教师周转宿舍计划""农村中小学现代远程教育工程""农村义务教育阶段学校教师特设岗位计划"等系列工程,较好地推进了"两

---

① 实现西部地区"两基"是全面建设小康社会的重要战略任务. (2007 - 11 - 26) [2021 - 02 - 11]. http：//www.gov.cn/wszb/zhibo174/content_815837.htm.

② 中共中央办公厅、国务院办公厅关于转发教育部等 12 部门《关于"十五"期间扫除文盲工作的意见》的通知. (2002 - 07 - 22) [2021 - 04 - 02]. http：//www.moe.gov.cn/jyb_xxgk/gk_gbgg/moe_0/moe_8/moe_27/tnull_435.html.

基"攻坚落实中的重点、难点项目①。

而实现西部地区"两基"攻坚目标,是关系到我国全面建设小康社会的一项十分重要的战略性任务。党中央、国务院高度重视西部地区的职业教育、成人教育和农村教育。在2003年的全国农村教育工作会议上,温家宝提出了"到2007年在西部地区实现'两基'"的要求。针对西部地区义务教育普及水平低、教育基础薄弱的现状,国务院提出在西部地区集中力量打好"两基"攻坚战②。2003年12月30日,温家宝主持召开国家科教领导小组会议,审议通过了教育部、国家发改委、财政部和国务院西部开发办制定的《国家西部地区"两基"攻坚计划(2004—2007年)》。该文件制定了"建设基础设施""制定'两基'""建立资助制度""保障教师薪资""推进远程教育"五个方面的主要任务,为少数地区青壮年扫盲工作提供了政策保障。在2004年2月,国务院办公厅转发了该计划文件③。该文件决定用4年时间帮助西部372个县(市、区)以及新疆生产建设兵团的38个团场实现"两基"达标。

这些重点工程的制定与实施,显著改善了我国西部农村学校的办学条件,有效地缩小了教育的地区差距,在"两基"政策的重点、难点上实现了突破,全面巩固、提高了"两基"水平。

(三)"两基"工作得到进一步保障

"两基"攻坚是在党中央和国务院直接领导和推动下组织实施的,温家宝曾多次在攻坚工作中做出重要指示,强调"两基"攻坚是一项重大目标,要像抓"八九"扶贫攻坚那样抓好"两基"攻坚的落实。国务委员陈至立担任国家"两基"攻坚领导小组组长,始

---

①② 杨润勇. 我国"两基"政策回顾与分析 [J]. 教育理论与实践,2012,32(22).
③ 国务院办公厅关于转发教育部等部门《国家西部地区"两基"攻坚计划(2004—2007年)》的通知. (2004-02-16) [2021-04-02]. http://www.gov.cn/zhengce/content/2008-03/28/content_5702.htm.

第九章　21世纪转型发展职业教育与成人教育

终高度重视并直接指导"两基"攻坚工作，先后做出了40多次重要批示，并亲临西部多省指导、检查工作，有力地推进了各地"两基"攻坚的顺利实施。

为进一步强化西部各省级政府的责任，西部各省（区、市）政府和新疆生产建设兵团签署了"两基"攻坚责任书，明确了各省（区、市）攻坚目标和任务，各省（区、市）也分别与各攻坚县签订了责任书。在"两基"攻坚实施过程中，国家西部地区"两基"攻坚领导小组分别于2005年8月和2006年11月在内蒙古、广西召开了两次现场汇报会，检查各省责任书落实情况，及时总结交流经验，加大推进力度[1]。

2006年6月29日，在第十届全国人民代表大会常务委员会第二十二次会议上修订了《中华人民共和国义务教育法》（以下简称"新《义务教育法》"），使得"两基"保障政策进一步充实和完善。新《义务教育法》的内容更加丰富，规定了义务教育必须贯彻国家的教育方针，实施素质教育，提高教育质量，促进学生全面发展，提高全民族素质。新《义务教育法》的颁布实施，拉开了我国义务教育向着均衡、公平方向快速发展的序幕，是我国"两基"政策体系的重要强化，是"两基"工作的一个新的里程碑。

新《义务教育法》出台前后，围绕着保障义务教育和扫除文盲工作，国家相继出台了一系列新政策，进一步彰显了党和政府对"两基"工作的高度重视[2]。可以总结为"勤工俭学政策继续推进""经费保障新机制逐步确立""扫除青壮年文盲再出新政策"三方面的经验。第一，勤工俭学政策继续推进。为进一步巩固"两基"工作，教育部于2005年、2006年连续两年召开了勤工俭学现场会议，推广勤工俭学经验，大力支持和鼓励各地降低学生就学成本，减轻

---

[1] 实现西部地区"两基"是全面建设小康社会的重要战略任务．（2007-11-26）[2021-04-02]．http：//www.gov.cn/wszb/zhibo174/content_815837.htm．

[2] 杨润勇．我国"两基"政策回顾与分析．教育理论与实践，2012，32（22）．

家庭负担，改善学生的学习和生活条件，使学生能够安心学习、茁壮成长。勤工俭学对农村地区特别是西部贫困地区促进"两基"攻坚和巩固提高具有十分特殊的重要意义。第二，经费保障新机制逐步确立。新《义务教育法》颁布实施前后，国家连续出台了新的政策，建立并完善了义务教育经费保障的新机制。2004年，国家在西部地区实施"两免一补"政策。2005年，国务院发出了《国务院关于深化农村义务教育经费保障机制改革的通知》，将农村义务教育全面纳入公共财政保障范围。同年的5月12日，国家西部地区"两基"攻坚领导小组办公室发布《西部地区按照"两基"攻坚责任书要求认真制定中小学公用经费标准和"两免一补"政策措施》（2005年第3期），促进相关政策的落实[①]。2006年，新《义务教育法》明确了义务教育经费投入实行国务院和地方各级人民政府根据职责共同负担，省、自治区、直辖市人民政府负责统筹落实的体制。2007年，全国农村义务教育实施免费教育。义务教育保障新机制对于减轻农民负担、保持农村社会稳定、推进"两基"事业发展起到了至关重要的作用。第三，扫除青壮年文盲再出新政策。2007年年底，《教育部等12部门关于进一步加强扫盲工作的指导意见》明确了新时期扫盲工作的新目标，对扫盲工作明确任务、提升质量、创新机制等做出了系统的安排，成为新时期扫盲工作的指导性政策。

到2007年年底，"两基"攻坚目标如期实现，成就举世瞩目。在410个攻坚县中，368个县实现了"两基"目标，其余42个达到了"普六"标准；西部地区"两基"人口覆盖率达到98%，到2007年攻坚计划完成时比2003年年初的77%提高了21个百分点，超出计划目标（85%）13个百分点；西部攻坚各省（区、市）初中毛入

---

① 国家西部地区"两基"攻坚领导小组办公室. 西部地区按照"两基"攻坚责任书要求认真制定中小学公用经费标准和"两免一补"政策措施.（2005-05-12）[2021-04-02]. http://www.moe.gov.cn/srcsite/A05/s7052/200505/t20050512_181420.html.

第九章　21世纪转型发展职业教育与成人教育

学率超过规划提出的90%；西部地区累计扫除文盲600多万人，青壮年文盲率降到5%以下[①]。完成"两基"攻坚任务的368个县，都经过了省级政府的检查验收，并经国家教育督导团的审查认定，由教育部发布实现"两基"公告。国家西部地区"两基"攻坚计划，是一项惠及西部地区广大劳动者的重大工程，是一场限期达到既定目标的重要攻坚战役，也是一项提升中国全民素质，让人民群众真切感受到科学发展、执政为民的重大国家教育战略。

可以说，新世纪的背景下，党中央明确了义务教育是提高全民族素质和发展教育事业的重要基础，是社会主义现代化建设的奠基工程，"两基"关系到广大人民群众的根本利益。中国共产党为西部地区"两基"攻坚目标的实现营造了良好的政策环境，完善相关政策体系，保证了"两基"工作的有序、有效落实，及时调整工作路线，最终确保了"两基"总目标的顺利实现。全国省级行政单位所属县（市、区）全部通过国家"两基"验收，西部地区实现了从"基本"到"全面"的普及，青壮年阶段实现了文盲的"全面"扫除，这对我国职业教育与成人教育的未来发展打下了坚实而牢靠的基础。

四、建设学习型社会

21世纪，我国进入了新的历史时期，经济发展、社会进步、政治稳定、文化繁荣、生态和谐是建设的目标。社会的发展对人才提出了更高的要求，必须有与之相匹配的民众的综合素质为基础，由此，学习型社会建设的理念在中国孕育而生。学习型社会建设顺应了时代发展变化的需要，通过推进全民终身教育，推动人的全面发

---

① 梁艳菊."两基"攻坚.中国民族，2009（Z1）.

展和社会的可持续发展，从而提高国民素质、增强国家竞争力。

（一）发挥党的领导作用、加强人力资源能力建设，创建学习型社会

2000 年 10 月，中国共产党第十五届中央委员会第五次全体会议通过《中共中央关于制定国民经济和社会发展第十个五年计划的建议》，提出了人才发展对经济和社会发展的重要意义，强调要"大力开发人才资源，加快发展教育事业"，"完善继续教育制度，逐步建立终身教育体系"[①]。2001 年 5 月，在亚太经合组织（APEC）人力资源能力建设高峰会议开幕式上，江泽民做了题为《加强人力资源能力建设 共促亚太地区发展繁荣》的演讲，正式提出了"学习型社会"的概念。他提出 21 世纪的中国要致力于"构筑终身教育体系，创建学习型社会"，我们这样的发展中国家，要赶上发达国家的现代化水平，必须要充分发挥我国人力资源优势，"学习是提高人的能力的基本途径"[②]。

我国的学习型社会建设得到了党和国家领导人的高度重视，首先是由党和政府提出，之后在社会各层面铺展开来。政府主导是我国学习型社会建设的一大特色，也是我国的学习型社会建设快速推进的关键要素。在起始阶段，社会各界包括每个个体都需要逐渐去认识并理解学习型社会的理念，并开展具体相应的实践探索，来实现"人人、时时、处处"的学习。参照国外建设学习型社会的经验，如果仅仅依靠个体自发建设学习型社会，这个推进过程将较为缓慢。为了实现全民学习、终身学习，基于我国的国情，学习型社会在创建和发展阶段，需要发挥政府的主导作用，在政府多个部门的协同配合下，推动社会各方面的力量参与其中，将学习型社会建设引上

[①] 中共中央关于制定国民经济和社会发展第十个五年计划的建议．[2020 - 12 - 15]. http：//www.gov.cn/gongbao/content/2000/content_ 60538.htm.

[②] 倪迅．从"学习型社会"到"学习型政党"．光明日报，2009 - 10 - 26.

第九章　21世纪转型发展职业教育与成人教育

可持续发展的道路。

在21世纪推进学习型社会建设，将人力资源作为第一资源，将培养年轻一代的人才作为重要而紧迫的任务，是我们党在深刻分析国内外形势及总结历史经验的基础上做出的科学判断。人力资源开发与学习型社会建设紧密联系，建设学习型社会是整体提高人力资源水平的重要战略决策。2003年，我国第一部有关新世纪教育与人力资源战略问题的研究报告——《从人口大国迈向人力资源强国》提出"未来50年，特别是未来20年，全面创建世界最大的学习型社会，从人口大国迈向人力资源强国"的政策建议。该报告认为，全面创建世界最大的学习型社会，就要在全社会确立四个"第一"的理念：人力资源是经济、社会长期持续发展的第一资源；全面开发人力资源是全面建设小康社会的第一目标；全面开发人力资源是实现富民强国的第一国策；全面开发人力资源是各级政府的第一责任[1]。由此可知，我国推进建设学习型社会的主要目的是提升国民整体素质、提高国家的人力资源水平，进而应对国际竞争和我国社会的持续发展。

（二）创建学习型组织、促进教育优先发展，推进学习型社会建设

2002年11月，中国共产党第十六次全国代表大会报告提出："形成全民学习、终身学习的学习型社会，促进人的全面发展"的战略决策[2]，再次强调了学习型社会建设的理念，在全国引起了广泛讨论。社会各界对"学习型社会"的内涵展开了积极探索，从中可以归纳出学习型社会的核心要素包括：第一，终身学习，这种学习涵

---

[1] 中国教育与人力资源问题报告课题组.从人口大国迈向人力资源强国.北京：高等教育出版社，2003.

[2] 江泽民.全面建设小康社会　开创中国特色社会主义事业新局面：在中国共产党第十六次全国代表大会上的报告.北京：人民出版社，2002：20.

盖人一生，且适应社会和个体发展的需要；第二，全员参与，这种参与需要社会各界共同支持，既包括不同年龄段和不同社会阶层的学习者，也包括扮演不同组织和个体的学习提供者，两者合并起来常被称为利益相关者；第三，资源整合，这种整合是有助于社会开展终身学习的各种资源的有机结合，这些资源包括自然资源和社会资源，后者结合了人力资源、物力资源以及信息资源等；第四，全面发展，这种发展是社会层面和个人层面的整体提升和完善，就目前而言，一方面是为了营造更好的社会环境，让个体在这个环境中获得更好的生活，另一方面是力求完善人性，推动社会发展。

党的十六大之后，党和国家发布了多个文件推进学习型社会建设，以人的终身全面发展为导向，紧密围绕终身教育理念的贯彻落实以及各类学习型组织的创建。2003年10月，中国共产党第十六届中央委员会第三次全体会议通过了《中共中央关于完善社会主义市场经济体制若干问题的决定》，提出："深化教育体制改革。构建现代国民教育体系和终身教育体系，建设学习型社会，全面推进素质教育，增强国民的就业能力、创新能力、创业能力，努力把人口压力转变为人力资源优势。"[1] 为了实现党的十六大提出的全面建设小康社会的宏伟目标，大力实施人才强国战略，建设宏大的高素质人才队伍，2003年12月，国务院发布了《中共中央国务院关于进一步加强人才工作的决定》，指出："加快构建终身教育体系，促进学习型社会的形成。在全社会进一步树立全民学习、终身学习理念，鼓励人们通过多种形式和渠道参与终身学习，积极推动学习型组织和学习型社区建设。"[2] 2004年2月，教育部发布《2003—2007年教育

---

[1] 中共中央关于完善社会主义市场经济体制若干问题的决定．(2003-10-14)[2020-12-25]．http://www.gov.cn/gongbao/content/2003/content_62494.htm.

[2] 中共中央国务院关于进一步加强人才工作的决定．(2003-12-26)[2020-12-25]．http://www.gov.cn/test/2005-07/01/content_11547.htm.

第九章　21世纪转型发展职业教育与成人教育

振兴行动计划》（以下简称《行动计划》）。《行动计划》提出"努力实现党的十六大提出的历史性任务，构建中国特色社会主义现代化教育体系，为建立全民学习、终身学习的学习型社会奠定基础"，强调"鼓励人们通过多种形式和渠道参与终身学习"，"以更新知识和提高技能为重点，开展创建学习型企业、学习型组织、学习型社区和学习型城市的活动"，"积极推进社区教育"等①。2004年9月，中国共产党第十六届中央委员会第四次全体会议通过了《中共中央关于加强党的执政能力建设的决定》，提出："营造全民学习、终身学习的浓厚氛围，推动建立学习型社会。"同时提出要"努力建设学习型政党"的战略任务②。

学习型组织包括：学习型社区、学习型乡镇、学习型家庭、学习型企业、学习型机关、学习型政党等。学习型组织的建设是形成学习型社会的一项基本条件，是其构建的重要抓手。党的十六大后，我国学习型组织的创建重点围绕学习型社区和学习型城市等。就学习型社区建设而言，2004年12月，教育部出台了《教育部关于推进社区教育工作的若干意见》，指出："站在全面建设小康社会，构建终身教育体系和建设学习型社会的高度上，充分认识开展社区教育工作的重要意义，增强积极推进社区教育工作的责任感和紧迫感。"③为了满足人民群众不断增长的多样化的学习需求，各地纷纷开始深入推进社区教育，开展形式多样的各类教育培训活动。截止到2007年5月，全国社区教育实验区扩大到81个，基本覆盖了全国各省、自治区、直辖市、实验区年培训1 000万次④。全社会逐渐形成一种

---

　　① 中华人民共和国教育部. 2003—2007年教育振兴行动计划. （2004-02-04）[2020-12-26]. http://www.moe.gov.cn/jyb_sjzl/moe_177/201003/t20100304_2488.html.
　　② 中共中央关于加强党的执政能力建设的决定. 人民日报，2004-09-27.
　　③ 中华人民共和国教育部. 教育部关于推进社区教育工作的若干意见. （2004-12-01）[2020-12-20]. http://www.moe.gov.cn/srcsite/A07/zcs_cxsh/200412/t20041201_78909.html.
　　④ 中华人民共和国教育部. 推进学习型社会建设工作取得新进展. （2020-05-30）[2020-12-27]. http://www.gov.cn/ztzl/jygz/content_631100.htm.

全民学习、终身学习的氛围。就学习型城市建设而言，鉴于学习型社会的建设是一个循序渐进的系统性工程，首先在若干经济发展较好的城市进行实践探索是一项有效推进学习型社会建设的举措。党的十六大后，上海、北京、大连、常州、南京等城市相继提出建设学习型城市，并在2003年12月的"中国学习论坛首届年会"上联合发表了《学习型城市发展宣言》。

在学习型社会建设中，教育被放在了优先发展的位置，特别是各级各类教育的协调发展，将有助于构建终身教育体系，提供更加灵活多样的学习途径，满足不同人群多样化的学习需求。2005年10月，中国共产党第十六届中央委员会第五次全体会议公报指出："坚持教育优先发展，全面实施素质教育，普及和巩固义务教育，大力发展职业教育，提高高等教育质量，深化教育体制改革，加快教育结构调整，促进各级各类教育协调发展，建设学习型社会。"[1] 与此同时，党的十六届五中全会还通过了《中共中央关于制定国民经济和社会发展第十一个五年规划的建议》提出："加大教育投入，建立有效的教育资助体系，发展现代远程教育，促进各级各类教育协调发展，建设学习型社会。"[2] 2006年10月，中国共产党第十六届中央委员会第六次全体会议通过了《中共中央关于构建社会主义和谐社会若干重大问题的决定》提出："积极发展继续教育，努力建设学习型社会。"[3]

（三）建设学习型政党、加快发展继续教育，加快建设学习型社会

2007年10月，中国共产党第十七次全国代表大会报告提出：

---

[1] 中共中央第十六届五中全会公报．（2005-10-11）[2020-12-25]．http://cpc.people.com.cn/GB/64162/64168/64569/65414/4429222.html.

[2] 《中共中央关于制定国民经济和社会发展第十一个五年规划的建议》辅导读本．北京：人民出版社，2005：26.

[3] 中共中央关于构建社会主义和谐社会若干重大问题的决定．[2020-12-20]．http://www.gov.cn/gongbao/content/2006/content_453176.htm.

第九章　21世纪转型发展职业教育与成人教育

"发展远程教育和继续教育，建设全民学习、终身学习的学习型社会"，并提出要"建设学习型政党"[①]。在党的十六大时期建设的基础上，十七大后的学习型社会建设进入了加快发展的时期。为了满足每个人终身学习的需求，发展终身教育事业，推进学习型社会建设，促进人的全面发展，地方层面先后出台了推进学习型社会建设的相关配套政策和措施，对于落实党和国家建设学习型社会的战略部署具有重要意义。如2005年开始，上海先后出台了《中共上海市委、上海市人民政府关于推进上海学习型社会建设的指导意见》《上海市中长期教育改革和发展规划纲要（2010—2020年）》《上海终身教育促进条例》等文件，为上海学习型城市建设提供了制度保障；2007年，北京市委、市政府颁布了《关于大力推进首都学习型城市建设的决定》，为北京学习型城市未来发展做了系统的设计；2010年，深圳成立了"学习型城市建设服务指导中心"，并开通了"深圳市民终身学习网""深圳干部在线学习"平台，贯彻落实了学习型城市建设的理念等。

以胡锦涛同志为总书记的党中央，将中央政治局集体学习制度化，首次明确提出了"建设学习型政党"的要求。2009年9月，中国共产党第十七届中央委员会第四次全体会议通过《中共中央关于加强和改进新形势下党的建设若干重大问题的决定》，强调"把建设马克思主义学习型政党作为重大而紧迫的战略任务抓紧抓好"，并"建设学习型党组织"。2011年10月，中国共产党第十七届中央委员会第六次全体会议通过《中共中央关于深化文化体制改革　推动社会主义文化大发展大繁荣若干重大问题的决定》，提出："以建设学习型党组织为抓手，大力推进马克思主义学习型政党建设"[②]。党的

[①]　胡锦涛. 高举中国特色社会主义伟大旗帜　为夺取全面建设小康社会新胜利而奋斗：在中国共产党第十七次全国代表大会上的报告. 北京：人民出版社，2007：38，50.
[②]　中共中央关于深化文化体制改革　推动社会主义文化大发展大繁荣若干重大问题的决定.(2011-10-25)[2020-12-24]. http://www.gov.cn/jrzg/2011-10/25/content_1978202.htm.

十六大和十七大时期，我国进入了改革和发展的新阶段，我党将学习的目标概括为"建设学习型政党，形成学习型社会"[①]，将学习型政党和学习型社会的建设紧密联系，并将其作为党和国家发展的重要战略决策。学习型政党的建设是学习型社会建设的必然要求和重要条件，能够确保我国的学习型社会建设具有坚强的领导核心，对于推进学习型社会建设及全面建设小康社会具有重要的战略意义。

继续教育作为终身教育发展的重要领域，在贯彻落实终身教育理念、推进学习型社会建设中发挥着重要作用。学习型社会面向人人，而继续教育能够为全体公民提供多样化且平等的受教育机会，是实现人的终身全面发展的有效途径之一。终身教育体系包含了学校教育和继续教育两大部分，而相比学校教育，继续教育在组织体系、法律法规、运行机制等方面还需要进一步健全和完善。在强调推进各级各类教育协调发展、构建终身教育体系的过程中，党和国家的有关文件多次提出要"加快继续教育发展"。2010年7月，《国家中长期教育改革和发展规划纲要（2010—2020年）》（以下简称《规划纲要》）将终身教育理念作为重要的指导思想，将学习型社会建设放在了更加突出的位置，提出"到2020年，基本实现教育现代化，基本形成学习型社会，进入人力资源强国行列"的战略目标。在"发展任务"部分，《规划纲要》提出"加快发展继续教育"，"广泛开展城乡社区教育，加快各类学习型组织建设，基本形成全民学习、终身学习的学习型社会"[②]。2010年10月，中国共产党第十七届中央委员会第五次全体会议通过《中共中央关于制定国民经济和社会发展第十二个五年规划的建议》，提出"积极发展学前教育，巩固提高义务教育质量和水平，加快普及高中阶段教育，大力发展职

---

① 谢春红. 当代中国共产党建设学习型政党研究. 北京：人民出版社，2009：30.
② 国家中长期教育改革和发展规划纲要工作办公室. 国家中长期教育改革和发展规划纲要（2010—2020年）.（2010-07-29）[2020-12-25]. http：//www.moe.gov.cn/srcsite/A01/s7048/201007/t20100729_171904.html.

业教育，全面提高高等教育质量，加快发展继续教育，支持民族教育、特殊教育发展，建设全民学习、终身学习的学习型社会"[①]，并进一步强调推进学习型党组织建设。

（四）发展各级各类教育、完善终身教育体系，深化建设学习型社会

2012年11月，中国共产党第十八次全国代表大会报告提出："办好学前教育，均衡发展九年义务教育，基本普及高中阶段教育，加快发展现代职业教育，推动高等教育内涵式发展，积极发展继续教育，完善终身教育体系，建设学习型社会。"[②] 继党的十六大和十七大提出建设全民学习、终身学习的学习型社会之后，党的十八大报告再次强调建设学习型社会这一重大的战略决策，体现其在全面建成小康社会、实现中华民族的伟大复兴中发挥的重要作用。在积极探索理论内涵及实践路径的基础上，党的十八大后我国的学习型社会建设进入了深化发展的时期。在党的十八大的精神指引下，我国通过学习型社会的建设满足不同群体提升自身素养的需求，进而聚集更多优质的人力资源为国家的建设发展提供强有力的支撑，改善民生、加强社会建设。

在党的十六大和十七大期间，我国的各级各类教育已经有了较为显著的发展，更多的人得到了受教育的机会，有力地推进了社会的和谐和可持续发展。党的十八大报告对各级各类教育的发展重点都提出了要求，致力于促进各级各类教育的协调发展，将终身教育理念融入各级各类教育中。这是党在教育改革发展的新起点上，科学谋划教育协调发展所做出的战略部署，目的在于提升教育的普

[①] 中共中央关于制定国民经济和社会发展第十二个五年规划的建议．(2010-10-18)[2020-12-28]．http：//cpc.people.com.cn/GB/64093/67507/13066322.html．

[②] 胡锦涛．坚定不移沿着中国特色社会主义道路前进　为全面建成小康社会而奋斗：在中国共产党第十八次全国代表大会上的报告．北京：人民出版社，2012：35．

及化水平、提升教学质量、均衡教育发展、优化教育结构，有助于实现教育全面协调可持续发展，为建设学习型社会奠定坚实基础。除了学校教育外，党的十八大报告进一步强调了积极发展继续教育，致力于为更广大的人民提供灵活多样的受教育机会，体现了我党"努力办人们满意的教育"的坚定决心。

党的十八大后，学习型社会建设进入了深化发展阶段，在发展各级各类教育的基础上，国家层面积极完善终身教育体系，这是我国教育改革的一项重大举措，也为实现学习型社会奠定了坚实的基础。终身教育体系与学习型社会的建设不仅仅涉及教育的综合变革，更多还关乎社会各方面的改革，包括法律法规、组织机构、人事制度、基础设施、技术革新等方面。终身教育体系是将各级各类教育有机联系起来的系统，是一个深入践行终身教育、终身学习理念，贯彻落实党的教育方针政策，推进教育公平、面向人人的更加灵活开放的教育体系。根据教育层次，该体系包括初等教育、中等教育和高等教育等；根据教育类型，该体系包括普通教育、职业教育、继续教育等；根据教育性质，该体系包括正规教育、非正规教育和非正式教育；根据教育场所，该体系包括学校教育、企业教育、社区教育和家庭教育等；根据教育组织形式，该体系包括面授教育、远程教育（含网络教育）等。

可以说，在进入21世纪的十余年，党和政府高度重视学习型社会建设，从党的十六大到十八大，从"十五"计划到"十二五"规划，都将学习型社会建设作为全局性的发展战略和发展目标的组成部分，并将其列为国民经济和社会发展的重要内容。我国学习型社会建设的创建、发展、完善的过程，凸显了一些关键词，包括政府主导、人力资源开发、学习型组织创建、教育优先发展、学习型政党建设、继续教育加快发展、各级各类教育协调发展、终身教育体系建设与完善等，勾勒了学习型社会建设的重要途径，描绘了我国的学习型社会建设特色化发展并逐渐走向纵深发展的过程。建设学

第九章　21世纪转型发展职业教育与成人教育

习型社会这一战略部署，体现了党的崇高追求，这一追求不仅仅体现在人民的生活富足、科技和文化的繁荣富强、社会的和谐方面，更体现在人的全面发展和社会整体文明的提升与完善上。伴随科学技术发展及经济全球化的影响，这十余年学习型社会的建设不仅仅是一个口号，更是一个具有时代意义的战略决策。

第十章
新时代高质量发展职业教育与成人教育

"十二五"开局,国家颁布了一系列规划和纲要,除了《中华人民共和国国民经济和社会发展第十二个五年规划纲要》和《国家中长期教育改革和发展规划纲要（2010—2020年）》,还包括《国家中长期人才发展规划纲要（2010—2020年）》《高技能人才队伍建设中长期规划（2010—2020年）》和诸多产业、行业规划。国家以科学发展为主题,以加快转变经济发展方式为主线,把经济结构战略性调整作为主攻方向,教育必须为转方式、调结构、促升级服务,作为与经济社会发展关系最为紧密的教育类型,职业教育大有可为。

　　党的十八大以来,以习近平同志为核心的党中央高度重视职业教育,特别是迈入"十三五"时期,把职业教育作为经济社会发展的一项重要工作摆在了前所未有的突出位置,做出了一系列重大决策部署,进一步明确了职业教育的功能和作用,确定了职业教育与普通教育是两种不同的教育类型,构建起了现代职业教育体系,推动职业教育进入高质量发展的新阶段,为我国经济社会发展培养了大批的技术技能人才,在决胜全面建成小康社会、支撑产业转型升级、决战脱贫攻坚、服务乡村振兴等方面做出了重要贡献,为构建服务全民终身学习的教育体系,建设技能型社会,建设技能中国奠定了坚实的基础。

一、完善现代职业教育体系

　　现代职业教育面向经济社会发展和生产服务一线,培养高素质劳动者和技术技能人才,指向全体劳动者可持续职业发展。在新型工业化持续推进、科学技术高速发展以及国际金融危机的背景下,美、欧、日、俄、印等国家和地区都从增强国家竞争力、发展实体

第十章　新时代高质量发展职业教育与成人教育

经济的战略高度，部署完善现代职业教育体系，以建立巩固的、可持续的人才和技术竞争优势，在新一轮国际竞争中立于不败之地。对我国而言，建立现代职业教育体系的制度安排，将推动现代职业教育服务转方式、调结构、促改革、保就业、惠民生和工业化、信息化、城镇化、农业现代化同步发展，对打造中国经济升级版，创造更大人才红利，促进就业和改善民生，加强社会建设和文化建设，满足人民群众生产生活多样化的需求，实现中华民族伟大复兴的中国梦都具有重要意义。

我国关于现代职业教育体系的设计可以追溯到 1985 年印发的《中共中央关于教育体制改革的决定》，要"逐步建立起一个从初级到高级、行业配套、结构合理又能与普通教育相互沟通的职业技术教育体系"。之后召开的六次全国职业教育工作会议均对职业教育体系建设做出了部署。《国家中长期教育改革和发展规划纲要（2010—2020 年）》提出 2020 年建成现代职业教育体系的发展目标，即形成适应经济发展方式转变和产业结构调整要求、体现终身教育理念、中等和高等职业教育协调发展的现代职业教育体系。2013 年 11 月，中国共产党第十八届中央委员会第三次全体会议通过《中共中央关于全面深化改革若干重大问题的决定》，再次提出加快现代职业教育体系建设，深化产教融合、校企合作，培养高素质劳动者和技能型人才。党的十九大以来，对学历教育和职业培训与职业教育的关系的理解不断深化，党的十九大报告和《国家职业教育改革实施方案》先后提出"完善职业教育和培训体系""完善学历教育与培训并重的现代职业教育体系"。现代职业教育体系的建设与完善工作一直在路上，进入新时代后逐步探索出了"破题"新思路。

（一）构建"H"型教育体系基本框架

2014 年 6 月 23 日至 24 日，国务院召开改革开放以来第三次全国职业教育工作会议，要求加快发展与技术进步和生产方式变革以及社会公共服务相适应、产教深度融合的现代职业教育。习近平总书记做出重要指示，明确了职业教育的战略地位、时代任务、发展方向、支持重点以及各级党委政府发展职业教育的职责。他指出，职业教育是国民教育体系和人力资源开发的重要组成部分，是广大青年打开通往成功成才大门的重要途径，必须高度重视、加快发展。刘延东在讲话中提出，要构建以就业为导向、体现终身教育理念、面向人人的现代职业教育体系，促进职业教育与其他类型教育有机衔接，畅通人才多元化成长渠道。

这次会议的改革力度前所未有，会前国务院印发了《关于加快发展现代职业教育的决定》，强调了职业教育的"现代性"，其发展内涵容纳了终身性、融通性、开放性等多元化特征。为了进一步落实该决定中的各项政策，教育部、国家发展改革委、财政部、人力资源社会保障部、农业部、国务院扶贫办组织编制了《现代职业教育体系建设规划（2014—2020年）》。上述文件对构建新时期中国特色、世界水平的现代职业教育体系做出了系统设计，描绘了"服务需求、开放融合、纵向流动、双向沟通"的现代职业教育体系框架和总体布局（见图 10-1），提出推动职业教育集团化发展、完善职业人才衔接培养体系、改革职业教育专业课程体系、完善"双师型"教师培养培训体系等12项重点任务和深化职业教育招生考试制度改革、完善校企合作的现代职业院校治理结构、创新校企协同的技术技能积累机制等9项机制创新，完成了现代职业教育体系的顶层设计。

《现代职业教育体系建设规划（2014—2020年）》执行三年后，我国就建成了世界上规模最大的职业教育体系，开设专业将近1 000个、专业点近10万个，每年参与各种、各类培训的达上亿人次，中等职业教育和高职院校与高中阶段教育和普通高等教育在国民教育序列中平分秋色，基本覆盖国民经济各个领域。为构建中等和高等职业教育相互衔接的职业教育体系，我国在高职分类考试招生、中高职贯通培养、课程学分管理等方面进行了一系列探索，实现了不同层次职业教育的相互衔接。

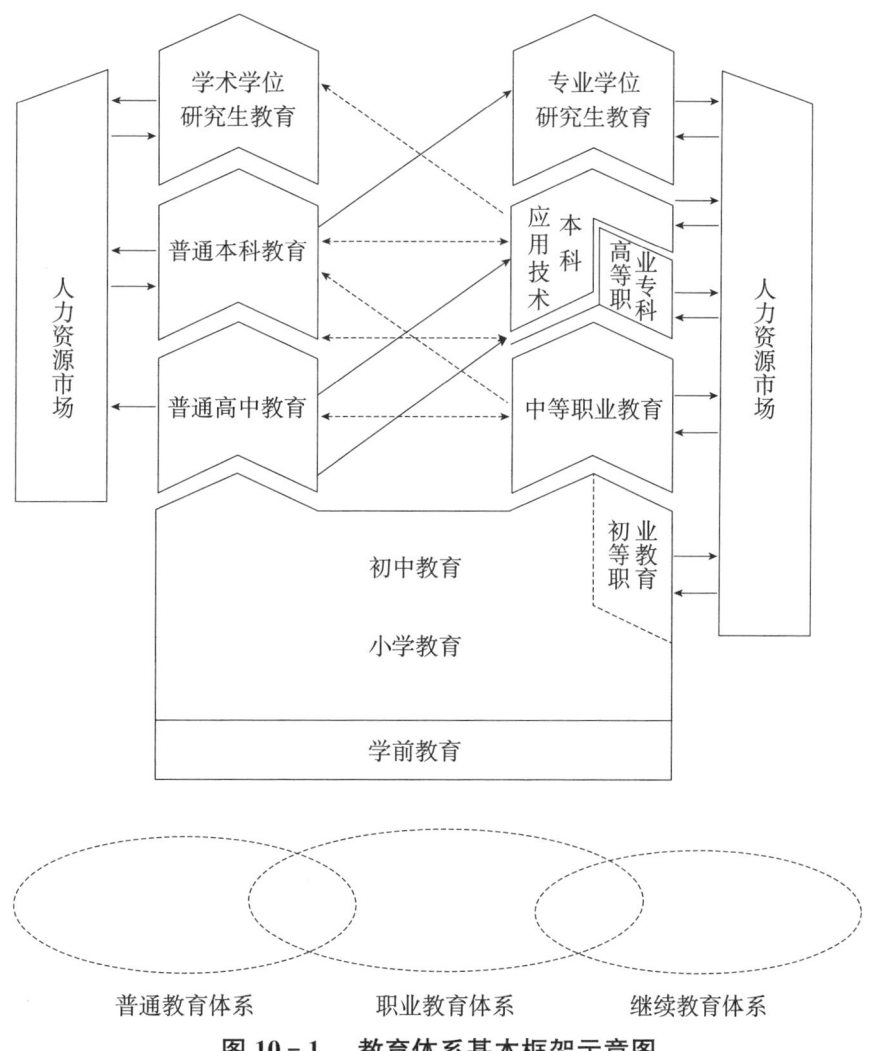

图 10-1　教育体系基本框架示意图

（二）健全"双轨双通"运行机制

在前期"H"型框架设计与改革探索的基础上，我国职业教育体系结构还需要更加清晰，与整个教育体系融入还有待加强。2019

年以来，现代职业教育体系在"类型教育"的新定位新起点下，开辟了通过体系建设和制度支撑完善"双轨双通"现代职业教育体系的新思路。时任教育部党组书记、部长陈宝生根据结构决定功能、体系决定特色、服务决定品质的理念，提出要建立健全以职业教育和普通教育"双轨"运行为标志，以纵向贯通、横向融通为核心，同经济社会发展和深化教育改革相适应的新时代中国特色职业教育体系。

（1）构建起纵向贯通、横向融通的职业教育体系，明确不同层次职业教育的功能定位，自身体系快速建强。

在纵向贯通上，强化了职业中等教育的基础地位，明确了其培养普通劳动者和技术技能人才，兜底教授一技之长，使绝大多数城乡新增劳动力接受高中阶段教育，并为职业高等教育输送具有技术技能基础的生源的功能定位；巩固了专科层次高等职业教育的主体地位，定位于优化高等教育结构和培养大国工匠、能工巧匠的重要方式，输送区域发展急需的高素质技术技能人才；特别是发挥职教本科的引领作用，开展了本科层次职业教育试点，支持优质高职学校围绕高端产业和产业高端需求举办本科层次职业教育，培养更多经济社会发展急需的高素质技术技能人才，满足民众接受更高层次职业教育的需求，打破了职业教育止步于专科层次的"天花板"。根据产业需要和行业特点，发展专业学位研究生培养模式，适度扩大专业学位硕士、博士培养规模。职业教育学校体系结构更加合理、定位更加清晰，推动了各层次职业教育的专业设置、培养目标、课程体系、培养过程、评价体系贯通衔接。

在努力保证高中阶段普职比大体相当的基础上，李克强在2019年国务院政府工作报告中提出高职大规模扩招100万人的要求，改革完善高职院校考试招生办法，鼓励更多应届高中毕业生和退役军人、下岗职工、农民工等报考。2019年5月，教育部、国家发展改革委、财政部、人力资源社会保障部、农业农村部、退役军人部等

第十章　新时代高质量发展职业教育与成人教育

六部门印发《高职扩招专项工作实施方案》，对计划安排、考试组织、招生录取、教育教学、就业服务及政策保障工作进行了统一部署。并于当年12月出台《关于做好扩招后高职教育教学管理工作的指导意见》，指导各地各职业院校主动适应高职扩招后生源多元化、发展需求多样化对教育教学的新要求，全面改进人才培养全流程、各环节，保障质量型扩招。此次扩招对数量、对象、时间的明确要求前所未有，是党中央、国务院在我国经济转型和高质量发展的时代背景下，从国家宏观调控的角度做出的重大决策，指向我国对高技能人才的迫切需求、缓解结构性就业矛盾，解决人才培养的供给侧和产业结构需求侧在结构、质量、水平上不相适应的问题，并加速迈入高等教育普及化，对体系本身的承载能力提出重大挑战。

开展本科层次职业教育试点工作的提法最早出现在2019年1月国务院印发的《国家职业教育改革实施方案》中，首次在国家层面以官方文件形式提出构建现代职业教育体系，并提出了系统解决方案，强调通过国家层面的跨部门治理和微观层面的育人环节标准化建设，来建立一个架构上的统一体系，部署开展本科层次职业教育试点。同年5月，教育部批准了全国首批15所职业本科试点学校，包括：南昌职业学院、江西软件职业学院、泉州理工职业学院、山东外国语职业学院、山东凯文科技职业学院、山东外事翻译职业学院、周口科技职业学院、广东工商职业学院、广州科技职业技术学院、广西城市职业学院、海南科技职业学院、重庆机电职业技术学院、成都艺术职业学院、陕西电子科技职业学院、西安汽车科技职业学院。之后又陆续公布了8所试点学校和4所独立学院转设的本科层次职业学校。与2000年前后高职升本不同，这批学校由"职业学院"更名为"职业大学"，升格为本科层次的同时，保留了"职业"二字。

教育部着力加强对本科层次职业教育专业设置、教学实施指导，组织论证形成了涉及16个专业大类的80个试点专业，对职业教育专业目录进行了一体化修（制）订。为了解决专业设置管理有待进一步程序化、制度化等问题，教育部办公厅2021年1月印发《本科层次职业教育专业设置管理办法（试行）》，充分体现本科层次的高起点、高层次、高要求，以及职业教育的类型特点。本科层次职业学校设置标准、职教本科学士学位授权与授予管理工作有关规定也即将出台。在2021年举办的全国职业教育大会上，习近平对本科职业教育发展做出"稳步推进"的指示，孙春兰在讲话中指出要一体化设计中职、高职、本科职业教育培养体系，现代职业教育体系框架更加完善，类型特征愈加明显。

在横向融通上，主要布局普职融通、产教融通、校企融通、学历教育和培训融通、师资融通、职业技能培养与职业精神养成融通等方面，统筹职业教育与普通教育、职业教育与继续教育协调发展，沟通学历教育与非学历培训，促进资源共享、课程互通、学分互认，畅通各类人才成长通道，发挥职业教育在服务构建全民终身学习体系中的独特功能和价值。

（2）以制度体系的完善为现代职业教育体系运行提供重要支撑。

一是理顺职业教育管理体制，明确职业学校教育由教育部统筹管理，职业培训由人力资源和社会保障部统筹管理，理顺分级管理、地方为主、政府统筹、行业指导、社会参与的管理体制，充分发挥国务院职业教育工作部际联席会议的作用，凝聚各部门、全社会支持职业教育发展的合力，重点推动落实地方政府发展职业教育的主体责任，同时扩大落实职业学校办学自主权。《国家职业教育改革实施方案》指出，根据高等学校设置制度规定，将符合条件的技师学院纳入高等学校序列。2020年印发的《教育部 山东省人民政府关于整省推进提质培优建设职业教育创新发展高地的意见》明确指出，以设区的市或县（市、区）为单位推进技工学校与其他中等职业学校融合发展。教育部支持山东根据《中华人民共和国高等教育法》和高等学校设置制度规定，将符合条件的技师学院按程序纳入高等

第十章 新时代高质量发展职业教育与成人教育

职业学校序列，对符合条件的高职院校可按程序加挂技师学院校牌，由教育部门牵头建立完善教育教学、学生管理、学籍学历、考试招生等教育业务统一管理的机制，探索打破学校类型界限、条块分割的藩篱。

二是改革职业教育考试招生制度。以中高职衔接为切入点，重点改革学制、课程衔接体系和升学考试制度，为应用技术技能人才继续学习和职业生涯发展奠定基础。2013年，《教育部关于积极推进高等职业教育考试招生制度改革的指导意见》明确了分类考试的六种形式，即以高考为基础的考试招生、单独考试招生、综合评价招生、面向中职毕业生的技能考试招生、中高职贯通培养招生、技能拔尖人才免试招生。2014年，《国务院关于深化考试招生制度改革的实施意见》明确，加快推进高职院校分类考试。2019年，《国家职业教育改革实施方案》提出，建立"职教高考"制度，完善"文化素质＋职业技能"的考试招生办法，为学生接受高等职业教育提供多种入学方式和学习方式。《职业教育提质培优行动计划（2020—2023年）》进一步提出深化职业教育考试招生改革，引导不同阶段教育协调发展、合理分流，为学生接受高等职业教育提供多种入学方式。福建、山东、江苏、江西等多省探索实施"职教高考"制度，2020年全国高职分类考试招生超300万人，超过高职招生总数的60%，成为职业院校招生主渠道，缓解了"千军万马过独木桥"的高考焦虑，促进了教育合理分流。基于职业教育的类型特征，根据不同的人才培养目标，建立健全适应自身特色的人才选拔方式、考试内容，秉持公开、公平、常规化、自由选择的原则，让任何职校生都可以通过统一考试进入任何职业院校的任何专业，拓展职校生升学空间，使中等职业教育与职业专科教育、职业本科教育实现真正的内容衔接，推动各级职业教育之间协同发展。

三是创新产教融合校企合作制度。以2017年12月国务院办公厅印发的《国务院办公厅关于深化产教融合的若干意见》和2018年

2月教育部会同国家发展改革委、工业和信息化部、财政部、人力资源社会保障部、国家税务总局印发的《职业学校校企合作促进办法》为指引，统筹产业规划、人才规划和教育规划，优化职业教育结构与布局，构建以城市为节点、行业为支点、企业为重点的产教融合新模式。2019年5月，江苏省开始实施我国校企合作领域第一部省级地方性法规《江苏省职业教育校企合作促进条例》，突破体制机制障碍，推动产教融合、校企合作稳步推进。《职业教育提质培优行动计划（2020—2023年)》提出，建立产业人才数据平台，发布产业人才需求报告，研制职业教育产教对接谱系图，指导优化职业学校和专业布局，促进人才培养和产业需求精准对接。建好用好行业职业教育教学指导委员会，全面推行现代学徒制和企业新型学徒制，建立覆盖主要专业领域的教师企业实践流动站、实体化运行的示范性职教集团（联盟）和技工教育集团（联盟），建设一批具有辐射引领作用的高水平专业化产教融合实训基地，深化校企合作协同育人。支持行业组织积极参与产教融合建设试点项目，鼓励地方开展混合所有制、股份制办学改革试点，建立基于产权制度和利益共享机制的校企合作治理结构与运行机制。推动各地建立健全省级产教融合型企业认证制度，健全以企业为重要主导、职业学校为重要支撑、产业关键核心技术攻关为中心任务的产教融合创新机制。

四是构建技术技能人才评价制度。教育部加快推进职业教育国家学分银行建设，探索建立职业教育个人学习账号，实现学习成果可追溯、可查询、可转换，有序开展学历证书和职业技能等级证书所体现的学习成果的认定、积累和转换。2020年1月，教育部委托国家开放大学开发的职业技能等级证书信息管理服务平台和职业教育国家学分银行信息平台上线试运行。随后陆续印发《关于做好职业教育国家学分银行建设相关工作的通知》和《职业教育国家学分银行建设工作规程（试行）》，要求各地结合"1+X"证书制度试点工作，有序推进职业教育国家学分银行建设。各行业部门积极参与

第十章　新时代高质量发展职业教育与成人教育

"1+X"证书制度试点，例如，2016年，《交通运输部、教育部关于加快发展现代交通运输职业教育的若干意见》提出进一步推进职业院校交通运输类专业"双证书"制度。相关探索促进了职业教育学生与普通教育学生学习成果等值互换，拥有平等的求职、晋升机会和同等待遇，努力营造公平公正、多元包容的教育和就业环境，让人们逐渐接受职业教育与普通教育是不同轨道，技术技能人才与学术人才、工程人才是不同类型人才的观念。

二、促进职业教育高质量发展，建设技能型社会

技术技能人才是实施人才强国战略、就业优先战略和创新驱动发展战略不可或缺的宝贵人才资源。有关数据显示，各级各类职业院校每年培养毕业生约1 000万人，在现代制造业、战略性新兴产业和现代服务业等领域，一线新增从业人员70%以上来自职业院校。但是，在全国超2亿的技能劳动者中，仅有1/4是高技能人才。国家发展改革委、中国社科院等单位牵头起草的调研报告显示，2019—2035年我国技术技能人才的年均缺口在1 300万左右，其中高级技术技能人才的年均缺口在700万左右。解决高素质技术技能人才的供需结构性矛盾，亟须职业教育向更高质量迈进。

2019年8月，习近平在甘肃考察张掖市山丹培黎学校时指出："实体经济是我国经济的重要支撑，做强实体经济需要大量技能型人才，需要大力弘扬工匠精神，发展职业教育前景广阔、大有可为。"时任教育部党组书记、部长陈宝生在2020年职业教育活动周全国启动仪式暨全国职业院校技能大赛改革试点赛开幕式讲话中正式提出，职业教育要"为'人人皆可成才、人人尽展其才'进一步创造条件，努力建设技能型社会、建设技能中国"。党的十九届五中全会通过的《中共中央关于制定国民经济和社会发展第十四个五年规划和二〇三五年远景目标的建议》，明确了"建设高质量教育体系"的政策导向

和重点任务，要求"加大人力资本投入，增强职业技术教育适应性，深化职普融通、产教融合、校企合作，探索中国特色学徒制，大力培养技术技能人才"，建设高质量职业教育体系，建设技能型社会，成为"十四五"时期职业教育改革发展的重要任务。

进入新时代以来，2014年，《国务院关于加快发展现代职业教育的决定》提出在整合现有项目的基础上实施现代职业教育质量提升计划，加强基础能力建设。2019年，《国家职业教育改革实施方案》提出由追求规模扩张向提高质量转变，明确了办好新时代职业教育的"施工图"，职业教育大改革大发展的格局基本形成，进入爬坡过坎、提质培优的历史关键期。随后，教育部、财政部印发《关于实施中国特色高水平高职学校和专业建设计划的意见》，提出集中力量建设50所左右高水平高职学校和150个左右高水平专业群，每五年一个支持周期，2019年启动第一轮建设。2020年9月，教育部等九部门印发《职业教育提质培优行动计划（2020—2023年）》，将《国家职业教育改革实施方案》部署的改革任务转化为举措和行动，围绕办好公平有质量、类型特色突出的职业教育，以提质培优、增值赋能为主线，着力补短板、激活力、提质量，为职业教育改革发展绘制了"作战图"。2021年3月24日，李克强主持召开国务院常务会议，通过《中华人民共和国职业教育法（修订草案）》，对产教融合和校企合作、支持社会力量举办职业学校、促进职业教育与普通教育学业成果融通互认等做了规定。该会议决定将草案提请全国人大常委会审议。2021年4月12日至13日，全国职业教育大会在京召开，这是首次以党中央、国务院名义召开的全国职业教育大会，习近平和李克强分别做出重要指示批示，孙春兰出席会议并讲话，强调优化职业教育类型定位，增强职业教育适应性，加快构建现代职业教育体系，培养更多高素质技术技能人才、能工巧匠、大国工匠，在全社会吹响了构建技能型社会的"集结号"，克服学历型社会的弊端，破解职业教育领域的顽瘴痼疾。

第十章　新时代高质量发展职业教育与成人教育

（一）以"职教 20 条"和《职业教育提质培优行动计划（2020—2023 年）》为统领

《国家职业教育改革实施方案》（简称"职教 20 条"）明确了职业教育作为"类型教育"的属性，立足深化改革、体现国家意志，对未来职业教育发展的指导思想、战略目标、全方位改革和综合治理进行了顶层设计。"职教 20 条"亮点突出，提出职业教育发展模式要实现"三个转变"，即要从注重数量向注重质量的方向转变，从政府主办为主向政府统筹、社会多元办学的格局转变，从参照普通教育的模式向产教融合、办学特色更加鲜明的类型教育方向转变；关注"50＋150＋300＋一批"的"院校＋专业（群）＋实训基地＋教师教学创新团队"的 4 个建设项目；部署完善国家职业教育制度体系和标准体系，开启"1＋X"证书制度试点，加强关键要素的标准体系建设，职业院校实施育训并举、学分银行与学习成果的互认互换；建立深化产教融合、校企双元育人、社会多元办学的体制机制，选建一批产教融合型企业，并给予"金融＋财政＋土地＋信用"的组合式激励，实质性推动职业院校和行业企业形成命运共同体；健全职业院校内部中职、高职、应用型本科等系统化人才培养体系，以提升质量为核心，以机制改革为动力，突出了教师、教学、教材的重要地位和作用，企业引进师资，校企双向流动，加强实践性教学等。

"职教 20 条"发布后，国家密集出台了双高计划、产教融合型企业、职教集团、教师队伍等方面系列改革举措，各地也纷纷出台了本土方案。《职业教育提质培优行动计划（2020—2023 年）》将各分项改革制度整合、具体化、数量化，规划设计了更具可操作性的 10 项任务、27 条举措，落地落细"职教 20 条"的要求任务，统筹推进职业教育"十四五"规划发展。一方面，加强顶层设计，对落实立德树人根本任务、推进职业教育协调发展、完善服务全民终身学习的制度体系、深化职业教育产教融合校企合作、健全职业教育考试招生制度等进行部署。另一方面，聚焦关键改革，实施职业教育治理能力提升、"三教"改革攻坚、信息化2.0建设、服务国际产能合作、创新发展高地建设等5项行动。坚持问题导向，通过加快体系建设、深化体制机制改革、加强内涵建设，系统部署解决吸引力不强、质量不高等长期制约职业教育发展的问题；引导地方、学校从"怎么看"转向"怎么干"，通过构建国家宏观管理、省级统筹保障、学校自主实施的推进机制，借助自主承接、任务驱动、契约管理，转职能、提效能，激发地方和学校改革活力，协同推进职业教育改革发展。

"提质培优、增值赋能"，分别对应提高职业教育质量，内涵式发展；培育职业教育品牌，增强认可度；增加成长成才价值，提高吸引力；赋予经济发展功能，提升贡献率。随着以"职教20条"和《职业教育提质培优行动计划（2020—2023年）》为统领的系列改革深入推进，我国职业教育将进一步夯实发展基础，激发发展活力，提高发展质量，实现发展动力由政府主导型向院校自主型转变，发展模式由规模扩张向内涵建设转变，办学状态从相对封闭向全面开放转变，评价内容由注重硬件指标向内涵指标为主转变，教师队伍从高学历高职称向"双师"结构转变，社会服务由"一头独大""三足鼎立"向学历教育、社会培训、技术研发、社区教育、老年教育"五位一体"转变。推动形成国家重视技能、社会崇尚技能、人人学习技能、人人拥有技能的良好氛围，为建设技能型社会、技能中国，为实现"两个一百年"奋斗目标和中华民族伟大复兴的中国梦提供坚实的人才保障。

（二）以职业技术教育国家标准为指导

《国务院关于加快发展现代职业教育的决定》提出，要建立健全职业教育标准体系，加快制定符合职业教育特点、适应经济发展和

第十章　新时代高质量发展职业教育与成人教育

产业升级要求的各类职业院校办学标准，并完善各项标准的实施和检验制度。要求各地制定规划和实施方案，到 2020 年，使各类职业院校基本达到国家规定的办学标准。教育部先后发布了包括专业目录、专业教学标准、公共基础课程标准、顶岗实习标准、实训条件建设标准（仪器设备配备规范）等的职业教育国家教学标准体系，与中等职业学校设置标准、教师专业标准、校长专业标准、高等职业学校设置标准等共同组成了较为完善的国家职业教育标准体系，为依法治教、规范办学奠定了基础。"职教 20 条"进一步强调要发挥标准在职业教育质量提升中的基础性作用，把加快标准化进程作为打造职业教育体系软环境升级版的关键举措，持续完善学校设置、师资队伍、教学教材、信息化建设、安全设施等办学标准，建立健全职业培训标准，健全职业教育标准制定、实施、监督机制，加快建成国家、地方、行业标准衔接有序的职业教育标准体系，提升职业教育标准化水平，推动职业教育办出特色和水平。

在国家职业教育标准体系中，职业教育教学标准具有基础性地位，是指导和管理职业院校教学工作的主要依据，是评价与保证教育教学质量和人才培养规格的基本教学文件，内容主要包括专业名称、入学要求、基本学制、培养目标、职业范围、人才规格、课程设置及学时要求、实训实习环境、教学资源、专业师资、质量保障等。自 2012 年发布实施首批 410 个《高等职业学校专业教学标准（试行）》以来，对于高等职业学校准确把握培养目标和规格，科学制定人才培养方案，深化教育教学改革，提高人才培养质量起到了重要的指导作用。随着经济社会快速发展，新职业、新技术、新工艺不断涌现，一些专业的内涵发生了较大变化，2015 年教育部印发新修订的《普通高等学校高等职业教育（专科）专业目录》，对专业划分和专业设置进行了较大调整，次年提出修（制）订《高等职业学校专业教学标准》。

2018 年 7 月，教育部组织制订了《中等职业学校焊接技术应用专业实训教学条件建设标准》等11项职业教育教学标准。"职教20条"发布后,又陆续组织制订了《高等职业学校物流管理专业实训教学条件建设标准》等21项职业教育教学标准、完成了《高等职业学校种子生产与经营专业教学标准》等首批347项高等职业学校专业教学标准的修(制)订工作。2021年3月,动态更新了《职业教育专业目录(2021年)》,新版《职业教育专业目录》按照"十四五"国家经济社会发展和2035年远景目标对职业教育的要求,在科学分析产业、职业、岗位、专业关系基础上,对接现代产业体系,服务产业基础高级化、产业链现代化,统一采用专业大类、专业类、专业三级分类,一体化设计中等职业教育、高等职业教育专科、高等职业教育本科不同层次专业,共设置19个专业大类、97个专业类、1 349个专业,其中中职专业358个、高职专科专业744个、高职本科专业247个。

建设成果还包括:230个中职专业教学标准;10门中职公共基础课教学大纲、9门中职大类专业基础课教学大纲;136个职业学校专业(类)顶岗实习标准;51个职业院校专业实训教学条件建设标准(职业学校专业仪器设备装备规范);制定了中等职业教育德育大纲、中等职业学校公约,规范德育工作;发布了中职专业368个、高职专业779个、本科层次职教试点专业80个;发布中职公共基础课程方案和七门课程标准,遴选4 000多种"十三五"职业教育国家规划教材。地方在结合省情加快建设区域特色的职业教育教学标准体系上也做了大量工作,例如江苏省已经初步形成了"结构合理、覆盖全面、上下衔接、功能齐全"的教学标准体系,包括106个专业指导性人才培养方案(含中等职业教育62个主要专业、五年制高等职业教育44个主要专业)、243门中职和520门五年制高职专业核心课程标准和38个中等职业教育技能教学标准。近年来,高职专业教学标准、顶岗实习标准、仪器设备装备规范等从无到有,填补了我国职业教育史上的空白;中职专业教学标准等也经历了一轮或几

第十章　新时代高质量发展职业教育与成人教育

轮的修订，逐步建立起了随产业发展动态调整的机制，具有中国特色、比较系统的职业教育国家教学标准体系框架基本形成。

通过研制教学标准，建立了教育行政部门与行业、企业、学校等各方联动的工作机制，将新技术、新工艺引入教学内容要求，将职业能力要求转换为人才培养目标要求，充分体现了政府主导、行业指导、学校主体、企业参与的产教深度融合发展。实施基于标准的教学，职业教育人才培养从过去的"参照普通教育做"到现在的"依据专门制度和标准办"，职业学校专业技能教学水平显著提高，行业企业认可度不断提升，教师教学行为发生根本改变，为我国职业教育高质量发展提供了根本保障。

（三）以"双高"和高地建设为牵引

2014年《国务院关于加快发展现代职业教育的决定》提出要建设一批世界一流的高职院校，事关中国职业教育往何处走、办成什么样、具有什么样地位，相关机构进行了充分的论证。在2019年颁布的"职教20条"中，明确提出要启动实施中国特色高水平高等职业学校和专业建设计划（简称"双高计划"），建设一批引领改革、支撑发展、中国特色、世界水平的高等职业学校和骨干专业（群），打造技术技能人才培养高地和技术技能创新服务平台，支撑国家重点产业和区域支柱产业发展。同年，教育部、财政部发布《关于实施中国特色高水平高职学校和专业建设计划的意见》，正式拉开了"双高计划"的序幕，致力于把职业教育改革发展的"龙头"舞起来，示范引领新时代职业教育实现高质量发展，提升高素质技术技能人才供给能力，到2035年，一批高职学校和专业群达到国际先进水平，引领职业教育实现现代化，为促进经济社会发展和提高国家竞争力提供优质人才资源支撑。职业教育高质量发展的政策、制度、标准体系更加成熟完善，形成中国特色职业教育发展模式。

"双高计划"是继国家示范性高职院校（骨干校、优质校）建设之后高职教育内涵发展的又一具有战略意义的重大举措，但不同于以往的是，要对标普通高校"双一流"建设培养高水平学术人才，培养高水平技能人才。坚持普职招生比例大体相当，更大规模培养培训高素质技术技能人才。推动职业院校教师、教材、教法改革，着力提升职业教育吸引力和人才培养能力。探索长学制培养高端技术技能人才，推动具备条件的普通本科高校向应用型转变。其建设内容可简单概括为以加强党的建设为出发点，完成打造技术技能人才培养高地、技术技能创新服务平台、高水平专业群、高水平"双师"队伍等四项任务，实现提升校企合作水平、服务发展水平、学校治理水平、信息化水平、国际化水平等五方面工作目标。2019年10月，教育部和财政部公布首批"双高计划"建设单位，包含高水平学校建设单位56所、高水平专业群建设单位141所，覆盖省份29个，布点最多的专业大类有装备制造、交通运输、电子信息、财经商贸、农林牧渔，中央财政每年支持20多亿元，地方财政和行业企业也将提供资金支持，五年后经考核不符合标准的建设单位将面临退出。

在"双高计划"等重大项目导引下，一批高职院校实现了跨越式发展，充分发挥了先行示范作用。深圳职业技术学院探索中国特色校企双元育人的"深职"模式，联合一批行业龙头企业和领军企业建成11个特色产业学院，形成了校企共同开展党建活动、共同建设高水平专业、共同开发课程标准、共同打造师资团队、共同设立研发中心、共同开发高端认证证书、共同开展创新创业教育、共同招生、共同走出去等"九个共同"的人才培养模式。宁波职业技术学院与浙江宁波的一家公司十余年深度合作，政府主导、政策支持，专业、企业与产业同频共振，成为利益和命运的共同体，先后共建了省级企业研究院、工程技术中心、协同创新中心等研发平台，制定行业企业标准、推进科技成果产业化，目前承担各类研发项目18项，金额总计7 312.16万元，助力学校绿色化工专业群成为国家级

第十章　新时代高质量发展职业教育与成人教育

高水平专业群,助力公司成为"行业领先",引领了国家乙烯副产物综合利用行业的高质量发展。

除了激发学校自主办学活力,国家大力推进落实地方发展职业教育主责,在制约职业教育创新发展的关键领域、关键方面,根据东部提质培优、中部提质扩容、西部扩容提质的原则,按照整省试点和城市试点两类推行部省共建国家职业教育创新发展高地。整省试点侧重区域现代职业教育体系建设和体制机制改革;城市试点侧重产教融合和校企合作,服务区域经济社会发展。2020年以来,《教育部 山东省人民政府关于整省推进提质培优建设职业教育创新发展高地的意见》《教育部 江西省人民政府关于整省推进职业教育综合改革提质创优的意见》《教育部 甘肃省人民政府关于整省推进职业教育发展打造"技能甘肃"的意见》《教育部 江苏省人民政府关于整体推进苏锡常都市圈职业教育改革创新打造高质量发展样板的实施意见》等陆续出台,山东、江西、甘肃、天津、辽宁、湖南、河南等7个部省(市)共建职业教育创新发展高地试点,以及江苏"苏锡常"、浙江"温台"、广东深圳、福建厦门、四川成都等5个城市试点先后启动,作为职业教育提质培优的先行者、探路者。

山东省持续深化教师、教材、教法改革,将组建200个教师教学创新团队,开发322个专业教学标准和147个中职、高职与本科相衔接的课程体系;江西省12个区域性产教融合型实训基地将进一步提高职业院校实习实训水平,拟投资25亿元建设全国首个职业教育VR(虚拟现实)示范实训基地,投资200亿元建设南昌现代职教城;甘肃省集中力量建设10所高水平高职院校、30个高水平专业群,着力打造35所优质中等职业学校和100个优质专业;"苏锡常"都市圈优化区域职业教育布局,健全职业院校设置标准与教学标准体系,建设"双师型"教师队伍,加快职业教育信息化能力建设。浙江省全面提升职教学生核心素养,开展"面向人人"的学生技能大赛;安徽省的职业院校拿出不低于20%的编制数,面向行业企业聘用技术技能型兼职教师,并由同级财政购买服务,建立省级职业教育企业社会兼职教师专家库。2020年,教育部办公厅全文转发山东省《关于完善高等学校绩效工资内部分配办法的指导意见》和《关于推进职业院校混合所有制办学的指导意见(试行)》,该省系列改革为相关全国性政策制定提供了经验和实践探索,有效发挥了中央引导、地方突破的职业教育改革发展机制。部省共建国家职业教育创新发展高地充分调动和保护了地方发展职业教育的积极性、主动性和创造性,基本形成了点线面结合、东中西呼应的发展空间格局,同时带动其他地区因地制宜、比学赶超开创了职业教育改革的良好局面。

三、构建服务全民终身学习的教育体系

(一)服务全民终身学习教育体系的国家顶层设计

进入新时代,我国终身教育思想进一步普及,国家和全社会对终身教育理念的理解日益走向深入,终身教育政策的推进、教育立法的推进、基本体系的构建也不断趋向完善。2019年党的十九届四中全会召开,中央明确做出"构建服务全民终身学习的教育体系"的重大决策部署,标志着我国终身教育体系的构建从酝酿期、扩容期走向定型期,迈入新阶段,体现出全新而又成熟的国家顶层设计特征,有五个方面的具体特色。

1. 大理念引领

社会主义教育为人民大众服务,坚持以人民为中心发展教育,办好人民满意的教育,是党的十八大以来习近平总书记关于教育的重要论述的核心内容,是以人民为中心的发展思想的重要体现,是党执政为民的内在要求,也是我国教育改革发展的基本遵循和指南。提出构建服务全民终身学习的教育体系,鲜明地体现出以人民为中

第十章　新时代高质量发展职业教育与成人教育

心的发展理念的引领。这是因为从理论逻辑来看，终身教育本质上就是关于人人全面学习、全面发展的教育。习近平总书记指出，要形成人人皆学、处处可学、时时能学的学习型社会。从历史逻辑来看，终身教育理论引入以及在我国 40 多年的发展实践，始终鲜明地体现出党和国家将充分保障和提高广大人民群众的受教育权作为教育工作的中心和促进教育公平的重点，保障人人享有受教育的机会，实现让教育发展成果更多更公平地惠及全体人民。从现实逻辑来看，党的十九届四中全会提出构建服务全民终身学习的教育体系，是在坚持和完善统筹城乡的民生保障制度，满足人民日益增长的美好生活需要的制度框架下进行定位的，这就明确了教育治理体系与治理能力现代化的核心价值取向，即以发展为导向，以人民为中心，发展构建终身教育体系，让经济社会发展与改革的成果惠及全民。

2. 大目标定位

中央提出构建服务全民终身学习的教育体系，必须聚焦在新中国百年蓝图中理解其重大意义。构建服务全民终身学习教育体系的目标的提出，既生成于党的百年奋斗目标之中，又为新的百年奋斗目标提供坚实支撑，这就是大目标定位。从 2010 年发布的《国家中长期教育改革和发展规划纲要（2010—2020 年）》提出"构建体系完备的终身教育"，《国家教育事业发展"十三五"规划》对全民终身学习机会的扩大提出要求，并将其列为教育事业发展的主要目标之一，到党的十九届四中全会提出"构建服务全民终身学习的教育体系"，这个时间节点正好是全面建成小康社会、教育事业发展五年和十年规划同时收官、庆祝党的百年诞辰前后，是第一个百年奋斗目标的实现时期。往后看，到党的十九届五中全会通过的《中共中央关于制定国民经济和社会发展第十四个五年规划和二〇三五年远景目标的建议》，确定"十四五"时期教育事业的主要目标是"建设高质量教育体系"，"完善终身学习体系，建设学习型社会"是着力推动构建的八大体系之一。而在《中国教育现代化2035》设定的主要发展目标中,则明确将构建服务全民终身学习的教育体系作为第一大板块。可以说,推动构建服务全民终身学习的教育体系,目标定位宏大,着眼于为2035年我国基本实现现代化、总体实现教育现代化、2050年实现强国目标打下更为坚实的基础。

3. 大体系设计

习近平总书记关于"构建衔接沟通各级各类教育、认可多种学习成果的终身学习立交桥"的总体要求,成为指导构建服务全民终身学习教育体系"四梁八柱"的根本遵循。党的十九届四中全会通过的《中共中央关于坚持和完善中国特色社会主义制度 推进国家治理体系和治理能力现代化若干重大问题的决定》指出,构建服务全民终身学习的教育体系的完整大系统是:全面贯彻党的教育方针,坚持教育优先发展,聚焦办好人民满意的教育,完善立德树人体制机制,深化教育领域综合改革,加强师德师风建设,培养德智体美劳全面发展的社会主义建设者和接班人。推动城乡义务教育一体化发展,健全学前教育、特殊教育和普及高中阶段教育保障机制,完善职业技术教育、高等教育、继续教育统筹协调发展机制。支持和规范民办教育、合作办学。构建覆盖城乡的家庭教育指导服务体系。发挥网络教育和人工智能优势,创新教育和学习方式,加快发展面向每个人、适合每个人、更加开放灵活的教育体系,建设学习型社会。

4. 大服务导向

服务全民终身学习的教育体系的提出,突出地表明我国教育理念中开始融入服务观念,既是教育公平性原则和普惠性的价值追求,也是在学习型社会理念基础上的更新升华,体现出大服务的导向。其一是服务对象的全民化,教育成为一种公共资源,为所有人提供服务,尤其是为普通民众提供更多、更适合的教育机会。其二是服务充分渗透每个个体需求,更加关注满足个体的多样化学习需求,为每个公民个体的终身学习需求做好量身定制的精准服务。其三是

第十章　新时代高质量发展职业教育与成人教育

致力于为全民学习提供更好的服务，广泛搭建公共服务平台，建立融通互认机制，建立学习服务网络，囊括所有教育形式和学习内容。

5. 大融合发展

"融合"的一个鲜明特点是各种资源平台在相互融合中放大共享效应，是构建服务全民终身学习的教育体系的先决条件，如果不能最大限度地融合社会的各种教育资源，服务全民终身学习的远大目标就很难具体实现。大融合主要强化推动两个方向上的融合发展：一是服务全民终身学习的教育体系融合所有教育类型，是教育系统内外教育的总和，从扫盲教育到研究型教育，从幼儿教育到老年教育，从学校教育到社会教育、家庭教育、企业教育等，不仅解决了"两个体系论"的冲突，还将其融合成为一个完整的服务体系。二是服务全民终身学习的教育体系融合政府、市场、社会所有教育资源，政府重点保障教育公共服务资源的公平性、普惠性、均衡性、便捷性，市场机制配置个性化、多样化、选择性、竞争性资源日益活跃，社会各界积极推动学习体系的搭建与公共服务能力的提升。

（二）党的十八大以来终身教育体系建设的重大进展

党的十八大以来，以习近平同志为核心的党中央把教育作为国之大计、党之大计，加强党对教育工作的全面领导，对教育现代化和教育强国做出重大战略部署，我国教育的面貌发生格局性变化。完善终身教育体系、建设学习型社会成为教育发展和社会建设的重大成就之一，促进教育事业发展成果更多更公平惠及全体人民。

1. 更加重视终身学习，终身教育政策法规体系不断完善

党中央、国务院高度重视全民终身学习和学习型社会建设。《国家中长期教育改革和发展规划纲要（2010—2020 年）》明确提出"到 2020 年，基本实现教育现代化，基本形成学习型社会，进入人力资源强国行列"的战略目标。为实现这一目标，《国家积极应对人口老龄化中长期规划》《老年教育发展规划（2016—2020 年）》均对

老年教育做了统筹规划。《教育部等九部门关于进一步推进社区教育发展的意见》要求统筹发展城乡社区教育。《教育部等七部门关于推进学习型城市建设的意见》积极推进学习型城市建设。截至2020年年底全国已有29个省（区、市）出台了老年教育的规划文件，31个省市级老年教育或终身学习平台汇聚4.1万门"乐学防疫"公益课程，总访问量达到900万人次。积极推动28个省级社区教育指导中心、12个中心城市和280多个市级社区教育机构依托开放大学办学体系开展城乡社区教育，建成249个国家级、750多个省级社区教育实验区和示范区。全国已有105个地市级以上城市加入学习型城市建设联盟。福建、上海、河北、宁波、太原等省市出台了《终身教育促进条例》，成都、西安等市出台了《社区教育促进条例》，积极开展立法实践探索。

2. 现代教育体系基本形成，终身教育基底更牢

我国已建立起当今世界规模最大的教育体系，各级教育普及程度均达到或超过了中高收入国家平均水平，进入世界中上行列。截至2020年年底，全国共有各级各类学校53.71万所，在校生2.89亿人，学前教育毛入园率达到85.2%，九年义务教育巩固率达到95.2%，高中阶段毛入学率达到91.2%，高等教育毛入学率达到54.4%，我国高等教育由大众化阶段历史性地进入普及化阶段。继续教育每年培训上亿人次，持续提升我国人力资源开发水平。在建成世界规模最大的职业教育体系上取得重大成就，每年培养1000万名左右的高素质技术技能人才。纵向上学前、初等、中等、高等各层次教育相互衔接，横向上普通教育与职业教育、公办教育与民办教育、出国留学与来华留学、学历教育与非学历教育同步发展，还建立了自考、函授、成人高考、开放大学等多种教育渠道。国家教育投入力度不断加大，财政性教育经费占GDP比例连续8年超过4%。教育事业的快速发展和教育体系的丰富完善，为人民群众提供了更加公平、优质和多样化的选择，不断扩大人民群众受教育机会，

更好地保障人民群众受教育权利。

3. 历史性打赢教育脱贫攻坚战，终身教育跨越鸿沟

党的十八大以来，按照党中央关于打赢三大攻坚战的部署要求，教育系统坚决打赢打好教育脱贫攻坚战，不断健全公共教育服务体系，教育资源向农村地区、中西部地区、困难群体和薄弱学校倾斜，聚焦义务教育有保障，强力推进控辍保学，贫困学生失学辍学问题得到历史性解决。可以说，教育脱贫取得最具政治意义、最具历史意义、最具战略意义、最具创新意义、最具教育意义的成果，创造了中国教育史和世界教育史上的奇迹，教育质量和公平迈上新台阶，使终身教育跨越鸿沟，进入更加广阔和富有前景的发展地带。

4. 大规模在线教育成功实践，终身教育开辟新境界

当前在信息科学技术、人工智能的推动下，"互联网＋教育"已然诞生了容纳科技、教学法和知识的极度空间，构建起网络化、立体化的全民终身学习载体，以及开放便捷、一体化的学习服务平台，有力促进了泛在学习、混合学习、个性化定制学习、社群学习等新形态。发挥在线教育优势，我国积累了成功的实践经验。近年来网络本专科注册和毕业人数均居世界第一，在线教育和培训已经形成多样化格局。2020年新冠疫情暴发后，在线教育大规模开展，2月到5月，国家中小学网络云平台有20多亿人次浏览，全国1 775万大学生参与在线课程，共计23亿人次。这是全球最大规模的在线教育实验，不仅有效应对了疫情冲击、保障了师生健康和生命安全，而且探索创新了教学模式，具有开创性意义。

（三）"十四五"时期高质量构建服务全民终身学习的教育体系

建设高质量教育体系，是"十四五"时期我国教育发展的新主题、新方向、新目标、新任务，构建服务全民终身学习的教育体系是教育八大体系之一，也是《中国教育现代化2035》部署的十大战

略任务之一。要坚持把教育摆在更加突出的位置，坚持教育为人民服务、为社会主义服务的宗旨，落实教育现代化八大基本理念，推进教育体系、制度、内容、方法、治理现代化，按照国家顶层设计方针，积极推动高质量构建服务全民终身学习的教育体系，保障全民享有终身学习的机会，实现人人皆学、处处能学、时时可学。

1. 深化全民终身学习的教育全生命周期理念，高质量发展各级各类教育

要对各阶段教育进行统筹规划，完善职业技术教育、高等教育、继续教育统筹协调发展机制，聚各阶段教育之力，发挥人才培养工作中"1+1＞2"的协同效应。要坚持学前教育公益普惠原则，建立更为完善的学前教育管理体制、办园体制和投入体制，大力发展公办幼儿园，加快发展普惠性民办幼儿园，提高保教质量。要推动城乡义务教育一体化发展，深入实施义务教育薄弱环节改善与能力提升项目。要健全特殊教育和普及高中阶段教育保障机制，推进中等职业教育和普通高中教育协调发展，鼓励普通高中多样化特色化。要全面开展一流本科课程建设，落实"双万计划"，提高本科教育质量和发展水平，加快推进"双一流"建设，提升我国高等教育综合实力和国际竞争力。要持续深化高校创新创业教育改革与发展，全面提高高校创新创业人才培养能力，不断提升高校原始创新能力和关键核心技术集成攻关能力，完善创新体系。要支持民办教育办学，规范中外合作办学，加强教育对外交流与合作，实施"双高计划"，加快中国特色高水平高职学校和专业建设，促进教育事业健康发展。

2. 强化融合发展、共建共享，建立起支持构建服务全民终身学习教育体系的教育开放循环大系统

如果脱离开放、共享的理念，就不可能产生高水平的终身学习体系。高质量内涵式的新发展阶段，应充分发挥我国集中力量办大事的制度优势，聚集、整合和推广国内外各类优质学习资源，实现课程、师资、设施、数据等全方位共享，建立人人皆可随时随地自

第十章　新时代高质量发展职业教育与成人教育

主选择、享受个人所需学习资源的"泛在学习",以更大范围的学习者的获得感、幸福感、满意度作为检验尺度,培养全民终身学习的兴趣和能力。鼓励各级各类学校向非传统学习者开放场地设施、课程资源、师资力量、实训设备等;依托社会机构建立实践教育基地和体验式学习基地,推动校内外场景互联互动等。加快推进终身学习的法律规章和制度政策建设,建立起政府主导,学校、企业、行业、机构等共同参与的运行机制,为构建终身学习体系提供制度保障。要推动构建更加开放畅通的人才成长通道,完善招生入学、弹性学习及继续教育制度,畅通转换渠道。建立全民终身学习的制度环境,建立国家资历框架,建立跨部门跨行业的工作机制和专业化支持体系。建立健全国家学分银行制度和学习成果认证制度。强化职业学校和高等学校的继续教育与社会培训服务功能,开展多类型多形式的职工继续教育。扩大社区教育资源供给,加快发展城乡社区老年教育,推动各类学习型组织建设。

3. 加快推进教育信息化和信息化时代教育变革,为全民提供突破时空的高质量教育和学习支持服务

教育信息化是教育现代化的显著特征。要以教育信息化全面推动教育现代化建设,全面推动教育理念更新、模式变革、体系重构。把教育信息化基础设施建设作为新基建的重要内容,加大对教育网络和数字教育资源公共服务体系的投入。创新教育服务业态,建立数字教育资源共建共享机制。建设智能化校园,统筹建设一体化智能化教学、管理与服务平台。创新教育和学习方式,利用现代技术加快推动人才培养模式改革,实现育人方式与教育治理的变革。重视网络环境下的学生特点,加快发展面向每个人、适合每个人、更加开放灵活的教育体系,实现规模化教育与个性化培养的有机结合。

4. 重视建设构建服务全民终身学习教育体系的专业化人才队伍

就现状来看,目前从事终身教育的专职人员大都由普通学校派遣,虽然终身教育与普通学校教育都是教育,但它们具有完全不同

的性质、不同的教育对象和不同的内容。终身教育的范畴覆盖了人的一生，因此对象和目标明显呈现多样性和多元化的特点。相比学校教育对象的单一性与学习内容的统一性，终身教育对其专职人员的教育素养或知识能力的要求明显更高。当下，我们对终身教育专业者队伍建设的重视程度需要进一步提高，许多专职人员都是从学校或其他部门转岗而来，他们并不了解终身教育的特征和性状，为此"服务"全民的目标也就无法从根本落实。必须重视构建一支从事终身教育的专业化队伍，制定专业人员的培养机制、专业化岗位的准入基准以及专业化水平提升的评价考核制度。

第十一章 职业教育与成人教育百年发展成就和经验

自中国共产党成立以来,职业教育与成人教育作为国民教育体系的重要组成部分和人力资源开发的重要途径,走过了风雨兼程的100年,规模从小到大、层次从低到高、专业由少到多、参与由寡到众、能力由弱变强、贡献由微到著,实现了从小职教到大职教再到强职教的三大历史性跨越,取得了举世瞩目的伟大成就,积累了丰富的经验,为新时代建设中国特色、世界水平的现代职业教育与成人教育体系奠定了坚实基础。

一、职业教育与成人教育的历史性成就

中国共产党成立100年来,我们在砥砺前行中不断探索并建立了具有中国特色的职业教育与成人教育体系,促进了教育的飞跃发展,对我国实现从人口大国到人力资源大国的历史性转变发挥着举足轻重的推动作用。

(一)中国共产党成立初期职业教育与成人教育开展形式丰富

这一时期的职业教育与成人教育一方面受到"1913年学制"和"1922年学制"的影响,在整个教育体系中具有重要地位,另一方面在陈独秀、恽代英、杨贤江等早期中国共产党人的带动下,教育形式丰富,也呈现出一定的应急性、优先性、创新性特征,体现出中国共产党对职业教育与成人教育的重视程度。

从职业教育与成人教育开展的大环境看,"1913年学制"和"1922年学制"已为职业教育与成人教育奠定了良好的政策基础。"1913年学制"改实业学校为专门学校,将教育教学的程度提高到

第十一章　职业教育与成人教育百年发展成就和经验

了与普通高等学府相同的地位，强调一定的学术性，而实业学校设置了甲、乙两个等级，虽然对学生学术掌握的要求降低，但更偏重学生对技艺的掌握，并且这一时期职业学校不以升学为目的，学生在毕业后也不再给予升学的机会①。而"1922年学制"在职业教育发展中的重点特征是使得当时初、中、高等职业教育形成完整体系，它规定了职业教育以"专门学校"和"大学专修科"这两种形式开展，其中"大学专修科"以开设普通高校附设课程为主，各校的修业年限不等，"凡有志愿修习某种学术或职业并具备相应能力者都可进入高等职业院校学习"②。

在早期中国共产党人的影响下，职业教育与成人教育开始强调平民化、社会化的发展特征，要求学以致用。1920年，"因为要想一个教育与职业合一，学问与生计合一的法子"，陈独秀、毛泽东、王光祈等中国共产党人发起并组织了"上海工读互助团"，在此之前陈独秀还参加了全国各界联合会召开的"上海工读互助团"筹备会，对"上海工读互助团"的工作宗旨、章程、学习方式进行了讨论③。其后，陈独秀出任广东省教育厅厅长时，提出了"教育改革计划三大纲"，其中他提出要建设"专门教育"，即"以工业教育为主，除高等专门及大学工种而外，以设甲种工业学校，普及乙种工业学校为目的"④，随后他也计划筹建劳动补习学校、机器工人夜校、平民女子学校等机构，由此可以看出陈独秀对职业教育和终身教育的重视。同期，恽代英提出"职业教育须设法求得社会的重视、支持与承认""职业教育须注重经济效益""职业学校须名副其实""论学生就业后的继续教育"等观点⑤，他还积极将自己的教育思想付诸实

---

① 陈元晖. 中国近代教育史汇编（学制演变）. 上海：上海教育出版社，2007：721-722.
② 璩鑫圭，童富勇，张守智. 中国近代教育史资料汇编（实业教育师范教育）. 上海：上海教育出版社，2007：207.
③ 唐宝林，林茂生. 陈独秀年谱. 上海：上海人民出版社，1988：115.
④ 同③125.
⑤ 杨善发. 恽代英的职业教育思想及其现实意义. 教育与职业，1991（6）.

践，亲自在班级中进行教育改革实验，及时总结经验，对当时职业教育与成人教育的开展具有强烈的针对性和实用性。

在全面抗战时期，中国共产党在革命根据地的建设过程中也格外重视职业教育与成人教育，为中华人民共和国成立后教育的全面发展打下重要基础。在这一阶段，我国的职业教育与成人教育取得了一定发展，从 1937 年初、高级职业学校 266 所，在校生 40 393 人，扩展到 1945 年抗战胜利时初、高级职业学校 576 所，在校生 102 030 人，这离不开当时中国共产党对职业教育与成人教育的实践[1]。首先，陶行知大力推行平民教育、生活教育和职业教育，提出"生活即教育""社会即学校""教学做合一"的教育主张，并创办了晓庄学校、生活教育社、山海工学团、育才学校以及社会大学，为民族解放和国家建设培养了大批干部和技术人才[2]。其次，新西兰人路易·艾黎于抗战时期在陕西省创办了培黎工艺学校，当时该校的办学宗旨在于培养手工业技术人才，支援中国人民的抗日战争。最后，中国共产党在革命根据地建立了包括干部教育和群众教育在内的教育体系，这种创新型的、分层化的教育体系在战时具有针对性强、普惠广、推广容易的特征[3]，为战时革命根据地合理培养不同种类、不同基础的技术人才奠定了制度基础，在一定程度上提升了职业教育开展的实效性。

（二）新中国成立初期中等专业教育支撑工业建设

新中国成立初期，我国开始围绕经济和产业的建设需求配套发展职业教育与成人教育，这一时期我国正式确立了职业教育制度，确定了职业教育服务国家大规模经济建设的功能和定位，该阶段职

---

[1] 中国第二历史档案馆. 中华民国史档案资料汇编（第五辑）. 南京：江苏古籍出版社，1994：58.
[2] 林永希. 陶行知职业教育思想特色及其现实意义. 教育与职业，2007（18）.
[3] 吴文华. 抗日战争时期西南大后方职业教育成就综述. 职业技术教育，2007，28（22）.

第十一章　职业教育与成人教育百年发展成就和经验

业教育与成人教育最主要的成就在于中等专业教育的快速发展有力支撑了当时的工业体系构建。

1951年10月,政务院为提高劳动人民文化水平,出台《政务院关于改革学制的决定》,其中提出了"中等专业学校按照国家建设需要,实施各类的中等专业教育"的要求,还针对青年和成人设立初、中、高等教育,加强了对劳动人民的专业教育。1952年3月,《政务院关于整顿和发展中等技术教育的指示》进一步强调,"培养技术人材是国家经济建设的必要条件,而大量地训练与培养中级和初级技术人材尤为当务之急"。为适应当时我国经济的发展,各类型的中等技术学校转入相关部门的领导和管理,在专业和课程设置、教育教学组织等方面逐步规范化和系统化,在工业、农业、交通、运输等重要领域,初、中级技术人才的培养备受重视。此时,中等专业教育服务于国家建设的功能得到正式确立。

1953—1957年,我国第一个五年计划(简称"一五"计划)正式实施,在党中央的直接领导下,"一五"计划布局建设了156项重点工程,为新中国工业化的建设开启发展的大门,为此国家配套建设了一大批技工学校和中等技术学校,培养了各重点工程所需的技能人才。在1950年到1960年的十年里,各行业部门积极开办中专学校,覆盖诸多专业领域,中等专业学校的数量由1 086所增长到3 706所,在校生由25.7万人增至149.5万人,初步形成配套工业体系建设的职业教育体系[①]。

中等专业教育体系的确立不仅有力地支撑了新中国成立初期的工业体系构建,也为之后职业教育与成人教育的发展打下了坚实的基础。

(三) 改革开放时期职业教育与成人教育在恢复中求发展

党的十一届三中全会的召开将国家的工作重心转向社会主义现

[①] 教育部职业教育与成人教育司. 数说新时代职业教育. (2019-02-19) [2021-01-12]. http: //m.jyb.cn/rmtzcg/xwy/wzxw/201902/t20190219_213865.html.

代化建设，开始通过调整中等教育结构来发展职业教育，同时强调教育要适应国民经济的发展，提前为经济结构变化培养训练"专门家"和"劳动后备军"[1]。

1978年4月，全国教育工作会议召开，邓小平在会议开幕式讲话中指出："教育事业必须同国民经济发展的要求相适应……我们不但要看到近期的需要，而且必须预见到远期的需要；不但要依据生产建设发展的要求，而且必须充分估计到现代科学技术的发展趋势。教育事业的计划应该考虑各级各类学校发展的比例，特别是扩大农业中学、各种中等专业学校、技工学校的比例……"[2]

20世纪80年代，为解决我国部分地区技术工人、技能人才匮乏的问题，一批以"花钱少、见效快、可收学费、学生尽可能走读、毕业生择优录用"为特点的专科学校和短期职业大学得以创办，率先打出了"高等职业教育"的旗号[3]。这一时期，国家教委批准建立了我国首批13所职业大学，我国在1980年诞生了第一所高等职业大学——金陵职业大学。由于成效明显，教育部在1983年又批准建立33所职业大学，到1984年和1985年又分别建立了22所职业大学[4]。1985年，在经济体制改革全面展开的形势下，《中共中央关于教育体制改革的决定》提出，要积极发展职业技术院校，逐步建立起一个从初级到高级、行业配套、结构合理又能与普通教育相互沟通的职业技术教育体系。

20世纪90年代，职业教育与成人教育得到进一步发展。1990年11月，全国普通高等专科教育工作座谈会形成职业大学分流办学

---

[1] 李珂，曲霞．1949年以来劳动教育在党的教育方针中的历史演变与省思．教育学报，2018，14（5）．

[2] 中共中央文献研究室．邓小平思想年编：1975—1997．北京：中央文献出版社，2011：123-124．

[3] 郭扬．中国高等职业教育史纲．北京：科学普及出版社，2010：48．

[4] 国家统计局综合司．沧桑巨变七十载 民族复兴铸辉煌：新中国成立70周年经济社会发展成就系列报告之一．（2019-07-01）[2021-01-12]．http://www.stats.gov.cn/sj/zxfb/202302/t20230203_1900355.html．

第十一章　职业教育与成人教育百年发展成就和经验

的意见，并在会后发布的《关于加强普通高等专科教育工作的意见》中指出现有大多数短期职业大学存在"服务对象、专业设置、培养目标、培养模式、毕业生去向等方面与普通高等专科学校区别并不明显"的问题，要求办学部门根据本地区的经济和社会发展需求，将这部分学校转成"以培养高级技艺性人才为目标的高等职业教育"或"普通高等专业学校"。在20世纪90年代的十年间，党和国家先后发布《国务院关于大力发展职业技术教育的决定》、"三改一补"发展高职教育的方针、《国家教育委员会关于推动职业大学改革与建设的几点意见》、《面向21世纪教育振兴行动计划》、《试行按新的管理模式和运行机制举办高等职业教育的实施意见》、《关于深化教育改革全面推进素质教育的决定》等政策文件，逐步规范化我国职业教育与成人教育的办学模式。

1978—1988年，中等专业学校数量由2 760所增长至4 022所，增幅达46%，在校生由88.9万人增长至205.2万人，增幅达131%；高职（专科）院校在校生也由38.0万人增长至73.1万人，增幅达92%；中职教育在校生占普通高中教育在校生的比重由14%增长至51%，中等教育的结构得到极大调整[①]。

这一时期，我国积极探索社会主义市场经济体制，紧密围绕开放型经济体系的发展需求建设职业教育与成人教育，我国职业教育体系的雏形逐步显现，职业教育与成人教育为各行业的恢复和发展做出杰出贡献。

（四）21世纪初期职业教育与成人教育跨越式改革与进步

进入21世纪，我国的职业教育与成人教育有了新的定位，其培养目标和培养模式逐渐清晰，尤其是职业教育作为一种新的教育类

---

① 郭文富，马树超. 新中国成立70年来职业教育发展的历史阶段特征与经验. 教育与职业，2019（19）.

型得到确立。这一阶段，职业教育与成人教育的成就在于扩大了办学规模、有效地提高了教育质量。

21世纪初期的职业教育与成人教育的改革和发展是建立在社会主义市场经济体制下的探索，面对人民群众受教育的诉求和经济社会发展的诉求，职业教育与成人教育逐步成为拓宽劳动者尤其是技能人才成长通道的重要力量。在我国加入世界贸易组织（WTO）和经济全球化迅速发展的大背景下，职业教育与成人教育的发展为我国实现从人口大国向人力资源大国的转变做出了重要的贡献。

这一时期的职业教育与成人教育的改革和发展离不开国家扩招政策的推动。1999—2002年，国家出台了《高等职业学校设置标准（暂行）》《国务院办公厅关于国务院授权省、自治区、直辖市人民政府审批设立高等职业学校有关问题的通知》《教育部关于加强高职高专教育人才培养工作的意见》《关于支持中央部委院校进行示范性职业技术学院建设有关问题的通知》《关于制定高职高专教育专业教学计划的原则意见》《高等职业学校、高等专科学校和成人高等学校教学管理要点》等30多个政策文件，而这些文件的设定目标在于适应全面建设小康社会对高素质劳动者和技能型人才的迫切需求。

2010年7月，教育部和财政部联合下发《关于进一步推进"国家示范性高等职业院校建设计划"实施工作的通知》，在原有已建设100所国家示范性高等职业院校的基础上，新增100所左右国家骨干高等职业院校，以此继续推进国家示范性高等职业院校建设，国家示范性（骨干）高等职业院校共计200所。"国家示范性高等职业院校建设计划"的推出，标志着国家高职教育政策在强化特色、加快改革、提高质量方面的重点引导，推动高职教育实现了历史性的跨越式发展，中国职业教育体系逐渐由小到大，成长为世界上规模最大的职业教育体系。

到2010年，我国独立设置的高等职业院校增至1 246所，招生达到310.5万人，在校生966.2万人，数量分别达到2000年的3

倍、6 倍以及 10 倍。同期的中等职业教育规模持续发展，至 2010 年，招生 870.4 万人，在校生 2 238.5 万人，两个数据和 2000 年相比都基本接近 2 倍。在此过程中，职业院校坚持专业对接产业，服务区域发展，在高铁、交通、建筑、通信、制造、化工、轻纺食品、生化药品、财经商业、旅游、医药卫生、艺术设计传媒等产业领域发展中[1]，形成了一批专业特色明显、人才培育突出的优秀职业院校。

这一时期，我国的职业教育与成人教育聚焦国家和区域发展战略，坚持把发展经济着力点放在实体经济上，为推动战略性新兴产业、先进制造业的可持续发展提供了坚实的人才支持，为我国产业体系的建设打下基础。

（五）新时代开启职业教育与成人教育继往开来全新征程

党的十八大开启了中国特色社会主义新时代，经济从高速发展转向中高速、高质量发展，我国成为世界第二大经济体，市场经济体制迈向成熟和规范，职业教育的地位得到进一步确立。在这样的大背景下，我国的职业教育与成人教育也开启了新的发展篇章。

国家领导人重视职业教育与成人教育，就加快发展职业教育做出重要指示。2014 年 6 月，全国职业教育工作会议在北京召开，习近平总书记强调，职业教育是国民教育体系和人力资源开发的重要组成部分，是广大青年打开通往成功成才大门的重要途径，肩负着培养多样化人才、传承技术技能、促进就业创业的重要职责，必须高度重视、加快发展。而对于国家职业教育的发展，他指出了"要牢牢把握服务发展、促进就业的办学方向，深化体制机制改革，创新各层次各类型职业教育模式，坚持产教融合、校企合作，坚持工学结合、知行合一，引导社会各界特别是行业企业积极支持职业教

---

[1] 李梦卿，周艳. 新中国成立六十年我国职业教育政策综述. 教育与职业，2009 (36).

育，努力建设中国特色职业教育体系"的职业教育发展目标，要加大对农村地区、民族地区、贫困地区职业教育的支持力度，努力让每个人都有人生出彩的机会。由此，也可以看出各级党委和政府在这一时期把加快发展现代职业教育摆在更加突出的位置，为实现"两个一百年"奋斗目标和中华民族伟大复兴的中国梦提供坚实人才保障。

此后，党和国家的重大政策文件也体现了对我国职业教育与成人教育发展的高度重视。2017年，党的十九大报告明确指出，要实现"完善职业教育和培训体系，深化产教融合、校企合作"的目标[1]。2018年中央全面深化改革委员会第五次会议审议通过的《国家职业教育改革实施方案》强调职业教育要"对接科技发展趋势和市场需求"。职业教育的类型特征逐步清晰，发展职业教育正在成为推进教育现代化和人力资源供给侧结构性改革的重要任务。2019年，"加快发展现代职业教育"与财政政策、货币政策并列"置顶"于政府工作任务中的宏观政策层面，既体现了对职业教育的认可，也成为新时代发展我国职业教育与成人教育的新动员。

党的十八大以来习近平总书记关于职业教育的一系列重要论述，对于明确中国特色职业教育的本质特征、完善职业教育和培训体系、深化产教融合与校企合作、提高职业教育服务国家经济高质量发展的能力具有重大意义。新时代，针对中国经济增速趋缓、结构趋优和动力转换的"新常态"特征，职业教育的要素配置进一步优化，内涵质量进一步提高，逐步形成高度匹配区域产业体系的院校集群和专业集群，在稳定和扩大就业、服务经济社会持续发展等方面发挥了独特作用[2]。

---

[1] 习近平. 决胜全面建成小康社会 夺取新时代中国特色社会主义伟大胜利：在中国共产党第十九次全国代表大会上的报告. 北京：人民出版社，2017：46.
[2] 朱德全，黎兴成. 中国农村职业教育研究70年：研究嬗变与范式反思. 西南大学学报（社会科学版），2019，45（6）.

第十一章　职业教育与成人教育百年发展成就和经验

至 2018 年，中等职业学校达到 10 340 所、在校生 1 552 万人，高等职业院校达到 1 418 所、在校生 1 134 万人，中职毕业生就业率连续 10 年保持在 95% 以上，高职毕业生半年后就业率超过 90%，近 70% 的职业学校毕业生在县市就近就业①。从这些数据可以看出，我国的职业院校遍布城市和乡村，各级各类中等职业学校覆盖率接近九成，形成了覆盖面广、分布均匀、面向多群体的教育教学特点，为我国教育的发展提供了坚实的人才培养基础。

二、职业教育与成人教育的伟大贡献

中国共产党成立以来创造了许多中国发展史上的伟大奇迹，虽然我国仍处于并将长期处于社会主义初级阶段的基本国情没有变，我国仍然是全世界最大的发展中国家，但我们立足国情，坚定自己的发展道路，已取得国家建设、改革、发展的基本经验，职业教育与成人教育的贡献反映在助推经济增长、促就业稳就业、促进人的发展以及服务国家重大战略等方面。

（一）助推国家经济持续增长

职业教育是国民教育体系和人力资源开发的重要组成部分。在百年的时代转变下，我国职业教育与成人教育依旧坚持产教融合、校企合作的发展路径，努力培养了数以亿计的高素质劳动者和技能人才。随着第四次工业革命的到来，全球经济正发生着翻天覆地的变化，各种新技术、新业态、新模式、新产业层出不穷，职业教育与成人教育在坚守固有阵地的同时，还在以积极的态度应对新时代带来的各项挑战，在充分发挥职业性、跨界性的特征的基础上，促

---

① 教育部职业教育与成人教育司. 数说新时代职业教育. （2019-02-19）[2021-01-12]. http://m.jyb.cn/rmtzcg/xwy/wzxw/201902/t20190219_213865.html.

进社会经济快速稳定增长。

习近平总书记在党的十九大报告中指出:"要坚持党管人才原则,聚天下英才而用之,加快建设人才强国。"[1] 职业教育与经济社会发展联系非常紧密。中国共产党成立以来,我国职业教育实现了历史性跨越,建成了世界规模最大的职业教育体系,各级各类职业院校培养毕业生累计达2亿多人,以人才引领创新、以创新驱动发展,为经济转型升级提供坚强人才支撑[2]。职业教育对社会贡献由微到著,中职毕业生就业率保持在95%以上,高职毕业生就业率超过90%;为产业链提升和经济升级赋能,服务地方经济发展,提供了新增劳动力的70%,年技术培训上亿人次[3]。现在,各级各类职业院校每年培养毕业生约1 000万人,为国家经济社会发展提供了不可或缺的人力资源支撑。对接产业、优化布局,是职业教育不断深化供给侧结构性改革的主要内容。近年来增设集成电路技术应用、人工智能技术服务等一批新专业,全国职业院校共开设1 200多个专业和10万个专业点。如今,在现代制造业、战略性新兴产业和现代服务业等领域,一线新增从业人员70%以上来自职业院校毕业生,职业院校毕业生成为支撑中小企业聚集发展、区域产业转型升级和城镇化发展的主力军[4]。而《2019中国高等职业教育质量年度报告》显示,高等职业教育对提升农村家庭毕业生收入的作用日益显现,职业院校70%以上的学生来自农村[5],职业教育成为见效最快、成效最明显的教育扶贫方式,在脱贫攻坚中发挥着不可替代的作用。

---

[1] 习近平. 决胜全面建成小康社会 夺取新时代中国特色社会主义伟大胜利:在中国共产党第十九次全国代表大会上的报告. 北京:人民出版社,2017:64.
[2] 每年向社会输送约1 000万技术技能人才 职教为高质量发展提供人才支撑.(2020-10-29)[2021-01-25]. http://www.gov.cn/xinwen/2020-10/29/content_5555703.htm.
[3] 曾天山. 新中国职业教育70年的发展轨迹和历史经验. 人民政协报,2019-10-30.
[4] 同[2].
[5] 上海市教育科学研究院,麦可思研究院. 2019中国高等职业教育质量年度报告在北京发布.(2019-06-20)[2021-01-25]. https://baijiahao.baidu.com/s?id=16368418595837293 98&wfr=spider&for=pc.html.

第十一章　职业教育与成人教育百年发展成就和经验

职业教育为经济转型和高质量发展提供了源源不断的人才红利，有效促进了我国经济高质量发展。未来将始终坚定走中国特色职业教育发展道路，不断深化产教融合、校企合作，完善德技并修、工学结合的育人机制，为经济社会发展提供强大力量。

而职业教育与成人教育对经济增长的贡献作用，可体现在"促进区域经济增长""撬动城乡统筹发展""输送高技能型人才"三方面[①]，如图11-1所示。

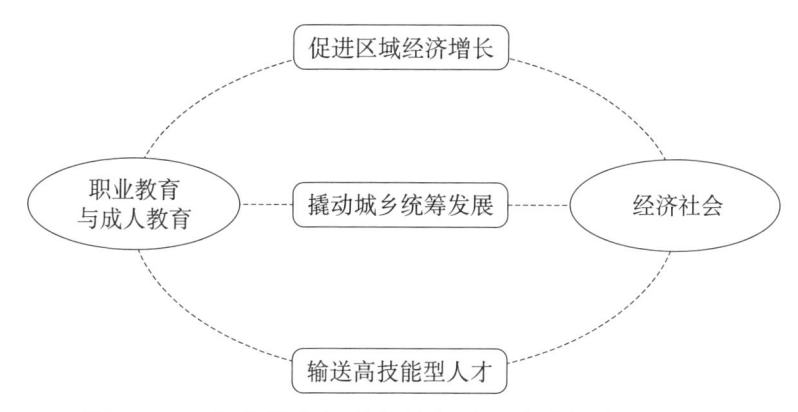

图 11-1　职业教育与成人教育对经济增长的贡献作用

（1）通过"院校区域联动"促进区域经济增长。

促进区域经济社会的协同化发展是我国一直以来的关注重点，而"院校区域联动"已经成为解决职业教育发展与区域经济社会发展不协调的有效发展模式，这种模式能够有效解决"经济社会发展乏力"和"职业教育支持不足"等问题，对职业教育与区域经济的互动与协调发展有着较为显著的作用。目前全国范围内有600多所职业院校分布在地市、县级等地区，其中有近300所学校在县级城市内办学，形成了覆盖区域更加广泛、分布更加均衡的院校网络，让更多地区的学生能够在"家门口"上大学，我国高职每年300多万名毕业生中有近九成的学生是家庭的第一代大学生，而52%的学

---

① 朱德全. 职业教育促进经济社会发展. 光明日报，2012-09-24.

生来自农村家庭，且这两项比例均呈上升趋势，职业教育与成人教育成为提高经济贫困家庭子女受教育程度的重要教育途径。同时，"院校区域联动"在内容上已经做到三个方面的对接。一是通过优势的专业资源对接优势的区域资源，尽可能促成区域内部的优势生成和保持；二是通过职业院校的实训实践基地平台对接新兴产业，从而找到区域的发展优势，催生区域新的经济增长点；三是通过区域与院校的融合对接，做到职业教育在全方位辐射经验的基础上持续对经济发展做出贡献。

（2）通过"城市乡镇对接"撬动城乡统筹发展。

城乡协调发展一直以来都是我国经济社会和谐稳定发展的关键要义。在城乡统筹发展进程中，我国的职业教育与成人教育主要起到了基础支撑和发展开阔的作用，卓有成效地形成了职业教育与成人教育和城乡统筹双赢互惠的发展模式。通过长期以来职业教育与成人教育的不懈努力，"城市乡镇对接"不再是城市职业教育与农村职业教育的同化，而是实现职业教育在城乡不同区域的合理化发展，而这种合理化发展主要是通过"城校企三位一体乡村基地建设模式"，即运用一定的行政手段，优先发展城市，再联合所在区域的优质教育教学资源和优质企业，在欠发达地区建立乡村基地，通过资源共享、功能分工、协同发展，形成强有力的区域能量集聚，从而提高城乡的职业教育与成人教育水平。

（3）通过"中高职校联合"输送高技能型人才。

高等职业学院与中等职业学校的协调发展和共同发展，是当前及今后职业教育改革和发展的重要方向。为此，中职对接高职的"院校联动"是高职院校与中职学校在办学目标、资源配置、师资队伍、专业建设等各方面的联合行动。要实现中高职的"无缝对接"，一可实行院、校、地"三方联动"，教学链、产业链、利益链"三链合一"，招生就业、专业、课程、师资、实训和培训"六位一体"的中高职衔接的集团化办学改革模式；二可实行"以院

第十一章　职业教育与成人教育百年发展成就和经验

带校"的"小学院、大学校"的附中分校模式；三可实施中高职教育的"上下游发展模式"①。同时，分布在"三州三区"等深度贫困地区的职业院校也在不断助力西部地区和东北地区的毕业生就业，这些地区目前有 36 所高职院校，在校生总数超过 18 万，其中大多数毕业生在当地就业，他们成为支撑中西部和东北地区产业发展的重要新生力量。一大批优秀高职院校注重东西部扶贫协作，探索开展职教扶贫，有效促进了少数民族地区和贫困地区的稳定发展。

（二）着力促进就业稳定就业

党中央、国务院一直坚持就业在经济社会发展中的优先政策，并将职业教育放在"促进就业"的重要位置，彰显了职业教育的重要作用。

（1）职业教育与成人教育大众化、普及化。

在这一百年里，我国的产业类型从单一到多元，我国建立起全世界最完整的现代工业体系，220 多种工业产品的产量位居全球第一。百年来的经济进程对人力资源的规模、结构、质量提出巨大需求，推动职业教育与成人教育不断创新发展，努力提高经济发展需求的适应度。在高等教育精英化阶段，职业院校借鉴学科教育模式不断创新办学，适应了不同阶段经济社会发展对不同类型技术技能人才的强烈需求②。职业教育与成人教育开始进入"大众化""普及化"阶段，为满足经济快速增长、产业持续升级对劳动力素质的要求，国家更加关注职业教育与成人教育的实践性，"产教融合""校

---

① 朱成晨，闫广芬，朱德全. 乡村建设与农村教育：职业教育精准扶贫融合模式与乡村振兴战略. 华东师范大学学报（教育科学版），2019，37（2）.
② 国家统计局综合司. 沧桑巨变七十载　民族复兴铸辉煌：新中国成立 70 周年经济社会发展成就系列报告之一.（2019 - 07 - 01）[2021 - 01 - 12]. http：//www.stats.gov.cn/sj/zxfb/202302/t20230203_1900355.html.

企合作""工学结合"等名词映入眼帘，专业化、技术化的教学模式成为培育新一代职业人才的重要形式，坚持以服务为宗旨、以就业为导向的职业教育与成人教育增添了更多的"技术性"和"职业性"色彩。《中国统计年鉴（2020）》显示，2019年全国独立设置的高职院校有1 423所，高职专科招生484万人、在校生1 281万人，中职学校招生600万人、在校生1 577万人，我国已经建成全球最大规模的专科层次职业院校教育，招生、在校生规模均达到1978年的30多倍[①]。同时，"双高计划"以每五年为一个支持周期，从2019年起启动第一轮建设，重点支持建设50所左右高水平高职学校和150个左右高水平专业群，实行总量控制、动态管理、年度评价、期满考核，有进有出、优胜劣汰，显著拓宽了人民群众接受优质职业教育与成人教育的渠道，为职业教育与成人教育的大众化和普及化起到了决定性的基础作用。

（2）把就业摆在更突出的位置。

2019年的政府工作报告提出，"必须把就业摆在更加突出位置"，"只要就业稳、收入增，我们就更有底气"[②]。自1985年以来，高等职业教育每年招生规模占普通教育招生总额的比例都超过40%，尤其是21世纪初期，高职院校积极落实扩招的相关政策，年招生数由104.6万增长为293.0万，年均增长率达18.7%，招生规模占高等教育招生总规模的比重由47%提高至54%，推动高等教育毛入学率由12.5%提高至22.0%[③]。从2005年起，国家开始实施"中央财政支持的职业教育实训基地建设项目"，带动高职院校建成校内实训基地6万多个，平均每个专业点12个，成为中国特色高职院校加强

[①] 国家统计局. 中国统计年鉴（2020）. [2021-01-12]. http://www.stats.gov.cn/sj/ndsj/2020/indexch.htm.

[②] 李克强. 政府工作报告：视频图文版（2019）. 北京：人民出版社，2019：22.

[③] 郭文富，马树超. 扎根中国大地：新中国高职教育发展的经验与贡献. 中国高等教育，2019（20）.

第十一章　职业教育与成人教育百年发展成就和经验

实践教学的标志性元素；2006年起实施的国家示范性高职院校建设计划和2010年实施的国家骨干高职院校建设计划，推动高职院校进行"校企合作、工学结合"专业教学模式改革；2012年开始实施的院校、省区和国家高职教育质量年度报告公开发布制度，凸显了高职教育服务发展、促进就业的办学方向和技术技能人才培养的类型教育特征，引导院校深化产教融合、提高服务经济社会和促进学生就业发展的能力。职业教育与成人教育发展的原生动力在于我国产业对技能型人才的强烈需求。百年来，我国的经济规模持续扩大，据统计，2020年国内生产总值达1 015 986亿元，较1952年增长了149倍，对全球经济增长的年均贡献率居世界第二位[1]。

(3) 专业覆盖岗位，稳住就业。

高职教育为地方经济转型、产业升级做出了重要贡献。高职院校坚持面向地方产业服务行业，注重对接区域发展和社会需求，共开设700多种专业、近4万个专业点，覆盖国民经济主要行业。其中，财经商贸、装备制造、电子信息、医药卫生等专业大类在校生分别在100万人以上，校均相关专业点数分别达到5.1个、4.0个、3.8个、1.4个，适应了新型制造业、信息技术产业、金融贸易和民生等领域技术技能人才需求，见证了我国从落后的农业大国转变为世界工业大国、制造业大国。尤其是在高铁、交通、建筑、通信、制造、化工、轻纺食品、农业、生化药品、医药卫生、艺术设计传媒等领域，形成了一批对接产业发展的优秀院校群体和专业集群，集聚了服务国家重大产业转型升级的巨大能量[2]。高职院校为我国稳定和扩大就业做出了重要贡献。百年来，高职毕业生总量超过5 000万人，广大毕业生来自基层、深入基层、扎根基层，下得去、留得

---

[1] 国家统计局. 中国统计年鉴 (2020). (2020-09-23) [2021-01-12]. http://www.stats.gov.cn/sj/ndsj/2021/indexch.htm.
[2] 教育部职业教育与成人教育司. 数说新时代职业教育. (2019-02-19) [2021-01-12]. http://m.jyb.cn/rmtzcg/xwy/wzxw/201902/t20190219_213865.html.

住、用得上，为各行各业和实体经济发展提供了一线高素质技术技能人才支撑，成为国家经济建设的基础性力量。2012年以来，高职毕业生半年后就业率持续超过90%，对稳定和扩大就业的作用日益显现。毕业生到中小微企业等基层服务的人数保持增长，占毕业生总数的比例保持在60%以上，每年有300所以上的院校这一比例超过80%，有效破解了制约中小企业发展的人才和技术瓶颈。

从中可以明显看出，百年来职业教育与成人教育促进了我国教育多样化、普及化、大众化、现代化发展，优化了我国的教育结构和教育教学资源配置，对提升我国劳动者的受教育年限、提高技能型人才的专业素质、优化劳动者队伍的结构具有深远意义，为把我国巨大的人口压力转化为优质的人力资源优势做出了伟大贡献。

（三）营造成长成才良好氛围

中华民族在几千年历史中创造和延续的优秀传统文化，是中华民族的根和魂。重视教育是我国传统文化中的优秀元素，重道德人文，认为教育是"人之为人的需要，并肯定教育在实现社会秩序和国家治理中的作用"。热爱教育、关心教育、愿意接受更多的教育，几乎是每个家庭对子女的殷切期待，成为中华民族勤劳、智慧和蓬勃发展的内在动力。百年来，国家兴盛，人民生活条件得到极大的改善，对提高受教育程度的需求更加旺盛。正是基于中华民族重视教育的独特文化，中国特色的职业教育与成人教育既是国民教育体系的重要组成部分，也是人力资源开发的重要平台；既能够让更多年轻人有机会进入高等学校，又能掌握就业技能，乐于就业。

（1）树立信念，提高人才地位。

习近平总书记曾多次发表重要讲话，提出必须要全心全意依靠工人阶级，重视产业工人在国家建设中的重要作用，牢固树立"劳动最光荣，劳动最崇高，劳动最伟大，劳动最美丽"的思想信念，以此提升产业工人的获得感与幸福感，提升技能型人才的社会地位。

第十一章 职业教育与成人教育百年发展成就和经验

维护劳动者根本利益，弘扬中国工人劳动精神。2015年4月28日，习近平总书记在庆祝"五一"国际劳动节暨表彰全国劳动模范和先进工作者大会上指出，要从政治、经济等各方面采取有力措施，促进社会公平正义，特别要实现好、维护好、发展好广大普通劳动者的根本利益。习近平总书记旨在通过完善工人阶级福利待遇与权益保障制度，强调"实干兴邦""崇尚劳动"在我国社会中的重要地位，以此来打破社会中存在的"看不起普通劳动者"这种错误的价值导向。可见，习近平总书记在本次大会上的重要讲话不仅有助于提升产业工人的社会地位，还使得产业发展过程中存在的劳动关系变得更加和谐。视察调研深入基层，关切技能型人才的生产与生活。2013年，习近平总书记来到大连加氢反应器制造有限公司视察，他指出技术人员和工人是企业最宝贵的财富，要抓好队伍的稳定性，调动其积极性，同时指出随着企业经济效益不断提高，工人待遇需得到相应提升。2017年，习近平总书记在广西考察，他看望北海市铁山港公用码头现场作业的产业工人，习近平总书记勉励他们要爱岗敬业、争创一流，树立和展示当代工人阶级良好形象。2018年，习近平总书记在辽宁考察，在参观中国石油辽阳石化公司时，他强调国有企业的地位非常重要，作用十分关键，是党和国家的重要依靠力量。同年，习近平总书记到辽宁调研，他曾向产业工人强调工匠精神的重要作用，希望劳动者们可以全身心投入制造出更多的优质产品，提升我国产业的制造水平。每一次基层调研，习近平总书记不仅反复指出"崇尚劳动"的意义与作用，还时刻关注劳动者权益保障方面的相关问题，他多次强调要尊重劳动者，实现好、维护好、发展好广大普通劳动者的根本利益。

（2）完善制度，营造发展氛围。

党和政府不断完善待遇保障制度，提升技术技能人才的社会地位，营造良好的人才发展氛围。党的十八大以来，习近平总书记深切关怀工人阶级与广大劳动群众，他时刻将健全与完善产业工人的福利待遇与权益保障制度摆在发展的突出位置。2014年9月，国务院出台《关于进一步做好为农民工服务工作的意见》，国家为农民工"量身定制"了就业创业、劳动权益、进城落户、子女教育、房屋租住、社会保障等方面的政策[①]。2018年1月，习近平总书记主持召开中央全面深化改革领导小组第二次会议，指出要提高技术工人待遇[②]。党的十八大以来，党中央坚持全心全意依靠工人阶级，始终通过发挥社会各界的协同力量，不断完善产业工人的福利待遇与权益保障制度，只为落实"技高者多得、多劳者多得"的领导方针，增强产业工人的价值感，激发产业工人的工作热情和创造力。百年来，职业教育与成人教育为更多青年重塑发展自信并成就出彩人生做出重要贡献。生源是决定教学质量的关键性因素，按照现行高考制度与招录体系，高职院校面对的生源之痛可想而知，高职教育对学生行为习惯和学习能力培养具有重要意义。调查显示，职业教育在技能教育之外，对重塑学生自信心、上进心、自我约束力、学习能力、遇到问题能够解决和处理的能力等方面也有显著成效。过去数年，在校期间高职学生的"人生的乐观态度""积极努力、追求上进""乐于助人、参与公益"等素养提升比例连续增长，高职学生展现出自信自强的良好品格。超过九成学生对未来职业生涯有清晰规划，学生在校期间的获得感显著增强。《中国高等职业教育质量年度报告》显示，高职毕业生具有发展潜力，2009届学生毕业三年后月收入为4 160元，达到毕业半年后月收入的2.2倍，实现收入倍增；2015届学生毕业三年后月收入为6 005元，收入增幅亦达76.2%。超过六成的学生在毕业三年内有过职位晋升的经历，越来越多的高职毕业生在职业发展中获得上升空间，更多青年凭借一技之长成就了出彩人生[③]。

---

① 国务院关于进一步做好为农民工服务工作的意见．(2014-09-12)［2021-01-31］．http：//www.gov.cn/zhengce/content/2014-09/30/content_9105.htm．
② 党的十八大以来大事记．中共党史研究，2017(10)．
③ 上海市教育科学研究院，麦可思研究院．2019中国高等职业教育质量年度报告．北京：高等教育出版社，2019．

第十一章　职业教育与成人教育百年发展成就和经验

（3）重塑定位，加强职业教育吸引力。

根据人力资源和社会保障部的统计，截至 2018 年度，我国技能劳动者数量超过 1.65 亿，比 2012 年增长 23%，而同期的高技能人才数量超过 4 791 万，比 2012 年增长 39.3%[①]。从市场供求关系看，在近几年人才市场的求人倍率上，技术工人的求人倍率一直保持在 1.5 以上，高级技工的求人倍率甚至达到两倍以上的水平，供需矛盾非常突出。然而，我国技术工人的收入水平偏低，各项待遇保障措施相对较弱，产业工人的职业荣誉感、自豪感、获得感也有待进一步加强。由此可见，重塑职业教育的吸引力，从而培育更多的技术人才迫在眉睫。国家先后对职业院校实施三轮评价工作（第一轮为 2006 年开始的"国家示范性、骨干"高职院校建设，第二轮为 2015 年开始的"国家优质"高职院校建设，第三轮为 2019 年开始的"中国特色高水平高职学校和专业建设计划"），这三轮评价工作推动了我国职业教育形成育训结合、德技兼修的培养模式，促进学生成长成才，为提升职业教育吸引力、促进人的发展做出重要贡献。其一是对职业教育体系结构优化的贡献。高职教育大发展产生拉动效应，为中职学生继续学习和发展提供了更多机会，推动中职教育由终结性模式走向可持续发展模式，形成层次、结构比较合理的职业教育体系。其二是对整个教育生态平衡的贡献。如果说培养拔尖创新人才是普通高等学校的责任担当，那么培养踏实肯干的一线劳动者则是职业教育的目标定位。正是职业教育育训结合的培养模式，既重视学历教育又重视职业能力培养，在一定程度上弥补了这种断裂，平衡了基础教育中的不均衡，填补了高等教育拔尖后的低谷，遏制了初中后、高中后不稳定因素的蔓延，一大批接受过中等和高等职业教育的青年走向国家发展需要的一线劳动岗位，他们既实现

[①] 2018 年度人力资源和社会保障事业发展统计公报．（2019-06-11）［2021-01-31］. http：//www.mohrss.gov.cn/SYrlzyhshbzb/zwgk/szrs/tjgb/201906/t20190611_320429.html.

了社会价值又实现了人生价值。

（四）服务国家重大战略

国家重大战略是我国建成社会主义现代化国家的蓝图性谋划，是全面建成小康社会和开启全面建设社会主义现代化国家新征程的策略和行动指南。党的十九大报告在原有的科教兴国战略、人才强国战略和可持续发展战略的基础上提出了新的战略——创新驱动发展战略、乡村振兴战略、区域协调发展战略和军民融合发展战略[①]。职业教育以培养大批中高级技能型人才、提高劳动者素质、推动经济社会发展和促进就业为己任，在新时代新战略部署的背景下，职业教育与成人教育服务国家重大战略，为我国经济结构调整和产业升级，培养更多更好的各行各业需要的技术技能人才，提供了技术支撑和社会服务保障[②]。

（1）政策引领大服务大发展。

国务院和教育部联合多个部门，针对不同的国家重大战略出台了相关的政策（见表11-1）。除国家层面政策外，各省市还制定了相关政策。如：2015年河北省人民政府办公厅印发了《关于深化高等学校创新创业教育改革的若干意见》；2017年青岛市教育局印发了《青岛市职业教育东西协作行动计划实施方案（2017—2020年)》。此外，职业教育还在一些综合性文件中体现了服务国家重大战略的原则。如：2019年国务院印发的《国家职业教育改革实施方案》提出，服务乡村振兴战略，中等职业学校要为广大农村培养以新型职业农民为主体的农村实用人才；服务军民融合发展，把军队相关的职业教育纳入国家职业教育大体系，共同做好面向现役军人的教育培训，落实好定向培

[①] 习近平. 决胜全面建成小康社会 夺取新时代中国特色社会主义伟大胜利：在中国共产党第十九次全国代表大会上的报告. 北京：人民出版社，2017.

[②] 佛朝晖，赵倩倩. 新时代职业教育主动服务国家重大战略的意义、内容与策略. 职教通讯，2019（5）.

养直招士官政策，为退役军人培训、就业创业做出贡献等。

表 11-1 职业教育服务国家重大战略的政策文件

战略名称	战略文件	相关的职业教育政策文件
创新驱动发展战略	2015年，《中共中央 国务院关于深化体制机制改革加快实施创新驱动发展战略的若干意见》； 2016年，中共中央、国务院印发《国家创新驱动发展战略纲要》	2016年，教育部印发《高等学校"十三五"科学和技术发展规划》
	2015年，国务院印发《中国制造2025》	2016年，教育部、人力资源社会保障部、工业和信息化部联合印发《制造业人才发展规划指南》
	2015年，国务院办公厅印发《关于发展众创空间推进大众创新创业的指导意见》	2015年，《国务院办公厅关于深化高等学校创新创业教育改革的实施意见》
乡村振兴战略	2015年，《中共中央 国务院关于打赢脱贫攻坚战的决定》； 2018年，《中共中央 国务院关于打赢脱贫攻坚战三年行动的指导意见》	2016年，教育部、国务院扶贫办联合印发《职业教育东西协作行动计划（2016—2020年）》
	2018年，《中共中央 国务院关于实施乡村振兴战略的意见》	2018年，教育部印发《高等学校乡村振兴科技创新行动计划（2018—2022年）》
区域协调发展战略	2015年，中共中央政治局审议通过《京津冀协同发展规划纲要》	2019年，北京市教委、天津市教委、河北省教育厅联合发布《京津冀教育协同发展行动计划（2018—2020年）》
	2015年，国家发展改革委、外交部和商务部联合发布了《推动共建丝绸之路经济带和21世纪海上丝绸之路的愿景与行动》	2016年，中共中央办公厅、国务院办公厅印发《关于做好新时期教育对外开放工作的若干意见》； 2016年，教育部印发《推进共建"一带一路"教育行动》

（2）实践引导大行动大创新。

地方政府和职业院校进行了多样化的实践探索。在创新创业领域，2017年，教育部第二批101所创新创业教育改革示范校中有24所高职院校。高职院校通过整合、对接和融入的方式构建创新创业协同机制。福建信息职业技术学院建立"1335"创新创业育人模式，探索创新创业教育与教育教学内容和方法改革相融合、与提升技术技能教育质量相融合、与社团活动和实践教学相融合、与高职校园文化建设和传承相融合、与职业精神和理想教育相融合的实践模式。在服务乡村振兴战略方面，一是在国家层面开展了"职业教育东西协作行动计划"和"创建国家级农村职业教育和成人教育示范县活动"。2017年9月，教育部印发《职业教育东西协作行动计划滇西实施方案（2017—2020年）》，要求实施上海、天津、江苏、浙江东部四省（市）滇西招生兜底、职业教育基础能力提升、新增劳动力东部就业和推进滇西职业教育国际交流等计划。天津建设国家中西部地区职业教育师资培训中心，面向中西部地区建立了区域系统援建、品牌整体输出、专业结对共建、师资轮岗培训、学生订制培养等多种职业教育帮扶模式，有序承接滇西学生来津接受中等职业教育。此外，从2013年开始，教育部联合科技部、水利部、农业部等6部门开展了创建国家级农村职业教育和成人教育示范县活动。二是地方职业院校积极开展送教上门、培训教师、开发专业等帮扶活动，通过从专业帮扶到产业帮扶的方式提升精准帮扶的服务能力。例如，湖南工艺美术职业学院与通道县职业中等专业学校结对，从教育扶贫到人才扶贫、产业扶贫，从帮扶一校到帮扶一县，助力通道县脱贫致富。职业教育服务"一带一路"倡议有三种模式：第一，由天津市首创的在境外开设传播中国文化和职业教育成果的"鲁班工坊"模式和"丝路学院"模式；第二，有色金属行业依托中国有色矿业集团有限公司开展的职业教育"走出去"试点，目前，有色矿业集团与北京工业职业技术学院、南京工业职业技术学院等8所院校合

第十一章　职业教育与成人教育百年发展成就和经验

作,探索了境外职业教育和培训模式;第三,职业教育海外办学模式,无锡商业职业技术学院与红豆集团联合申办的柬埔寨西哈努克港工商学院获批成立,这是我国首个高职院校独立设置的海外应用本科大学。在服务军民融合发展战略方面,职业院校与军队合作联合培养定向士官生。西安航空职业技术学院以打造"校内军校"为目标,自2015年以来招收了1 000名定向士官生,通过"人才培养目标对接士官岗位需求、学员管理制度对接军政素质标准、士官培养条件对接军校基本要求",实现"带动优良学风、校风形成,带动校园、军队文化融合发展,带动地方和学校的维稳防暴工作"。

习近平总书记指出:"我国有独特的历史、独特的文化、独特的国情,决定了我国必须走自己的高等教育发展道路,扎实办好中国特色社会主义高校。"[①] 百年来,我国的职业教育与成人教育发展坚持立足国情,教书育人与服务经济并重,体现了扎根中国大地办教育的鲜明特征,形成了中国特色职业教育的发展模式、办学模式和培养模式,为经济社会发展、促就业稳就业、人的发展以及国家重大战略的建设做出了伟大贡献。

三、职业教育与成人教育的重要经验

中国共产党成立100周年来,坚持将发展职业教育与成人教育视为国家责任,并逐步确立了国家职业教育制度。我国始终坚持党的领导,秉持公益性与普惠性的价值取向,强调教育公平,构建政校行企命运共同体,并确立了职业教育类型化地位,不断完善职业教育与成人教育的法治化体系,初步形成了中国特色的职业教育与成人教育改革及发展的重要经验。

---

① 习近平.习近平谈治国理政:第2卷.北京:外文出版社,2017:376.

（一）坚持党的领导，完善职业教育和培训体系

国家被视为理性行为主体，《中华人民共和国职业教育法》明确规定了"发展职业教育，推进职业教育改革，提高职业教育质量，增强职业教育适应性，建立健全适应社会主义市场经济和社会进步需要、符合技术技能人才成长规律的职业教育制度体系"的国家责任，而坚持党的领导、继续强化政府统一管理、社会多元主体参与，对职业教育与成人教育的发展有着重要作用。党的十八大提出了"加快发展现代职业教育"的要求，随后到党的十九大提出"完善职业教育和培训体系"[①]，充分体现了党中央始终把职业教育摆在重要的战略位置。"中国共产党的领导是中国特色社会主义最本质的特征"，发挥党委统揽作用，坚持和加强党的全面领导是职业教育与成人教育蓬勃发展的重要经验。

（1）抓教育方向，培育时代新人。

职业教育与成人教育不同于普通教育，但办学的方向与育人的目标是相一致的，既要立足基本国情，遵循教育规律，坚持改革创新，以凝聚人心、完善人格、开发人力、培育人才、造福人民为工作目标，培养德智体美劳全面发展的社会主义建设者和接班人。职业教育与成人教育的百年发展路径已经充分表明，要保证职业教育与成人教育的办学方向，必须加强党的全面领导，充分发挥党组织在职业院校的领导核心和政治核心作用，牢牢把握意识形态工作的领导权，保证职业院校始终成为培养社会主义建设者和接班人的坚强阵地。

（2）抓办学定位，促进经济转型。

对于职业教育与成人教育发展的定位，党的十九大报告给出了

[①] 习近平. 决胜全面建成小康社会　夺取新时代中国特色社会主义伟大胜利：在中国共产党第十九次全国代表大会上的报告. 北京：人民出版社，2017：46.

第十一章　职业教育与成人教育百年发展成就和经验

"完善职业教育和培训体系,深化产教融合、校企合作"的重要指示。这是党和国家对职业教育未来走向至关重要的一个战略性指导方针、一个方向性顶层设计。职业教育是面向人、服务经济的教育,是促进人人出彩、个性发展的教育。职业教育的发展,必须在党的领导下进行定位,要深刻把握职业教育发展规律,坚持面向市场、服务发展、促进就业的办学方向,坚持高素质技术技能人才的培养定位,坚持产教融合、校企合作的办学模式,坚持德技并修、工学结合的育人机制,实现高职教育由参照普通教育办学模式向企业社会参与、专业特色鲜明的类型教育转变。

(3) 抓独特优势,增强发展特色。

职业教育与成人教育在百年来的发展历程中,已经明确了办学方向和办学定位,要实现我国职业教育与成人教育的高质量发展,必须紧紧抓住职业教育与成人教育已有的发展优势,增强其发展特色,促进融入发展、特色发展、错位发展,形成百花齐放、百家争鸣的良好局面。要坚持"契合产业设专业、产教融合建专业、凝练特色强专业"的专业建设理念,积极促进专业与产业企业对接、专业课程内容与职业标准对接、教学过程与生产过程对接,促进教育链、人才链与产业链、创新链有机衔接,全面推行校企协同育人。同时,要围绕优势特色专业,坚持扶优扶强与提升整体水平相结合,对接国家战略,深化产教融合,提升服务能力,围绕产业带和产业链,着力建设一批促进区域经济转型发展、支撑国家战略、具有国际先进水平的重点专业,着力建设一批服务、支撑、推动国家重点产业和区域支柱产业发展的高水平专业群。

(4) 抓院校改革,盯紧国家大事。

坚持党的全面领导,就是紧盯学校改革和发展的大事,坚持改革创新的鲜明导向,注重改革的系统性、整体性、协同性,以改革激活力、增动力,坚决破除发展障碍,推动学校实现高质量发展。要抓住主要矛盾和矛盾的主要方面,解放思想,与时俱进,破除思维僵化，全面进行深化。要大力推进产教融合、校企合作，根据自身特点和人才培养需要，主动与行业领先企业在人才培养、技术创新、就业创业、社会服务、文化传承等方面开展合作，提高行业企业参与办学程度，推动职业院校和行业企业形成命运共同体。

(5) 抓体制机制，提高治理效能。

坚持和加强党对职业教育的领导，必须把制度建设放在重要位置。健全体制机制，完善治理体系。要健全和完善以学校章程为核心，以党的全面领导为统领，以学校机构职能优化、协同高效为着力点，功能稳定、基本制度体系完备、具体制度配套的校内规章制度体系。要建立和完善现代学校制度，完善"党委领导、校长负责、专家治学、民主管理"的运行机制，优化工作流程。要对每一项工作进行全面梳理，实施流程再造，提升规范化、科学化、精细化水平，促进工作效率大幅提升。

(6) 抓社会服务，做出杰出贡献。

职业教育作为一种教育类型，不仅是经济发展的助推器，而且还是社会公平的润滑剂，更是个性发展的动力源。职业教育担负着满足经济发展需要和满足个性发展需要的双重责任。职业教育要把高质量供给作为发展方向，满足人民群众和经济社会对优质多层多样高职教育的需要，为提升国民人力资本素质，支撑经济社会发展提供强有力的生力军。要支撑国家战略发展，服务区域经济发展，融入区域产业发展，提升服务产业转型升级的能力，为中国产业走向全球产业中高端提供高素质技术技能人才支撑。

新时代，职业院校要牢牢把握"培养什么人、怎样培养人、为谁培养人"这一根本问题，保障党对高校的全面领导，使高校成为坚持党的领导的坚强阵地，加强体制机制创新，推进职业教育高质量发展，办好人民满意的职业教育，实现职业教育提质培优，奋力书写新时代我国职业教育与成人教育的绚丽篇章。

（二）强调教育公平，统筹规划职业教育与成人教育大改革

教育公平在每一个历史阶段都有不同的要求，职业教育对促进教育过程中的公平有重要的意义。为"办好人民满意的教育"，党和政府将发展职业教育、改变职业教育现状视为实现教育公平的重要工作，从而形成了值得借鉴的重要经验。

（1）融入中国基因，渐进式深化改革发展。

职业教育与成人教育是人力资源的蓄水池，是经济发展的内驱力，是社会和谐的稳定器，关系着我国的发展力、竞争力与生产力。从百年的办学实践看，渐进式的职业教育与成人教育改革遵循了"由易到难、由点到面、先试点后推广"的发展理念，分步进行。职业教育发展基本没有出现断裂，尽管发展过程存在波折，但是政府能够很快意识到并采取措施予以纠正。2019年的"双高计划"以及配套的财政支持等职业教育建设，都在逐步改进的基础上引领职业教育朝着更高水平、更高质量的方向发展。这些对职业教育与成人教育的统筹规划在随着新型工业化中国的建设和科学技术的发展中，为提升中国的国际竞争力起着重要的支撑作用。对教育的统筹规划，不仅为我国的职业教育与成人教育注入了中国基因、中国元素和中国思维，而且有助于中国特色、世界水平的现代职业教育体系的建设，它已成为促进教育公平和建设人力资源强国的必然要求。

（2）全民公平教育，坚持公益性与普惠性。

政府坚持公益性与普惠性价值取向，努力构建面向全体国民的职业教育公共服务体系。《国家中长期教育改革和发展规划纲要（2010—2020年）》重塑教育的公益性与普惠性原则，要求"形成惠及全民的公平教育"，"努力办好每一所学校，教好每一个学生，不让一个学生因家庭经济困难而失学"[1]。职业教育公益性是指职业教

---

[1] 国家中长期教育改革和发展规划纲要（2010—2020年）．（2010-07-29）[2021-01-12]. http://www.moe.gov.cn/srcsite/A01/s7048/201007/t20100729_171904.html.

育及其收益无排他性地为国家大多数甚至全体公民无偿享有,由公共资源予以补偿[1]。百年来,我国职业教育主要由政府资助,中央与地方政府提供职业教育发展所需的大部分资金。职业学历教育方面,以中等职业教育为例,逐步建立了完善的资助体系及其制度,从"设置助学金、奖学金"到"助学金为主,工学结合、顶岗实习为辅"再到"免学费",逐步确立"以国家免学费及助学金为主,奖学金、顶岗实习、减免学费等为辅"的资助政策[2],保证来自农村和城镇低收入家庭孩子的继续求学机会。中职免费成为满足人们受教育需求,普及高中阶段教育以及提升中华民族素质的重要选择,职业教育公益性价值在此过程中逐渐彰显。

(三)深化产教融合,构建政校行企职教命运共同体

党的十九大报告提出,要完善职业教育和培训体系,深化产教融合、校企合作[3]。"促进产教融合校企'双元'育人","推动校企全面加强深度合作"是《国家职业教育改革实施方案》的重要内容。无论是全国教育大会,还是各省的教育大会,均对职业教育深化产教融合、校企合作提出了相应的要求。可以说,深化产教融合、校企合作,既是现代职业教育改革发展的重要举措和必由之路,也是构建现代职业教育体系的发展趋势和改革方向。深化产教融合,加强校企深度合作,构建校企命运共同体是新时代背景下校企双方共赢发展的最佳途径。

(1) 重视产教融合,创新校企合作。

教育与生产劳动和社会实践相结合是共产党教育政策的重要内

---

[1] 鲁昕. 职业教育公益性质及其实现形式. 中国职业技术教育,2010 (30):6-14.
[2] 薛瑞英,谢长法. 改革开放 40 年来我国中职学生资助政策的演变与展望. 教育与职业,2018 (17).
[3] 习近平. 决胜全面建成小康社会 夺取新时代中国特色社会主义伟大胜利:在中国共产党第十九次全国代表大会上的报告. 北京:人民出版社,2017.

第十一章 职业教育与成人教育百年发展成就和经验

涵之一，也是马克思主义教育思想的重要组成部分。在各级各类的教育中，职业教育与成人教育是与生产劳动和社会实践联系最为紧密的教育形式。自建党以来，党和国家十分重视职业教育与生产实际的结合，尽管产教融合和校企合作的形式在不同时期表现形式不尽相同，但其一直是我国发展职业教育的重要制度之一。总体来看，我国职业教育产教融合与国家经济体制改革和经济发展阶段息息相关，在传统计划经济体制下经历了"学校办工厂、工厂办学校"和"校办工厂、以厂养校"这两个阶段，在有计划的商品经济阶段产生了"产教结合"和"校企合作"两种形式，在社会主义市场经济体制下经历了"校企合作、工学结合"和"产教融合、职普同构"两个阶段[1]。伴随着职业教育和经济社会的发展，我国职业教育产教融合和校企合作经历了不同的发展阶段，不同时期产教融合和校企合作的表现形式不尽相同，这反映了产教融合和校企合作的内涵非常丰富，在未来我国还需在实践中进一步加大这一模式的探索力度，引导产教双方走向深度融合。同时，随着职业教育改革与发展的不断深入，产教融合和校企合作的形式逐渐灵活，其主体更加多样，探索灵活多样的职业教育办学形式、多元化的办学主体、多方进行协同治理，是产教双方走向深度融合的必经之路。

（2）多方协同行动，构建职教命运共同体。

在职业教育领域，以协同创新引领产教融合发展，政府、学校、行业、企业等多方协同行动成为国家政策的基本导向与发展战略[2]。国家政策也在指导政校行企职教命运共同体的构建，这成为深化职业教育改革、化解产教融合难题、实现职业教育现代化建设的必然选择。政校行企职教命运共同体作为现代社会职业教育的基本存在

---

[1] 曹晔. 新中国成立 70 年来职业教育产教融合制度的变迁与展望. 教育与职业，2019 (19).

[2] 贾旻，王迎春. "政校行企社"职教命运共同体的涵义、机理与构建策略. 职教论坛，2020（4）.

形态与重要的治理机制,可以定义为:党和国家、职业院校、行业、企业等重要的职教利益相关者,基于共同的教育目标,在培养职业人与社会公民的实践活动中形成的精神共同体与实践共同体。政校行企职教命运共同体的形成与完善有助于实现行动主体之间的权力制衡、利益共享、风险共担,从而提高职业教育高质量发展和服务的能力,同时它也给我们带来重要的办学经验。构建职教命运共同体需遵循"共同体意识—共识—集体行动"的发展逻辑,这就要求共同体不仅要树立自觉的共同体意识,还要积极达成共识,并在互动、规范的活动中开展集体行动。第一,树立自觉的共同体意识。随着现代技术的飞速发展,各主体的专业化程度愈加提高,社会分工逐渐细化,政校行企有着不同的社会角色与功能承担,通过命运共同体意识的培养,可以打破传统职业教育办学遗留下的组织隔离观念,有助于促进职教一体化发展。第二,达成共识。在命运共同体构建的过程中,政校行企对职业教育的办学相互承认,并在此基础上反复沟通、展开行动、理性取舍,消除彼此关于职业教育共同行动的分歧,就此达成某种共识。第三,在互动、规范的活动中开展集体行动。组织是在行动者的互动中自我构建而成的,这种互动体现了"竞争与规制""合作与冲突"的关系[1]。为确保职教命运共同体的协同行动,需制定相应的行为规范与准则来约束行动者之间的博弈关系。同时,职教命运共同体离不开治理体系的完善,复杂的治理体系一方面积极促进了治理主体多元化,另一方面也有助于创造一种在治理主体之间的网络结构,从而达成灵活、动态的新型合作关系,提高了职业教育的办学效率。通过实践,强化命运共同体意识,推进共同办学目标的集体行动,完善管理体制改革,划分主体职责,有助于职教命运共同体的顺利推进。

---

[1] 奥尔森. 集体行动的逻辑. 上海:汉语大词典出版社,2011:54.

第十一章　职业教育与成人教育百年发展成就和经验

（3）改革办学体制，多元化办学格局。

中国共产党成立百年来，职业教育与成人教育历经波折，完成了从层次教育到类型教育的重要转变，其办学体制不断得到改革，办学格局朝着多元化方向发展。首先，在职业教育办学过程中，党和政府始终坚持以公有制为主的办学原则，同时充分发挥市场机制，积极调动社会活力，引导多方办学主体通过独资、合资、合作等多种形式加入职业教育的办学中来，并允许不同办学主体以资本、技术、知识等要素参与职业教育办学，大力举办职教集团，积极探索混合所有制及股份制职业教育办学模式，最终形成公办和民办职业院校共同发展的办学格局。政府在不改变原有模式的基础上引入市场机制的改革模式符合增量式改革的逻辑，极大减少了制度变迁的阻力与摩擦成本，并逐渐打破旧的利益分配格局，使新旧利益格局共生共存。其次，以增量激活存量，实现体制改革的转轨。这种改革方式是在保持总体不变的情况下，积累经验，逐步推进增量扩增，逐渐优化甚至取代原有制度，促进职业教育制度体系的完善。此模式是我国职业教育发展与改革的主要选择，例如，在职业教育管理上实行中央统筹规划，省、市乃至县享有具体开展改革试点的权利并承担相应的责任，通过总结试点经验，中央权力逐渐下放，建立起多元参与、权责分明、高效运行的职业教育现代管理机制[①]。此外，实施"三改一补"政策积极推进职业大学、成人高校试点发展高等职业教育，开展高职院校单独招生试点、推进高考选拔制度改革，实行混合所有制办学以及现代学徒制试点工作等都采用了以增量激活存量的改革模式。这种改革模式可以规避盲目改革与扩张风险，减小改革成本，成为我国职业教育改革与发展的主要特色之一。

（四）优化教育结构，确立类型化教育重要地位

进入新时代，面对教育主要矛盾的变化，为更好地满足人民群

---

① 贾旻，王迎春．新中国成立70年职业教育发展历程、经验与展望．河北大学成人教育学院学报，2020，22（2）．

众对更高质量、更加多样、更具特色的教育的需求，我国在现代教育体系建设和新的发展理念中，通过《国家职业教育改革实施方案》，明确了"职业教育与普通教育是两种不同教育类型，具有同等重要地位"[1]，使职业教育进入了后类型化时代，这是职业教育发展过程中具有分水岭意义和值得载入史册的标志性事件。

（1）明确类型化地位，加快现代化步伐。

职业院校的发展适应了我国当时的经济社会发展需要，从整体上看，尽管其间出现过一些波折，但促进了职业教育的不断发展壮大。随着推进职业教育现代化建设步伐的加快，山东、江苏、重庆等地迅速加快现代职业教育体系的建设进程，构建人才成长"立交桥"，推进中等职业学校与本科院校进行对口贯通"3+4"分段人才培养改革试点工作。目前，《国家职业教育改革实施方案》明确了职业教育的类型化定位，类型需要基于自身独有的特征，并通过比较的方法加以清晰界定，可以说特征是基础，比较是途径，没有差异化的存在也就不会有不同的类型[2]。职业教育类型化的确认是有依据和条件的，即"类型"是体系化的类型，"类型"是特色化的类型，"类型"是保障性的类型。站在教育经济学（职业教育促进经济发展）的角度讨论职业教育与普通教育的差异，主要是强调我国在取得全面建成小康社会的决定性成就后，在即将开启全面建设社会主义现代化国家新征程的关键时期，职业教育的特殊功能、定位以及未来发展道路等问题。而类型化教育地位的确立意义在于：肯定了职业教育类型建构的长期探求努力，确认了职业教育在国民教育结构体系中的独特地位，认同了职业教育不可替代的价值功能，赋予了职业教育自成一格的发展空间[3]。

---

[1] 国务院关于印发国家职业教育改革实施方案的通知．(2019-01-24) [2021-01-25]. http://www.gov.cn/zhengce/content/2019-02/13/content_5365341.htm.

[2] 刘义国．改革开放以来我国职业教育的类型化发展．职教通讯，2021（1）.

[3] 张健．职业教育"类型"确立的追问与行动策略．职业教育研究，2021（1）.

第十一章　职业教育与成人教育百年发展成就和经验

（2）优化教育结构，打破普职融通僵局。

2014年全国职业教育工作会议以及《国务院关于加快发展现代职业教育的决定》和教育部等六部委出台的《现代职业教育体系建设规划（2014—2020年）》对现代职业教育体系做了明确的规划，这是现代职业教育体系建设取得的显著进展。现代职业教育体系的建设方向和政策非常明确，同时在我国优化教育结构工作上也有着独特的发展经验：第一是要打破既有的框架和边界，比如职业教育和高等教育、职业教育和继续教育、高等教育和继续教育之间的既有边界；第二是要重新定义教育类型，传统上我们把教育分成四个类型——基础教育、职业教育、高等教育、成人和继续教育，这些教育类型都是相互交叉交融沟通衔接的，是以学习者为中心、以终身学习为目标的更加多样化和更具灵活性的教育[1]。以高中阶段的职业教育为例，高中阶段的普职融通打破了普高面向升学教育、职高面向职业培训和就业的双轨隔离局面，加快了高中普及进程。党的十八大以来，普职融通受到关注，高中普职融通的探索形成高潮，从各地的实践探索可以总结出普职融通的模式经验，即高中普职融通包括四种模式：校内课程渗透模式、校级课程合作模式、校际学籍转换模式、综合高中模式[2]。从近几年的普职融通实践经验可以看出，普职融通的理念和内容呈现出从分离到融合、从表面到深化逐步趋向完善的轨迹。

（五）完善法治体系，利用体制和机制提质培优

2021年是《中华人民共和国职业教育法》颁布实施的25周年，自颁布实施《中华人民共和国职业教育法》以来，职业院校共培养

---

[1] 陈锋. 建设全民终身学习的教育体系与高等教育、职业教育结构调整. 中国职业技术教育，2020（21）.

[2] 赵蒙成. 从全人教育视角看普职融合课程的价值定位与实现路径. 教育与职业，2018（23）.

毕业生超过一亿，成为我国技能型人才的重要来源。加快发展现代职业教育，离不开职业教育法律体系和相关法律法规的完善。

（1）开启法治化进程，完善相关法律体系。

根据中国共产党成立至今颁布的职业教育相关的政策和规范性文件，可以从我国职业教育法治化进程中寻求到重要经验。在改革发展阶段，国家实行了一系列整顿和恢复措施，此时主要以中等职业教育和工农业余教育为切入口，逐步建立职业教育法制体系。正式实施《中华人民共和国职业教育法》是我国职业教育法治化进程中的里程碑事件，标志着职业教育法制体系在我国初步形成。同时，《中华人民共和国劳动合同法》《中华人民共和国就业促进法》《中华人民共和国民办教育促进法》《国务院关于大力推进职业教育改革与发展的决定》《国务院关于大力发展职业教育的决定》等都从不同层面规范了职业教育，推动职业教育进入新的历史发展阶段[1]。由此，职业教育的法治化为职业教育的发展提供了三方面的经验：

第一，要坚持党中央对于立法的统领作用。百年来，党中央对职业教育的立法起到了统领全局的积极作用，各地的职业教育立法不断完善，我国职业教育的法制体系日益健全。

第二，完善现行法规和地方性法规等规范性文件。除了《中华人民共和国职业教育法》，《中华人民共和国教师法》《中华人民共和国民办教育促进法》等与职业教育息息相关的平行法律法规都是高位阶法律法规的必要和重要补充，它们不断完善着我国职业教育法制体系。

第三，确立《中华人民共和国职业教育法》的核心地位。《中华人民共和国职业教育法》在体例上共有八大章六十九条，在内容上规定了我国职业学校教育分为中等、高等两个阶段，同时把职业教

---

[1] 张春晓，李名梁. 回顾与展望：新中国职业教育的法治化进程研究. 职教发展研究，2020（3）.

第十一章　职业教育与成人教育百年发展成就和经验

育与职业培训结合在一起，涉及职业教育发展的方方面面，囊括了职业教育管理、职业院校办学、专业和课程设置、师资队伍建设、招生与培养制度设立等内容，全面化、系统化的法律法规为职业教育的改革和发展打下了重要的法治基础，关系到我国职业教育法制体系的发展水平与建设层次。

（2）利用好体制机制，提升职教培训质量。

在职业培训方面，党和国家不断加大投入，并结合创新机制，通过开展公共就业培训、购买职业教育服务等形式为推进农民工市民化、转岗人员再就业等提供免费或质优价廉的职业教育与技能培训。百年来，我国职业教育的招生对象具有广阔包容性，面向普通初、高中毕业生以及往应届毕业生、退役军人、农村青年、下岗失业人员等社会群体，实现教育机会均等。职业教育与培训使有需求的社会成员"学有所教"，提高了个体的人力资本存量，带来个体生产效率和收益的提高，即人力资本的内部效应。个体劳动者之间通过合作与竞争性互动，带来人力资本社会平均水平的提高，进而提高所有生产要素的生产率，提升社会经济组织的生产效率，增强整体国民素质及经济实力，进而提升国家综合竞争力。职业教育成果惠及个体、企业、社会及国家，即人力资本的外部效应。

四、职业教育与成人教育的未来展望

2021年适值中国共产党成立一百周年，是"十四五"的开局之年，也是乘势而上开启全面建设社会主义现代化国家新征程、向第二个百年奋斗目标进军的关键之年。100年来，职业教育与成人教育快速发展，为我国的教育普及做出了伟大贡献，它推倒了横亘在学校与社会之间的"围墙"，使得我国教育更加接近经济社会发展的中心。国务院职业教育工作部际联席会议成员单位联合印发《职业教育提质培优行动计划（2020—2023年)》，党的十九届五中全会审议通过了《中共中央关于制定国民经济和社会发展第十四个五年规划和二〇三五年远景目标的建议》的新部署、新要求，围绕职业教育"教育公平""教育质量""类型特色"等关键词，系统设计了职业教育改革发展的新一轮任务，整体推进了职业教育与成人教育的提质培优与增值赋能，这标志着我国职业教育迈入全面深化改革、内涵建设、以质图强的新阶段。

（一）提质：提高职业教育与成人教育发展质量

产业转型升级、社会和谐稳定、人民生活富足离不开中国特色现代职业教育体系的构建，职业教育与成人教育作为教育体系的重要部分正紧跟时代步伐提质培优、增值赋能、以质图强。从国内看，新技术、新产业、新业态、新模式对技术技能人才提出了新要求，为不同层次、不同类型、不同诉求的学生提供个性化、定制化、多样化教育服务，成为现阶段职业教育高质量发展面临的内部挑战；从国际看，职业教育梳理"中国经验"，制定职业教育国际化人才培养标准，形成"中国方案"，打造走向世界的中国职教品牌，是全球化发展对职业教育高质量发展提出的外部挑战。因此，提高质量至少要从教育结构、人才培养、治理水平三方面考量[①]。

（1）提高职业教育与成人教育结构质量。

结构包含了组成整体的层次、比例以及组合关系，具体到职业教育，其结构质量就是看体系纵向层次、横向比例以及与不同教育间的相互关系，能否支撑纵向贯通、横向融通。在纵向层次上，要巩固中等职业教育基础地位、高质量发展专科高职教育、稳步推进本科职业教育试点，推动形成层次分明、结构清晰、功能定位准确的

---

① 任占营. 职业教育提质培优的现实意义、实践方略和效验表征. 中国职业技术教育，2020(33).

第十一章 职业教育与成人教育百年发展成就和经验

职业学校体系[①]。在横向比例上，应将普职比放在现代职业教育体系建设和经济社会发展的大局中来谋划，从政策要求向政策与市场"双轮驱动"过渡，通过办好公平有质量的职业教育，在质量上与普通教育大体相当；通过健全现代职业教育体系，使接受职业教育与接受普通教育的机会成本大体相当；通过优化政策环境，使职业教育培养的技术技能人才与普通教育培养的人才受到的社会待遇大体相当。在不同教育间的相互关系上，要加强制度保障，一方面，使各层次职业教育的专业设置、培养目标、课程体系、培养过程贯通衔接，畅通技术技能人才成长通道；另一方面，推动职业教育、继续教育、社区教育、老年教育等相互融通、协同发展[②]。

（2）提高职业教育人才培养质量。

长期以来，职业院校的师资队伍建设一直是职业教育政策关注的重点，几乎每一个职业教育重要文件都包含了师资队伍建设的内容。越是如此，越说明师资队伍在人才培养中的重要作用，职教师资队伍建设问题是提升职业教育发展质量的瓶颈。首先，打造"双师结构"的师资队伍是提升人才培养质量的重要条件。一方面，职业院校要继续优化校内的"双师结构"，促进职业院校与企业人才的双向流动，重点打造专兼结合的教育教学创新队伍；另一方面，要在"双师型"教师的培养培训上下功夫，提高职业院校教师的"双师"素质，健全校内教师的晋升途径，为教师的专业化发展保驾护航。其次，要以课程资源建设为统领，加快教材的改革创新。教材是教学改革的重要载体，教材建设涉及教学内容、教学手段以及教学方法等方方面面，在实践中应把教材建设与教学改革结合起来，通过教材建设推动职业院校的教学改革和校本特色教材建设。最后，

---

① 徐国庆. 确立职业教育的类型属性是现代职业教育体系建设的根本需要. 华东师范大学学报（教育科学版），2020，38（1）.

② 任占营. 职业教育提质培优的现实意义、实践方略和效验表征. 中国职业技术教育，2020（33）.

实施"三个课堂"教学模式,推进教法改革。在职业教育"校企合作、工学结合"人才培养模式的总体指导下,需要建立适合不同专业群特点的课堂教学模式,因此职业院校的课堂教学模式不仅要适应技术技能培养,还要有利于培养学生创新能力、沟通能力与协作能力,培养学生的职业道德和工匠精神。根据职业教育的总体特点,需创新推行校内课堂、网上课堂和企业课堂"三个课堂"教学模式,校内课堂教授基本理论,完成项目教学,教师答疑解惑;网上课堂传授基本知识,促进拓展学习;企业课堂完成综合技能训练,提升实践能力[1]。

(3) 提高职业教育办学治理水平。

职业院校治理作为构建现代职业教育治理体系的重要内容,是推进现代职业教育治理改革的关键部分。职业教育是跨界的教育,政府、行业、学校、社会都是职业教育的治理主体,提高治理质量,首先要理顺利益相关方的权责关系,构建政府监管、行业自律、学校自治、社会监督的质量治理格局[2]。在政府层面,应强化宏观管理,完善职业学校办学质量考核机制,推进办学体制改革和育人机制改革,建立健全办学质量考核结果运用的长效机制。在行业层面,应建好用好行业职业教育教学指导委员会,提升行业举办和指导职业教育的能力。在学校层面,应完善以章程为核心的校内规章制度体系,健全职业学校内部治理结构,深入推进职业学校教学工作诊断与改进制度建设,切实发挥学校质量保证主体作用,将内涵、特色、高质量内化为一种行动自觉。在社会层面,应健全学生、教师、学校、家庭、社会多方参与的学业考核评价体系,发挥专家组织和第三方社会机构在质量评价中的作用,完善职业教育质量年报发布

---

[1] 王成荣,龙洋.深化"三教"改革 提高职业院校人才培养质量.中国职业技术教育,2019 (17).

[2] 肖凤翔,肖艳婷.高职院校治理之维:研究综述及展望.职教论坛,2018 (5).

制度[1]。

(二) 培优：培育职业教育与成人教育特色品牌

职业教育作为教育的一个特色类型和现代职业教育的一个高等层次，培优就是打造一批职业教育发展的样板和品牌，着力提高职业教育辨识度、认可度和吸引力。如何在加快发展现代职业教育、全面提高教育质量的背景下，真正走好内涵发展、特色发展、创新发展、品牌发展之路，真正实现其不可替代性，是一篇大文章、一项大工程。

（1）以"高地建设"为契机，打造职业教育区域品牌。

发展职业教育的主责在地方，进一步落实地方主体责任，是办好新时代职业教育的关键。在国家财税体制改革，特别是拨款方式变化的背景下，我国需继续深化职业教育创新发展高地建设行动，按照东部提质培优、中部提质扩容、西部扩容提质等行动实施，开展整省试点和城市试点[2]。整省试点侧重区域现代职业教育体系建设和体制机制改革，打造中国特色职业教育发展的经验模式。城市试点侧重产教融合和校企合作，服务区域经济社会发展，打造职业教育服务高质量发展的样板。通过高地建设，调动和保护省、市、校三方面的积极性、主动性和创造性，加快形成中央和地方改革同向同行、信号不减，各地因地制宜、比学赶超的工作格局[3]。

（2）以"高水平学校"为载体，打造职业教育学校品牌。

学校是职业教育体系中的最基本单元，学校办学质量直接决定了职业教育质量。近年来，我国先后实施示范（骨干）校、优质校、"双高计划"等项目，建成了一批国内一流的高职学校和专业（群），

---

[1] 任占营. 职业教育提质培优的现实意义、实践方略和效验表征. 中国职业技术教育，2020（33）.
[2] 韩天龙. 解析高等职业教育区域化品牌发展模式. 成人教育，2013, 33（11）.
[3] 谢俐. 补短板 激活力 强内涵 增效益 努力办好公平有质量的职业教育. 中国职业技术教育，2020（27）.

总结出扶优扶强、示范引领的成功经验。在学校和专业（群）建设方面，全面改善中职学校办学条件，遴选一批优质中职学校和优质专业，增强中职教育吸引力，推动落实普职比大体相当，为学生接受高中阶段教育提供多样化选择；扎实推进国家"双高计划"，遴选一批省域高水平高职学校，建成一批高技能人才培养培训基地和技术技能创新平台，支撑国家重点产业、区域支柱产业发展，引领新时代职业教育实现高质量发展。

（3）以国际化办学为平台，打造中国职教国际品牌。

扎根中国、融通中外是教育对外开放的根本遵循。在构建新发展格局背景下，需要扩大职业教育对外开放，通过引进来、走出去、再提升，加快培养国际产能合作急需人才。一方面，要以"鲁班工坊"建设为载体，推动职业教育参与"一带一路"倡议和国际产能合作，探索"中文＋职业技能"的国际化发展模式[1]。另一方面，要探索师生互相交流、研修等合作项目，输出符合本土化和具有国际影响力的专业标准、课程标准、教学资源，共享中国职业教育模式，提升中国职业教育国际影响力。

（三）增值：夯实人人出彩发展基础

所谓增值，就是要增加技术技能人才的成长成才价值。一方面，要树立正确的人才观，处理好"培养什么人、怎样培养人、为谁培养人"的根本问题；另一方面，要树立面向人人的职业教育观，适应生源多元化和差异化，实现人人出彩，促进社会公平[2]。

（1）以"三全育人"为抓手，落实立德树人根本任务。

要针对职业学校学生的学习特点、行为习惯、思维模式等，建

---

[1] 韩西清．"双高计划"背景下高职学校校企合作的任务与举措：基于契约理论的视角．现代教育管理，2019（10）．

[2] 任占营．职业教育提质培优的现实意义、实践方略和效验表征．中国职业技术教育，2020（33）．

第十一章　职业教育与成人教育百年发展成就和经验

立区别于普通教育、体现职教特色的育人体系，构建全员全程全方位育人大格局。实现这一目标，既要做优资源，以优质丰富的教学资源作为强力支撑；也要做活形式，推动思政课改革创新，不断增强思政课的思想性、理论性和亲和力、针对性；还要做强队伍，精心培养和组织一支会做思想政治工作的政工队伍，并引导专业课教师加强课程思政建设，把思想政治工作做在日常、做进课堂、做到个人。与此同时，还要建立起行之有效的评价机制和激励机制，强化参与主体之间的沟通联系，形成学校、家庭、企业德育教育闭环，促使学生树立正确的世界观、人生观和价值观。

（2）以职业教育考试招生制度为纽带，畅通技术技能人才成长渠道。

考试招生制度是技术技能人才培养"立交桥"的关键一环，也是职业教育改革的"牛鼻子"。推进改革首先要明确目标和方向，一方面通过考试招生制度牵引中等职业教育改革，稳住中职学校的办学定位和培养质量，也就稳住了现代职业教育体系的底盘；另一方面通过考试巩固高职教育基础，从入口解决职业教育类型不突出、吸引力不强、质量不高的问题。在考试内容上，要处理好考什么的问题，完善"文化素质＋职业技能"的评价方式，发挥好考试招生制度对教与学的引导作用。在考试组织上，要处理好怎么考的问题，加强省级统筹，严格规范考试的标准、内容和程序，要实施好职业技能考试的环节，按照专业大类统一制定职业适应性测试标准、规定测试方式，提高职业教育考试招生的公平性和信誉度。

（四）赋能：提升职业教育服务贡献

赋能要求职业教育通过高质量发展，为经济社会高质量发展提供人力资源支撑和技术技能积累，发挥职业教育在构建服务全民终身学习教育体系中的独特功能和价值[①]。

---

① 任占营. 职业教育提质培优的现实意义、实践方略和效验表征. 中国职业技术教育，2020 (33).

(1) 以服务为重点，支撑经济高质量发展。

服务决定地位，有为才能有位，只有真正把办学思路转到服务发展上来，实现职业教育供给与产业经济社会发展需求相适应，职业教育才能被认可。首先，要立足服务国家区域发展战略，持续深化职业教育供给侧结构性改革，优化职业学校和专业布局，推动职业教育发展与产业转型升级同频共振、有效衔接，不断提高职业教育供给水平[1]。其次，要适应新一轮科技革命和产业变革趋势，以"在核心技术开发中发挥重要作用、在支柱产业发展中发挥支撑作用、在中小微企业成长中发挥引领作用"为愿景，打造一流的产教融合平台、人才培养与技术创新平台、技术技能平台，推动核心技术产品转化。最后，要推进产教融合发展、校企协同育人，创新建设产教融合、校企合作的载体，全面推行中国特色现代学徒制，完善投入与利益协调制度，形成政府、行业、企业和社会力量多方参与的多元办学格局。

(2) 以育训并举为抓手，服务全民终身学习。

职业教育是面向人人的终身教育，要树立大职业教育观，推动职业教育与其他类型教育协调发展，支持先学习再就业、先就业再学习、边就业边学习。首先，要充分发挥职业学校育训并举职能，满足不同人群、不同层次的学习需求，广泛开展企业职工技能培训，积极开展高校毕业生、退役军人、高素质农民等人群的职业技能培训和就业创业培训，大力开展失业人员再就业培训[2]。其次，要完善继续教育的服务资源和服务机制，促使职业教育从学历教育逐步转向学历教育、社会培训和技术服务并举，主动向社区教育和老年教育拓展，积极建设"人人皆学、处处能学、时时可学"的学习型社会。

---

[1] 吴一鸣. 扩招推动下高职教育类型发展的动力与路径. 教育发展研究，2020，40 (Z1).
[2] 李梦卿，邢晓. "双高计划"背景下高职院校专业建设的路径. 高等教育研究，2020，41 (5).

第十一章　职业教育与成人教育百年发展成就和经验

习近平总书记指出，当前中国处于近代以来最好的发展时期，世界处于百年未有之大变局。"提质培优、增值赋能"是新时代党和人民对职业教育的殷切期盼，是经济社会高质量发展对职业学校提出的硬核要求。落实好新时代的新发展理念，离不开国家的顶层设计，更离不开各级政府的统筹推进和各院校的主动作为。在推进机制上，构建"国家宏观管理、省级统筹保障、学校自主实施"工作机制，夯实工作责任、细化工作分工。在组织实施上，加强过程管理，及时通报执行情况，传递工作压力。在结果应用上，加强督查督导，将目标责任完成情况作为督查对象业绩考核的重要内容，将各地实施成效作为国家新一轮重大改革试点项目遴选的重要依据。随着职业教育与成人教育改革的不断深入实施，中国特色现代职业教育体系将更加完善，职业教育类型特征更加凸显，发展基础进一步夯实，办学活力不断增强，发展质量持续提高，不断焕发出更加强大的生机与活力，为实现第二个百年奋斗目标和中华民族伟大复兴的中国梦提供坚实的技术技能人才支撑。

参考文献

著作类

毛泽东选集：第1卷．2版．北京：人民出版社，1991．

毛泽东选集：第4卷．2版．北京：人民出版社，1991．

中共中央关于坚持和完善中国特色社会主义制度　推进国家治理体系和治理能力现代化若干重大问题的决定．北京：人民出版社，2019．

中共中央文献研究室，中国人民解放军军事科学院．毛泽东军事文集：第3卷．北京：中央文献出版社，1993．

中共中央文献研究室，中国人民解放军军事科学院．毛泽东军事文集：第4卷．北京：中央文献出版社，1993．

陈斐琴，缪海稜，殷步实．刘邓大军征战记新闻编．北京：新华出版社，1987．

陈元晖．老解放区教育简史．北京：教育科学出版社，1981．

陈元晖，璩鑫圭，邹光威．老解放区教育资料（一）．北京：教育科学出版社，1981．

董纯才．中国革命根据地教育史：第1卷．北京：教育科学出版社，1991．

董纯才．中国革命根据地教育史：第2卷．北京：教育科学出版社，1991．

董纯才．中国革命根据地教育史：第3卷．北京：教育科学出版社，1993.

董明传，毕诚，张世平．成人教育史．海口：海南出版社，2002.

高世琦．中国共产党干部教育世纪历程．北京：党建读物出版社，2013.

顾明远．教育大辞典．上海：上海教育出版社，1998.

华东师范大学教育系，华东师范大学教科所．中国现代教育史．上海：华东师范大学出版社，1983.

黄道炫．张力与限界：中央苏区的革命（1933—1934）．北京：社会科学文献出版社，2011.

皇甫束玉，宋荐戈，龚守静．中国革命根据地教育纪事．北京：教育科学出版社，1989.

江苏省如东县政协文史资料委员会．纪念刘季平文集．北京：书目文献出版社，1990.

江西档案馆，中共江西省委党校党史教研室．中央革命根据地史料选编．南昌：江西人民出版社，1982.

江西省教育学会．苏区教育资料选编（1929—1934）．南昌：江西人民出版社，1981.

教育科学研究所筹备处．老解放区教育资料选编．北京：人民教育出版社，1959.

上海教育出版社．老解放区教育工作回忆录．上海：上海教育出版社，1979.

李国强．中央苏区教育史．南昌：江西教育出版社，2001.

李蔺田，王萍．中国职业技术教育史．北京：高等教育出版社，1994.

刘桂林．中国近代职业教育思想研究．北京：高等教育出版社，1997.

吕良．中央革命根据地教育史．北京：教育科学出版社，1989.

毛礼锐，沈灌群．中国教育通史：第5卷．济南：山东教育出版社，1988.

米靖．中国职业教育史研究．上海：上海教育出版社，2009.

山东省档案馆，山东社会科学院历史研究所．山东革命历史档案资料选编：第6辑．济南：山东人民出版社，1982.

山东解放区教育史编写组．山东解放区教育史．济南：明天出版社，1989.

王树荫．中国共产党思想政治教育史纲（1919—1949）．北京：党建读物出版社，2002.

肖裕声．中国共产党军队政治工作史：上卷．2版．北京：军事科学出版社，2015.

徐兴文，孟献忠．师范春秋．济南：齐鲁书社，2002.

许文博，等．中国解放区医学教育史．北京：人民军医出版社，1994.

张挚，张玉龙．中央苏区教育史料汇编：上册．南京：南京大学出版社，2016.

中国人民解放军政治学院政治工作教研室．军队政治工作历史资料（10）．北京：中国人民解放军战士出版社，1982.

中国人民解放军政治学院政治工作教研室．军队政治工作历史资料（11）．北京：中国人民解放军战士出版社，1982.

中国人民解放军政治学院政治工作教研室．军队政治工作历史资料（13）．北京：中国人民解放军战士出版社，1982.

中央教育科学研究所．老解放区教育资料（二）：上册．北京：教育科学出版社，1986.

中央教育科学研究所．老解放区教育资料（二）：下册．北京：教育科学出版社，1986.

中央教育科学研究所．老解放区教育资料（三）．北京：教育科学出版社，1991.

文章类

柴明军. 解放战争时期佳木斯的军事学校. 黑龙江史志，2005（3）.

陈宝生. 坚持和加强党对教育工作的全面领导 不断推进新时代教育强国建设. 党建，2020（9）.

陈子季. 提质培优 增值赋能 职业教育从"大有可为"到"大有作为". 中国教育报，2020-10-14.

陈子季. 用制度体系促进职业教育高质量发展. 中国教育报，2019-12-10.

崔缨. 苏区的成人教育. 泰山学院学报，2005（5）.

董子蓉. 中央苏区教育：历史贡献与当代启示. 福建论坛（人文社会科学版），2018（9）.

丁红玲，韩瑜茜. 新中国成立70年来我国农村职业教育发展的历史演进及未来展望. 中国成人教育，2019（23）.

樊期曾. 东北农业教育八十年（1906—1986年）. 高等农业教育，1987（1）.

费可珂. 苏区职业技术教育研究. 赣州：赣南师范学院，2009.

傅琼. 农科院校实践教学启示简论：以江西共产主义劳动大学为例. 济南职业学院学报，2013（5）.

改造俘虏的经验. 军政杂志，1947（17）.

郭利民. 一九二三年至一九二七年湖南农民运动发展形势图及说明. 湖南师范大学社会科学学报，1978（3）.

郭文富，马树超. 新中国成立70年来职业教育发展的历史阶段特征与经验. 教育与职业，2019（19）.

胡魁海. "行知师范"：黑龙江省高等师范教育的源头. 世纪桥，2002（3）.

李国杰，杨思尧，吴春雷. 革命根据地和解放区的教育方针与高等农业教育的发展演变. 高等农业教育，2006（3）.

李文文，闫广芬．实然与应然：职业教育发展逻辑考察：基于历史视角．中国职业技术教育，2018（33）．

乐阳．上海工人半日学校：第一所工人学校．文汇，2019．

刘金録．中央苏区、抗日根据地及解放区的职业教育．职业教育研究，2014（8）．

刘圣兰．江西共产主义劳动大学办学动因的再考察．江西师范大学学报（哲学社会科学版），2016（5）．

刘圣兰．社会主义教育发展道路的艰辛探索：江西共产主义劳动大学研究．上海：华东师范大学，2013．

刘晓，钱鉴楠．类型学视角下职业教育发展的历史演进、现实论域与未来指向．教育与职业，2021（1）．

宋克祥．为党早期培养大量革命人才的湖南自修大学．学习时报，2021-02-05．

孙语圣，潘旭．武昌中央农民运动讲习所的历史作用．传承，2009（2）．

汪路勇．广州农民运动讲习所的创办及其历史功绩．福建党史月刊，2005（2）．

王华林，柳志慎．试论邵式平的教育思想：暨谈江西共大教育特色与办学理念．江西农业大学学报（社会科学版），2010（2）．

吴强．中央苏区时期的职业教育初探．广东技术师范学院学报，2018（3）．

吴青林，高春月．略论江西共产主义劳动大学时期的党建．科技风，2018（12）．

吴遵民．服务全民终身学习教育体系构建的若干思考：基于服务与融合的视角．中国远程教育，2020（7）．

肖小华．中央苏区时期成人教育的历史经验及启示．继续教育研究，2010（10）．

邢晖．创新铸造新时代职教"双师型工匠之师"：学习《国家职业教育改革实施方案》体会.中国职业技术教育,2019(7).

严权.论中央苏区干部教育.湖北成人教育学院学报,2017(2).

俞美蓉.浅谈江西苏区妇女职业教育的办学类型.老区建设,2014(12).

臧永昌.辛店劳动补习学校.北京成人教育,1984(6).

张邦琏.江西苏区的职业教育.赣南师范学院学报,1987(1).

张力.构建服务全民终身学习的教育体系:中国政策基本导向.2020新时代继续教育论坛,2020-05-16.

张立迁.构建适应新发展格局的终身学习体系.中国教育报,2020-12-09.

张隆康.广西农民运动讲习所的创办及农运干部培训.中共桂林市委党校学报,2017(4).

张美琴.论中央苏区扫盲教育的历史经验.成人教育,2009(12).

张社宇.建国后我国职业教育发展动力的历史分析.教育与职业,2007(11).

赵明安.20世纪我国职业教育发展模式的转型与体系构建(1949—2000):我国现代职业教育体系建设的历史经纬与演进路径(二).武汉船舶职业技术学院学报,2014(4).

电子资源类

郭谦贵.桂东农民运动对邓力群革命思想的影响.(2016-10-18)[2021-02-25].http://www.wyzxwk.com/Article/lishi/2016/10/372311.html.

教育部职业教育与成人教育司.从"层次"到"类型"职业教育进入高质量发展新阶段:"十三五"期间职业教育发展有关情况介绍.(2020-12-08)[2021-02-25].http://www.moe.gov.cn/fbn/live/2020/52735/sfcl/202012/t20201208_503998.html.

后 记

本书是时代的产物，是党领导职业教育与成人教育光辉历史的最好记忆。在庆祝中国共产党成立一百周年之际，各行各业以不同形式全面、系统、生动、立体地展示中国共产党百年的光辉历史、伟大成就和宝贵经验。中国人民大学党委书记靳诺牵头组织编写"中国共产党百年教育理论与实践研究丛书"，结合理论研究开展党史学习教育，恰逢其时，有利于学史明理、学史增信、学史崇德、学史力行，教育引导学党史、悟思想、办实事、开新局。

本书是继往开来的成果，汲取了前人研究成果的丰富营养。研究团队先后参与了"改革开放四十年的教育""新中国教育七十年""党领导教育八十年"等研究工作。在此基础上开展的深入系统研究，有助于把教育发展的党史、国史、改革开放史融会贯通，深刻领会中国特色社会主义教育发展规律，深刻认识中国特色社会主义教育理论弥足珍贵、来之不易。

本书是集体智慧的结晶，汇聚了国家级教育智库、多所高等院校的专家学者参与。具体撰写分工如下：曾天山（教育部职业教育发展中心）承担了编写的组织协调工作，对全书进行了设计和统稿，撰写了前言，第一章由房风文（教育部职业教育发展中心）负责，第二章由王建林（浙江机电职业技术学院）负责，第三章由刘巧利（中国教育科学研究院）负责，第四章由李三福（湖南科技职业学院）负责，第五章由周慧梅（北京师范大学）负责，第六章由吴景

后　记

松（中国教育科学研究院）负责，第七章由许竞（教育部职业教育发展中心）负责，第八章由马延伟（中国教育科学研究院）负责，第九章由汤霓（教育部职业教育发展中心）、蒋亦璐（国家开放大学）负责，第十章由宋小舟（国家教育行政学院）负责，第十一章由陆宇正（天津大学）、刘晓（浙江工业大学）负责。宋小舟承担了协调服务工作。

　　本书是各方密切合作、共同支持的结果。在此，感谢编委会的顶层设计和统一协调，感谢中国人民大学出版社领导的大力支持，感谢策划编辑王雪颖的艰辛付出。

　　系统阐述党领导职业教育与成人教育的光辉历史、伟大成就、宝贵经验，既是政治任务，也是研究工作，需要严谨治学。囿于研究团队的有限水平，本书可能存在疏漏和偏颇之处，还望大家指正。

编著者

2021 年 4 月

图书在版编目（CIP）数据

职业教育与成人教育/曾天山编著. -- 北京：中国人民大学出版社，2024.5
（中国共产党百年教育理论与实践研究丛书/靳诺总主编）
ISBN 978-7-300-32528-6

Ⅰ.①职… Ⅱ.①曾… Ⅲ.①职业教育-教育史-研究-中国 ②成人教育-教育史-研究-中国 Ⅳ.①G719.29 ②G729.29

中国国家版本馆 CIP 数据核字（2024）第 035807 号

国家出版基金项目
"十四五"时期国家重点出版物出版专项规划项目
中国共产党百年教育理论与实践研究丛书
总主编　靳　诺
执 行 主 编　郑水泉　刘复兴

职业教育与成人教育
曾天山　编著

出版发行	中国人民大学出版社		
社　　址	北京中关村大街 31 号	邮政编码	100080
电　　话	010-62511242（总编室）	010-62511770（质管部）	
	010-82501766（邮购部）	010-62514148（门市部）	
	010-62515195（发行公司）	010-62515275（盗版举报）	
网　　址	http://www.crup.com.cn		
经　　销	新华书店		
印　　刷	北京宏伟双华印刷有限公司		
开　　本	720 mm×1000 mm　1/16	版　次	2024 年 5 月第 1 版
印　　张	24.75	印　次	2024 年 5 月第 1 次印刷
字　　数	301 000	定　价	108.00 元

版权所有　侵权必究　　印装差错　负责调换